LES POLITIQUES DE L'ISLAM EN AFRIQUE

Visitez notre site :
www.karthala.com
Paiement sécurisé

Couverture : Bamako, février 2011. © Gilles Holder.

ISBN : 978-2-8111-2506-6

SOUS LA DIRECTION DE
Gilles Holder et Jean-Pierre Dozon

Les politiques de l'islam en Afrique

Mémoires, réveils et populismes islamiques

Préface de Hamit Bozarslan

Éditions KARTHALA
22-24, bd Arago
75013 Paris

À Doris Ehazouambela

PRÉFACE

Discuter de l'islam aujourd'hui : un regard d'ailleurs en guise d'ouverture[1]

Hamit BOZARSLAN

À la lecture de cet ouvrage, on ne peut qu'être impressionné par la vivacité des débats, mais aussi la pluralité des formes de religiosité dans l'Afrique musulmane, qui ont naturellement leurs équivalents dans le reste du monde musulman. En contraste avec une telle richesse, on doit se demander pourquoi le monde musulman est à ce point associé à une violence polymorphe. Comment comprendre en effet les blocages théologiques et intellectuels, bien réels, des oulémas repliés sur une posture défensive ou corporatiste ? De même, que doit-on penser de la militance islamiste qui réduit le Coran à quelques versets dits de l'Épée ? Pour apporter quelques éléments de réponse, je souhaite partir à la fois d'un temps long et d'un espace « autre » qui, s'il pouvait paraître lointain aux africanistes il y a quelques années, ne l'est plus du tout après les événements post-2011.

Dans une perspective comparative large, et en me situant à partir de mon propre terrain qu'est le Moyen-Orient, je voudrais poser la question suivante : comment peut-on discuter de l'islam, certes en tant que religion, mais aussi en tant que culture, frontière ethnique, civilisation, qu'il s'agisse de l'islam avec un « i » minuscule ou un « i » majuscule, peu importe ? La question est évidemment complexe, parce que d'un côté, il

1. Ce texte est issu d'une communication orale, dont la forme a largement été préservée ici, donnée à l'occasion du Workshop international de l'ANR PUBLISLAM, à Paris, le 14 mars 2012.

s'agit de ne pas tomber dans le déni de l'universel ; après tout, on peut partir de l'hypothèse que les sciences sociales offrent des outils d'analyses pour comprendre la religion comme fait social à travers le monde. Mais de l'autre côté, il est important de saisir que l'islam, le christianisme, le judaïsme, etc., ont leurs propres spécificités, c'est-à-dire une grammaire en termes de croyance, et qu'ils produisent un certain nombre de phénomènes qui n'ont que peu à voir avec la croyance en tant que telle. Je me souviens de ce remarquable texte de Charles Tilly (2004) qui disait que, après tout, les musulmans se mobilisent un peu comme tous les hommes, puisqu'ils sont des hommes ; mais cela ne signifie pas pour autant qu'il n'y ait pas de modes d'action spécifiques en termes d'islam. Je partirai donc de ce double impératif : d'un côté, désenclaver l'islam, le banaliser ; et de l'autre côté, le restaurer ou le réinstaller dans sa propre spécificité.

La religion comme formation historique

Si je devais me situer dans cette perspective, je dirais dans un premier temps qu'il y a une formation historique de l'islam, et je pense que les sciences sociales ne peuvent absolument pas ignorer cette réalité. Le concept de formation historique, je l'utilise pratiquement dans son sens littéral. En l'occurrence, cela veut dire que les sociétés se forment à partir de cycles historiques porteurs de discontinuités, mais aussi des dynamiques lourdes de continuités, des mémoires et matrices du passé. Ces matrices signifient que le lien entre État, société et religion est configuré différemment selon les espaces. Et dans cette configuration, on peut évoquer un certain nombre de questions fondamentales : d'abord la notion de société ; puis celle des identités, que l'on pourrait qualifier à la limite de transhistoriques, même si chacun sait combien le concept d'« identité » lui-même est compliqué ; mais on pourrait aussi poser la question en termes de pouvoir et d'orthopraxie. Cette idée de formation historique dans le monde musulman signifie dans tous les cas que l'on a plusieurs repères historiquement datés. Mais ceux-ci peuvent aussi être réactivés selon les contextes qui lui sont extérieurs et intérieurs.

Le premier de ces repères est indéniablement ce que l'on pourrait appeler la matrice prophétique, laquelle se traduit d'abord et avant tout à travers l'expérience de Médine, sur laquelle, à vrai dire, on connaît peu de choses. Cette matrice, qui est connue d'une manière générale sous l'intitulé *Asr al-Saâda*, l'« Âge du Bonheur », est extrêmement importante, parce que « l'Âge du Bonheur » est une référence utopique, mythique, d'un âge d'or révolu et, inévitablement, une référence quant à sa reconstruction, son retour. Dans cette perspective, le temps d'ici-bas est donc unanimement compris comme celui de la corruption et de l'oppression. Le seul âge où l'homme est censé ne pas avoir été corrompu, c'est l'âge d'or durant lequel il aurait eu pour seule vocation d'aider la mission du prophète à s'accomplir. Or, cette utopie de la construction de l'âge d'or n'a jamais disparu dans le monde musulman.

Une deuxième expérience que l'on peut évoquer, c'est la matrice impériale de l'islam. Je ne vais pas revenir sur l'histoire des empires du monde musulman, mais cette matrice signifie une certaine victoire de la raison politique, et même de la raison d'État dans toute sa tyrannie, sur la raison à la fois théologique et eschatologique. Cette victoire a eu lieu relativement peu de temps après la mort du prophète, quelque trois décennies après seulement, période durant laquelle on assiste effectivement à la défaite de la raison prophétique, à la défaite de la raison théologique, au profit de la raison d'État et impériale. Cette nouvelle période signifie qu'à un moment donné on passe de l'islam avec un petit « i » à l'islam avec un « I » majuscule. Autant le message initial de « l'Âge du Bonheur », du *Asr al-Saâda*, est combattu, autant la logique dynastique, sultanienne essaie d'instrumentaliser l'islam pour en faire un discours de légitimation de l'État.

Dans cette matrice historique, ce qui est important, c'est de voir combien les juristes musulmans privilégient et légitiment l'État, non pas comme un mal nécessaire, mais tout simplement comme la seule alternative contre l'anarchie. Si l'on prend les juristes musulmans du Xe au XIIIe siècles, à commencer par le plus important d'entre eux que fut Al-Mâwardî, qui disait que « mille ans de tyrannie valent mieux qu'une minute d'anarchie » (cité par Lewis 1988 : 153), on comprend que cette dynamique d'étatisation, mais aussi cette transformation de l'islam en une sorte de support de légitimation en « idéologie par défaut » du pouvoir du khalife ou du sultan, n'a effectivement plus rien à avoir avec l'expérience du prophète. Autrement dit, la rupture avec la tradition prophétique se traduit aussi par la transformation de cet islam en un islam de protection de l'État. En réalité, ce processus se poursuit jusqu'au XIXe siècle, voire jusqu'aujourd'hui, et je considère que l'Égypte de Moubarak ou la Tunisie de Ben Ali en sont des exemples récents. Mais demain, il me semble que le parti *An-Nahda* en Tunisie ou celui des Frères musulmans en Égypte ne recomposeront pas nécessairement avec cette musique-là.

Si l'on file encore cette très longue histoire, on voit combien certaines fonctions de l'islam en tant que simple croyance disparaissent : l'islam devient d'un côté messianique, puisque l'imaginaire du *Asr al-Saâda* se maintient, et donc sert de socle de légitimation des révoltes incessantes ; mais de l'autre côté, il est très largement monopolisé par les détenteurs du pouvoir pour légitimer l'État. Et dans ce double processus, on voit émerger une catégorie qui joue aujourd'hui encore un rôle extrêmement important : celle des oulémas. Elle est en quelque sorte la traduction de l'étatisation de l'islam. Mais dans le même temps, on voit combien cette catégorie est immunisée par rapport au pouvoir ; elle ne peut pas exister sans la bénédiction du pouvoir, voire sans y être intégrée, mais le pouvoir lui-même ne peut pas avoir de légitimité sans l'intervention ou la caution des oulémas.

Si l'on a donc un processus d'étatisation dans lequel l'islam joue un rôle, il se produit un double effet totalement contradictoire, que ce soit en principe ou en pratique, puisque l'on voit émerger parallèlement une philosophie juridique qui accorde une très grande protection à l'individu. Celle-ci est en effet le souci majeur d'une très large partie des oulémas, mais aussi des princes ; en tout cas, sans cette logique de protection, ces derniers ne peuvent pas revendiquer de réelle légitimité. La légitimité de la tyrannie découle en effet de sa capacité à protéger les individus, du moins les individus de la gent masculine, en tant que tels, et ce principe s'impose effectivement comme un pilier de la pensée juridique islamique. Mais comme le souligne le sociologue turc Sérif Mardin, cette production de l'individu empêche en même temps la formation des corps constitués en dehors de l'État, que ce soit en opposition ou comme alternative à l'État (Mardin 1983 : 91-92). La protection théorique de l'individu va donc de pair avec un élargissement considérable du pouvoir du prince. On se trouve ainsi dans cette dialectique de l'individu théoriquement protégé, et de l'absence de corps sociaux. Et lorsqu'il y a des corps de type socio-professionnels, etc., ils sont très largement dominés ou fonctionnarisés et, d'une manière ou d'une autre, subordonnés à l'État.

À cet égard, les expériences coloniales ne changent absolument rien, y compris lorsque ces expériences, dans certains cas, créent la catégorie d'« indigène ». La même matrice historique se perpétue et l'islam s'adapte finalement tant bien que mal à cette situation ; une grande partie des législateurs, notamment en Algérie, mais aussi ailleurs, finissent par légitimer l'ordre colonial, au moins dans un premier temps, parce qu'effectivement, on ne peut remettre en cause cette dichotomie de la protection de l'individu d'un côté et de l'absence de corps sociaux autonomes de l'autre. On ne peut toucher à cette idée quasi principielle de l'État, où la tyrannie est considérée comme une nécessité absolue contre le risque de l'anarchie. Et si les États coloniaux n'y touchent guère, les États modernes ne le font pas davantage. Il est impressionnant de voir comment les États issus de l'indépendance, qui se sont attelés à des tentatives de modernisation dans le monde musulman dans la deuxième moitié du XXe siècle, se sont finalement inscrits dans la continuité de cet héritage. On y décèle certes une contradiction, puisque pratiquement tous les États actuels du Moyen-Orient, du Maghreb au Machrek – à l'exception peut-être de l'Arabie saoudite –, ont été animés par des élites sécularistes ou se sont très largement occidentalisés. Leurs élites étaient de gauche, non sans une certaine vision du progrès social, voire agnostiques, à l'instar de Mustafa Kemal en Turquie qui servit de modèle à plus d'un dirigeant arabe. Pourtant, on voit combien cet héritage du pouvoir tyrannique se maintient, y compris quand il s'agit de la fonctionnarisation des oulémas, utilisés comme un corps de légitimation du pouvoir, ou encore dans cette insistance sur l'individu au détriment du groupe.

La *Umma* nationalisée

Cet héritage a cependant posé énormément de problèmes, parce que la construction des États ou la division du Moyen-Orient en États a signifié inévitablement aussi la fragmentation de la *Umma*. La *Umma* n'a jamais existé dans la réalité, sinon comme une communauté imaginaire, mais s'est toujours imposée d'une manière ou d'une autre comme la référence ultime. L'empire Ottoman se présentait dans une certaine mesure déjà comme le substitut de la *Umma*, voire comme la *Umma* idéale dans sa vaste territorialité. Or, à partir du XXe siècle, et déjà dès le XIXe siècle avec la scission de l'Égypte et la création des autres États, on voit une fragmentation de cette *Umma*, ce qui a amené graduellement chaque État à se concevoir d'une certaine manière comme une *Umma* autant nationale que religieuse. Si l'on prend le cas de la Turquie, on y a érigé l'islam en religion par défaut de la nation, mais tout en restant attaché à une vision séculariste ; la Turquie a ainsi été conçue comme une *Umma* réduite aux frontières nationales. La Syrie en fournit un autre exemple, tout comme l'Irak ou l'Égypte, voire la Jordanie d'ailleurs. Presque tous les États ont maintenu ce principe fondateur qui est l'islam dans toute cette complexité, avec un « I » majuscule et un « i » minuscule. Mais ils ont perpétué aussi d'une certaine manière la tradition de la *Umma*, quoiqu'en la fragmentant à l'extrême.

La première conséquence de cette évolution, c'est que l'héritage s'est avéré à la fois fragmenté et perpétué ; de fait, la perpétuation de l'héritage n'a pu se réaliser qu'au prix de cette extrême fragmentation. Le deuxième point est apparu avec l'émergence des États modernes, où l'on a continué à utiliser l'islam et la catégorie des oulémas pour légitimer l'État. Mais la fonctionnarisation de ces oulémas a pris en même temps une dimension totalement inédite, en ce sens où l'autonomie relative dont ils disposaient comme corps de censeurs réels ou potentiels du prince a disparu et qu'ils sont devenus de simples agents de l'État, presqu'au même titre que ceux de l'éducation nationale ou du ministère des finances. Cette réduction drastique de l'autonomie que l'on observe seulement à partir du XXe siècle est très importante pour comprendre à la fois comment l'État a pu être produit au Moyen-Orient, et pourquoi il s'est trouvé extrêmement bancal. Les États du Moyen-Orient ont très largement monopolisé la référence religieuse comme source de légitimité. Si l'on faisait une enquête, on se rendrait compte que le verset le plus utilisé dans la Turquie kémaliste ou au Maroc est vraisemblablement le suivant : « Ô vous qui croyez ! Obéissez à Dieu, au Prophète et à ceux d'entre vous qui détiennent le commandement » (Sourate 4 « Les Femmes », *An-Nisâ'*, verset 59).

La fonctionnarisation a signifié, effectivement, la réduction assez drastique de l'autonomie du corps des oulémas. Mais dans un premier temps, cette réduction est aussi allée de pair avec une sorte de politique en faveur de l'État et contre l'islam, ou en tout cas contre l'islam entendu en tant qu'orthopraxie. C'est là un phénomène qui est assez courant, jusqu'au Maroc qui se définit pourtant comme un royaume chérifien et qui ne fait pas exception à la règle : la réduction de l'autonomie de ce corps de l'État que sont les oulémas signifie qu'à un moment donné, c'est l'État lui-même qui, ès qualités, prend en charge l'espace de visibilité et la gestion du corps des individus. Et l'on mesure là tout le paradoxe de l'occidentalisation du Moyen-Orient, un paradoxe qui avait déjà été théorisé par Ziya Gökalp, l'idéologue du parti Comité Union et Progrès dans l'empire Ottoman de 1910 à 1918.

Ziya Gökalp fixait trois objectifs à la nation turque : 1/ la « turcification », en ce sens où c'est elle qui permettait de constituer l'essence de la nation turque et constituait le seul élément qui marquait la turcité et ne pouvait être transformé ou abandonné avec le temps ; 2/ l'islamisation, puisque aucune société ne pouvait exister sans un système de valeurs et que l'islam constituait de ce point de vue une frontière d'altérité séparant le « nous » des « autres » ; 3/ la « contemporanisation », puisque les Turcs n'avaient pas de civilisation propre et devaient être capables d'adopter la civilisation considérée comme la plus développée à travers l'histoire

(Gökalp 1976). Cet objectif, qui consiste à nationaliser, islamiser et en même temps occidentaliser, a marqué dans les faits une grande partie des expériences du Moyen-Orient, en tout cas sur une très grande partie du XXe siècle.

D'une manière plus générale, la réduction drastique de l'autonomie des oulémas à travers leur fonctionnarisation, leur domestication et finalement la « domestication de l'islam », a eu aussi pour effet, et c'est la deuxième conséquence de l'héritage, une croissance, tout au moins dans un premier temps, des marges de manœuvre des États en ce qui concerne le contrôle du corps des sujets et de l'espace de visibilité. Cela n'a pas seulement empêché l'autonomisation réciproque des sphères politique et religieuse, mais aussi provoqué l'apparition d'une question religieuse, dont les conséquences se sont avérées très largement ingérables, notamment à partir des années 1970-1980.

En parlant de la France, François Furet (2007) disait que la suppression de la monarchie n'avait finalement posé aucun problème dans la durée ; le corps du roi a pu être décapité sans que cela provoque une guerre durable en France. En revanche, la question religieuse a profondément marqué l'histoire de la France des XIXe et XXe siècles, surtout au début du XXe siècle. En faisant un éventuel parallèle, on pourrait dire que si les renversements de pouvoir successifs et la décapitation des vieilles bourgeoisies marchandes et des aristocraties n'ont laissé que peu de séquelles dans le monde musulman, la question religieuse a par contre provoqué énormément de blessures.

L'islam de l'État, l'islam contre l'État

Parmi les nombreuses conséquences de cette transformation du XXe siècle, la première est que face à l'État qui a monopolisé la religion, l'islam comme source de légitimité, d'autres forces ont émergé et l'islam est devenu polysémique, en ce sens où il est à la fois resté l'idéologie de la domination des États et devenu une idéologie, un discours, une syntaxe de la résistance contre les États. Plus ceux-ci ont essayé de monopoliser l'islam comme référence religieuse, plus l'islam comme ressource politique mobilisable et légitime par excellence s'est imposé. Plus les États ont domestiqué l'islam à travers une logique combinant raison d'État et occidentalisation, plus la référence du *Asr al-Saâda*, de l'« Âge du Bonheur », a pu être mobilisée. Plus le quotidien est devenu insupportable pour des raisons multiples, plus la perspective de reconstituer l'âge d'or sous la forme d'un avenir glorieux s'est imposée. Du fait même de la diversification sociale, politique, etc., du monde arabe, mais aussi turc, persan, etc., le monopole des États sur la religion a été brisé au sein des sociétés. On ne compte plus le nombre de contestations qui se sont déroulées en mobilisant l'islam par le recours à la notion de djihâd, voire par des modes de résistance de type messianique.

Une deuxième conséquence est devenue visible lorsque l'islam ne s'est plus limité aux frontières nationales que les États voulaient lui imposer. Les frontières du type « westphalien » que les États ont conçu pour leurs communautés musulmanes respectives comme barrières n'ont en effet pas été respectées et l'islam s'est fait aussi bien infranational que supranational. L'islam a présenté une capacité de mobilisation infranationale considérable, et l'on ne peut comprendre l'évolution de l'Algérie, par exemple, ou de la Turquie, si l'on ne prend pas en considération cette dynamique-là. De l'autre côté, l'islam a toujours su être transfrontalier ou transnational, que ce soit à travers la dynamique de son savoir religieux qui circule et se prête à des interprétations multiples, ou la dynamique confrérique qu'aucun État n'a été en mesure de maîtriser, ou encore l'émergence d'une intelligentsia à la fois locale et transnationale qui n'a quant à elle jamais pu être totalement domestiquée. Les frontières que l'on a essayé d'imposer pour délimiter l'État et la nation et les faire se juxtaposer en se servant de l'islam n'ont jamais été des frontières véritables et figées. Négliger ce facteur-là, c'est ne pas comprendre pourquoi la guerre d'Afghanistan des années 1980 ou d'Algérie des années 1990 ont joué un rôle si central dans l'histoire du Moyen-Orient arabe ; on ne peut pas écrire l'histoire du monde arabe des années 1980-1990 si l'on ne se réfère pas à la guerre d'Afghanistan. À titre d'exemple, Abou Moussab al-Zarqawi est devenu le leader d'Al-Qaïda en Irak après avoir été formé par le Palestinien Abou Mohamed al-Makdissi en Jordanie, puis au Pakistan, pour passer enfin par les camps d'entraînement afghans où il rencontre alors le Saoudien Oussama Ben Laden. On voit là toute l'importance de cette dynamique de transfrontaliarité, qui deviendra totalement inintelligible si l'on fait abstraction de ce défi constant qui a été lancé, à leurs risques et périls, par les États aux sociétés arabes, turque, persane, etc., par le truchement des frontières.

Une troisième conséquence de cette volonté de domestication de l'islam à outrance par les États aura été que, au moins dans un premier temps, l'orthopraxie sera combattue par les États avant de devenir une arme de résistance face à ces mêmes États. L'orthopraxie, dans un sens très large, peut être prise comme régulatrice de la vie de la famille, comme mode de définition de la masculinité et de la place de cette masculinité dans la société, comme ordre ou mode de définition de la féminité, très largement réprimée quoi que l'on dise, de l'égalité homme/femme dans le monde islamique. L'orthopraxie peut être aussi requise comme un mode de régulation de l'enfance et du passage à l'adolescence, ou encore des stratégies matrimoniales, et finalement comme contrôle de l'espace de visibilité sociale.

À mesure que l'État a tenté de s'imposer dans la gestion des corps des individus, mais aussi des corps sociaux et qu'il a veillé à « nationaliser » l'espace de visibilité, l'orthopraxie s'est imposée comme une arme de résistance contre lui. Une arme d'ailleurs aux usages multiples, puisque l'on voit par exemple depuis vingt ou trente ans les oulémas privilégier l'orthopraxie, ne serait-ce que pour bénéficier d'une marge d'autonomie par rapport à l'État et disposer d'un socle social pour ne pas (ou plus) être de simples employés de l'État. Les classes moyennes se sont emparées de cette orthopraxie, notamment pour pouvoir résister aux transformations très radicales qu'ont connues les sociétés moyen-orientales dans les années 1970-1990. Quant aux classes défavorisées, qui n'ont pas eu d'autres choix que de se réfugier, elles aussi, dans l'orthopraxie, elles ont surtout essayé de maîtriser et faire perdurer leurs propres mécanismes de contrôle social interne. On voit là combien, dans les décennies 1970-1990, l'orthopraxie est devenue un enjeu considérable dans le monde musulman. Un exemple parmi d'autres de cet enjeu : il suffit de regarder les photographies de la bande de Gaza des années 1960, où les femmes étaient alors en minijupes ; trente ans après, ce n'est plus du tout cette image que l'on voit.

La perte de vitalité d'une religion pourtant omniprésente

Mais le renversement majeur a eu lieu dans les années 1970-1980, lorsque les États, qui ne disposaient plus alors d'aucune ressource idéologique, ont opté pour une logique libérale à outrance – économiquement parlant, pas politiquement ! – et entamé un processus dit d'« ouverture » (*intifah*). Ces États eux-mêmes n'ont plus eu d'autres moyens de se légitimer que l'orthopraxie. Et l'on est ainsi rentré dans une logique de passage à l'ultraconservatisme du monde musulman qui se légitime très largement par l'islam, en marquant l'espace de visibilité et en l'uniformisant pratiquement. Un peu partout dans le monde arabe ou encore, une fois de plus, en Turquie, l'espace de visibilité dans les quartiers défavorisés se caractérise par le port du voile qui tend à se généraliser, l'augmentation du nombre de mosquées, les activités de charité, etc. Aujourd'hui, on se trouve en face d'une religion qui est à la fois omniprésente, mais aussi quelque peu stérile.

Omniprésente, parce que l'islam semble avoir quelque chose à dire sur tous les aspects qui ont trait à l'espace de visibilité : sur la sexualité, sur la manière de se brosser les dents, sur le collecte des *zakat*, sur la manière de se comporter, mais aussi sur la façon de conduire un véhicule, sur la gestion de son budget personnel ou familial... L'orthopraxie a pris une dimension considérable et l'islam est devenu une sorte de mode d'emploi investissant tous les domaines possibles et envisageables ; on n'a jamais assisté à une telle multiplication de *fatwa* pour pouvoir précisément gérer le quotidien. Dans cette gestion de la vie de tous les jours, on peut légitimement se demander si les États ne répondent pas *par le haut* à une vague de conservatisme issue d'en bas. Et malgré les bouleversements des années 2011-2012, on n'a pas nécessairement changé de registre. L'une des forces des Frères musulmans, tout comme celle du parti *An-Nahda* par exemple, c'est précisément de pouvoir répondre *par le haut* à une demande conservatrice qui vient d'en bas. La capacité de cette organisation tient aussi au fait que, largement convertie au néolibéralisme, elle est tout à la fois très implantée au sein des classes moyennes et capables de définir la question sociale comme fondamentalement non politique, à l'instar de la logique de la charité que l'orthopraxie sait parfaitement gérer. Il en va de même en ce qui concerne l'organisation des mariages collectifs, qui peut concerner 300 ou 400 couples à la fois, et qui montrent bien l'omniprésence, l'emprise de cette orthopraxie.

Omniprésent, l'islam est cependant aussi devenu relativement stérile, puisque, lorsque l'on a son mot à dire du budget de l'État aux soins dentaires, on n'a pratiquement plus rien à dire sur la métaphysique, le sens de l'existence, ou l'au-delà. Le propos est sans doute un peu exagéré, puisqu'il existe un très fort courant, ceux que l'on appelle les « nouveaux penseurs de l'islam » (Filali-Ansary, 2003), qui arrive à proposer une lecture interne critique de la référence sacrée. Mais il est tout aussi évident que ce courant intellectuellement puissant est malgré tout socialement très marginal. À cela, il faudrait ajouter le fait que, globalement, le jeu de la fonctionnarisation, de la domestication de la religion ne marche pas. En même temps, l'échec de ce jeu produit des effets aussi bien au niveau de l'organisation du social, que de l'organisation urbaine et de l'espace de visibilité. Ce sont des effets extrêmement étendus et profonds, tout au moins pour le moment. Combien de temps cela va-t-il durer ? Combien de temps les enfants des classes moyennes vont-ils suivre cette orthopraxie ?

Quels seront les effets de ce processus d'individualisation en cours d'ici vingt ou trente ans ? Nul ne le sait. Mais aujourd'hui, force est de constater que cette orthopraxie demeure le facteur social principal qui marque l'espace urbain et non urbain dans tout le Moyen-Orient.

En guise de conclusion

Un dernier élément reste à souligner, et j'en terminerai par là. J'ai dit au début de ce texte que, d'un côté, il s'agissait de ne pas enclaver le monde musulman et d'utiliser les outils classiques des sciences sociales pour l'analyser, mais que, de l'autre, il ne fallait pas pas non plus en effacer la singularité. Celle-ci existe bel et bien et se traduit, pas seulement mais notamment, en termes confessionnels. L'islam devait unifier la nation, on le sait. Et si les États modernes ont tenté de domestiquer l'islam et les oulémas, l'une des raisons en est que la référence religieuse devait servir à unifier la nation et fonctionner en tant qu'élément de cohésion. Or cet islam qui, effectivement, réunit, divise aussi.

Cette division se traduit d'abord au sein de la société comme une sorte de clivage entre le peuple et l'élite. Sociologiquement parlant, le peuple est certes un concept dépourvu de sens. Toutefois, il y a des situations dans lesquelles on voit émerger un phénomène de construction sociale assez difficile à rendre par des termes suffisamment précis et que l'on pourrait traduire par la notion de peuple. Or dans ce phénomène, on constate que l'élite en est tout à fait exclue. L'une des tragédies de la gauche au Moyen-Orient dans les années 1990-2000 – et désormais après les élections qui ont eu lieu ces derrières années –, c'est qu'elle se réduit en réalité à son style de vie et que, de surcroît, elle n'a pas d'ancrage au sein des classes défavorisées ; elle ne comprend pas la logique de charité et est incapable de définir la question sociale comme fondamentalement non politique, contrairement aux Frères musulmans qui, eux, savent très bien le faire. Cet échec de la gauche durant ces 20 ou 30 dernières années tient aussi au fait qu'elle ne s'est maintenue, finalement, que dans la mesure où l'État, qui par ailleurs la méprisait profondément, la protégeait. Il n'en reste pas moins que la division au sein de la société est bien réelle et l'on peut même s'attendre à une fuite assez massive de l'élite du Moyen-Orient au cours des années à venir ; en tout cas d'une certaine élite, puisque *an-Nahda* ou les Frères musulmans relèvent eux aussi de l'élite intellectuelle et qu'ils sont très présents au sein des classes moyennes.

Enfin, un autre facteur de division, probablement beaucoup plus grave et plus important, est lié à la question confessionnelle. Nous avons tous été extrêmement sensibles à cette question et essayé de proposer des lectures – je pense par exemple à la société irakienne – pour que les dynamiques de confessionnalisation ne l'emportent pas sur les dynamiques politiques. Aujourd'hui, nous sommes encore un certain nombre à dire qu'il faut proposer d'autres types d'approche de la société syrienne que celle basée sur la seule différence confessionnelle. Il n'en reste pas moins qu'en situation de crise, il faut reconnaître que la confession sert à la fois de cadre de repli et de source de sacralité qui radicalise les conflits et les transforme pratiquement en conflits ethniques, pour ne pas dire ethnicistes : d'un côté la chemise ensanglantée du troisième Khalife assassiné ; de l'autre le martyre de Hussein à Karbala comme acte fondateur de chiisme.

Aujourd'hui plusieurs pays, l'Irak, la Syrie, le Liban, le Pakistan, l'Iran, se trouvent hélas en face de cette donne confessionnelle qui n'est ni naturelle, ni essentielle ; n'oublions pas qu'en Irak, par exemple, le phénomène de conversion au chiisme n'a eu lieu massivement qu'au XIXe siècle. Si l'islam témoigne par définition de la longue durée, ces divisions internes fondées sur le référent confessionnel s'inscrivent en revanche dans une histoire souvent très courte. C'est pourtant ce référent qui l'emporte aujourd'hui, aux dépens des registres politiques, voire identitaires de longue haleine.

Bibliographie

FILALI-ANSARY, Abdou, 2003, *Réformer l'islam ? Une introduction aux débats contemporains*, Paris, La Découverte.

FURET, François, 2007, *La Révolution française*, Paris, Gallimard.

GÖKALP, Ziya, 1976, *Türkleşmek, İslâmlaşmak, Muassırlaşmak*, Ankara, Kültür Bakanlığı Yayınlar.

LEWIS, Bernard, 1988, *Le langage politique de l'islam*, Paris, NRF.

MARDIN, Serif, 1983, *Din ve İdeoloji*, Istanbul, İletişim Yayınları.

TILLY, Charles, 2004, « Foreword », *in* O. Wiktorwitz (ed.), *Islamic Activism. A social Movement Theory Approch*, Bloomington, Indiana University Press.

INTRODUCTION

Le travail politique de l'islam en Afrique de l'Ouest : entre libéralisme, démocratie et République

Gilles HOLDER
et Jean-Pierre DOZON

Cet ouvrage est le troisième à rendre compte des recherches menées dans le cadre du projet PUBLISLAM[1], après *L'islam, nouvel espace public en Afrique*, paru chez Karthala en 2009, et *L'Afrique des laïcités*, publié par les Éditions Tombouctou et IRD Éditions en 2014. L'objectif de ce projet collectif était de décrire et comprendre les dynamiques culturelles, sociales et politiques de l'islam, telles qu'elles se donnent à voir aujourd'hui au Burkina Faso, en Côte d'Ivoire, au Mali, au Niger et au Sénégal. De nombreux travaux ont certes déjà paru sur le sujet, témoignant en cela de l'importance du fait religieux en Afrique. Mais, d'une part, ceux-ci étaient marqués par ce qu'on pourrait appeler un *tropisme sénégalais* (voir ici le chapitre de Jean Copans), et, d'autre part, la majeure partie des études réactualisant la question portait sur l'Afrique anglophone. Pour PUBLISLAM, il s'agissait donc de changer de focale en appréhendant de façon comparative cinq pays de l'Afrique francophone, à travers une série

1. Le projet PUBLISLAM, acronyme de l'intitulé *Espaces publics religieux. États, sociétés civiles et islam en Afrique de l'Ouest*, a réuni vingt-cinq chercheurs et doctorants venus d'Afrique, d'Europe et d'Amérique du Nord de 2008 à 2012. Il a été cofinancé par l'Agence nationale de la recherche (ANR) et l'Agence interétablissement de recherche pour le développement (AIRD), dans le cadre de l'appel à projet compétitif du programme « Les Suds, aujourd'hui » lancé en 2007.

d'enquêtes simultanées visant à rendre compte à la fois de la dimension régionale, des logiques de réseaux, de circulation et de transfert que suscitent aujourd'hui ces dynamiques religieuses.

L'angle théorique de cette étude a consisté à appuyer empiriquement nos recherches sur la notion d'« espaces publics religieux », plutôt qu'islamiques, dans la mesure où les reconfigurations de l'islam en Afrique de l'Ouest ne touchent pas uniquement les pays massivement musulmans, comme le Mali, le Niger ou le Sénégal, mais également ceux où la pratique religieuse s'inscrit dans un univers confessionnel plus diversifié, à l'instar du Burkina Faso ou de la Côte d'Ivoire. Si la notion de *religious public sphere* suggérée par Dale F. Eickelman (2002) au sujet des sociétés musulmanes « traditionnelles » a pu nous servir de point de départ, nous en avons toutefois sensiblement modifié l'usage et la portée. En effet, dans cette étude, il s'agissait moins de considérer l'idée de séparation et d'autonomie entre sphères publique et privée que de caractériser la multiplication des lieux de l'islam, à la fois physiques et symboliques, qui rendent compte d'une nouvelle visibilité publique de la religion (Casanova 1994). Enfin, l'approche par les espaces publics religieux, pris dans leur pluralité et leur caractère fragmenté (Farge 1992), nous permettait de questionner les logiques de changement social et d'opinion suscitées par les organisations musulmanes et, ce faisant, d'appréhender le travail structurel de celles-ci sur les configurations des espaces publics nationaux, voire transnationaux en Afrique de l'Ouest.

Mutations socio-économiques et société civile en Afrique : l'islam en démocratie

Au début des années 1980, l'afro-pessimisme règne alors en maître au sein des institutions de Bretton Woods, qui considèrent que la dette endémique et les régimes dictatoriaux qui ont refermé l'épisode des indépendances interdisent au continent de se développer. À ce diagnostic économique sombre, qui passe sous silence l'impact même de la logique de l'aide au développement pour ne retenir que le syndrome de l'économie fermée, fonctionnarisée et socialement dispendieuse, répondent les Programmes d'ajustements structurels. Ces PAS vont alors préconiser la réduction des États à leur stricte sphère régalienne – législation, sécurité et diplomatie –, au profit d'une économie libérale présentée comme seule pouvant faire sortir les pays africains de la spirale de l'endettement, enclencher le développement, réduire la pauvreté et instaurer la paix démocratique, appelée plus souvent « bonne gouvernance ». En réalité, cette nouvelle raison économique imposée à l'Afrique, qui se voit sommée de rentrer dans la globalisation néolibérale, s'inscrit dans un contexte de bouleversements géopolitiques majeurs où les pays musulmans jouent un rôle déterminant.

En 1971, survient le premier « choc pétrolier » consécutif à un pic de production des États-Unis, ce qui se traduit par une forte dévalorisation du dollar et donc des cours du brut libellés dans cette monnaie, avant que les pays producteurs de pétrole réunis au sein de l'OPEP décident, en 1973, d'une augmentation de 70 % du prix du baril, assortie d'un embargo sur les livraisons aux États-Unis en réponse à la Guerre du Kippour. Cette envolée des cours du brut va fortement déstabiliser les économies occidentales, en particulier européennes qui étaient alors, elles aussi, *fermées, fonctionnarisées et socialement dispendieuses*. L'Arabie saoudite devient dès lors le troisième pays producteur après l'Union soviétique et les États-Unis, puis le premier en 1992, accumulant des dividendes qui vont lui permettre d'affirmer un leadership économique, politique et religieux sur le golfe Persique et déployer une intense coopération islamique, notamment en direction des pays africains.

C'est dans ce même golfe Persique qu'en 1979, un puissant mouvement populaire enclenche ce que l'on a appelé la Révolution iranienne, avant d'instaurer une République islamique qui, inspirée de la charia, se veut nationaliste, anticapitaliste, antisioniste et anti-impérialiste. Ce faisant, l'Iran rompt l'ordre géopolitique imposé par les États-Unis et leur allié saoudien au Moyen-Orient depuis 1945. Le monde assiste là à la défaite symbolique de l'Amérique, puis à son humiliation avec le désastre de l'opération commando visant à libérer ses ressortissants retenus en otage à l'ambassade de Téhéran.

En même temps que ce déverrouillage du leadership américain au Moyen-Orient, intervient celui de l'Union soviétique en Asie centrale. C'est en effet en 1979 qu'éclate la première guerre d'Afghanistan, où les moudjahidines – le *mujâhid* est un fidèle qui s'engage dans le djihad pour se libérer d'une oppression, et c'est du reste ce même *mujâhid* qui libéra l'Algérie du joug colonial – luttent contre le régime communiste en place. L'Union soviétique intervient militairement avant de subir, en 1989, sa première défaite depuis la fin de la Seconde Guerre mondiale. Neuf mois plus tard, c'est la chute du mur de Berlin, lequel signe l'achèvement à la fois de l'horizon idéologique communiste et du monde bipolaire résultant de la guerre froide entre l'Est et l'Ouest.

L'émergence politique des pays du Golfe à la suite du choc pétrolier et la déroute des deux superpuissances laissant la place à deux États islamiques en Iran et en Afghanistan vont avoir un double impact sur l'Afrique : le surgissement de la question musulmane d'un point de vue géopolitique, d'une part, la fin de la guerre froide, d'autre part, laquelle s'exerçait en grande partie sur le continent africain depuis les indépendances avec, comme conséquence, une forte influence sur la nature des régimes en place.

De fait, si 1989 est l'année charnière pour le monde entier, on oublie curieusement qu'elle l'est aussi pour l'Afrique. Et c'est en Algérie, l'un des pays clés du rapport Est-Ouest dans la sous-région, que débute le processus. Pays pétrolier où l'islam est religion d'État, mais pays pourtant, sinon laïc, du moins « anticlérical » (Sanson 1980), l'Algérie est travaillée par des mouvements islamistes depuis les années 1980. Inaugurant sa révolution démocratique, l'État autorise la création du Front islamique du salut (FIS) quelques mois avant la chute du mur de Berlin. Après sa victoire aux élections communales de juin 1990, le FIS obtient 82 % des suffrages au premier tour des législatives de décembre 1991, conduisant alors l'armée à stopper le processus démocratique par la dissolution du FIS en janvier 1992, répression qui suscitera l'apparition d'un terrorisme islamique qui, en 2003, débordera au Sahel.

Au sud du Sahara, c'est également au tournant des années 1980-1990 que se constitue une série d'associations islamiques « informelles » à Abidjan, Bamako, Dakar, Niamey ou encore Ouagadougou. Celles-ci cherchent alors à s'affranchir de la représentation musulmane que les régimes autoritaires des années 1970-1980 ont mis en place à travers des associations uniques[2], avec l'agrément de l'Arabie saoudite. Grâce aux processus démocratiques lancés en 1990 dans le sillage de la chute du mur de Berlin et qui permirent aux observateurs de parler de « Printemps de

---

2. Après les premiers régimes politiques issus des indépendances, les gouvernements vont en effet chercher à contrôler leur communauté musulmane nationale. Le Niger crée ainsi l'Association islamique du Niger (AIM) en 1974, puis c'est au tour de la Côte d'Ivoire avec le Conseil supérieur islamique (CSI) fondé en 1979, le Mali avec l'Association malienne pour l'unité et le progrès de l'islam (AMUPI) en 1980 et la Communauté musulmane du Burkina Faso (CMBF) en 1984. Quant au Sénégal, le poids des confréries et le phénomène de « co-production » historique avec l'État dont elles témoignent (voir le texte de Jean-Pierre Dozon dans cette livraison) se sont traduits par une intervention du pouvoir politique qui s'est généralement limitée à une reconnaissance plus ou moins appuyée de la représentativité nationale des associations musulmanes après l'indépendance, dont la Fédération des associations islamiques du Sénégal (FAIS) fondée en 1962, et surtout l'Union pour le progrès islamique du Sénégal (UPIS) créée en 1973.

l'Afrique », ces organisations dissidentes vont sortir de leur semi-clandestinité et porter une série de revendications en faveur d'une plus grande liberté des expressions religieuses. Elles tentent en vain de s'inviter aux Conférences nationales qui s'instaurent en Afrique de l'Ouest (Boulaga 1993) pour définir, conformément aux injonctions du Discours de la Baule du 20 juin 1990[3], le cadre démocratique des nouveaux régimes. Si le pluralisme politique, les élections libres, la liberté d'opinion et celle de la presse constituent les symboles du projet démocratique de ces Conférences, celles-ci s'emploient aussi à faire émerger une société civile, en libéralisant le droit de se constituer en association, y compris religieuse.

Toutefois, si les aspirations démocratiques animent fortement les sociétés africaines, la mise en œuvre du processus demeure l'apanage des élites intellectuelles, des syndicats, des partis politiques qui participent de la transition vers les nouveaux régimes démocratiques. Certes, la libéralisation des associations confessionnelles est effective, mais on leur laisse toutefois peu de place dans l'élaboration du processus, tandis qu'elles font l'objet d'une vigilance de la part des autorités politiques. Si ces organisations revendiquent leur genèse démocratique – certaines s'étant manifestées en amont du processus –, durant toute la décennie qui suit, voire au-delà comme le fait remarquer Fabienne Samson dans cette livraison, elles seront en réalité surtout mobilisées par la compétition qui s'exerce en interne entre les différents leaderships religieux, faisant ainsi la difficile expérience d'une structuration associative – déclaration, programme d'action, financement – qui n'a plus grand rapport avec la simple gestion d'une mosquée. Aussi faut-il attendre le début des années 2000 et la prise de conscience du phénomène djihadiste après les attentats du 11-Septembre,

3. Il s'agit de l'« Allocution prononcée par M. François Mitterrand, président de la République, à l'occasion de la séance solennelle d'ouverture de la 16e conférence des chefs d'États de France et d'Afrique », qui annonce avec une bienveillance toute paternaliste que l'aide française sera désormais conditionnée à la démocratisation des pays partenaires. Et tandis qu'il proclame ce jour-là la démocratie comme « principe universel » et dénonce le fait que « le colonialisme n'est pas mort. Ce n'est plus le colonialisme des États, c'est le colonialisme des affaires et des circuits parallèles », Mitterrand entérine là le néocolonialisme, avec comme premier acte cette nouvelle doctrine de l'aide française : « C'est le chemin de la liberté sur lequel vous avancerez en même temps que vous avancerez sur le chemin du développement ». Et d'enchaîner de façon ô combien significative : « On pourrait d'ailleurs inverser la formule : c'est en prenant la route du développement que vous serez engagés sur la route de la démocratie ». En cela, le Discours de la Baule ne fait que traduire dans le contexte des relations bilatérales l'injonction libérale du FMI ; voir le texte en ligne, consulté le 28 mai 2016. http://www.congoforum.be/upldocs/Discours%20de%20la%20Baule.pdf

pour voir les organisations musulmanes prendre la mesure de l'évolution du cadre démocratique et du rôle qu'elles peuvent y jouer dans une telle conjoncture.

Ces organisations musulmanes mettent alors en avant l'idée selon laquelle elles seules sont à même de promouvoir une pratique de l'islam jugée « africaine », en l'occurrence non violente et respectueuse des institutions, faisant ainsi écho à l'ONU qui proclamait l'année 2000 « Année internationale de culture de la paix ». En se prévalant de leur statut d'organisations de la société civile, constate Mara Vitale à propos du Burkina Faso, elles étendent alors le champ des espaces publics religieux et entendent désormais interpeller à la fois le pouvoir et l'opinion : la dépendance politique vis-à-vis des bailleurs internationaux, l'inadéquation de l'héritage colonial – notamment la laïcité –, l'État dont l'autorité se relâche sous l'effet de la démocratie, ou encore l'amalgame qui se manifeste depuis 2001 entre islam et « guerre contre le terrorisme ». Parallèlement, on observe un regain de religiosité, en particulier chez les jeunes qui, comme l'écrit Kae Amo à propos des espaces universitaires au Sénégal, s'inscrivent dans une logique à la fois d'individualisation et d'engagement citoyen. Plus largement, l'islam tend à former un univers identitaire, social, culturel propre, ainsi que le constate Kamanan Jean-Yves Traoré à propos du Mali, tandis que Seyni Moumouni montre combien le mois de Ramadan est un moment de saturation du religieux au Niger, constituant un espace public au sens réel et symbolique, où identité, religion et politique semblent fusionner pour faire société.

Les entrepreneurs de morale se multiplient à mesure qu'ils apparaissent comme les porte-parole, non seulement des classes populaires qui entendent être guidées par ceux que Moussa Sow appelle « les figures les plus hautes de la sublimation religieuse », mais aussi des classes moyennes paupérisées revenues des grandes espérances de la démocratie. Ils investissent les places, les stades, les médias et mettent à profit les grands rassemblements religieux pour témoigner d'une « économie morale de la prédication », selon l'expression de Roman Loimeier à propos du mouvement *Izala* au Niger, prêchant une éthique à la fois sociale et civique, religieuse et patriotique. Ils donnent des conférences sur les enjeux sociétaux du point de vue de l'islam et animent des émissions populaires sur les radios FM – y compris lorsqu'elles ne sont pas confessionnelles –, où les auditeurs les interpellent en direct sur des questions d'actualité. Comme le décrit bien Doris Ehazouambela à propos du Gabon, peu à peu un nouvel espace public se met en place autour du religieux, dans lequel se multiplient les débats d'opinions sur le statut de la femme selon la charia, l'excision, la corruption, le bon comportement, l'emploi des jeunes, etc. Les acteurs religieux adressent des critiques de plus en plus élaborées à la classe politique et aux élites sociales, au nom d'une représentativité qui ne leur est plus contestée. Comme le souligne Françoise Bourdarias dans son chapitre, ceux que l'on appelle « les hommes de Dieu » dénoncent ainsi l'injustice sociale, la gouvernance inefficace, le laisser-faire quant à l'ordre public et aux mœurs, les pratiques corruptives, l'opacité des élections et réclament le retour d'un « État fort ». Ils reprochent aux élites de promouvoir, au prétexte du progrès démocratique, les normes et les valeurs occidentales. Ce faisant, la sphère islamique se mue peu à peu en un espace public « oppositionnel » qui, comme le suggère ici Gilles Holder au sujet du Mali, permet de renouer avec l'engagement politique autour d'une « démocratisation hors champ ».

Bien qu'elles mettent une dizaine d'années pour prendre véritablement pied dans le débat public, au tournant des années 2000, les organisations musulmanes ouest-africaines auront donc largement bénéficié du contexte international et de l'ouverture démocratique. Mais en réalité, cette émergence des acteurs musulmans et d'une opinion publique religieuse résulte de trois facteurs distincts qui convergent précisément à cette époque. Il s'agit avant tout de la maturité discursive que les organisations confessionnelles ont atteinte. Après avoir achevé de se structurer, celles-ci investissent désormais les espaces publics nationaux en mettant à profit l'omniprésence d'une actualité internationale focalisée sur l'islam, du port du foulard à la laïcité, de l'Intifada au dijhadisme, de l'occupation des Territoires palestiniens à celle de l'Irak. C'est ensuite le moment où, comme le souligne Jean-Pierre Dozon pour le Sénégal, le phénomène d'informalisation de l'État et de l'économie (Mbembé 2010 ; Dozon 2015) devient de plus en plus insupportable, engendrant une désinstitutionnalisation et une criminalisation qui ne se résument plus au seul « néopatrimonialisme » (Eisenstadt 1973). C'est enfin l'heure du bilan des Programmes d'ajustements structurels qui, en entraînant l'Afrique à marche forcée dans la globalisation, vont avoir des effets socialement déstructurants, propices à la critique de la démocratie libérale.

Les paradoxes de la démocratie libérale : *repolitisation par transfert* et sphère publique religieuse

Pour certains sociologues français, la distinction entre *globalis/zation* (Dimitrova 2005) et mondialisation n'est guère pertinente, étant entendu que ces deux mots désigneraient un même processus dit « *Time-space compression* » (Harvey 1990). Pour d'autres, en revanche, la globalisation est un phénomène inédit qui se caractérise par « l'interconnexion brutale de marchés jusque-là disjoints, qu'ils fussent locaux (au sens géographique) ou qu'ils fussent disjoints sur le plan des produits » (Dumez et Jeunemaître 2000 : 2). Mais on peut aussi considérer la globalisation comme inédite au regard des différentes mondialisations qui ont prévalu jusque-là – l'empire romain en Europe et en Afrique du Nord, le Portugal et l'Espagne en Inde et en Amérique du Sud, la France et la Grande-Bretagne en Amérique du Nord, en Asie, au Moyen-Orient, en Afrique, etc. –, lesquelles se définissaient d'un point de vue économique en termes de *rapports d'exploitation du centre vers la périphérie*. Or, si la globalisation peut être vue comme une forme de mondialisation, d'une part, elle est plus financière qu'économique, et d'autre part, elle relève moins du registre de l'interdépendance entre les États propre à la mondialisation, que de celui de l'intégration dans une vaste économie-monde. La globalisation a ceci de particulier qu'elle réalise le projet d'autonomie des marchés à travers une émancipation économique partout et en tout temps – idéalement vis-à-vis de tout gouvernement, sinon de tout acteur économique. Dès lors, si la globalisation demeure à certains égards le produit des États-nations (Bayart 2004), encore faut-il distinguer les élites qui en décident, des sociétés qui s'y adaptent, tout comme il faut différencier les pays qui l'organisent de ceux qui la subissent. Au final, et c'est particulièrement vrai pour l'Afrique, la globalisation engage une nouvelle économie morale du capitalisme mondialisé que l'on peut alors envisager, par analogie avec la mondialisation, en termes de *rapports d'exploitation intégrés et anonymes*.

En 1980, le Sénégal est le tout premier pays africain, avec le Kenya, à inaugurer les programmes d'ajustement structurels du Fonds monétaire international, assortis de programmes sectoriels de la Banque mondiale. S'agissant des cinq pays de cette étude, le Sénégal sera suivi par la Côte d'Ivoire en 1981, le Niger en 1983, le Mali en 1985 et le Burkina Faso en 1987. Conçus dans une logique avant tout financière – résorber la dette au moyen de prêts conditionnés à ces ajustements structurels –, il s'agissait de « redonner une position viable à la balance des paiements du pays intéressé dans un contexte de stabilité des prix et de croissance économique soutenue, tout en évitant l'emploi de mesures contraires à la liberté du commerce et des paiements extérieurs » (Hirsh 1990 : 18). Pour obtenir ces prêts et le rééchelonnement de leur dette, les États sont alors tenus d'opérer une réforme économique totale impliquant la réduction drastique de leur périmètre dans les économies nationales, au profit du secteur privé et de l'exportation des ressources agricoles et minières.

Cette réforme va avoir un impact quasi immédiat en termes d'emplois, de services publics et de coût de la vie. Le ralentissement du recrutement dans la fonction publique entraîne une paupérisation des classes moyennes frappées à deux niveaux : en amont par le chômage des jeunes diplômés ; en aval par les départs à la retraite anticipée des fonctionnaires. Si l'État voit alors diminuer ses dépenses de fonctionnement, son périmètre d'intervention s'en trouve réduit d'autant, dès lors qu'une partie croissante de ses activités de services est transférée vers l'économie marchande. Or, en dépit des prévisions optimistes du FMI quant à l'impact de cette mutation économique, on assiste à une baisse sensible du niveau scolaire et, surtout, à l'inadaptation des jeunes diplômés destinés, en grande partie, à intégrer une fonction publique qui leur est désormais quasi inaccessible. Aussi, les rares concours ouverts font-ils bientôt l'objet de pratiques de corruption – chaque corps est tarifé en fonction de ce qu'il peut rapporter au futur agent, la douane étant l'un des plus onéreux – et de népotisme qui se traduit là aussi par une baisse du niveau de formation et d'efficacité des agents de la fonction publique. Plus largement, le reflux des prestations de services publics au profit du secteur privé conduit à une perte de légitimité de l'État quant à sa capacité à fixer des normes et à garantir l'équité. Enfin, les préconisations du FMI faisant dépendre la réduction de la dette et la croissance économique d'une politique tournée vers l'exportation des ressources agricoles et minières, produits à forte valeur ajoutée et seuls négociables sur les marchés financiers, vont aboutir à une situation inverse. Le désinvestissement des politiques publiques dans l'agriculture domestique et la production industrielle, contraignent les pays africains à importer au prix fort une partie croissante des denrées alimentaires courantes (riz, sucre, huile, etc.) et des produits manufacturés (tissus, ciment, intrants, etc.), au bénéfice d'un secteur marchand oligarchique et étroitement lié à l'État. Au final, la mise en place de cette nouvelle économie d'exportation se traduit par un renchérissement du coût de la vie et une paupérisation[4], laquelle s'accentuera avec la dévaluation du franc CFA décidée par le gouvernement Balladur en janvier 1994.

4. En 1990, Robert Hirsh, économiste à l'Agence française de développement, dressait le bilan de ces politiques d'ajustements structurels, encore largement d'actualité vingt-cinq ans plus tard. Il écrivait : « Sous la double influence des contraintes macro-économiques et d'une sectorialisation accrue, on observe ainsi un retour à des formes de planification sommaire à moyen terme qui ne sont pas sans rappeler les expériences du début des années 1960. Avec cependant des différences sensibles, car ce ne sont plus les États qui arrêtent eux-mêmes les choix fondamentaux,

Avec son intégration dans la globalisation, le tournant des années 2000 marque ainsi l'entrée de l'Afrique dans ce que Francis Fukuyama a appelé *La fin de l'histoire* (1992), et que l'on considérera ici en tant que *phénomène historique sans hommes historiques*, c'est-à-dire à l'autoréalisation d'un monde désormais sans guerre ni révolution, auquel Alexandre Kojève aspirait déjà en 1947 (1980) et à qui l'on doit du reste cette notion de *fin de l'histoire*[5]. L'historien français Marc Flandreau répondra à la prophétie enthousiaste de Fukuyama dans un article intitulé malicieusement « Le début de l'histoire », où il fait remarquer que cette globalisation de la fin du XXe siècle apparaît à bien des égards comme une résurgence de l'âge d'or du capitaliste au XIXe siècle. « Le XXe siècle, écrit-il, fut ainsi riche en “fins de l'histoire”. Celle de la Belle Époque, puis celle de Bretton Woods et, à nouveau, cette nouvelle fin que l'on nous propose. De façon étrange, toutes ces “fins de l'histoire” ont en commun de s'ignorer les unes les autres, comme s'il fallait conjurer chaque fois le risque principal, celui précisément que l'on a choisi d'accepter et qui va devenir le moteur de l'histoire suivante » (Flandreau 2000 : 686).

En réalité, cette *fin de l'histoire* que subit l'Afrique ne prend pas seulement effet avec la globalisation de l'économie libérale ; elle se veut aussi la fin des tyrannies et l'avènement de la démocratie, une « démocratie libérale » en l'occurrence, qui va paradoxalement nourrir la contestation sociale et aboutir à une véritable *sortie du politique* des sociétés africaines, prise au sens institutionnel du terme : participation électorale de plus en plus faible, avec des taux inférieurs à 25 % ; marches et meetings ; dégradations des biens publics ; guerres civiles ; rébellions, etc. Ce faisant, divers projets d'émancipation voient le jour, dont les plus robustes ne sont pas portés par les gauches anticapitalistes, mais, ici par les organisations musulmanes (Mali, Niger, Sénégal), là par les mouvements néo-pentecôtistes (Burkina Faso, Côte d'Ivoire), y compris dans leur forme parfois radicale.

De fait, si la démocratie libérale semble articuler de façon logique démocratie et libéralisme économique, on en doit la conceptualisation à

---

l'approche est plus financière qu'économique, et les déséquilibres initiaux des principaux agrégats réduisent fortement les ambitions. De plus, la dégradation et l'insuffisance des connaissances de base (des systèmes alimentaires aux revenus réels en passant par les comportements des agents économiques traduits en élasticités-prix ou en élasticités-substitution) sont devenues telles que les effets des mesures macroéconomiques sont pratiquement imprévisibles » (Hirsh 1990 : 20).

5. Pour Kojève, la fin de l'histoire traduisait l'avènement d'un *american way of life* mondialisé où l'homme post-historique peut alors s'adonner aux seules activités qui le rendent heureux.

Michael Doyle qui part du concept kantien de « paix perpétuelle » pour proposer la notion de *Liberal Peace*, laquelle postule l'existence de *Liberal States* caractérisés par une forme de représentation démocratique, un marché économique fondé sur le respect de la propriété privée et les garanties constitutionnelles en termes de droits civils et politiques (Doyle 1983 ; 1995). Si les pairs de Doyle considèrent un tel modèle comme « idéaliste », en revanche, le FMI, la Banque mondiale, l'ONU ou encore l'Organisation mondiale du commerce vont en faire le parangon de vertu du libéralisme économique, même s'il leur faut pour cela euphémiser le terme *Liberal* et y préférer l'expression *Democratic Peace*.

Nombre de musulmans ne sont évidemment pas hostiles aux affaires et, comme le montre bien Issa Cissé à propos du Burkina Faso, la doctrine libérale est pour eux recevable, dès lors qu'elle s'inscrit dans une éthique islamique, à savoir la charité, mais également, comme le rappelle Issouf Soumaré (2009), l'interdiction de spéculer (*maysir*), l'incertitude dans les contrats (*gharar*), l'intérêt sur les prêts (*riba*) et l'investissement dans les secteurs illicites (*haram*). Dans cette perspective, le problème est moins le projet économique lui-même que la démocratie libérale, pour autant qu'elle aura liquidé l'État social, auquel s'est substitué un État affairiste qui abandonne le pilotage économique aux institutions de Bretton Woods, la culture et les valeurs à l'UNESCO et le social au secteur privé et aux ONG.

Il serait évidemment faux de dire que les sociétés africaines refusent la démocratie. Mais sa réalisation libérale a eu comme conséquence d'évacuer tout clivage idéologique au sein de la classe politique, toute possibilité de faire vivre cette démocratie en la rendant politique et non pas seulement économique. Aussi, les processus démocratiques lancés dans les années 1990 visant à accompagner la « bonne gouvernance » de l'économie et à faire évoluer les pratiques de gouvernement en termes de participation électorale, de droits humains, etc., donneront lieu à un véritable désenchantement social. Les sociétés africaines vont en effet amorcer une *sortie du politique* radicale, à mesure que l'autorité morale et le rôle de l'État seront remis en cause et que la société civile échouera à constituer un espace public démocratique africain. Cette *sortie du politique* est le résultat d'une défiance, avant d'être celui d'un renoncement quant à l'espoir que l'État, les institutions et les corps intermédiaires constitués (partis, syndicats, etc.) puissent améliorer les conditions de vie économique de chacun, apporter de la justice sociale et restaurer la fierté patriotique des indépendances. Le paradoxe est ici que l'État, reconfiguré en outil du libéralisme, entretient la fiction selon laquelle l'économie ne serait pas politique, ou qu'elle constituerait une raison autonome et quasi mathématique rendant la politique et les idéologies historiques obsolètes.

De leur côté, les organisations religieuses ne cessent d'affirmer que la politique corrompt la morale, le comportement social et la foi. Aussi, lorsqu'elles interviennent dans le domaine politique, elles s'en justifient en arguant de la lutte contre l'injustice, l'acculturation occidentale, le rétablissement des vraies valeurs et la remise en ordre de la cité.

La politique – mais quelle politique ? – passe ainsi, comme le souligne Jean-Pierre Dozon, au crible d'un populisme islamique qu'il faut comprendre, non pas seulement dans sa version électoraliste ou clientéliste, mais aussi dans sa capacité à *(re)faire du peuple*, au sens néo-marxiste où l'entend Ernesto Laclau. « La tâche, écrit-il, est moins de comparer les systèmes d'idées en tant qu'idées que d'explorer leurs dimensions performatives. La relative simplicité et le vide idéologique du populisme, par exemple, qui dans la plupart des cas ne sont que le prélude à son rejet élitiste, devraient être approchés à partir d'une réflexion sur ce que ce processus de simplification et ce vide essaient d'accomplir – c'est-à-dire sur la rationalité sociale qu'ils expriment » (Laclau 2008 : 28).

*

En Afrique, tandis que l'État opère résolument un transfert de la raison politique vers la sphère économique, la société, celle qui juge être victime de la démocratie libérale, réalise ainsi en parallèle un transfert de cette même raison vers une sphère religieuse qui n'est nullement consensuelle. Ce faisant, elle entend redéfinir là un espace démocratique qui, somme toute, n'était guère envisagé au début des années 1990. En l'occurrence, une sphère publique, où la société tend à générer une éthique islamique dans tous les domaines du social et des affaires publiques, activant par là même une certaine *mémoire de l'État*.

Entre conservatisme et postmodernité, foi et citoyenneté, islam politique et islamisation du politique, djihadisme et occidentalisation, telles sont aujourd'hui les politiques de l'islam en Afrique qui proposent de mettre en place une guidance autant démocratique qu'autoritaire de l'État républicain, dès lors que celle-ci se place sous l'égide du gouvernement d'Allah.

Bibliographie

BAYART, Jean-François, 2004, *Le gouvernement du monde. Une critique politique de la globalisation*, Paris, Fayard.

BOULAGA, Fabien Eboussi, 1993, *Les conférences nationales en Afrique noire : une affaire à suivre*, Paris, Karthala.

CASANOVA, José, 1994, *Public Religions in the Modern World*, Chicago, University of Chicago Press.

CRUISE O'BRIEN, Donal, 1992, « Le contrat social sénégalais à l'épreuve », *Politique Africaine*, n° 45, p. 9-20.

DIMITROVA, Anna, 2005, « Le "jeu" entre le local et le global : dualité et dialectique de la globalisation », *Socio-anthropologie*, 16 – En ligne, consulté le 31 mai 2016 : http://socio-anthropologie.revues.org/440

DOZON, Jean-Pierre, 2015, *Afrique en présences. De l'économie atlantique à la globalisation néolibérale,* Paris, Éditions de la Maison des sciences de l'homme.

DOYLE, Michael, 1983, « Kant, Liberal Legacies and Foreign Policy » (Parties I et II), *Philosophy and Public Affairs*, n° 12, p. 205-235 et 323-353.

——— 1995, « Three Pillars of Liberal Peace », *The American Political Science Review*, vol. 99, n° 3, août 2005, p. 463-466.

DUMEZ, Hervé et JEUNEMAÎTRE, Alain, 2000, « Comprendre la globalisation », *La Gazette de la société et des techniques*, n° 4, septembre 2000, p. 1-4.

EICKELMAN, Dale, F., 2002, « Foreword: The Religious Public Sphere in Early Muslmi Societies », *in* M. Hoexter, S.N. Eisenstadt et N. Levtzion (eds.), *The Public Sphere in Muslim Societies*, New York, State University of New York Press, p. 1-8.

EISENSTADT, Shmuel N., 1973, *Traditional patrimonialism and modern neopatrimonialism*, Beverly Hills et Londres, Sage Publications.

FARGE, Arlette, 1992, *Dire et mal dire. L'opinion publique au XVIIIe siècle*, Paris, Le Seuil.

FLANDREAU, Marc, 2000, « Le début de l'histoire : globalisation financière et relations internationales, *Politique étrangère*, n° 3-4, 65e année, p. 673-686.

FUKUYAMA, Francis, 1992, *La fin de l'histoire et le dernier Homme*, Paris, Flammarion.

GRATELOUP, Christian, 2007, *Géohistoire de la mondialisation. Le temps long du monde*, Paris, Armand Colin.

HARVEY, David, 1990, *The Condition of Postmodernity: An Enquiry into the Origins of Cultural Change*, Cambridge, MA, Blackwell.

HIRSH, Robert, 1990, « Ajustement structurel et politiques alimentaires en Afrique subsaharienne », *Politique africaine* n° 37, p. 17-31.

HOLDER, Gilles, 2009, « "Maouloud 2006", de Bamako à Tombouctou. Entre réislamisation de la nation et laïcité de l'État : la construction d'un espace public religieux au Mali », *in* G. Holder (éd.), *L'islam, nouvel espace public en Afrique*, Paris, Karthala, p. 237-289.

KOJÈVE, Alexandre, 1980, *Introduction à la lecture de Hegel*, Paris, Tel-Gallimard [1re éd. 1947].

LACLAU, Ernesto, 2008, *La raison populiste*, Paris, Le Seuil [éd. américaine 2005].

MBEMBÉ, Achille, 2010, *Sortir de la Grande nuit. Essai sur l'Afrique décolonisée*, Paris, La Découverte.

NEGT, Oskar, 2007, *L'espace public oppositionnel*, Paris, Payot.

ROBINSON, David, 2000, *Paths of Accommodation. Muslim Societies and French Colonial Authoritues in Senegal and Mauritania, 1880-1920*, Athens, Ohio University Press.

SANSON, Henri, 1980, « La laïcité dans l'Algérie d'aujourd'hui », *Revue de l'Occident musulman et de la Méditerranée*, n° 29, p. 55-68.

SOUMARÉ, Issouf, 2009, « La pratique de la finance islamique », *Assurance et Gestion des Risques/Insurance and Risk Management*, vol. 77, n° 1-2, p. 59-78.

PREMIÈRE PARTIE

MÉMOIRES ET PATRIMONIALISATION DE L'ISLAM : INVESTIR L'ESPACE PUBLIC

1

Le maraboutage des études islamologiques du Sénégal[1]

Jean COPANS

Je suis depuis 1966 la vie sociale, politique et religieuse du Sénégal avec des moments d'attention plus ou moins intense. Je me suis consacré plus précisément à la confrérie mouride et aux rôles qu'elle a joué ou qu'on lui a fait jouer dans l'espace étatique et public depuis l'époque

1. Je remercie Gilles Holder pour son amitié et sa sollicitude. C'est lui qui m'avait invité à participer au Colloque international de Bamako en janvier 2010 et au Workshop International de mars 2012 à Paris alors que je ne participais pas au programme PUBLISLAM et il m'a laissé développer mes idées personnelles en toute liberté. Ne m'étant jamais considéré ni comme un islamologue africaniste ni comme un africaniste islamologue je lui en suis d'autant plus reconnaissant. Je n'étais pas un discutant des présentations de travaux qui suivaient mon introduction et ce texte-ci ne revient pas sur celles-ci.

En ce mois de janvier 2013, mes pensées vont évidemment à la population du Mali et aux collègues engagé(e)s depuis longtemps contre toutes les formes d'islamisme, bien entendu fanatiques mais aussi soi-disant sociables et populaires, dans l'espace public religieux malien. Je pense notamment à ma collègue Bintou Sanankoua qui s'était fait insulter publiquement en tant que femme laïque par plusieurs participants lors de la table ronde finale du colloque de Bamako à laquelle je participais. Les participants et l'immense majorité du public avaient été très choqués par le ton et le contenu de ces interventions. On pourrait imaginer les pratiques de l'islamisme sectaire qui cherche à faire main basse sur le Mali. Le retard de la publication me permet de compléter ce texte de quelques références et de prendre acte évidemment de l'intervention française au Mali, qui a permis de protéger l'islam encore tranquille de ce pays. Je ne peux que renvoyer ici au remarquable texte de Gilles Holder (2013).

coloniale. Par ailleurs, ma sensibilité aux principes de la sociologie de la connaissance m'a conduit à mener de front depuis cette époque lointaine une évaluation permanente des problématiques des études et des analyses portant sur ce champ somme toute assez classique. La première partie de mon doctorat, rédigé en 1972, faisait notamment le point sur l'islamologie des périodes coloniales et de l'indépendance, et par la suite, au gré des sollicitations, j'ai mis ma problématique à jour, en l'élargissant finalement à l'ensemble des travaux en sciences sociales sénégalaises[2].

Lors de mon état des lieux personnel, centré sur la nature des effets des hiérarchies sociales au sein des enquêtes de terrain, je suis revenu longuement sur ce que je pourrais appeler aujourd'hui les béances de l'anthropologie et de l'histoire sociale et culturelle dédiées à l'islam du Sénégal (Copans 2005). Il va de soi que mon approche s'est construite, hier comme aujourd'hui, en dehors des hypothèses novatrices du programme PUBLISLAM, et que je tiens tout simplement à rappeler ici, de manière schématique, le sens des lacunes intrinsèques de ce domaine, reproduites de génération en génération de chercheurs, sans perspectives, me semble-t-il, de modifications profondes. Le plus complexe et inquiétant en l'état, est non seulement le consensus analytique « politico-islamique » dominant depuis le début des années 1970 mais également le consensus « autocritique » sur ces impasses partagé par la plupart des observateurs de la scène sénégalaise[3]. Un tel état d'esprit pourrait relever du diagnostic psychanalytique d'une forme de masochisme intellectuel pour autant que ce dernier puisse s'appliquer à la recherche en sciences sociales !

Deux questions sous-tendent les interrogations de ce texte :

1/ Peut-on continuer à parler de l'islam en ignorant superbement les modes de fabrication « théologiques », culturels, institutionnels et sociaux (pour ne pas dire familiaux) de ses messages et de ses images ?

2/ La compréhension des États africains de l'Ouest en ce XXIe siècle ne peut être que comparatiste et sociétale. L'approche des espaces publics religieux en un objet en soi, cela ne se discute pas, mais traiter de ce champ sans se pencher davantage et de manière indépendante sur les

---

2. Rédigée entre 1969 et 1972, publiée avec une première mise au point en postface en 1980, cette thèse a été complétée par des articles, des comptes rendus, des notes, des contributions à des débats et par ailleurs par de nombreuses contributions à l'anthropologie politique des États africains modernes. En 1990, j'ai produit un essai de sociologie de la connaissance du Sénégal par lui-même, actualisé par la suite en 2000 puis en 2010 (Copans 2010c).

3. Je tiens à noter en ouverture l'importance de ce point de vue des travaux de mon collègue et ami Donal Cruise O'Brien, décédé, hélas, l'an dernier (Copans *et al.* 2012).

modes de structuration administrative, idéologique et institutionnelle des États, des « nations », des appareils et des rapports entre acteurs locaux me pose un problème considérable[4].

Pour tenter de répondre à ces inquiétudes j'aborderai successivement et de manière schématique le contenu conceptuel et méthodologique de mes questionnements sur ces thèmes depuis au moins 2000, la nature des dynamiques de reconfiguration de ces champs à la lumière de certains travaux récents et enfin les implications de quelques prospections paradigmatiques aux plans théorique, empirique et méthodologique.

Comment penser l'islam et l'État aujourd'hui au Sénégal ? Bref récapitulatif personnel

Début 2000, François Gaulme, directeur de la revue *Afrique contemporaine*, met sur pied un dossier qui doit faire le point, ou du moins symboliser, l'arrivée au pouvoir à Dakar d'Abdoulaye Wade, premier président mouride du Sénégal. Quatre chercheurs se dévouent : Tarik Dahou, Fabienne Samson, Jean Schmitz et moi-même[5]. Pourquoi ce rappel ? Pour la seule et simple raison que treize ans après, ces textes me semblent toujours d'actualité alors qu'une telle situation devrait justement poser problème, tant empirique qu'analytique. Non pas que l'histoire

4. Ou la non-structuration ! L'occupation islamiste du Mali soulève brutalement toutes ces questions mais on pourrait examiner presque tous les autres États africains en ce début du XXIe siècle. L'absence d'État, d'armée, de patriotisme nationaliste invalide toute définition minimale d'un État dit moderne selon les critères classiques. D'où la nécessité encore plus impérieuse de reprendre une anthropologie politique par le haut et par la comparaison. Le Mali tranquille est devenu un cas d'école mais le Sénégal ne l'est pas encore devenu malgré la politique de déconstruction systématique engagée par l'ancien président Wade pendant douze ans. Le double ouvrage collectif que vient d'éditer Momar Coumba Diop en cet été 2013 constitue un état des lieux impressionnant des douze années du *Sopi* (Diop 2013a ; 2013b). On trouve dans le volume 2 trois contributions consacrées à l'islam et à la *Mouridiyya*. Notons la parution de la thèse de Sebastiano d'Angelo, *Politique et Marabouts au Sénégal : 1854-2012*, Bruxelles, Academia-Bruylantdont, 2013, dont je n'ai pas encore pu prendre connaissance.
5. Voir les contributions dans le numéro 194 de la revue *Afrique contemporaine* (2000). J'avais abandonné le champ sénégalais entre 1991 et 2000, pour me tourner vers l'Afrique du Sud. La demande d'un article de synthèse sur le mouridisme lors de l'élection d'Abdoulaye Wade m'a replongé de fait, et avec un nouvel enthousiasme, dans la sénégalo-logie.

sénégalaise n'ait en rien changé sous la présidence de Wade, bien au contraire, mais que les constats passés soient encore pertinents malgré ces mutations est tout à fait discutable. C'est affirmer en effet que certains phénomènes religieux et politiques, publics et institutionnels restent toujours invisibles, à l'écart des analyses et des problématiques, au point que les lieux communs dominants et partagés n'en soient quasiment jamais affectés.

Cela fait longtemps que je tiens ce discours, mais sans me remettre personnellement au travail, sur ces véritables lignes de fuite de l'islamologie politique sénégalaise. Mes absences du terrain, mes intérêts mobilisés autour d'autres domaines ainsi que mes incompétences islamologiques expliquent facilement mon espèce de démission. Mais en expliciter les tenants et les aboutissants peut être utile pour les débats qui nous réunissent. Reprenons donc le fil de ces analyses.

Mon constat de départ en 2000 est la manifestation d'un renouvellement ou d'une reconfiguration de l'économie politique de la confrérie mouride. Je me suis largement inspiré sur ce point de l'œuvre brouillonne mais innovante du sociologue sénégalais Malick N'Diaye qui met en lumière le rôle nouveau joué par les *moodu moodu*, les petits et moyens marchands de l'informel, rôle qui a fait par ailleurs l'objet d'un débat entre une historienne américaine, un historien sénégalais et un sociologue sénégalais (N'Diaye 1996 et 1998 ; Boone *et al.* 1997). Cette catégorie sociale, et les ressources qu'elle draine, constitue l'épicentre d'une nouvelle alliance, ou d'un nouveau compromis historique, plus orienté vers des acteurs privés que vers les appareils et clientèles de l'État national. Six ans plus tard j'ai élargi cette hypothèse en introduisant une dimension plus spatiale et internationale qui semble déterminer de plus en plus les conditions de la reproduction de l'économie nationale et tout particulièrement celles de la confrérie mouride. Hypothèse qui en soulève immédiatement une autre, celle d'une déconnexion politique possible entre les clients « nationaux » de l'État et les clients « privés » de la confrérie et d'une forme d'internationalisation ou d'expatriation symbolique de la confrérie même si Touba en reste la capitale sainte indiscutable (Copans 2010c)[6]. N'ayant pas suivi de près l'évolution sociétale du

6. Le bruit a couru un moment qu'on allait construire le nouvel aéroport dakarois, non dans la très grande banlieue à Diamnadio (ce qui est le cas en fait), mais à Touba à cause de l'importance des relations internationales directes de cette ville, devenue par ailleurs la seconde en importance du Sénégal. Je pense être ici en léger désaccord avec Jean-Pierre Dozon qui me semble hypostasier cette conjonction nationalo-confrérique. Voir également plus loin. Rétrospectivement, sept ans après la rédaction de ce texte, j'ai l'impression d'avoir fait quelque peu fausse route. En

Sénégal depuis cette date, ni mesuré le degré de la « dé-wadisation » des appareils politiques depuis 2012, je suis bien en peine de conclure à une pérennisation ou non de ce modèle proposé dans les années 2000-2006. Voilà pour le contexte global, conjoncturel en quelque sorte.

La tradition des analyses du cas sénégalais sont fondées sur un principe malheureusement simpliste : fonctions confrériques à géométrie éventuellement variable et évolutive, structures confrériques internes et étatiques plus ou moins intangibles. Or si le suivi et la documentation du premier point sont réactualisés de manière permanente, le second reste toujours dans l'ombre de l'ignorance et ce depuis les origines de l'étude de l'islam sénégalais, il y a maintenant presqu'un siècle[7] ! J'ai abordé ce point en détail dans mon texte sur les effets des hiérarchies maraboutiques et politiques dans le déroulement empirique de mes enquêtes et la théorisation concomitante des résultats au cours des quarante dernières années (Copans 2005). Le rapport social fondateur de la confrérie est constitué génériquement d'une matière théologique et mystique. Nous avions abouti à cette conclusion dès notre premier texte de 1969 (Copans *et al.* 1972), ce qui nous avait conduits à l'époque à privilégier une détermination idéologique et non simplement politico-économique de son fonctionnement social. Nous contredisions ainsi les hypothèses aussi bien coloniales (Paul Marty) que néo-marxistes (René Dumont, Samir Amin et d'autres) qui dominaient au tournant de l'indépendance. Malgré sa réputation, la reproduction élargie de la confrérie est tout à fait opportuniste. Son patriotisme d'appartenance se conjugue très bien, paradoxalement, avec un prosélytisme assez passif, puisque plus d'un siècle après sa naissance, et plus de quarante ans après les débuts de son expatriation mondiale, elle reste avant tout sénégalaise par son recrutement et son terrain d'intervention.

La pensée et l'action du fondateur sont enfin connues avec beaucoup plus de précisions (Searing 2002 ; Babou 2011), mais l'anthropologie des modes de fabrication quotidiens au XXe siècle, et bien sûr en ce début du XXIe, est toujours des plus sommaires car cette histoire sociale, culturelle et religieuse ne peut se substituer à des démarches empiriques sur le

fait la crise financière mondiale est passée par là, les transferts des migrants ont (provisoirement ?) diminué et la crise larvée de la gouvernance wadienne ainsi que les excès islamistes au Sahel ont redéployé autrement les paramètres islamiques. Voir à cet égard les articles de Babou (2013) et Seck (2013), ainsi que la thèse de Xavier Audrain (2013).

7. Voir les travaux de l'officier des affaires musulmanes, Paul Marty, et notamment *Les Mourides d'Amadou Bamba* (Paris, E. Leroux, 1913), dont on a fêté le centenaire en 2014.

contemporain[8]. D'une manière plus générale je renvoie aux réflexions récentes de Jean-Louis Triaud qui rappellent la faiblesse orientalisante des études africaines francophones, réflexions qui confortent mon point de vue (Triaud 2010). Ainsi les nombreuses nouvelles recherches en islamologie ouest-africaines coexistent-elles tranquillement, semble-t-il, avec des hypothèses toujours insuffisamment étayées, à propos des cas tout à fait paradigmatiques comme celui des confréries sénégalaises.

Il en est presque de même en ce qui concerne l'analyse de la vie politique sénégalaise. Celle-ci est toujours en bonne partie aux mains des observateurs et des analystes étrangers ce qui pose à l'évidence des problèmes méthodologiques considérables en matière de suivi et d'immersion « participante »[9]. Les grandes œuvres de la science et de l'anthropologie politique africanistes contemporaines ne portent pas sur le Sénégal, supposément bien connu ou facilement connaissable. Mais les faiblesses empiriques et documentaires n'expliquent pas tout. Certes les approches dites « par le bas » n'ont pas déserté pour autant les appareils, les élections et les acteurs nationaux, mais les nouvelles articulations internes et externes des États actuels restent trop souvent au second plan.

Il y a plus d'une dizaine d'années, nous avions suggéré l'hypothèse de la fin des sociétés « d'État » (Copans 2003). L'État postcolonial avait constitué pendant un quart de siècle l'armature de l'ensemble des rapports sociétaux nationaux mais les ajustements structurels des années 1980 et la libéralisation mondiale consécutive avaient démantelé assez brutalement cette configuration. Pour reprendre un passage de notre texte de 2003, « La société tenait jusque-là grâce aux contraintes provenant de la domination des appareils d'État réunis. La dislocation ou la modification de cette instrumentalisation permet aux multiples dynamiques sociales de manifester leur spécificité, de s'affirmer aux plans micro-institutionnels, avec la coopération, parfois très intéressée des bailleurs et parrains étrangers » (*ibid.* : 15). On assiste ainsi à l'apparition d'appareils d'État de proximité, à une « ongisation » de la société en quelque sorte, ce qui nous

---

8. Malgré les tentatives maladroites, et inutilement polémiques à notre égard, de Searing qui s'est efforcé d'appliquer nos observations et analyses des années 1960 à des situations antérieures de plus de trois-quarts de siècle, ce qui est tout à fait anachronique (Searing 2002 : 235-238).
9. D'un point de vue général, ce n'est pas absolument le cas, faut-il le préciser immédiatement, si l'on suit la série presque ininterrompue d'ouvrages collectifs édités par le sociologue Momar-Coumba Diop depuis plus de vingt ans. Un gigantesque état des lieux de la période Wade (2000-2012) vient de paraître en cette année 2013 en deux volumes réunissant près de soixante contributions sur tous les domaines de la vie du Sénégal.

oblige à revoir nos définitions canoniques de l'État moderne (Copans 1997 ; Niane 2003)[10]. On assiste également à l'apparition d'une privatisation des États au sens que lui a donné Béatrice Hibou, tant aux niveaux locaux que de certains appareils régaliens ou territoriaux (Hibou, 1999).

Ma relecture critique a pris un tournant, en un sens épistémologique, en 2007, à l'occasion des séminaires et des ouvrages d'hommage aux politologues Jean-François Médard et Christian Coulon, ce dernier étant, comme on le sait, également spécialiste de la confrérie mouride. Je me suis en effet demandé si ce qui avait fait le succès de certains concepts dans les années 1970-1990 était encore pertinent un quart de siècle plus tard. Il s'agissait des concepts de « néo-patrimonialisme » et de « Big Man » pour le premier et de ce que j'ai appelé le « consensus de Touba » pour le second (en y incluant les réflexions de Donal Cruise O'Brien et de moi-même pour un temps) (Copans 2010a ; 2010b). Je concluais à l'épuisement du modèle clientéliste puisque les hiérarchies et les réseaux politiques et religieux avaient éclaté et que le népotisme opportuniste mis en place par Abdoulaye Wade semblait fonctionner sans trop d'opposition au sein d'un libéralisme mondial exacerbé. Mais l'intimité du pouvoir étatique et confrérique reste toujours aussi opaque et on retombe sur les mêmes lacunes que celles mises en avant précédemment.

En 2008, je m'efforce de reprendre toutes ces problématiques de manière synthétique au cours de deux séminaires qui ne donnent pas lieu, hélas, à la rédaction d'un texte[11]. Je reprends la problématique de la nature sociologique des fonctionnaires (Copans 2001), de la constitution des appareils d'État et de leur autonomisation sous la forme d'agences officielles mais parallèles et indépendantes de tout contrôle central, du sens à accorder aux politiques développementalistes de « bonne gouvernance » qui prennent de plus en plus d'ampleur et du rôle des confréries dans tout ce vaste champ.

Pour conclure ce premier point. Les modèles colonialo-confrériques et néo-(ou post, c'est selon) confrériques sont en voie non pas de disparition

10. L'expression de Boubacar Niane a été souvent reprise mais elle signale un des phénomènes les plus marquants des scènes internationales, nationales et locales depuis un quart de siècle. Niane nous propose aujourd'hui une analyse globale des élites sénégalaises qui enrichit des travaux personnels conduits depuis plus de quinze ans (Niane 2011).

11. Nous renvoyons ici à notre communication intitulée « Des fonctionnaires à l'État, de l'appareil d'État aux appareils et agences parallèles à l'État », présentée chez Girogio Blundo, et à celle sur « Gouvernances *vs* appareils d'État : le cas du Sénégal », présentée chez Jean-Pierre Dozon dans leurs séminaires de l'EHESS au printemps 2008.

mais de dissipation. La négociation de l'usage et du contrôle de l'espace public entre intérêts étatiques et confrériques est en train de prendre une nouvelle forme : chaque entité n'est plus homogène (pour autant que son apparence lui fournissait une apparence homogène précédemment) et la négociation est comme démultipliée tant aux niveaux centraux qu'aux niveaux locaux. La décentralisation étatique et les réseaux d'ONG d'une part, les représentants des filiations excentrées ou périphériques des familles fondatrices des confréries s'auto-attribuant une autonomie inédite dans la hiérarchie des soumissions et des parentèles confrériques de l'autre, démultiplient les lieux de l'allégeance, de la négociation, de l'arrangement ou de l'*accommodation*[12]. L'espace, la temporalité, la structuration des espaces publics produits en apparente coopération deviennent une pluralité de champs de compétitions, de concurrences et même de conflits qui remettent en cause d'abord l'autorité de l'Etat mais peut-être de manière encore plus insidieuse celle des responsables suprêmes des confréries.

Le passage d'un modèle central et national à un modèle d'une pluralité de micro-centres juxtaposés, moins ancrés dans un territoire donné, et par conséquent plus versatiles et mobiles, impose une nouvelle cartographie des allégeances et des messages, des identités et des collaborations. L'insuffisance des connaissances à propos des dynamiques anthropologiques et politiques de la connaissance et des représentations, des modèles théologiques transmis et reformulés depuis plus d'un siècle par tous les acteurs religieux *et* politiques[13], peut devenir alors un obstacle irrémédiable à la compréhension de toutes ces mutations dans la mesure où les principes premiers des affiliations et des mises en pratique des mobilisations subjectives et collectives sont encore restés un no man's land culturel et historique très peu documenté. La permanence des liens au fondement des confréries islamiques sénégalaises, qui ont su maîtriser une succession de périodes sociopolitiques des plus contrastées et des plus contradictoires sur plus d'un siècle, est d'abord un phénomène socio-idéologique indiscutable. Notre ignorance détaillée de sa phénoménologie

---

12. C'est le terme utilisé en anglais par David Robinson pour évoquer les arrangements entre les confréries et les autorités coloniales entre 1880 et 1920 dans *Paths of Accommodation* (2000). Cet ouvrage a été traduit sous un autre titre en français (Robinson 2004).
13. Les appartenances religieuses des hommes politiques sénégalais constituent un chevauchement très important entre les deux champs tout comme depuis une petite dizaine d'années l'engagement politique partidaire et électoraliste de certains marabouts qu'on pourrait appeler de 3e génération. Voir Samson (2008) et Samson N'Daw (2009).

et de son anthropologie familiale et politique finit par donner l'impression que nous avons fait l'impasse sur sa matérialité au point de laisser penser que la croyance religieuse est au-delà de toute explication. L'intemporalité intime des confréries est une illusion d'optique sur laquelle il serait temps de revenir pour la dissoudre.

Esquisse d'une reconfiguration des problématiques

Trois points méritent un examen plus serré. Il y a d'abord celui de la nature de cet « espace public religieux » (Holder 2009) qui semble être devenu un terrain de révélation et de confrontation entre les acteurs et les institutions religieuses d'une part et les appareils multiples, plus ou moins dépendants de l'État, de l'autre. La visibilité de cet espace public religieux, sa seule existence pourrait, aux yeux de certains, devenir sa seule justification. C'est pourquoi cet espace public ne peut être traité indépendamment de la forme sociétale dans laquelle il s'insère ou qu'il exprime et c'est ici que la sociologie ou l'anthropologie des catégories sociales qui agissent ou fabriquent (ou non) cette « société civile religieuse », en l'occurrence musulmane (Holder et Sow 2014 : 25 *sq.*) prennent le pas sur la science politique. Et puis il nous faut revenir aux cultures islamiques de base, populaires, élaborées ou cultivées qui font la vie quotidienne des citoyens et des croyants mais aussi, et surtout, à ce qu'on pourrait appeler la culture professionnelle des acteurs confrériques, à leur habitus cultuels et relationnels, avec les fidèles proches ou lointains comme avec leurs collaborateurs ou interlocuteurs et enfin avec les divers membres de leurs sphères familiales et parentales que ce soit par la filiation ou l'alliance[14].

Une réflexion d'ensemble nous est proposée par Mathieu Hilgers dans le cadre d'un examen des résistances et des contestations dans les régimes semi-autoritaires (Hilgers 2010). Il note le passage d'espaces officiels, définis par la participation aux activités institutionnelles autorisées des États, à des espaces publics liminaires où s'expriment, se manifestent et

14. Je rappelle les réflexions de Donal Cruise O'Brien à propos de sa découverte des comportements de soumission du fidèle mouride face à son marabout en 1966. Venant de terminer ses études à Berkeley, en pleine libération des mœurs et des idées, il dit avoir eu du mal à s'y ajuster (2003 : 9). Voir sur ce plan les contributions de Seck (2010, 2013).

s'organisent les groupes, les associations, les collectivités qui réussissent à mobiliser ou activer certaines ressources humaines, organisationnelles ou financières et matérielles. Refusant la conception idéale des espaces publics transparents et garants de la formulation dite démocratique, Mathieu Hilgers suggère d'employer l'expression « d'espaces publics liminaires ». Ce terme permet selon lui de « subsumer les qualifications multiples qui ont permis de décrire les espaces publics dans les contextes semi-autoritaires (espace public de proximité, espace public religieux, espace public oppositionnel, espace public périphérique, espace public officieux...) » (*ibid.* : 213, n. 5). Il existerait par conséquent de nombreux espaces publics « localisés », partiels, sans liens entre eux, hétérogènes, ambivalents. Cette dynamique s'exprimerait également au niveau du langage, des mécanismes de perception du politique et de l'expression de l'imaginaire politique au sens le plus global du terme[15].

Il est reconnu aujourd'hui qu'un des facteurs décisifs de ce délitement et de ces formes nouvelles de recomposition des appareils et institutions d'État est la nouvelle configuration des politiques et programmes de développement. Les nouvelles possibilités offertes par ces interventions plus locales, décentralisées ou en tout cas moins centralisées, ont été largement investies par l'ensemble des acteurs religieux et confrériques. Tout un *Bulletin de l'APAD* (Kaag et Saint-Lary 2011) est consacré à cette problématique. Les éditrices dans leur présentation mettent en lumière l'émergence d'une forme d'État providence religieux fondé sur ces participations et soutiens (*ibid.* : 17)[16]. Ainsi les élites religieuses participent pleinement, mais de manière toutefois distincte et indépendante et avec leurs moyens propres, au fonctionnement des États. Bien entendu l'État dit régalien reste toujours dans un rapport de clientèle ou d'instrumentalisation politicienne ou rentière mais les associations et ONG locales, celles qui nous concernent ici, assument de plus en plus des fonctions « entristes »[17] ou de lobbying, ce qui fait que la société civile assume de

15. Il faut rappeler que ce texte est publié dans la revue *Alternatives-sud* de l'association belge Centre Tricontinental. Depuis 2008, cette publication a proposé un numéro sur « L'État des résistances dans le Sud » et celui de 2010 est consacré entièrement à l'Afrique. Vingt-trois pays y sont passés en revue et une demi-douzaine d'articles traite de domaines transversaux, dont celui de Mathieu Hilgers. Notons dans cette même section l'article de Fabienne Samson N'Daw sur les dynamiques religieuses et les mobilisations sociales (2010).

16. Les éditrices s'inspirent d'une expression forgée par Maria Das Dores Campos Machado à propos de l'église néo-évangéliste brésilienne, L'Église universelle du Royaume de Dieu, qu'elle qualifie d'« organisation providence » (Machado 2003).

17. Cette expression habituellement requise à propos des pratiques des groupuscules de gauche est utilisée par Mame-Penda Ba à propos des tactiques de certains groupes

plus en plus de fonctions de l'État comme l'entendent d'ailleurs certaines théories juridiques. Muriel Gomez-Perez (2011) détaille d'ailleurs fort bien le rôle de deux ONG sénégalaises islamiques dans le cadre de la lutte contre le sida. Comme elle le résume :

> « [elles] deviennent à la fois des relais incontournables de la politique étatique et des bailleurs de fonds internationaux mais aussi des partenaires critiques voire indociles. [Ces relations] oscillent entre complémentarité et concurrence [et elles permettent] d'analyser le jeu de négociations qui s'opère à travers la dialectique entre les fondements éthiques de l'islam, la collaboration avec divers partenaires [...] et l'arrimage aux programmes d'aide au développement international » (*ibid.* : 121).

On en arrive au point où les ONG confessionnelles reconfigurent l'islam selon la nature de leurs rapports avec les acteurs publics.

Jean-Pierre Dozon va carrément plus loin puisqu'il nous propose une nouvelle hypothèse, celle d'une mutation idéologique et fonctionnelle de la *Muridiyya* (Dozon 2010). Il pense qu'elle est en train de prendre la forme d'une cité-État grandissante avec la ville sainte de Touba. Il note une appropriation mouride manifeste de l'espace national et il existe comme un nouveau jeu hégémonique avec l'apparition d'une nation confrérique coproduite simultanément entre la confrérie et l'État sénégalais. L'une des causes de ce phénomène provient de la dynamique de la culture *moodu moodu* qui affecte l'ensemble de la société. Notre analyse (Copans 2010e) pointait l'importance grandissante de la dimension internationale de ce phénomène et du risque de discordance entre le statut de citoyen et celui de *taalibe*. Mais nous pensions également qu'il existait, comme à l'habitude, des éléments conjoncturels très puissants dans cette évolution (alors que Jean-Pierre Dozon les interprète comme contribuant à une mutation structurelle) et surtout qu'il n'est pas possible de réduire l'espace public islamique sénégalais aux seules caractéristiques et avantages de la confrérie mouride. La défaite de Wade en 2012 pourrait confirmer cette involution.

Momar Coumba Diop nous fournit enfin quelques pistes phénoménologiques qui vont dans le même sens (Diop 2008). La désorganisation des appareils administratifs et l'instabilité de l'État confirment le désintérêt des élites pour toute idéologie politique. On en est arrivé à un point de

---

islamistes sénégalais (2012 : 594). Au-delà de son sujet tout à fait actuel ce texte présente de remarquables réflexions critiques et méthodologiques sur les us et coutumes de l'étude de l'islam sénégalais et rejoint nombre de nos considérations.

déliquescence tel que les classes dominantes n'ont plus aucun projet sociétal et surtout n'en éprouvent absolument plus la nécessité pour gouverner, que ce soit aux niveaux national, étatique ou public au sens le plus général de ces termes. La débrouille individuelle de l'informel et l'expatriation semblent constituer les fondements de la culture aussi bien dominante que dominée[18].

Il faudrait enfin citer à nouveau les derniers travaux de Cruise O'Brien qui avait réuni ses derniers travaux en 2003 sous le titre prudent de *Symbolic Confrontations*, mais au sous-titre beaucoup plus parlant de *Muslims Imagining the State in Africa* / « Comment les musulmans imaginent l'État en Afrique » (Cruise O'Brien 2003). Cette problématique débouche simultanément sur une relecture comparée de ce dernier à travers la notion de performance et de mise en scène (théâtrale) du pouvoir (Strauss et Cruise O'Brien 2006)[19].

Il est certain que ces hypothèses impliquent un recours à l'analyse sociétale et macrosociologique. Il faudrait revenir sur la nature des catégories rurales et agricoles aujourd'hui, sur la prééminence apparente des catégories urbaines et salariées et enfin sur la reconstruction des stratifications et hiérarchies sociales. Évoquer sans fin l'informel et les fameux *moodu moodu* ne nous conduit nulle part à cause du flou permanent qui entoure l'usage de ce terme. Ainsi l'analyse des petits entrepreneurs révèle-t-il à la fois leur fonctionnalité économique et leur fragmentation et dépendance des politiques publiques étatiques ce qui les empêche, malgré leur degré relativement conséquent d'organisation et d'expression, de manifester un embryon de cohésion sociale. De même il serait temps de produire une cartographie des catégories actuelles de fonctionnaires, de leur répartition et de leurs formes de conscience culturelle et sociale dans la mesure où ils se situent toujours, qu'on le veuille ou non, au cœur de la mécanique sociétale. Cette hypothèse est spécifiquement sénégalaise et je n'oserai absolument pas du tout l'appliquer à l'ensemble des États africains.

Nous en venons enfin au sujet qui nous préoccupe tant, et à propos duquel la littérature semble toujours très lacunaire : celui des conditions intimes de la fabrication religieuse tant théologique que symbolique ou encore culturelle et langagière. Je voudrais enraciner cette réflexion dans

18. Boubacar Niane (2011) nous propose à son tour une analyse globale des élites sénégalaises qui enrichit des travaux conduits depuis plus de quinze ans. Ses enquêtes permettent de fournir une consistance sociologique à des catégories sociales plus souvent stigmatisées idéologiquement qu'analysées empiriquement.
19. Grâce à des emprunts à Clifford Geertz et à Georges Balandier.

le travail novateur, bien que parfois maladroit et tout à fait incomplet, d'Abdourahmane Seck, dont le sous-titre dévoile bien les intentions, *La question musulmane au Sénégal. Essai d'anthropologie d'une nouvelle modernité* (2010). Il s'agit cette fois-ci de prendre l'islam, ou plutôt l'image qu'en font et que s'en font les pratiquants, à revers. Je me contente ici de reprendre certaines expressions des titres de chapitres ou de sections : « espace public et espace religieux » : « chemins de traverse » ; « imagerie sociale » ; « expressions confessionnelles » ; « mémoires d'islam et récits d'en bas » ; « figures recomposées des voies du salut ». Seck, qui est un observateur direct et non plus étranger, tourne partiellement le dos à la question du degré d'intégration des confréries à l'espace politique sénégalais, mais il n'en pose pas moins la question des reconnaissances nationales que ces dernières permettent en se mettant au niveau des fidèles de la rue et des « récits de tout le monde et de personne » que sont les chansons de variété ou les prêches populaires et radiophoniques (*ibid.* : 187-198). Il restitue, à l'instar de Charlotte Pézeril jadis pour les Baay Fall mourides (Pézeril 2008, Copans 2008), la vision quotidienne de l'intérieur en confrontant, sur le même objet de « l'islamité » (l'identité du croyant musulman)[20], l'opinion et la croyance, la soumission aux marabouts et les choix libres des citoyens politisés. Le fait de passer par des réalités anodines ou banales, y compris les articles de la presse quotidienne, révèle une sensibilité terre-à-terre qui ne possède plus rien d'exceptionnel ou de pré-construit d'un point de vue socio-anthropologique ou politiste. Cette espèce de désordre est vu ici par le tout à fait petit côté de la lorgnette et les échelles ne sont pas toutes calibrées « règlementairement ». Il n'empêche qu'il y a là comme l'appel d'un muezzin anthropologue qui tournerait le dos aux croyances d'un siècle d'islamologie confrérico-centrée.

Abdourahmane Seck n'est pas tout seul dans ce nouveau voyage. Les recherches conduites par Fabienne Samson et Maud Saint-Lary, et plus généralement le programme de l'ANR PRIVEREL[21] qu'elles dirigent, formulent une nouvelle approche, complémentaire de celle de PUBLISLAM. Ce nouveau programme doit être considéré comme tout à fait parallèle et complémentaire dans la mesure où l'insistance sur le public et l'insistance sur le privé ne peuvent se conduire indépendamment l'une de l'autre. « Réislamisation », « L'islam au-delà des catégories », autant d'expressions qui visent à reprendre l'islam tel qu'il se crée tous les jours dans ses

20. Il s'agit ici d'une définition tout à fait personnelle et très sommaire.
21. Acronyme du projet « Espaces privés religieux individuels, expériences ordinaires et dynamiques religieuses en Afrique de l'Ouest ».

formes de diffusion et de réincorporation culturelle et sociale. Comme l'explique Ismaël Moya dans la présentation de son programme personnel : « il s'agit ainsi de comprendre les expressions banales de la foi »[22]. Mais au-delà de ce retour sur les subjectivités culturelles et quotidiennes, l'approche que je qualifie de « théologique » reste au loin, le problème d'une véritable formation linguistique et islamologique dans le champ africaniste restant toujours un obstacle dirimant en France et dans l'espace francophone[23].

Une tentative de prospection paradigmatique

Celle-ci se décline sur les trois registres de n'importe quelle recherche en sciences sociales. Le religieux et l'ensemble des pratiques et représentations qui l'animent ne relèvent d'aucune extra-territorialité scientifique et tout d'abord théorique. Il faut conduire de front une anthropologie sociale et culturelle globale des « auteurs », « acteurs » et « diffuseurs » du religieux mais sans pour autant élaborer des concepts trop spécifiques qui ne puissent se retourner sur les champs politiques ou même économiques mitoyens. Il va de soi enfin que l'islam ne bénéficie ici d'aucune particularisation et nous marquons notre accord avec la perspective transversale du programme PRIVEREL qui prend en considération les différentes religions disponibles (outre l'islam toutes les formes chrétiennes, anciennes comme hypermodernes) sur le terrain africain de l'ouest. Nous insistons sur ces points parce que l'involution théorique qui marque les sciences sociales françaises depuis la fin du XXe siècle peut

22. Voir http://privirel.hypothèses.org/60, p. 11 [en ligne, consulté le 5 novembre 2013]. Voir aussi la présentation de la partie Sénégal du programme PRIVEREL, http://privirel.hypotheses.ORG/111, p. 2-3 [en ligne, consulté le 5 novembre 2013], ainsi que les projets de Jean-Pierre Dozon et de Jean-François Havard qui se focalisent sur les pratiques individuelles de conversion ou de promotion. Voir enfin le compte rendu du séminaire du 5 janvier 2013 et les présentations des programmes individuels sur le site du programme (rubrique « membres »). Une recherche conduite il y a une dizaine d'années au Maroc peut nous donner une idée de la pertinence et de l'apport d'une telle approche. Voir Ferrié (2004).
23. Un excellent exemple à suivre nous vient du programme initié en 2004 par la Fondation Volkswagen avec des chercheurs allemands, français, américains et évidemment sénégalais. Deux conférences internationales tenues l'une au Sénégal en 2006 et l'autre en Allemagne en 2007 ont permis de faire le point. Voir Diagne *et al.* (2011).

laisser planer un doute sur la nécessité de renvoyer des concepts « régionaux » à une armature plus totalisante et cohérente globalement. Enfin une telle démarche se doit manifestement d'être des plus réflexive et de pratiquer systématiquement une sociologie historique et politique de la connaissance. Il semble par exemple que le découpage disciplinaire habituel au sein des sciences sociales est tout à fait préjudiciable à une saisie dialectique des dynamiques aussi bien sociétales qu'institutionnelles, culturelles que théologiques, publiques que privées des affiliations religieuses notamment islamiques.

Il serait nécessaire de conduire la même réflexion à propos du champ politique historique et moderne. Pour ce qui nous concerne, l'histoire sociale et culturelle du Sénégal colonial reste toujours le parent pauvre de l'historiographie africaniste et la sociologie ou l'anthropologie politique (au sens définitionnel propre des disciplines) des cinquante ans d'indépendance ne se porte guère mieux. L'implosion des modèles théoriques explique le fait que le clientélisme, par exemple, reste tout à fait mal connu dans son intimité anthropologique ou que l'éparpillement des hiérarchies sociales ne suscite pas suffisamment d'approches comparatistes entre les appareils de l'État, des confréries et des organismes de développement pour nous limiter au champ qui nous concerne. L'actualisation permanente de cet arrière-fond fait office de démarche conceptuelle. C'est d'ailleurs ce défaut qu'Abdourahmane Seck pointait rapidement dans la dernière page de sa conclusion (Seck 2010 : 229-230).

Mais si l'aggiornamento théorique semble si décisif, c'est qu'il est souvent placé comme une détermination *a priori*. Il n'empêche qu'il est possible de dire la même chose au plan empirique. L'empiricité sénégalaise est plus constituée d'empilements répétitifs que d'une érudition savante[24]. L'empiricité reste marquée par des découpages et des préconstructions de l'objet qui renvoient à une histoire bien ancienne. Il faut procéder autrement, ce qui pose naturellement des questions de méthode (que nous examinerons plus loin) mais aussi des questions d'intégration aux temporalités sociétales, et pourquoi pas, religieuses. L'apport heuristique de l'anthropologie n'est pas à démontrer sur ce point, fondée à la fois sur un regard panoptique et synthétique d'une part et sur une conception totalisatrice des dynamiques et des structures sociales d'autre part. L'empirie continue à être appréhendée selon la problématique du

24. Si l'on était rigoureux, dans ce cas-ci comme dans la plupart des thèmes de recherche en sciences sociales, il faudrait reconnaître la nécessité impérieuse d'états des lieux périodiques afin d'enregistrer les fausses pistes et les impasses d'une part et les lacunes ou problématiques malencontreusement abandonnées d'autre part.

puzzle qu'on ne peut terminer, à la fois parce que l'histoire change constamment la forme, et donc l'emboîtement possible de chacun des morceaux, et que l'image du puzzle lui-même est soumise à des modifications permanentes de couleur ou de sujet qui défient l'entendement. En fait, les déménagements successifs des problématiques font qu'on n'a jamais en main la totalité des morceaux et que souvent on ne sait même pas quels sont les morceaux perdus et où ils se placeraient à l'intérieur du cadre donné.

À une théorie manquante et à une empirie en désordre, il faut une remise en ordre dont les présupposés méthodologiques sont bien connus et mis en lumière depuis longtemps. J'en vois trois caractéristiques. La première porte sur la langue et la maîtrise de la langue des interlocuteurs du chercheur. C'est une question classique en anthropologie que je qualifierai de distanciée et nous sommes tous, Occidentaux, souvent coupables de négligence sur ce point et, pour des raisons variées et injustifiables, je me suis depuis toujours trouvé dans une telle situation. Mais que cela ne m'empêche pas de soulever la question, bien au contraire[25]. L'immersion dans les langues vernaculaires comme dans les langues « théologiques » doit être considérée comme une donnée de base. De plus, peut-on travailler sur l'islam sans une culture certaine en matière d'islamologie comparée ou de savoirs orientalisants, pour reprendre l'expression de Jean-Louis Triaud ? La recherche française sur le Sénégal est très fautive sur ce point mais il n'est pas toujours certains que nos étudiants ou collègues sénégalais soient entièrement armés, comme il le convient, à l'exception de la maîtrise du wolof. Il existe dans le domaine qui nous préoccupe ici des terrains culturels ou linguistiques où cette maîtrise est insuffisante. L'historien Cheikh Anta Babou échappe évidemment à cette critique mais peut-être pas Abdourahmane Seck. Plus gravement, ou tristement, on constate la démission de fait de chercheurs qui ont largement redressé ces tendances traditionnelles. Que dire du géographe Cheikh Gueye qui a été « mangé » par la consultance ou l'administration alors qu'il a été le premier (et pour le moment le dernier !) à arpenter les territoires familiaux de la famille M'Backé M'Backé à Touba ? Que dire de Charlotte Pézeril qui a débrouillé largement de l'intérieur la nébuleuse Baay Fall et qui a dû, pour trouver un poste, se transformer en socio-

25. La question de la langue des pratiques et des pratiquants est posée dans l'introduction du numéro *Ethnographiques.org* (Saint-Lary et Samson 2011) et se trouve abordée dans la demi-douzaine de contributions à ce numéro. Mais les pratiques linguistiques de ces contributeurs ne sont peut-être pas à la hauteur de leurs problématiques...

anthropologue du sida expatriée en Belgique ? Le suivi par les chercheurs, et je puis en témoigner personnellement, est un défi permanent et le résultat ressemble à un bricolage.

Le second point, et qui découle partiellement mais seulement partiellement du précédent, est le degré d'immersion ou d'intégration à « l'objet » d'étude. Les succès de Cheikh Gueye ou de Charlotte Pézeril renvoient pour l'un à son identité de *taalibe* mouride et pour l'autre à sa longue familiarité avec la culture populaire franco-sénégalaise qui lui a permis de fréquenter la catégorie hétérodoxe des Baay Fall[26]. C'est ici qu'il faut soulever la question du degré et du style d'observation participante des chercheurs. Il est évidemment contraire à toute éthique épistémologique en sciences sociales d'imposer une identification complète aux groupes étudiés mais il paraît évident que certains chercheurs musulmans, ou dans le cas qui nous préoccupe ici, mourides, ont pu utiliser leur adhésion confessionnelle comme une porte d'entrée supplémentaire à l'intimité des interlocuteurs et à une espèce de connivence et de confiance partagée. Certains sociologues du travail comme Michael Burawoy (1979) ou militants comme Robert Linhart (1978) se sont *établis* jadis au sein de l'entreprise afin d'avoir un accès de l'intérieur et une expérience pratique directe des milieux de travail et des travailleurs. C'est en anthropologie du développement aujourd'hui que la question se pose puisque de plus en plus d'intervenants produisent en marge de leur activité professionnelle une recherche auto-réflexive de qualité souvent des plus remarquables[27]. Mais faut-il pour autant se convertir pour faire de la recherche et entrer en contact « rapproché » avec ses interlocuteurs ? Cela est loin d'être évident et accepté tant par les directeurs de recherche que par les directeurs de conscience. Mais comme il n'est pas interdit aux fidèles, qui seraient par ailleurs chercheurs, d'utiliser cet avantage comparatif, la question mérite néanmoins d'être posée tout ce qu'il y a de plus sérieusement[28].

---

26. Elle est née à Dakar et y a vécu son enfance et adolescence de 1975 à 1990. Voir la remarquable première partie réflexive de son ouvrage.
27. Voir, sur ce point, la discussion de certains travaux par Lavigne Delville (2011). Pour des démonstrations probantes du point de vue des résultats de cette forme de rapport au terrain, voir entre autres Mosse (2005 ; 2011) et l'ouvrage collectif dirigé par Fechter et Hindman (2011).
28. Une question supplémentaire doit être également soulevée ici, à savoir le recours à la discipline de l'anthropologie. Cette dernière fait encore l'objet d'une très large méfiance en Afrique même si dans les faits les pratiques de terrain, qualifiées de « sociologiques » ressortissent à des méthodes souvent similaires. C'est son image soi-disant encore coloniale qui suscite cet état d'esprit, ce qui conduit grand nombre de chercheurs africains à négliger une discipline des plus modernes d'une part et

Pour en finir avec une lecture évolutionniste, conjoncturelle et politicienne de l'islam et de l'État au Sénégal ! Pour sortir du maraboutage de la recherche[29] !

La contradiction entre la quantité et la qualité des recherches conduites sur l'islam en Afrique de l'Ouest depuis un demi-siècle et la permanence, de plus en plus vive avec le temps, des quelques questions théoriques, empiriques et méthodologiques « rituelles » examinées ici, ne se discute pas un instant. En filigrane, ce constat court dans l'argumentaire des programmes PUBLISLAM hier, ou PRIVEREL aujourd'hui, et c'est tant mieux. Nous avons vu qu'il existait plusieurs registres, très différents les uns des autres, qui ont chacun leurs logiques propres et dont les solutions sont également totalement indépendantes. Il n'est pas question ici de les hiérarchiser et le lecteur aura déjà compris où se situent nos préférences. Il y a toutefois trois problèmes plus généraux qui méritent d'être évoqués en conclusion.

Le premier porte sur le double mouvement de l'ouverture disciplinaire et de la spécialisation islamologique. L'ouverture et l'inter ou plutôt la pluridisciplinarité est tout ce qu'il y a de plus manifeste en France où historiens, anthropologues, géographes, spécialistes du développement collaborent intensément, communiquent et discutent entre eux. Cette ancienne tradition africaniste perdure, à contre-courant des spécialisations disciplinaires requises sans cesse par les universités et leurs commissions variées, et c'est une bonne chose. Mais inversement on connaît la difficulté, toujours en France, à autonomiser l'étude du religieux, fut-il exotique, en un sens, comme l'islam. Les effets de la laïcité à la française ont été bien négatifs sur ce point de l'étude académique du religieux[30]. Bien que transversale, l'approche du religieux est une spécialité à géométrie très variable et l'érudition des études islamiques redouble le particularisme attaché au maintien, peut-être moins visible aujourd'hui, d'une islamologie orientalisante première. La confusion islamiste

---

des plus adaptées aux sociétés de l'oralité d'autre part. Voir notre texte sur ce point (Copans 2010d).

29. Cette communication avait été présentée le 15 mars 2012 et j'avais ajouté à ma série de slogans : *Pour fêter le 25 mars : continuité ou rupture ?* Faut-il rappeler qu'il s'agissait là du jour du second tour de l'élection présidentielle qui a vu la défaite d'Abdoulaye Wade ?

30. Je rejoins ici les remarques pertinentes de Maud Lasseur et de Cédric Mayrargue dans leur introduction au numéro de *Politique africaine* qu'ils ont dirigé sur la pluralisation religieuse (2011 : 17).

mondiale a fortement mobilisé les sciences politiques mais il n'est pas évident que ces dernières se soient mieux placées vis-à-vis de l'examen des principes islamiques islamistes.

Le second point porte sur la diversité des recherches et leur synthèse nécessaire, entre elles d'abord, et avec les autres travaux portant sur les autres religions ensuite. Les sciences sociales expriment moins que l'islamologie le signe de l'érudition. C'est un trait manifeste des sciences sociales françaises depuis un quart de siècle que d'avoir la mémoire courte et refuser d'approfondir une histoire et une sociologie des sciences sociales. Cette démarche anti-réflexive (malgré tous les discours modernistes tenus par ailleurs) est en train de produire les effets irréversibles d'une véritable perte de mémoire puisqu'on ne conserve même pas nos propres archives scientifiques professionnelles. Fuite en avant permanente et mémoire défaillante se combinent pour brouiller les pistes. J'en donnerai un seul exemple tout à fait personnel : je ne compte pas les doctorants, les docteurs, jeunes chercheurs qui continuent à citer *Les marabouts de l'arachide* alors que l'enquête fête allégrement ses quarante-cinq ans et que cela fait plus de trente ans que j'ai expliqué que ces derniers n'existaient plus en tant que tels[31]. Sans vouloir dévaloriser mon apport il n'est pas normal de se référer à cet ouvrage pour faire le point sur un état des choses et une problématique qui sont bien datés et, nous le voyons aujourd'hui à la lumière des travaux conduits depuis quarante ans[32], une recherche des plus partielles au regard des thématiques oubliées ou pas prises en considération à l'époque. J'ai abordé tous ces points dans mon texte de 2005 et je les rappelle une nouvelle fois en conclusion pour en souligner l'évidence. Le nombre et la diversité des travaux imposent non pas une pause mais au contraire la nécessité impérative de conduire une synthèse de fond, qui dépasse la taille habituelle du chapitre ou de la partie qu'on trouve la plupart du temps en début de thèse de doctorat. Ce type de recherche est un travail à plein-temps surtout si l'on se donne la peine de replacer les corpus français et sénégalais dans un ensemble plus international et mondial.

Nous avons évoqué de nombreux travaux conduits collectivement au sein de programmes bien définis. Indépendamment de la collaboration

31. Voir en annexe de la seconde édition de 1988 des *Marabouts de l'arachide*, le texte du débat organisé autour de mon ouvrage par la revue *Politique africaine* en 1981 et ma réponse.

32. Faut-il que je rappelle que j'ai soutenu ma thèse de doctorat en juin 1973 ? Je me permets d'ajouter que ce tropisme s'accommode paradoxalement fort bien de la non-citation d'articles personnels, pourtant plus récents et plus pertinents mais qui semblent méconnus !

Nord-Sud indispensable, y compris sur les terrains les plus sophistiqués de l'islam, une autre dimension semble s'imposer peu à peu : celle d'une recherche collaborative équitable. Ayant eu la chance de participer dès 1967 à une recherche de ce genre je ne puis que soutenir ce mode d'organisation du travail[33]. L'islam ouest-africain est loin d'être le seul champ où ce type de démarche se repère de plus en plus. Mais ce constat va plus loin car il implique justement, sur un terrain considéré comme de plus en plus sensible, celui des adhésions et des affiliations religieuses, une réflexion épistémologique, méthodologique et déontologique spécifique. Un dernier point s'insinue dans cette question, celui de la restitution publique des résultats et des réflexions, selon justement la nature des publics et terrains concernés. Le déroulement de la table ronde finale à Bamako en 2010 se rappelle ainsi à notre bon souvenir. D'autant que dans ce cas, chercheurs et pratiquants locaux sont parfois les mêmes et peuvent confondre, à l'occasion, leurs deux identités. Dieu est certainement « Grand » mais Muhammad n'est plus, dans ce cas, son seul prophète, ne l'oublions pas ! Car nous sommes largement, qu'on le veuille ou non, les seuls responsables de notre maraboutage.

Bibliographie

AUDRAIN, Xavier, 2013, « Des "punks de dieu" aux "taalibe-citoyens". Jeunesse, citoyenneté et mobilisation religieuse au Sénégal. Le mouvement mouride de Cheikh Modou Kara (1980-2007) », thèse de doctorat, Université Paris 1.

BA Mame-Penda, 2012, « La diversité du fondamentalisme sénégalais. Éléments pour une sociologie de la connaissance », *Cahiers d'études africaines*, LII (2-3), 206-207, p. 575-602.

BABOU, Cheikh Anta, 2011, *Le Jihad de l'âme. Ahmadou Bamba et la fondation de la Mouridiyya au Sénégal (1853-1913)*, Paris, Karthala.

——— 2013, « Entre Dieu et César. Abdoulaye Wade, la Mouridiyya et le pouvoir », *in* M. C. Diop (dir.), *Le Sénégal sous Abdoulaye Wade. Le* Sopi *à l'épreuve du pouvoir*, Dakar/Paris, CRES/Karthala, p. 297-318.

33. Répartie sur deux terrains très distincts, Wolof mourides et Serer catholiques, l'équipe ORSTOM comprenait au moins six chercheurs. Voir, pour la partie mouride, Copans *et al.* (1972).

BOONE, Catherine, DIOP, Momar-Coumba et THIOUB, Ibrahima, 1997, « La libéralisation de l'économie et les luttes d'intérêts au Sénégal », *Sociétés africaines et diaspora*, 5, p. 5-43.

BURAWOY, Michael, 1979, *Manufacturing Consent: Changes in the Labour Process under Monopoly Capitalism*, Chicago, Chicago University Press.

COPANS, Jean, 1997, « Mouvements socio-politiques, États et Plans d'Ajustement structurel en Afrique noire », *Utopie critique*, 10, p. 67-80.

——— 2001, « Afrique noire : un État sans fonctionnaires ? », *Autrepart*, 20, p. 11-26.

——— 2003, « La fin de la société "d'État" : entre mobilités sociales et violences invisibles (Introduction) », *in* Y. Lebeau, B. Niane, A. Piriou et M. de Saint Martin (dir.), *État et acteurs émergents en Afrique. Démocratie, indocilité et transnationalisation*, Paris, Karthala, p. 7-21.

——— 2005, « Conjonctures historiques, mutations hiérarchiques et stabilisations sociales : la confrérie mouride du Sénégal entre multifonctionnalité, flexibilité et silences anthropologiques », *in* O. Leservoisier (dir.), *Terrains ethnographiques et hiérarchies sociales. Retour réflexif sur la situation d'enquête*, Paris, Karthala, p. 231-257.

——— 2008, « Que l'anthropologie soit et les *Baay Fall* parurent enfin ! », Préface à Charlotte Pézeril, *Islam, mysticisme et marginalité. Les Baay Faal du Sénégal*, Paris, L'Harmattan, p. 7-10.

——— 2010a, « Du néo-patrimonialisme au *big man* : une excursion sénégalaise au XXIe siècle au regard des Cameroun et Kenya d'il y a un quart de siècle », *in* D. Darbon (dir.), *Le comparatisme à la croisée des chemins. Autour de l'œuvre de Jean-François Médard*, Paris, Karthala, p. 43-57.

——— 2010b, « Mais où sont les mourides d'antan ? Le marabout et le prince (président)... et les chercheurs », *in* D. Darbon, R. Otayek et P. Sadran (dir.), *Altérité et identité, itinéraires croisés. Mélanges offerts à Christian Coulon*, Bruxelles, Bruylant, p. 93-109.

——— 2010c, *Un demi-siècle d'africanisme africain. Terrains, acteurs et enjeux des sciences sociales en Afrique indépendante*, Paris, Karthala.

——— 2010d, « L'impossible construction d'une anthropologie africaine », *in* J. Copans, *Un demi-siècle d'africanisme africain, op. cit.*, p. 85-106.

——— 2010e, « Espaces mourides, territoires étatiques sénégalais et mondiaux. Comment l'appartenance confrérique interpelle l'instance nationale », *Islam et Sociétés au sud du Sahara*, 2, p. 77-94.

COPANS, Jean, COUTY, P., ROCH, J. et ROCHETEAU, G., 1972, *Maintenance sociale et changement social au Sénégal : I. Doctrine économique et pratique du travail chez les Mourides*, Paris, ORSTOM.

COPANS, Jean, COULON, Christian, DIOP, Momar-Coumba et STRAUSS, Julia, 2012, « Nécrologie : Donal B. Cruise O'Brien, 1941-2012 », *Cahiers d'études africaines*, LII (4), 208, p. 735-740.

CRUISE O'BRIEN, Donal B., 2003, *Symbolic Confrontations. Muslims Imagining the State in Africa*, Londres, Hurst.

DIAGNE, Anna M., KESSELER, Sascha et MEYER, Christian (dir.), 2011, *Communication wolof et société sénégalaise. Héritage et création*, Paris, L'Harmattan.

DIOP, Momar Coumba, 2008, « Du "socialisme africain" à la "lutte contre la pauvreté". La fin des ambitions du développement », *in* G. Daffé et A. Diagne (dir.), *Le Sénégal face aux défis de la pauvreté. Les oubliés de la croissance*, Paris, Karthala, p. 323-373.

DIOP, Momar Coumba (dir.), 2013a, *Sénégal (2000-2013). Les institutions et politiques publiques à l'épreuve d'une gouvernance libérale*, Paris, Karthala.

——— 2013b, *Le Sénégal sous Abdoulaye Wade. Le* Sopi *à l'épreuve du pouvoir*, Paris, Karthala.

DOZON, Jean-Pierre, 2010, « Ceci n'est pas une confrérie. Les métamorphoses de la *muridiyya* au Sénégal », *Cahiers d'Études africaines*, L (2-3-4), 198-199-200, p. 857-879.

FECHTER Anne-Meike et HINDMAN, Heather, 2011, *Inside Everyday Lives of Development Workers. The Challenges and Futures of Aidland*, Sterling, Kumarian Press.

FERRIÉ, Jean-Noël, 2004, *La religion quotidienne chez des Marocains musulmans. Rites, règles, routine*, Paris, Karthala.

GOMEZ-PEREZ, Muriel, 2011, « Des élites musulmanes sénégalaises dans l'action sociale : des expériences de partenariats et de solidarités », *in* M. Kaag, M. Saint-Lary (dir.), *Religious Elites in the Development Arena. Les élites religieuses dans l'arène du développement,* APAD Bulletin n° 33, p. 21-147.

HOLDER, Gilles, 2009, « Introduction. Vers un espace public religieux : pour une lecture contemporaine des enjeux politiques de l'islam en Afrique », *in* G. Holder (éd.), *L'islam, nouvel espace public en Afrique*, Paris, Karthala, coll. « Les Terrains du Siècle », p. 5-20.

——— 2013, « Un pays musulman en quête d'État-nation », *in* P. Gonin, N. Kotlok et M.-A. Pérouse de Montclos (dir.), *La tragédie malienne*, Paris, Vendémiaire, p. 131-157.

HOLDER, Gilles et SOW, Moussa, 2014, « Introduction. Les laïcités africaines vues de Bamako : un colloque pris par son contexte », *in* G. Holder et M. Sow (dir.), *L'Afrique des laïcités. État, religion et pouvoirs au sud du Sahara*, Bamako/Paris, Éditions Tombouctou/Éditions IRD, p. 19-37.

HIBOU, Béatrice, (dir.), 1999, *La privatisation des États*, Paris, Karthala.

HILGERS, Mathieu, 2010, « Contester en contextes semi-autoritaires : espaces publics en Afrique », *Alternatives sud (État des résistances dans le Sud. L'Afrique)*, Centre tricontinental, Bruxelles, vol. 17-4, p. 205-219.

KAAG, Mayke et SAINT-LARY, Maud (dir.), 2011, *Religious Elites in the Development Arena. Les élites religieuses dans l'arène du développement*, APAD Bulletin n° 33.

LAVIGNE DELVILLE, Philippe, 2011, « Pour une anthropologie symétrique entre "développeurs" et "développés" », *Cahiers d'études africaines*, LI (2-3), 202-203, p. 491-509.

LINHART, Robert, 1978, *L'Établi*, Paris, Éditions de Minuit.

MACHADO, Maria das Dores Campos, 2003, « L'IURD : une "organisation providence" », *in* A. Corten, J.-P. Dozon et A. P. Oro (dir.), *Les nouveaux conquérants de la foi. L'Église universelle du Royaume de Dieu (Brésil)*, Paris, Karthala, p. 245-256.

MOSSE, David, 2005, *Cultivating Developement: Ethnography of Aid Policy and Practice*, Londres, Pluto Press.

——— (ed.), 2011, *Adventures in Aidland. The Anthropology of Professionals in International Development*, Oxford, Berghahn Books.

N'DIAYE, Malick, 1996 et 1998, *L'Éthique* ceddo *et la société d'accaparement ou les conduites culturelles des Sénégalais d'aujourd'hui.* T. 1 *Le Goorgi ;* T. 2. *Les Moodu Moodu*, Dakar, Presses universitaires de Dakar.

NIANE, Boubacar, 2003, « Du gouvernement des ONG au Sénégal ? », *in* Y. Lebeau, B. Niane, A. Piriou, M. de Saint Martin (dir.), *État et acteurs émergents en Afrique. Démocratie, indocilité et transnationalisation*, Paris, Karthala, p. 87-108.

——— 2011, *Élites par procuration. Handicaps et ruses des dirigeants politico-administratifs sénégalais*, Paris, L'Harmattan.

PÉREZIL, Charlotte, 2008, *Islam, mysticisme et marginalité : les Baay Fall du Sénégal*, Paris, L'Harmattan.

ROBINSON, David, 2004, *Sociétés musulmanes et pouvoir colonial français au Sénégal et en Mauritanie 1880-1920*, Paris, Karthala [1re éd. parue sous le titre *Paths of Accommodation*, 2000].

SAINT-LARY, Maud, SAMSON, Fabienne et AMIOTTE-SUCHER, Laurent (dir.), 2011, *Les outils d'un islam en mutation. Réislamisation et moralisation au sud du Sahara*, *Ethnographiques.org*, 22 mai.

SAINT-LARY, Maud et SAMSON, Fabienne, 2011, « Pour une anthropologie des modes de réislamisation. Supports et pratiques de diffusion de l'islam en Afrique subsaharienne », *in* M. Saint-Lary *et al.* (dir.), *Les outils d'un islam en mutation*, *op. cit.*, p. 1-10.

SAMSON, Fabienne, 2008, « Identités islamiques revendicatives et mobilisations citoyennes au Sénégal. Deux mouvements "néo-confrériques" inscrits dans la globalisation et confrontés au désengagement de l'État », *in* R. Otayek et B. Soares (dir.), *Islam, État et société en Afrique*, Paris, Karthala, p. 491-512.

——— (dir.), 2012, « L'islam au-delà des catégories », *Cahiers d'études africaines*, LII (2-3), 206-207.

SAMSON N'DAW, Fabienne, 2009, « Nouveaux marabouts politiques au Sénégal. Lutte pour l'appropriation d'un espace public religieux », *in* G. Holder (dir.), *L'islam, nouvel espace public en Afrique*, Paris, Karthala, p. 149-171.

——— 2010, « Dynamiques religieuses et mobilisations sociales en Afrique », *Alternatives sud (État des résistances dans le Sud. L'Afrique)*, Centre tricontinental, Bruxelles, vol. 17-4, p. 235-242.

SEARING, James F., 2002, *'God Alone is King': Islam and Emancipation in Senegal. The Wolof Kingdoms of Kajoor and Bawol, 1859-1914*, Oxford, James Currey.

SECK, Abdourahmane, 2010, *La question musulmane au Sénégal. Essai d'anthropologie d'une nouvelle modernité*, Paris, Karthala.

——— 2013, « La "production" du Sénégal postcolonial. Un tournant entre "temps des banlieues" ou "islam du temps" ? », *in* M. C. Diop (dir.), *Le Sénégal d'Abdoulaye Wade. Le* Sopi *à l'épreuve du pouvoir*, Paris, Karthala, p. 527-546.

STRAUSS, Julia C. et CRUISE O'BRIEN, Donal B. (eds.), 2006, *Staging Politics. Power and Performance in Asia and Africa*, Londres, I. B. Tauris.

TRIAUD, Jean-Louis, 2010, « L'islam au sud du Sahara. Une saison orientaliste en Afrique occidentale. Constitution d'un champ scientifique, héritages et transmissions », *Cahiers d'études africaines*, L (2-3-4), 198-199-200, p. 907-950.

2

Expression mémorielle des Mourides et espace public islamique au Gabon

Doris EHAZOUAMBELA*

En travaillant sur la question de l'islam minoritaire au Gabon[1] dans le cadre d'un doctorat en cours, notre immersion[2] au sein de l'Oumma gabonaise nous a permis de voir que les Mourides constituaient une de ses importantes composantes. Les Mourides au Gabon sont, dans leur majorité, des migrants sénégalais et pour le reste, ils viennent des autres pays

---

* Doris Ehazouambela est décédé le 17 novembre 2017 à la suite d'un accident de la route, chez lui, au Gabon, à peine deux ans après avoir soutenu sa thèse de doctorat sous la direction de Jean-Pierre Dozon. Cette thèse, qui portait sur l'islam au Gabon, fut considérée par le jury comme un remarquable travail, comme fut saluée, lors de l'hommage qui lui fut rendu à l'Institut des mondes africains après sa disparition, une personnalité qui, par sa présence et son humour, avait su se faire aimer de ses pairs et de ses aînés.

1. Selon des statistiques de 2004 issues du ministère de l'Intérieur et de l'Immigration, il y aurait 64,07 % de chrétiens (dont 54,24 % de catholiques et 9,83 % de protestants), 13,48 % relèveraient des différentes religions « traditionnelles » et 6,50 % seraient musulmans. Il faut toutefois souligner qu'au Gabon aucune étude statistique n'a encore été faite sur les religions. Ces chiffres émanent probablement du dernier recensement de la population de 2004, qui n'ont jamais officiellement été publiés. Ces chiffres sont donc problématiques, mais certains acteurs musulmans estiment que leur religion concernerait aujourd'hui 10 % de la population nationale.
2. Notre immersion au sein de la communauté musulmane du Gabon a pris la forme d'entretiens, de fréquentations des mosquées, d'observations des manifestations diverses et autres actions au quotidien pendant nos séjours sur le terrain en 2007, 2008 et 2009. Ce travail de terrain a été rendu possible grâce au projet ANR PUBLISLAM et d'une allocation de recherche de l'Organisation islamique pour l'éducation, les sciences et la culture (ISESCO). Nous remercions particulièrement les membres de PUBLISLAM présents au Workshop International des 12, 13 et 14 mars 2012 à Paris pour leurs commentaires instructifs lors de la présentation des résultats de ce travail.

d'Afrique de l'Ouest. La *Mouridiyya* est une confrérie musulmane contemporaine basée sur la mystique musulmane et fondée par Cheikh Ahmadou Bamba (1853-1927) au Sénégal à la fin du XIXe siècle (Marty 1917[3]).

Dans ce texte, qui se veut une contribution à l'étude de l'« espace public religieux » en Afrique (Holder 2009), nous analyserons la dynamique d'occupation de l'espace public islamique par les adeptes, ou talibés, de la *Mouridiyya* à travers leurs transactions mémorielles, socioculturelles et économiques, voire politiques au Gabon. Il s'agit de montrer comment les Mourides mettent en œuvre un processus de remémoration et de commémoration (Dozon 2009 ; De Jong 2010) à la fois à l'échelle nationale et internationale. Leurs actions locales visent actuellement les enjeux de mémoire qui se réfèrent à la *liaison* ou la *filiation spirituelle* entre le Gabon et le Sénégal au sein du mouridisme. Ce faisant, nous nous inscrivons ici dans une perspective d'analyse dynamique de la globalisation économique et de la modernité mondialisante (Balandier 2008) des entreprises religieuses transnationales et locales (Appadurai 2001) de la *Muridiyya* menées par ses adeptes au Gabon. Notre approche va s'appuyer précisément sur les actions des différents acteurs mourides (disciples ou talibés et cheikhs) qui négocient leur individuation à l'intérieur d'une Oumma locale elle-même minoritaire, pour contribuer au rayonnement de leur confrérie. Cette individuation se lit, dans l'espace public religieux gabonais, à travers la mise en œuvre d'un certain nombre d'actions publiques et de visibilité inédite (Fourchard et Mary 2005 : 9). Cette entreprise d'individuation de la *Muridiyya* est à considérer au double sens de processus d'individualisation et d'insertion dans le champ social global, pour emprunter les termes d'Alain Marie (1997 : 9-10), de l'islam et de la modernité africaine.

Le Gabon : un pays d'immigration sénégalaise

L'islam pénétra au Gabon à la fin du XIXe siècle et se développa durant la première moitié du XXe siècle, c'est-à-dire précisément pendant la « situation coloniale » (Balandier 1971), par un double processus : le premier se définit par l'arrivée des commerçants venus du Cameroun et des colonies françaises de l'Afrique de l'Ouest, c'est-à-dire de l'Afrique-

3. Citée comme étude pionnière, car aujourd'hui, il existe une historiographie abondante sur la *Muridiyya*.

Occidentale française (AOF). Certains d'entre eux avaient immigré de leur propre initiative, à la recherche de débouchés commerciaux et d'autres avaient été emmenés par le colonisateur français pour ses besoins en main-d'œuvre en Afrique-Équatoriale française (AEF).

Pendant cette période coloniale, des migrants d'origine soudano-sahélienne étaient employés comme commis de bureaux ou comme éléments de troupes de la milice coloniale au sein de l'administration coloniale en AEF[4]. Cette milice coloniale comptait notamment des « Tirailleurs sénégalais » (Echenberg 2009) dont nombre d'entre eux étaient issus des Quatre Communes du Sénégal colonial. Ainsi, singulièrement pour la colonie du Gabon, l'essentiel de l'effectif de la milice était composé des laptots sénégalais, importés comme soldats miliciens et « réputés » largement suffisants pour contrer les tendances belliqueuses des Gabonais (Pambo-Loueya 2003 : 336). De la sorte, il se constitua, dans la colonie du Gabon, une population musulmane minoritaire composée de deux groupes : celui des « Haoussas », tous commerçants, et celui des « Aofiens », commerçants et miliciens (Bernault 1996). Dans ce contexte colonial, à l'instar du Bénin (Brégand 1998), les commerçants musulmans, aux côtés des commerçants européens, contribuèrent au développement de l'économie monétaire de cette région de l'AEF, où prospérèrent les compagnies concessionnaires qui, elles aussi, avaient besoin de recourir à la main-d'œuvre de l'AOF (Coquery-Vidrovitch 1972).

Le second processus se déroula pendant la « situation postcoloniale » qui caractérise le Gabon indépendant (à partir de 1960). En effet, le Gabon fit venir des hommes, notamment des anciens Travailleurs sénégalais, pour les mêmes besoins en main-d'œuvre que ceux de la « situation coloniale », à cause en particulier du fait que le territoire gabonais souffrait d'un sous-peuplement chronique (Balandier 1971).

Ainsi, on peut dire que la pénétration de l'islam au Gabon fut largement contemporaine de la colonisation française, comme cela fut le cas d'ailleurs dans d'autres colonies (Triaud 2009). Mais après l'indépendance, l'immigration de travailleurs musulmans se poursuivit et s'amplifia avec l'effet conjugué du « boom pétrolier » des années 1970 (Pourtier 1989b) et de l'urbanisation en Afrique subsaharienne (Piga 2003). Pour ses besoins en main-d'œuvre[5], le Gabon recourut ainsi à nouveau à une

4. Il y avait en effet trois catégories de travailleurs coloniaux venus de l'AOF : les agents administratifs, les employés de compagnies concessionnaires et les miliciens, auxquels il faut ajouter les employés de maison venus généralement de leur propre initiative.

5. Roland Pourtier (1989a) souligne qu'à l'indépendance en 1960, le Gabon comptait 28 000 habitants pour atteindre 950 009 personnes recensées en 1970, soit une

population étrangère issue d'Afrique de l'Ouest spécialement destinée aux « grands travaux » publics, notamment la construction du chemin de fer Transgabonais. En effet, pendant les dix ans du « boom pétrolier » de 1974 à 1984 (Yates, 1996), plusieurs vagues d'immigrations musulmanes eurent lieu, venant de l'ensemble des pays d'Afrique de l'Ouest (Pourtier 1989b : 234-235). Particulièrement, le Gabon signa ainsi des conventions d'importation de main-d'œuvre avec le Sénégal, le Mali, la Guinée-Conakry et la Haute-Volta (actuel Burkina Faso). Cette main-d'œuvre était fortement composée de musulmans. Par exemple, dans le cadre de ces accords, 5 000 travailleurs sénégalais furent transférés à Libreville par la société Dumez et furent installés dans un « camp »[6] spécial à l'ouest de la capitale gabonaise dénommé « Lalala-Dakar »[7] (Chouala 2004 : 99).

Considéré du point de vue de l'économie pétrolière, le Gabon fit ainsi figure d'« émirat africain », à l'instar des pays du Golfe persique, en l'occurrence un pays d'immigration de travail. Puis s'ajouta une immigration clandestine qui fit prospérer l'économie dite informelle. Finalement, compte tenu de l'importance prise par les immigrés d'Afrique de l'Ouest, spécialement sénégalais, ce sont les adeptes de deux confréries qui se distinguèrent tout particulièrement, en l'occurrence ceux de la *Tijâniyya* et ceux de la *Muridiyya*. Si les seconds se regroupèrent autour de l'histoire symbolique de leur cheikh, Ahmadou Bamba, et de la mémoire de son exil pendant sept ans au Gabon, les premiers s'appuyèrent sur l'importante contribution de leur confrérie à l'histoire de l'Afrique (Robinson et Triaud 2000). Les deux confréries, de tendance soufie, ont toujours été respectivement dirigées par des ressortissants sénégalais, des cheikhs qui se succédèrent de la période coloniale jusqu'à aujourd'hui. Dans ce domaine, la diaspora mouride au Gabon se distingue des autres par leur dynamisme social et religieux.

évolution de 51 % (on peut faire observer que 51 % de 28 000 font 14 280 ! Donc il s'agit plutôt ici d'une multiplication de la population par 34). Mais les chiffres sur le nombre réel d'habitants au Gabon ont toujours été considérés comme une question sensible politiquement, au point que certains recensements (1980 et 2003) n'ont jamais été rendus publics. Les résultats sont demeurés inaccessibles, comme de véritables secrets d'État.

6. Le terme de « camp » fait allusion ici à un camp de travailleurs, c'est-à-dire à un lieu où sont concentrés les ouvriers embauchés par la société Dumez elle-même. Sur l'usage polysémique du terme « camp » en Afrique centrale, lire notamment Joseph Tonda (2005).

7. Une partie de la zone est du « Quartier Lalala », au cinquième arrondissement de Libreville, fut entièrement occupée par des ressortissants sénégalais qui la renommèrent « Lalala-Dakar », en référence à leur capitale d'origine, Dakar.

Production discursive « mythique » autour de l'exil d'Ahmadou Bamba[8]

Pour les talibés mourides le périple, le « jihad de l'âme » (Babou 2011) de leur fondateur, débute le 21 septembre 1895, date de son départ du Sénégal pour l'exil au Gabon. Les Mourides veulent, avant toute chose, montrer que le rayonnement de « la maison mère » à Touba (Guèye 2002), au Sénégal, a un lien quasi ombilical avec le Gabon. Dans cette optique, les demandes qui viennent de Touba visent, en priorité, l'entretien de la mémoire de l'exil du Gabon (qui aura duré sept ans) du fondateur de la *Muridiyya*, Cheikh Ahmadou Bamba (Dièye 1985). Car pour l'ensemble des Mourides les « fondements de la foi » du mouridisme se trouvent dans cette épreuve d'exil forcé de leur Cheikh fondateur. Ainsi leur action religieuse vise notamment à revisiter les sites dans les villes où le fondateur fut emmené pendant son exil : Mayumba, Lambaréné et Libreville. Il en est ainsi du quartier « Montagne Sainte », à Libreville, où les Mourides ont fait bâtir une grande mosquée, la « Mosquée mouride », à l'image rayonnante et à la « dimension » sociale de la confrérie.

Cependant, il est utile de rappeler qu'avant l'arrivée des missions protestantes, les populations m'pogwé de la côte de l'Estuaire du Gabon appelaient le quartier Montagne Sainte *Nomba yi Benga* (« la montagne de Benga », aussi appelée « la colline en forme de cuvette »). Cela dit, avec l'installation des protestants, la petite colline prit le nom de Montagne Sainte, où la foi chrétienne fut mise en œuvre. Montagne Sainte fut donc un « village chrétien » construit par des missions protestantes, puis catholiques. Pourtant, Montagne Sainte aura été choisi par les Mourides parce que le lieu traduisait un imaginaire religieux propre à leur confrérie, en l'occurrence le souvenir du recueillement et de la spiritualité que Cheikh Ahmadou Bamba eut à cet endroit lors de son passage[9]. Pour les Mourides, en effet, c'est à Montagne Sainte que Cheikh Ahmadou Bamba aurait « reçu de son créateur des privilèges qui l'ont élevé au-dessus de tous les saints. Ahmadou Bamba a reçu l'aide de Dieu par l'intermédiaire de l'archange Gabriel, et a accompli des miracles qui sont

8. Une part essentielle du discours sur l'exil du Cheikh Bamba que nous allons présenter est issue de nos entretiens réalisés auprès de Mourides à Libreville (septembre 2009) et à Lambaréné (décembre 2010), mais aussi à Taverny (juin 2010), en région parisienne.
9. Il a été dit que ce fut à cet endroit précis que Cheikh Ahmadou Bamba vint prier, pendant son passage à Libreville, avant d'aller à Mayumba (son lieu de détention) et avant son retour au Sénégal.

des privilèges des Saints » (Bava 2002 : 84). La « Mosquée mouride » construite à cet endroit va par conséquent symboliser, pour tous les Mourides, mais aussi les musulmans en général, un lieu de prière, de méditation et de recueillement[10].

Pour ce qui est de la ville de Mayumba, Cheik Abdoulaye Dièye (1985 : 41) affirme qu'elle est très connue dans la littérature sénégalaise d'expression wolof sous le nom de Mayombe, particulièrement chez l'un des maîtres de cette littérature, le Serigne Moussa Ka. Mayumba fut le lieu où Amadou Bamba passa cinq ans, c'est-à-dire les trois quarts de son exil au Gabon. La ville de Mayumba est considérée par des Mourides comme le lieu et le moment primordial de son isolement, où il fit l'ultime rencontre avec l'ange Djibril. C'est pourquoi, selon les Mourides, ce fut justement à cette « période d'isolement "total", que se forgea et se fortifia la foi du Cheikh Bamba »[11]. Cette période fut le moment important de sa méditation et de sa « rencontre spirituelle » avec le prophète Muhammad.

Quant aux aspects concrets de sa détention, Cheikh Ahmadou Bamba fut logé dans une petite maison annexe de la mission catholique de Mayumba. Là, il eut des rencontres et des entretiens avec les missionnaires qui essayèrent en vain de le convertir au christianisme. Mais il eut des rapports aimables avec les chrétiens locaux et d'autres migrants de l'AOF venus lui rendre visite ou le rencontrer. Ce qui le conduisit à avoir de la sympathie envers certains de ses « geôliers » et visiteurs.

Ainsi, on raconte, par exemple, qu'il y eut parmi ses visiteurs un Sénégalais du nom de Saada Ndiaye[12], qui vécut à Mayumba et devint disciple du Cheikh exilé ; il donna le nom du Cheikh à son fils, Ahmadou Bamba Saasa Ndiaye, né en 1896 à Mayumba. Quelques années plus tard, après la libération de Cheikh Ahmadou Bamba, Saada Ndiaye envoya son

10. La « Mosquée mouride » de Montagne Sainte est prévue pour accueillir des manifestations multiples destinées aux Mourides, mais aussi à la communauté musulmane du Gabon en général. Pour ce faire, cette mosquée doit avoir en son sein des structures modernes et se veut donc un complexe comprenant, outre la grande salle de prière, une bibliothèque et des logements (dont un pour l'imam principal et quatre autres autour de la mosquée pour accueillir de nombreux « pèlerins » ou d'éventuels visiteurs), sans parler des vestiaires avec douches et des robinets pour les ablutions.

11. Entretien avec le talibé Sidi Lamine Guèye, Sénégalais mouride, à Libreville, le 15 septembre 2009.

12. Selon Dièye (1985 : 73), Saada Ndiaye était un Toucouleur (*Seedo Seedo*) né près de Podor, au Sénégal. Il fit ses études en Gambie, ce qui lui permit de parler anglais. Embauché par la factorerie John Holt, il fut affecté au Gabon, à Mayumba, en qualité de gérant. Après avoir accumulé des moyens financiers et matériels suffisants, il démissionna pour s'établir à son propre compte comme marchand.

fils auprès de lui. Ce dernier aurait eu une descendance à Touba, la « cité sainte » des Mourides, ou dans une localité proche. Mais, le récit sur la vie de ce personnage ami du Cheikh n'est pas attesté à Mayumba. Il demeure comme un des détails qui forment et habillent le socle du récit « mythique » de l'exil au Gabon de Cheikh Ahmadou Bamba.

Pour les Mourides, en effet, Mayumba fut une « île mystérieuse », très hostile à la vie humaine, une île perdue dans un océan rempli de périls, où survécut miraculeusement leur fondateur. Pour eux, « Grâce à Dieu, Allah ! Ahmadou Bamba revint sain et sauf »[13], ce retour du Cheick de cet exil étant une manifestation de la volonté divine à son égard qui consolide et conforte *in fine* leur foi. Ce faisant, c'est ce qui explique qu'après cinq ans passés à Mayumba, Cheikh Bamba fut transféré dans une autre localité : Lambaréné, l'autre lieu de son exil.

L'exil de Cheikh Ahmadou Bamba à Lambaréné fut certes de courte durée, puisqu'il y demeura seulement sept à huit mois, mais il est considéré comme ayant été aussi pénible que celui de Mayumba. Durant cet exil, d'après les Mourides, Ahmadou Bamba aurait été parqué comme un esclave dans une petite geôle destinée aux esclaves et autres détenus en transit à Lambaréné. De forme cubique, situé au bord du fleuve Ogooué devant le bureau du Comptoir colonial[14], le lieu de détention de Cheikh Ahmadou Bamba était en effet une ancienne geôle d'esclaves, dans laquelle on l'enfermait le soir venu. Mais durant la journée il était possible pour lui de descendre jusqu'au débarcadère et d'y effectuer ses prières entre deux arbres, deux manguiers qui auraient poussé miraculeusement à cet endroit précis[15]. Nous avons nous-mêmes pu nous rendre à Lambaréné et constater la présence des deux manguiers à l'endroit indiqué, dont on ne peut donner l'âge avec exactitude. Mais pour les Mourides, les deux manguiers sont là depuis le séjour d'exil de leur chef spirituel. C'est la raison pour laquelle, dans cette ville, l'élément central qui attire l'attention des Mourides est l'endroit où Ahmadou Bamba demeura enfermé. Cet endroit, situé au bord du fleuve Ogooué, est devenu en quelque sorte un lieu touristique et constitue de ce fait un objet de « curiosité » de la part des Mourides, mais aussi des visiteurs anonymes.

Ce fut aussi à Lambaréné[16] qu'il se produisit un différend entre Ahmadou Bamba et un de ses gardiens. Ce dernier, sur instruction de son

13. Entretien avec Cheikh Ngom, porte-parole des Mourides du Gabon, à Libreville, le 28 mai 2008.
14. Le comptoir deviendra l'Hôtel de ville de Lambaréné après l'indépendance.
15. Entretien avec Cheikh Ngom, *op. cit.*
16. L'arrivée bien tard, en 1913, du Dr Albert Schweitzer à Lambaréné pour y bâtir l'hôpital qui connaît aujourd'hui une renommée internationale, est pour les

supérieur hiérarchique, alla remettre à l'exilé sa « ration monétaire » telle que cela était stipulé dans le contrat de sa détention. Mais Ahmadou Bamba opposa un refus, prétextant que son exil ne constituait pas pour lui une source de revenu. Devant l'insistance du gardien, Bamba prit l'enveloppe contenant l'argent et la jeta à la figure du milicien, son gardien. Furieux, ce dernier alla porter plainte pour violence envers un gardien. L'accusé Ahmadou Bamba fut emmené à Ndjolé où eut lieu le jugement de l'affaire l'opposant à son gardien. Ironie du sort, ce fut à cette même occasion qu'Ahmadou Bamba fit la rencontre de l'Almany Samory Touré, l'autre résistant ouest-africain célèbre exilé au Gabon qui mourut en 1900, deux ans après son arrivée. Cependant, l'affaire qui opposa Bamba et son gardien ne connut aucun jugement. On le ramena à Lambaréné pour un court séjour, puisqu'il fut bientôt transféré à Libreville.

De retour à Libreville, Ahmadou Bamba connut des moments d'angoisse et de conflits avec les colons, parce qu'il refusa de s'alimenter. Ainsi, il passait beaucoup de temps à prier sous un arbre de la Montagne Sainte. Un jour, alors qu'il faisait sa prière, cinq soldats (treize selon d'autres sources) furent envoyés pour le fusiller. Mais cette tentative d'exécution tourna en miracle. Ainsi, un certain Banda Touré rapporte que : « C'est un mardi qu'on a cherché à fusiller Serigne Touba à la Montagne Sainte. Ils étaient 13, l'un le chef était distant du Cheikh de 5 mètres, les autres de 12 mètres, chacun visait une partie du corps attaché à un arbre. Après le tir, j'ai vu Serigne Touba détaché et les tireurs morts [...] » (Dièye 1985 : 48). Malheur donc à ceux-là car, selon Cheikh Ngom[17], ils furent retrouvés morts sans qu'on ne sût ce qui leur était arrivé. Et lorsqu'on vint à lui poser la question, Ahmadou Bamba répondit : « Les œuvres d'Allah sont plus grandes que celles des hommes » (*ibid.*). Cela ne manqua pas d'étonner les colons qui décidèrent de laisser le Cheikh passer la nuit à cet endroit. Le lendemain on le retrouva aux pieds de son arbre, vivant et accomplissant ses prières. La rumeur commença à circuler disant que ce marabout du Cayor avait des pouvoirs mystiques pouvant mettre à mort des miliciens. Cette rumeur serait arrivée aux oreilles de Blaise Diagne qui se trouvait à ce moment à Libreville pour ses activités de douanier. Il demanda à le rencontrer, ce qui eut lieu fin 1901. Le retour d'exil du Cheikh au Sénégal ayant eu lieu le 11 novembre 1902 (Babou 2011 : 215), soit moins d'un an après cette rencontre avec Blaise Diagne, ce dernier aurait joué un rôle déterminant

Mourides à mettre au crédit de la compense d'Allah, grâce à l'exil de leur fondateur dans cette localité.

17. Entretien avec Cheikh Ngom, *op. cit.*

dans cette décision. On dit que c'est en récompense à cette action menée en faveur du Cheikh, que Blaise Diagne aurait eu la carrière politique prestigieuse qu'on lui connaît.

La territorialisation de la mémoire du mouridisme

Selon Jean-Louis Triaud (1999 : 10), « la mémoire prend appui sur des lieux : sites, monuments, objets, créations imaginaires, figures, emblèmes, discours qui, au fil des générations, prennent des sens renouvelés ». Les Mourides ne sont pas moins dans cette logique. Dans une volonté de se démarquer, ils soutiennent l'idée selon laquelle le Gabon constitue un des premiers lieux de la naissance de la *Muridiyya*. Le Gabon représente donc un véritable enjeu symbolique pour les Mourides, soutenu par la construction de certains édifices au moment de l'exil d'Ahmadou Bamba tels que l'Hôpital Albert Schweitzer dans la ville de Lambaréné, le Palais du Bord de mer qui abrite la Présidence de la République gabonaise à Libreville et la Mosquée Centrale de Libreville[18].

Ainsi, pour les Mourides, tous ces lieux symboliques au passé religieux et historique lié à l'exil de Cheikh Ahmadou Bamba seraient à l'origine de la prospérité dans leurs affaires commerciales. Ces lieux, selon une certaine vision de l'*éthos* économique mouride, procureraient une certaine « vitalité » et une « puissance » commerciale et économique à l'ensemble

18. À Libreville, les talibés mourides considèrent que la construction du bâtiment de la Présidence de la République gabonaise, le Palais du bord de mer, n'est pas le fruit d'un hasard. Il serait construit à l'endroit du débarquement d'Ahmadou Bamba en 1895, où il fit sa première prière sur le sol gabonais. De même, selon eux, l'emplacement de la Mosquée Centrale constitue premièrement, la preuve que dans cet endroit, Ahmadou Bamba faisait ses prières lors de son séjour à Libreville et deuxièmement, pendant sa dernière détention à Libreville, il dormait, dans un lieu où était construite l'ancienne maison des détenus. Aussi, dans ce lieu, il aurait enfoui dans la terre de l'argent (une pension d'environ six cents francs par an) qu'on lui avait donné, depuis son arrivée au Gabon. C'est ce qui expliquerait *a posteriori* le fait qu'à cet endroit aujourd'hui se trouvent construits les trois immeubles du pouvoir financier gabonais, à savoir : le ministère de l'Économie et des Finances, le Trésor public et la Banque gabonaise de développement. Mais en plus, le rayonnement mondial de l'hôpital Albert Schweitzer de Lambaréné proviendrait de la récompense d'Allah aux populations de cette localité pour l'hospitalité dont Amadou Bamba aurait bénéficié de leur part.

des talibés fréquentant les différentes *dahiras*[19] (formes d'associations des fidèles/talibés mourides) du Gabon. C'est ce qui explique que les Mourides du Gabon participent financièrement, et dans des proportions considérables, à la prospérité et au rayonnement de Touba. Dans une certaine mesure, leur présence au Gabon relève des « voyages du développement » (Adelkhah et Bayart 2007), en l'occurrence celui de la *Muridiyya*. Car leur contribution financière passe entre autres par le transfert du Gabon vers le Sénégal d'importantes sommes d'argent se comptant en millions de francs CFA. Les chiffres avancés estiment à plus de trente millions de francs CFA la participation des talibés mourides du Gabon à l'organisation de chaque Magal – pèlerinage mouride – à la cité « mère » de Touba (Coulon 1996).

Cette contribution se réalise à partir des cotisations journalières et hebdomadaires de chaque talibé. Le montant minimum est de deux mille francs CFA par personne selon les types de rencontre : les réunions hebdomadaires des jeudi et dimanche soir, la prière du vendredi et les manifestations diverses. La contribution des Mourides du Gabon à la *Muridiyya* ressemble à un véritable *éthos* de la participation à l'œuvre de la confrérie. En effet, l'effort que fournissent individuellement et collectivement des talibés mourides ressemble fort à une « éthique » (Weber, 2003) de la participation à la cause commune de la confrérie. Cette éthique s'accompagne aussi de l'idée de solidarité ou d'entraide, ainsi que de la prise en charge des fidèles (Copans 1988). Et au final, nous suggérons que comme tout don et contre-don (Mauss 1993 ; Godelier 1996), ces derniers (adeptes mourides) ont en commun un fil d'Ariane, une idée (en l'occurrence un code de vie) qui repose sur une obligation de rendre à la confrérie ce qu'elle donne au quotidien à chaque talibé, pris à la fois individuellement et collectivement. Mais, davantage, cet *éthos* veut qu'un Mouride, partout où il se trouve, et à Libreville singulièrement, se doit de

19. Le *dahira* dérivé du *daara* est le nom, d'origine arabe, qui était donné aux écoles coraniques où étaient accueillis des élèves appelés talibés. Les activités religieuses y étaient combinées, en milieu rural, à l'exploitation des champs agricoles dont les revenus leur permettaient de fonctionner sur fonds propres. Mais les *dahira* se sont développés depuis la fin des années 1960, en milieu urbain, remplissant les fonctions religieuses et de collecte de biens et marchandises pour le marabout, ses fidèles et/ou de la confrérie. En situation de migration, le *dahira* est une forme d'organisation associative au sein des diasporas mourides en Afrique, en Europe, en Amérique et en Asie, qui leur permet d'entretenir à la fois le lien confrérique et d'organiser depuis l'étranger le financement de la *Muridiyya*. Sur les *dahira*, lire notamment Bava (2005a ; 2005b).

travailler avec la bénédiction d'Allah et du grand Serigne[20] Ahmadou Bamba pour donner sa contribution aux actions menées sur place par les différents « marabouts » à Touba (Bava 2005b).

Notre incursion wébérienne suggère qu'il existerait de ce point de vue une « éthique mouride » de l'esprit du capitalisme, nous conduisant à considérer la question de l'éthos mouride au regard du succès économique. Ainsi, selon Danielle Hervieu-Léger (1999 : 34-35), Weber considère qu'il y a des affinités

> « que les croyances religieuses entretiennent avec les principes de l'action dans le monde, et particulièrement avec l'éthos économique des différentes sociétés. De ce tableau, on retient surtout l'accent mis sur le lien entre puritanisme et protestantisme et une manière d'agir rationnellement dans le monde correspondant au style de l'activité économique capitaliste. Ainsi, la recherche systématique du profit et la discipline du travail qui caractérisent le capitalisme occidental ont-elles trouvé un support spirituel favorable dans l'inscription de l'action dans le monde qui résulte elle-même d'une conception théologique particulière du salut et de la grâce ».

C'est un éthos, ici musulman, qui, chez les Mourides, semble basé à la fois sur la dette et la baraka. Sophie Bava (2002 : 86) rappelle d'ailleurs que

> « la baraka, les épreuves et les preuves sont les premiers ingrédients qui permettent et légitiment le passage d'un charisme non institutionnel à un charisme institutionnel, qui modifie l'ordre établi tout en mettant astucieusement en place une autre organisation sociale autour d'un corpus religieux ».

De même, pour Gilsenan (2001 : 81), la baraka est la clé de pratiques qui, de façon fictive, transforment les choses en leur contraire – comme le font tant de miracles – et permettent de passer du monde ordinaire au royaume du sacré, passage au caractère parfois éphémère pour ceux qui ne sont ni saints, ni descendants de saints. Ainsi, appartenir à la *Muridiyya* permet de recevoir la grâce et de réaliser ses propres projets, comme par exemple trouver un emploi, développer une activité commerciale, etc.

20. Veut dire aussi Marabout, guide religieux ayant des pouvoirs mystico-spirituels hors normes.

« Journées Culturelles Ahmadou Bamba (JCAB) » : une occupation de l'espace public islamique

Au Gabon, l'un des événements majeurs d'occupation de l'espace public religieux par les mourides, est l'organisation annuelle (précisément au mois de novembre) des Journées Culturelles Ahmadou Bamba. Ces journées constituent :

> « une occasion, pour les musulmans présents au Gabon et à l'extérieur, par le biais des manifestations culturelles variées, de mieux connaître et apprécier l'immense apport au rayonnement de l'islam de l'une des figures religieuses de notre continent Africain et du monde : Cheikh Amadou Bamba. Elles seront en même temps un moment privilégié de recueillement, de prières et de pèlerinage[21] ».

Les JCAB sont, pour les Mourides, une véritable occasion où ils expriment leur foi religieuse par l'organisation d'une manifestation grandiose. Cette manifestation religieuse commence par la lecture des textes du Coran et des poèmes du fondateur de la *Muridiyya*, suivie d'une sorte de procession qui part du lieu supposé de son débarquement – face à la Présidence de la République gabonaise – jusqu'à la Mosquée mouride de Montagne Sainte. Et enfin, la manifestation se termine par un repas offert à tous les invités.

Afin de donner à cet événement toute sa dimension symbolique d'appartenance à la *Muridiyya*, une délégation conduite par le Sérigne Mame Mor Mbacké (un des petits-fils du premier calife des Mourides) se rendit au Gabon du 8 au 15 novembre 2008. En marge des JCAB de cette année 2008, l'arrivée au Sénégal d'une autorité religieuse de la confrérie visait notamment à conclure avec le pouvoir gabonais un partenariat pour l'organisation d'un « Pèlerinage du souvenir » dédié aux Mourides, symbolisant la commémoration de leur présence religieuse et historique au Gabon.

Le poids de la confrérie mouride au sein de l'Oumma du Gabon tient donc particulièrement, d'une part, à l'histoire de la confrérie elle-même et, d'autre part, à l'histoire de la résistance africaine face à la colonisation française. Les Mourides présentent le retour d'exil du Gabon de Cheikh Ahmadou Bamba comme le miracle de la fondation de leur confrérie. Les fidèles de la *Muridiyya* croient ainsi volontiers que ce fut pendant les sept

21. Entretien avec le talibé Sidi Lamine Guèye, à Libreville, le 28 mai 2008.

années de son exil au Gabon, de 1895 à 1902, complétées par celui en Mauritanie (1903-1907), que le « Serigne Touba » forgea sa foi dans une sorte d'hégire. Somme toute, en consolidant cet héritage, les Mourides prennent le Gabon comme une terre des symboles forts de l'histoire du mouridisme.

Aujourd'hui, il y a au Gabon une revendication autour de cet héritage symbolique de la part des Mourides locaux, mais également de la part de ceux qui sont au Sénégal, à Touba et ailleurs. Leur objectif au final est la commémoration désormais au Gabon du lien, de la « liaison spirituelle » qui existe avec le Sénégal. Il s'agit de faire du Gabon une terre de pèlerinage à l'image de ce qui se fait déjà chaque année au Sénégal, à Touba la « cité sainte », mais aussi à Saint-Louis en tant que lieu de départ en déportation du fondateur de la *Muridiyya*. Pour les fidèles, cette commémoration est un rappel (ou un appel) constant de la mémoire commune de l'héritage religieux et historique de l'une des figures africaines de la résistance à la colonisation : Ahmadou Bamba[22].

Toutefois, les « jeunes intellectuels[23] » musulmans gabonais considèrent les Mourides, au même titre que les autres confréries musulmanes, comme des « sectes ». Leur argumentaire principal consiste à dire, en référence au Coran et à ce qu'ils ont appris dans les pays arabo-musulmans, que la profession de foi de tout musulman est claire : « Tu n'adoreras qu'Allah, seul ton Dieu. C'est lui seul que nous adorons, et c'est lui seul dont nous implorons secours », citant ainsi la première sourate. Ces « jeunes intellectuels » doutent que ce qui arrive aux confréries ait été prévu par le prophète Muhammad : « Certains se détourneront de la voie d'Allah ».

Les arabisants ou les « jeunes intellectuels » musulmans contestent les fondements religieux de l'appartenance confrérique des musulmans migrants venus d'Afrique de l'Ouest, surtout du Sénégal, tout en reconnaissant paradoxalement la « hauteur » ou dimension religieuse islamique de leurs différents fondateurs. Comme au Bénin (Brégand 2009 : 189), ces diplômés arabisants ne se réfèrent qu'au Coran et à la Sunna. En effet, pour ces « jeunes intellectuels » musulmans, il s'agit de revenir à une vision littéraliste (dont le *salafisme* wahhabite témoigne de façon exemplaire), qui consiste à voir dans toute pratique instaurée après

22. Pour montrer cette dimension panafricaine de l'œuvre religieuse d'Ahmadou Bamba, les Mourides ont, par exemple, activement participé à la réalisation de l'émission « Grand reportage » de Radio France Internationale (RFI), intitulée : « Sur la route de l'exil de Cheikh Ahmadou Bamba », diffusée le 19 janvier 2010.

23. Les « jeunes intellectuels » musulmans sont des Gabonais convertis à l'islam qui ont étudiés les sciences islamiques, pour la majorité d'entre eux, en Arabie saoudite.

les trois premières générations de compagnons du prophète Muhammad une « innovation blâmable ». Ils poursuivent leur objectif principal, la *da'wa* (« invitation, appel [à l'islam] »), pour propager une foi revivifiée et purifiée dans un pays où l'image du musulman est assimilée aux pratiques occultes du maraboutage. Ainsi, au cours de leurs différentes sorties médiatiques et conférences publiques, ils n'hésitent pas à critiquer ouvertement les adeptes des confréries musulmanes et les « marabouts » qui œuvrent pour d'autres pratiques « traditionnelles » non musulmanes.

Conclusion

Ainsi la scène islamique locale est souvent occupée par des tensions entre anciens et nouveaux musulmans arabisants, mais aussi bon nombre de musulmans convertis qui ne sont pas membres d'une confrérie. Toutefois, la volonté des dirigeants du Conseil supérieur des affaires islamiques du Gabon (CSAIG) de garder la cohésion sociale au sein de communauté musulmane nationale permet de freiner les ambitions des jeunes arabisants. Par les nombreux appels et rappels à la cohésion et la paix sociale, socle de la foi musulmane, les dirigeants de l'organisation représentative de l'islam au Gabon prônent une tolérance entre musulmans. Dans cette optique, on pourrait volontiers reprendre Souleymane Bachir Diagne (1992) lorsqu'il écrit :

> « La reterritorialisation confrérique a également une réalité spirituelle qui tient à la capacité de l'islam soufi (mystique) à accepter le compromis avec les structures idéologiques, les attitudes mentales et culturelles provenant des terroirs. D'une manière générale, et en tenant compte toutefois de différences dans le degré du phénomène d'une confrérie à une autre, l'organisation confrérique, surtout dans les chants religieux et les pèlerinages périodiques où elle renouvelle sa conscience d'elle-même, recentre les énergies spirituelles sur de véritables terroirs religieux et des capitales locales. Cette dialectique n'est pas sans effet sur son "autre" dialectique : l'existence d'un mouvement d'opposition, à cette réalité confrérique, d'un Islam lettré qui se veut plus ouvert sur la Umma universelle » (*ibid.* : 289-290).

En somme, nous pouvons postuler que, vraisemblablement, les Mourides de la diaspora au Gabon construisent une communauté de foi autour d'une « mémoire de l'exil » d'Ahmadou Bamba, la figure charismatique de l'islam confrérique sénégalais. Ainsi, et pour reprendre Arjun Appadurai (2001), on peut dire que, par son importance migratoire, le nombre de Mourides ne cessent d'augmenter et ces derniers sont ainsi capables de se constituer en une « communauté de soi » (*ibid.* : 35). Mais celle-ci passe du stade des représentations partagées à celui des actions que l'on accomplit collectivement dans l'espace public islamique. Car la nouvelle mission de la *Muridiyya* semble désormais être celle de devenir une confrérie transnationale, voire « post-nationale », en ce sens où elle étend son champ d'actions au-delà des frontières nationales.

Bibliographie

APPADURAI, Arjun, 2001, *Après le colonialisme. Les conséquences culturelles de la globalisation*, Paris, Payot.

ADELKHAH, Fariba et BAYART, Jean-François (dir.), 2007, *Voyages du développement. Émigration, commerce, exil*, Paris, Karthala.

BABOU, Cheikh Anta, 2011, *Le Jihad de l'âme. Ahmadou Bamba et la fondation de la Mouridiyya au Sénégal*, Paris, Karthala.

BACHIR Diagne Souleymane, 1992, « L'avenir de la tradition », *in* M. C. Diop (dir.), *Le Sénégal, trajectoires d'un État*, Dakar, CODESRIA, p. 279-290.

BALANDIER, Georges, 1971, *Sociologie actuelle de l'Afrique noire. Dynamique sociale en Afrique centrale*, Paris, PUF.

——— 2008, *L'Afrique ambiguë*, Paris, Plon [1re éd. 1957].

BAVA, Sophie, 2002, « Routes migratoires et itinéraires religieux. Des pratiques religieuses des migrants sénégalais mourides entre Marseille et Touba », thèse de doctorat d'histoire de l'EHESS, Paris [non publiée].

——— 2005a, « Le *dahira*, lieu de pouvoir et d'émergence de nouvelles élites au sein du mouridisme », *in* M. Gomez-Perez (dir.), *L'islam politique au sud du Sahara*, Paris, Karthala, p. 159-175.

——— 2005b, « "Reprendre la route" : les relais mourides des migrants sénégalais au Niger », *in* L. Fourchard *et alii* (dir.), *Entreprises religieuses transnationales en Afrique de l'Ouest*, Paris, Karthala, p. 73-88.

BERNAULT, Florence, 1996, *Démocraties ambiguës en Afrique centrale : Congo-Brazzaville, Gabon (1940-1965)*, Paris, Karthala.

BRÉGAND, Denise, 1998, *Commerce caravanier et relations sociales au Bénin. Les Wangara du Borgou*, Paris, L'Harmattan.

——— 2009, « Les réformistes et l'État au Bénin », *in* R. Otayek & B. F. Soares, (dir.), *Islam, Etats et sociétés en Afrique*, Paris, Karthala, p. 187-209.

CHOUALA, Yves Alexandre, 2004, « L'installation des Camerounais au Gabon et en Guinée équatoriale. Les dynamiques originales d'exportation de l'État d'origine », *in* L. Sindjoun (dir.), *États, individus et réseaux dans les migrations africaines*, Paris, Karthala, p. 93-114.

COPANS, Jean, 1988, *Les marabouts de l'arachide*, Paris, L'Harmattan.

COQUERY-VIDROVITCH, Catherine, 1972, *Le Congo au temps des grandes compagnies concessionnaires 1898-1930*, Paris, Mouton.

COULON, Christian, 1996, « Touba, lieu saint de la confrérie mouride », *Autrement*, n° 91-92 hors-série, p. 226-238.

DE JONG, Ferdinand, 2010, « Remembering the nation: the Murid Maggal of Saint-Louis, Sénégal », *Cahiers d'études africaines* n° 197, vol. I, p. 123-151.

DIÈYE, Cheik Abdoulaye, 1985, *L'exil du Gabon, période coloniale 1895-1902. Sur les traces de Cheikh Ahmadou Bamba*, Dakar, Éditions Ndigël.

DOZON, Jean-Pierre, 2009, « Remémoration coloniale et actualisation politique dans la confrérie mouride », *in* G. Holder (éd.), *L'islam, nouvel espace public en Afrique*, Paris, Karthala, p. 225-236.

ECHENBERG, Myron, 2009, *Les Tirailleurs sénégalais en Afrique occidentale française (1857-1960)*, Paris, Karthala.

FOURCHARD, Laurent et MARY, André, 2005, « Réveils religieux et nations missionnaires », *in* L. Fourchard *et alii* (dir.), *Entreprises religieuses transnationales en Afrique de l'Ouest*, Paris, Karthala, p. 9-18.

GILSENAN, Michael, 2001, *Connaissance de l'islam*, Paris, Karthala.

GODELIER, Maurice, 1996, *L'énigme du don*, Paris, Fayard.

GUÈYE, Cheikh, 2002, *Touba. La capitale des mourides*, Paris, Karthala.

HERVIEU-LÉGER, Danielle, 1999, *Le pèlerin et le converti. La religion en mouvement*, Paris, Flammarion.

HOLDER, Gilles, 2009, « Vers un espace public religieux : pour une lecture contemporaine des enjeux politiques de l'islam en Afrique », *in* G. Holder (éd.), *L'islam, nouvel espace public en Afrique*, Paris, Karthala, p. 5-36.

MARIE, Alain, 1997, « L'individualisation africaine en question », *in* A. Marie (éd.), *L'Afrique des individus*, Paris, Karthala.

MARTY, Paul, 1917, *Études sur l'islam au Sénégal, tome 1*, Paris, Éd. Leroux.

MAUSS, Marcel, 1993, *Sociologie et anthropologie*, Paris, PUF [1re éd. 1950].

PAMBO-LOUEYA, Constant-Félix, 2003, « Les étrangers et le travail au Gabon : rapatrier... unique solution ? », *in* C. Coquery-Vidrovitch *et alii* (dir.), *Être étrangers et migrants en Afrique au XXe siècle. Enjeux identitaires et modes d'insertion, Volume II : dynamiques migratoires, modalités d'insertion urbaine et jeux d'acteurs*, Paris, L'Harmattan, p. 333-352.

PIGA, Adriana (dir.), 2003, *Islam et villes en Afrique au sud de Sahara. Entre soufisme et fondamentalisme*, Paris, Karthala.

POURTIER, Roland, 1989a, *Le Gabon. Espace, histoire, société*, tome 1, Paris, L'Harmattan.

——— 1989b, *Le Gabon. État et développement*, tome 2, Paris, L'Harmattan.

ROBINSON, David et TRIAUD, Jean-Louis (dir.), 2000, *La Tijâniyya. Une confrérie musulmane à la conquête de l'Afrique*, Paris, Karthala.

TONDA, Joseph, 2005, *Le Souverain moderne. Le corps du pouvoir en Afrique centrale (Congo, Gabon)*, Paris, Karthala.

TRIAUD, Jean-Louis, 1999, « Lieux de mémoire et passés composés », *in* J.-P. Chrétien et J.-L. Triaud (dir.), *Histoire d'Afrique. Les enjeux de mémoire*, Paris, Karthala, p. 9-12.

——— 2009, « Une laïcité coloniale. L'administration française et l'islam en Afrique de l'Ouest (1860-1960) », *in* C. Peyrard (dir.), *Politique, religion et laïcité*, Aix-en-Provence, Publications de l'Université de Provence, p. 121-143.

WEBER, Max, 2003, *L'Éthique protestante et l'esprit du capitalisme*, Paris, Gallimard [1re éd. en allemand 1904 et 1905].

3

Les cérémonies du *Jominè* à Kignan (Mali) : entre construction d'un patrimoine et affirmation d'une identité musulmane locale

Kamanan Jean-Yves TRAORÉ

Au Mali, le processus démocratique enclenché en 1991 a servi de tremplin à l'émergence des mouvements religieux, surtout musulmans, présents dans l'espace correspondant à l'actuel Mali depuis plus d'un millénaire. En effet, au cours de ces deux dernières décennies, les religions se sont manifestées de manière inédite en jouant désormais un rôle déterminant dans la marche de la société malienne. Cet élan nouveau ne peut être dissocié de la démocratie et de la décentralisation dont l'avènement a permis aux organisations religieuses de s'orienter vers une approche plus participative. De ce point de vue, l'islam s'inscrit dans une dynamique de changement socioculturel et politique. Il est en train d'imprimer une véritable évolution socioreligieuse dans la zone de Kignan. En effet, depuis plus d'une décennie, le village de Kignan et ses environs sont marqués par une politique volontariste fondée sur la célébration d'un événement religieux en partie réinventé appelé *Jominè*. Après une vingtaine d'éditions au moins, Kignan connaît une ferveur religieuse entretenue par ses habitants et ses associations de ressortissants à travers cette célébration. De fait il est aujourd'hui intéressant de s'interroger sur cette manifestation religieuse traditionnelle qui se produit dans une société malienne où l'islam est la religion majoritaire. Qu'appelle-t-on *Jominè* ? Existe-t-il un lien entre *Jominè* et islam ? Le *Jominè* peut-il être considéré comme un simple signe de religiosité, un facteur identitaire, une manifestation ostentatoire d'appartenance à un islam militant et prosélyte, ou tout à la fois ? Peut-on parler d'une spécificité religieuse à Kignan ? Quels en sont ses effets et ses implications sur les plans sociaux, religieux, culturels, économiques, voire politiques ? Autrement dit, à quoi sert le *Jominè* à Kignan et quelle est son utilité pratique ? Ce sont autant de questions, soulevées par une pratique religieuse visant *a priori* à construire dans un élan solidaire une société paisible et prospère, qui orienteront ici notre réflexion. Pour mieux appréhender et comprendre cette dynamique locale, une série d'enquêtes ont été menées entre 2008 et 2012, dans le cadre du projet de recherche PUBLISLAM-Mali, sur le terrain de Kignan[1].

La genèse du *Jominè* de Kignan : une histoire très contemporaine

En Afrique, notamment au Mali, il n'y a pas de sociétés sans religion, au sens où elles pratiquent au moins un culte religieux. Dans la région de Sikasso, les religions dites traditionnelles sont encore vivaces, surtout dans les villages de culture sénoufo. Mais dans certains villages, comme Kignan, qui est majoritairement peuplé de Bambara, c'est plutôt l'islam qui domine et ce depuis une période assez ancienne.

Kignan est situé à environ 75 km au nord-ouest de la ville de Sikasso et compte aujourd'hui 7 851 habitants[2], dont 3 977 hommes et 3 874 femmes[3]. Après avoir été successivement l'épicentre d'une chefferie guerrière, puis le chef-lieu d'un canton, devenu un arrondissement administratif, Kignan est désormais le siège de la commune rurale du même nom qui regroupe 15 villages, soit une population totale de 21 646 habitants[4]. Centre politico-administratif, Kignan abrite également

1. Ce texte est issu d'une série d'entretiens menés auprès de plusieurs acteurs du *Jominè* de Kignan, notamment Drissa Cissé, président du comité de gestion du *Jominè*, Bassirou dit Franky Coulibaly, secrétaire général dudit comité, Djibril Tangara, ancien ministre, Bakary Niambélé, ancien député de Sikasso, Bakaye Coulibaly, ancien agent de banque à la retraite, Mamadou Koné, commissaire de police à la retraite, ainsi que Malick Traoré et Dioutié Diabaté, enseignants à la retraite.
2. Direction régionale du plan et de la statistique (DRPS), 2003.
3. Commissariat à la sécurité alimentaire (CSA) et Projet de mobilisation des initiatives en matière de sécurité alimentaire au Mali (PROMISAM), 2005.
4. La commune de Kignan, qui recouvre approximativement l'espace politique traditionnel du Zéguédougou et du Ngolodougou, regroupe des villages de Kignan,

diverses tendances et organisations musulmanes, dont les plus importantes sont la *Tijâniyya*, la *Qâdîriyya*, la *Wahhâbiyya*, ou encore le mouvement Ançar Dine du prêcheur Chérif Ousmane Madani Haïdara (Holder 2012), un pluralisme qui se traduit par la présence de cinq mosquées. La multiplication de ceux-ci résulte du climat concurrentiel, voire délétère, entre les différentes tendances musulmanes, lesquelles tiennent chacune à avoir sa mosquée.

Dans ce contexte, il y a actuellement deux « mosquées du vendredi » (*juma misiri*) dans le village de Kignan, où sont également célébrées les grandes fêtes musulmanes. La plus ancienne des deux, appelée « Grande mosquée », est bâtie au centre du village, devant le vestibule de l'ancien chef de Canton, près du puits sacré[5]. La seconde est la mosquée de Labasse Haïdara, située à proximité de la place du marché, et qui constitue le pôle de la réforme wahhabite du village. Bien qu'elle soit située au centre, la « Grande mosquée » était non seulement devenue trop exiguë et trop éloignée pour ceux qui s'étaient installés en périphérie, mais elle était aussi trop marquée par le pouvoir politico-religieux de la chefferie. Aussi, outre la mosquée wahhabite de Labasse Haïdara, implantée à proximité du marché et qui, de fait, attira vite des fidèles qui se rendaient au marché, trois autres mosquées de quartier ont été construites ces dernières années[6].

Les cérémonies du *Jominè* s'effectuent à la « Grande mosquée » pour plusieurs raisons. D'abord, l'organisation du *Jominè* est largement investie par la famille de l'ancien chef de canton qui assure l'électrification pour l'occasion et fournit les repas pour ceux qui observent le jeûne après la veillée. Ensuite, la position géographique de la « Grande mosquée » permet d'offrir une centralité autant pratique que symbolique aux cérémonies ; cette concentration de tous les participants au même endroit permet d'avoir l'œil sur les gestes de chacun, car l'achoura étant un événement sacré, tous les actes non religieux sont censés être à éviter. Enfin, si le *Jominè* coïncide avec la fête musulmane de l'Achoura[7] (de

---

Kouna, Sonflabougou, N'Gana, Boukarila, Tiébé, Kombala, Missala, Djifolobougou, Katogo, Kérémèkoro, Tenina-Mima, Diana-Tiénou, Kossournani et Morila-Fansébougou. Les principaux groupes de peuplement de cette commune sont les Senufo, les Bambara, les Peul et les Minianka. La langue la plus parlée est le senufo, mais le bambara fait office de langue véhiculaire.

5. Ce puits est considéré comme un puits naturel et des sacrifices y étaient faits autrefois.
6. Il s'agit des deux mosquées du quartier *M'pari ko* (« derrière le fossé ») et de la mosquée de *Millionkin* (« quartier du million ») qui se trouve à l'entrée du village, juste après l'usine d'égrenage de coton.
7. « Sidi Abou Horaïra [l'un des « compagnons » du prophète cité dans un hadith] a rapporté que le prophète Mohamed (SAW) a dit : « Dieu a prescrit aux Juifs le

l'arabe *'âshûrâ'* signifiant « le dixième », en référence au 10e jour de Muharram, premier mois du calendrier musulman) qui marque le début de l'année musulmane, elle n'est pas sans liens avec les pouvoirs politico-religieux traditionnels et, à ce titre, n'est guère compatible avec la mosquée wahhabite de Labasse Haïdara, dont les fidèles perçoivent le *Jominè* comme relativement suspect du point de vue de l'islam.

Pour autant, à côté des fêtes canoniques du Ramadan et de la Tabaski, la cérémonie de l'Achoura se développe considérablement à Kignan, à l'instar du reste du Mali (Ouallet 2007), sous le nom de *Jominè*[8] en langue bambara[9]. Depuis 1994, date de sa première édition à Kignan, le *Jominè* a enregistré une reconfiguration fondée sur la référence à l'islam. En fait, sa célébration a basculé pour devenir un événement socioreligieux. Mais le contexte du mode de production de cette fête religieuse impose une analyse de ce phénomène en cours à Kignan.

Le vocable *Jominè* recouvre bien des significations. C'est un mot de la langue bambara dérivant de *jon minè kalo*, qui signifie « le mois de la capture des esclaves » : de *jon* (« esclave, captif »), *minè* (« attraper, capturer, prendre, saisir ») et *kalo* (« lune, mois »)[10]. En effet, l'histoire de l'islamisation au Mali pose de façon assez binaire et simpliste une société divisée en croyants, autrement dit les musulmans, et infidèles, c'est-à-dire ceux qui lui étaient hostiles. L'étymologie populaire du terme *Jominè* fait référence à au moins deux versions : l'une renvoie au fait que les gens qui n'avaient pas embrassé l'islam étaient considérés comme des « esclaves » (*jon*) qui, comme tels, devaient être nécessairement convertis. Cette capture des esclaves pour les obliger à se convertir à la nouvelle religion marquait ainsi le triomphe de l'islam sur les cultes païens. C'est cette victoire qui serait ainsi célébrée lors du *Jominè*, avec des prières et des sacrifices. L'autre version envisage le *Jominè* kignanais dans le sens d'une inversion du pouvoir. Cette posture apparaît traditionnellement sous les traits d'un jeu social, d'une mise en scène des idéaltypes sociaux où les

---

jeûne d'un jour par an et c'est le jour de l'Achoura. » C'est le dixième jour de Moharrem. Premier mois de l'année hégirienne » ; *cf. Maliweb*, rubrique Discussion, 5 décembre 2011, « Qu'Allah pardonne nos pêchés » – En ligne, consulté le 5 novembre 2013, http://www.maliweb.net/services/forums/showthread.php?3666-Qu-Allah-pardonne-nos-p%EAch%E9s

8. Toutefois, la célébration de l'Achoura, tout comme le *Jominè*, ne sont pas des fêtes officielles et chômées au Mali.
9. Pour des raisons de simplification, nous utiliserons ici le terme « bambara » en usage dans la littérature académique, plutôt que le terme vernaculaire *bamanan.*
10. On appelle aussi cette cérémonie *bolo la mogo ka kalo*, ce qui signifie littéralement « le mois ou la lune des esclaves » : de *bolo* (« main »), *la mogo* (« gens inférieurs ») et *kalo* (« lune, mois »).

dominés, figurés par les « esclaves », prennent le pouvoir le temps des cérémonies sur les dominants, les « maîtres ». Il s'agit là d'une inversion des normes sociales et des rapports aînés-cadets ; c'est en quelque sorte la revanche du peuple sur ses dirigeants. Autrement dit, le *Jominè* revêt la forme d'une cérémonie où se superposent les références traditionnelles et islamiques. Sa célébration est très répandue dans les villages de la région de Kignan, y compris chez les populations non acquises à l'islam. À cette occasion, la nourriture (sous formes de galettes) est préparée en grande quantité pour que chacun mange à sa faim.

L'origine de la cérémonie du *Jominè*, version kignanaise, remonterait à un sacrifice qu'exécutait annuellement le chef de canton de Zéguédougou, Adama Coulibaly. Au début de l'hivernage, ce dernier immolait un taureau porteur d'une robe spécifique afin de solliciter la bonté des génies protecteurs du village, qui lui accordaient en échange une bonne récolte. La viande de l'animal était préparée et entièrement consommée sur place, en dehors des habitations. Après le décès du chef de canton en 1963, l'une de ses épouses a continué à pratiquer discrètement le sacrifie et à faire des offrandes selon ses propres moyens. À la mort de cette dernière, le rite connut un abandon total.

Mais à la suite des vicissitudes dont ils étaient victimes, alors qu'ils avaient connu de longues périodes de prospérité, les ressortissants de Kignan résidant hors du village, surtout à Koutiala, se croyaient en proie à une malédiction ; toutes leurs affaires économiques finissaient par péricliter. Ils décidèrent de se référer à l'avis des connaisseurs et des notables locaux pour déterminer les causes de ce qui semblait être une malédiction. Chaque fois qu'un ressortissant commençait à réussir matériellement dans sa vie, il échouait soudainement. De fait, les Kignanais, qui étaient, au départ, initiateurs de projets, devenaient ensuite les employés de ceux-là mêmes qu'ils avaient embauchés initialement. Ne comprenant pas ces renversements de situation, ils alertèrent leurs aînés. C'est ainsi que l'un des doyens révéla qu'autrefois, le chef de canton procédait à un sacrifice annuel pour le bien-être du village, sacrifice abandonné depuis.

En guise de réparation, les Kignanais décidèrent alors de retourner à cette pratique. L'initiative de reprendre cette célébration est essentiellement venue des ressortissants de Kignan installés à Bamako et qui se sont regroupés au sein de l'Association pour le développement de la commune de Kignan (ADCK). La cérémonie se tenait traditionnellement la veille de l'hivernage, révélant son caractère de rituel propitiatoire à l'égard des futures récoltes. Mais cette nouvelle génération de Kignanais a cherché à prendre ses distances avec ce contexte coutumier et a accommodé la cérémonie à l'Achoura. Or, non seulement tous les ressortissants acceptèrent d'aller vers cette nouvelle pratique, mais les habitants du village eux-mêmes se la sont largement appropriée. Depuis 1994, résidents et ressortissants célèbrent ainsi chaque année cet événement qui peut d'ailleurs être assimilé aux fêtes traditionnelles du *poro* des villages senufo dédiées aux génies protecteurs[11]. Mais si la célébration du *Jominè* a été rétablie, faisant ainsi retour à la tradition, la forme actuelle de cette cérémonie fait aussi rupture avec cette même tradition, en optant pour un contenu qui ne reprend pas son sens initial, lequel était tourné vers la réactivation rituelle du pacte avec les génies locaux et l'activité agraire. Ainsi, le *Jominè* apparaît comme un « monument », au sens où il est édifié par la communauté kignanaise toute entière et « rappelle le passé en faisant vibrer à la manière du présent » (Choay 1992 : 15).

Les cérémonies du *Jominè* : une fête très musulmane

Au début du mois de Muharram, le premier mois de l'année musulmane qu'on appelle donc en bambara *Jominè kalo* (litt. « le mois [lunaire] du *Jominè* »), les ressortissants de Kignan se préparent pour se rendre au village et arrivent la veille du 10e jour du mois afin de célébrer l'Achoura ou *Jominè*. Des invitations sont aussi adressées aux villages voisins. À l'arrivée des délégations[12], une assemblée générale est convoquée à la place de la première mosquée du vendredi, ponctuée par une séance de « bénédictions » (*dwa*) conduites sous l'autorité d'un « maître » (*ustaz*). Ensuite, le président du comité de gestion de la cérémonie, nommé pour un an, annonce le programme des activités. Le lendemain matin, jour du *Jominè*, sont mises en place les commissions de travail dont chacune est dirigée par un président et un vice-président : commission de lecture du Coran, commission des quêtes, commission gâteaux, commission café, commission d'abattage des bœufs, etc. Le comité de gestion est chargé de

11. Si, dans la région de Kadiolo, le *poro* constitue avant tout un rituel d'initiation masculine, au nord-ouest de Sikasso, il s'agit plutôt d'une cérémonie marquant le début de l'hivernage et préparant la rentrée aux champs. Dédiés aux génies protecteurs du village, les sacrifices offerts visent à favoriser la pluie nécessaire à la culture. Dans certains villages, la cérémonie du *poro*, qui s'accompagne de réjouissances populaires, peut durer trois jours, voire une semaine.
12. Les délégations viennent de la plupart des régions du Mali : Bamako, Sikasso, Ségou, Fana, Koutiala, mais aussi d'Abidjan en Côte d'Ivoire, de Korogho au Burkina Faso, etc.

collecter, à travers son trésorier, les contributions en espèce et en nature et de recevoir les cadeaux apportés par les différentes délégations. Ce cérémoniel protocolaire est suivi, peu de temps après, par les visites de courtoisie des responsables de délégation chez les notabilités du village : chef de village, sous-préfet, maire, chef de la brigade de gendarmerie nationale, imam du village, le doyen et la doyenne de Kignan, etc.

L'atmosphère de la fête gagne tout le village et la population baigne dans une ferveur religieuse plutôt festive. L'ouverture de la cérémonie est agrémentée de *zikhr* (« récitations psalmodiées du nom d'Allah »). Puis vers 16 heures, les cérémonies débutent sur la place publique de la « Grande mosquée » par l'exécution de louanges pleine de ferveur. Celles-ci impliquent tout spécialement des personnes âgées et des adultes, les anciens imams, ainsi que les élèves avancés des écoles coraniques et des médersas. D'autres jeunes gens, parmi lesquels des maîtres d'arabe et certains « intellectuels » venus des villages voisins pour la circonstance, les rejoignent. Ces louanges inspirées des passages du Coran sont adressées au prophète Muhammad. Elles visent à éloigner *Shètane*, ou Satan, des lieux où les musulmans sont réunis, afin que le mal ne les atteigne pas. Tous les participants à ces louanges, dont le nombre s'élève à environ quarante, reçoivent des cadeaux en argent.

Le soir, la cour et l'intérieur de la mosquée du vendredi sont pris d'assaut par une foule de fidèles et de curieux venus pour la veillée. Chacun s'installe comme il peut : certains apportent des chaises, des bancs, des nattes, tandis que les enfants prennent place à même le sol. Démarrent alors les temps forts de la cérémonie. À partir de vingt heures, la mosquée ne désemplit plus jusqu'au petit matin. Dans un silence total observé par la foule des fidèles, commencent les prêches qui sont animés par d'éminents savants musulmans soigneusement sélectionnés. Ceux-ci délivrent des messages sur les défis de l'islam dans la société et des messages de paix, insistant sur l'importance de préserver les valeurs musulmanes, l'humilité, la modestie, le pardon, etc. Se référant aux valeurs morales de l'islam, à son sens de justice, de solidarité et de fraternité, les prêcheurs fustigent les mauvais comportements dont témoigne une grande partie des humains à l'encontre du message de Dieu.

Vers vingt-trois heures, lorsque les prêches prennent fin, se mettent alors en place les lecteurs du Coran, environ 90, choisis par l'imam principal de la mosquée du vendredi de Kignan parmi les imams des autres quartiers et des villages invités et parmi les élèves de médersa dont le niveau d'étude est suffisant. Aux environs de minuit, des pages du Coran sont distribuées pour une lecture collective répétée 14 ou 15 fois jusqu'à 4 heures du matin. Entre deux lectures, les lecteurs font une pause au cours de laquelle des gâteaux sont offerts au public présent. À la fin de chaque lecture, des bénédictions sont faites. C'est un moment privilégié où on implore la grâce de Dieu pour le bonheur, la paix et la concorde dans le village et pour le pays. Ce temps de prière, de recueillement et d'expression de vœux prend fin à l'aube vers cinq heures du matin.

Cette lecture du Coran donne lieu à un moment de compétitions, voire de tentative de contrôle de l'acte entre imams. Il semble que les imams essaient de se faire valoir par leurs lectures et leurs explicitations du Coran. Cela provoque de la jalousie et une concurrence entre eux. En outre, le choix du maître religieux qui lit la conclusion suscite une tension se résumant par une question de leadership sur fond de jalousie. À la fin, chaque lecteur reçoit une enveloppe contenant quelques billets de banque. L'ensemble de cette cérémonie religieuse s'achève par une prière dirigée par un collectif d'imams relevant des différentes mosquées de la place, avant de procéder à l'immolation, dans la cour de la mosquée, d'un taureau dont la viande est partagée entre les chefs de quartiers et les indigents.

Les cérémonies publiques achevées, c'est alors dans chaque famille qu'on accomplit les rituels du *Jominè* (prières, préparation d'eau bénite[13]), où sont réunis tous les membres (hommes, enfants, sœurs et cousines qui sont mariées ailleurs et désirent y participer), à l'exception des épouses qui s'attèlent à la cuisine. Cette prière familiale est dirigée généralement par un ou plusieurs imams issus du village, indemnisés forfaitairement à hauteur de 40 000 francs CFA. En effet, la famille entretient avec eux une sorte de pacte qui les lie ; chaque année, ils sont invités pour diriger les mêmes prières, lesquelles rappellent la pérennisation de la cellule familiale qui n'est autre que le symbole de sa continuité et de ses réussites. La famille doit à cette occasion sacrifier, en fonction de ses moyens, au moins un animal[14]. Une grande cuisine est ainsi faite. Partout, c'est le festin. De la nourriture est aussi offerte aux personnes démunies, aux orphelins. Ce sacrifice s'apparente aux pratiques traditionnelles que font

---

13. Puisée dans le puits *kolonba* (litt. « Le Grand Puits ») contigu à la mosquée du vendredi – le plus ancien du village et considéré d'ailleurs comme sacré –, cette eau « préparée », c'est-à-dire sur laquelle des incantations sont faites, sert à se protéger contre les contrariétés et ennuis de tout genre. Elle est utilisée pour satisfaire tous les besoins (guérison, enrichissement matériel et financier, fécondité, etc.). Son utilisation permettrait d'exaucer tous les vœux. Cette eau du puits, qui changeait parfois de couleur, est comparée à l'eau miraculeuse du puits *Zamzam* de La Mecque. Les pèlerins la consommaient et chacun de retour apportait une quantité de cette eau considérée comme une eau qui porte bonheur.
14. Ainsi, à titre d'exemple, la famille *Soba Kono*, celle du chef de canton, avait tué deux bœufs lors de la dernière édition du *Jominè* en 2010.

généralement les familles africaines au moins une fois l'an pour assurer leur bonheur et leur prospérité.

Cette articulation des pratiques traditionnelles avec la célébration du *Jominè* est courante, mais il semble qu'à Kignan, le jour du *Jominè*, des actions sont discrètement accomplies en certains endroits du village : immolation de poulets au grand puits du village, sacrifices à un endroit situé à l'Est du village. Ces pratiques en marge des rituels musulmans et qui apparaissent comme un rituel d'inversion symbolique – glissement du traditionnel vers le moderne – n'ont jamais été corroborées par les Kignanais, même si leur *Jominè* apparaît comme un instant privilégié du syncrétisme religieux. Chaque quartier, après la cérémonie officielle, fait des sacrifices pour les familles, les morts comme les vivants. Des sacrifices sont aussi pratiqués en secret ; de fait, s'ils sont tacitement acceptés ils n'en sont pas moins effectués discrètement.

Le *Jominè* de Kignan : un terrain d'expression des tensions entre villageois et ressortissants

La fin de la célébration de l'événement est marquée par une restitution que le comité de gestion fait à l'assemblée des participants et des invités (maire, sous-préfet, représentant des forces de sécurité, la gendarmerie en l'occurrence). Lors de l'édition du *Jominè* de 2010, l'ordre du jour concernait les questions liées à la participation des Kignanais et sympathisants, mais aussi le bilan des dépenses, les observations sur le déroulement des cérémonies et les suggestions pour l'édition à venir. Ce compte rendu sur les problèmes de fonctionnement auxquels est confronté le comité de gestion reste un point sensible. Dans tous les cas, cette démarche révèle les difficultés rencontrées pendant la tenue de la fête. En effet, son organisation se heurte à des obstacles imprévus qui portent entre autres sur la faible mobilisation, surtout des ressortissants, et sur le retard dans le payement des cotisations qui affecte souvent l'organisation de la fête. Dans son intervention, le président du comité de gestion a beaucoup insisté sur ce point. À ce propos, souligne-t-il, « si tu règles tout sauf le problème d'argent, tu n'as rien réglé ». Ce qui signifie que l'argent constitue le nerf de la guerre et que, par conséquent, il faut que les cotisations rentrent correctement, sinon : « Si nous ne faisons pas attention, le *Jominè* va s'arrêter ». Dans tous les cas, le payement des cotisations a toujours fait l'objet de débats.

De cette nuit de partage et de communion, des difficultés d'ordre organisationnel ont encore émaillé la cérémonie, surtout concernant le choix des lecteurs du Coran. Cette opération de recrutement des lecteurs a été entachée de clientélisme. En effet, des choix clientélistes ont été effectués par la commission lecture qui a dévié sa mission en proposant des proches (parents et amis) comme lecteurs. Ainsi, au cours de certaines éditions, des lecteurs ont souvent effectué de mauvaises prestations, car ils avaient été choisis essentiellement sur des critères clientélistes et n'étaient pas à la hauteur. Cette situation résulte de la mauvaise préparation de la liste et produit des résultats accablants. De son côté, la délégation de Koutiala a eu à manifester son mécontentement en ce qui concerne là aussi le choix des lecteurs. Elle a dénoncé, non pas seulement l'incompétence de ces derniers, mais l'hégémonie de Kignan qui s'accorde toujours la prééminence en s'octroyant d'emblée 60 lecteurs sur les 90 qui opèrent, mettant ainsi à l'écart les autres localités participantes. Les « Ivoiriens » – entendez les ressortissants installés en Côte d'Ivoire – ont recommandé quant à eux d'être informés suffisamment à temps pour mieux s'organiser. Ils se sont plaints d'avoir reçu tardivement les informations en ce qui concerne la date de la cérémonie. Aussi, invitent-ils à faire une large diffusion des informations par les nouveaux canaux de communication (Internet, téléphonie mobile).

Une mise en garde a été adressée par le président du comité de gestion du *Jominè* aux participants contre tout ce qui peut affaiblir l'Achoura, considérant qu'il s'agit là d'un événement important, le seul à regrouper tous les habitants de la commune rurale de Kignan, y compris les ressortissants installés un peu partout au Mali et les pays voisins. Le comportement de certains responsables parmi les ressortissants résidants en Côte d'Ivoire a été fustigé, révélant un certain rapport de force et le poids financier de ces migrants. Il a sérieusement déploré leur manque d'intérêt pour l'événement et dénoncé leur tentative de politiser le *Jominè*. Il craint son délitement par la prise en otage de son organisation à travers le jeu politique. Autrement dit, il redoute la mésentente et les conflits entre ressortissants du village qui pourraient, à terme, remettre en cause l'organisation du *Jominè* et redoute surtout l'implication de la politique dans la gestion de la cérémonie. D'ailleurs, il fait particulièrement attention au choix des thèmes à développer lors des prêches. Chaque année, un thème est retenu et généralement axé sur la compréhension du *Jominè* et sur le vivre ensemble entre musulmans (transcender les divergences, cultiver les valeurs de tolérance, du respect de l'autre, du pardon, etc.).

En fait, des tiraillements minent la communauté musulmane kignanaise de Côte d'Ivoire depuis plusieurs années et des questions de leadership politique et religieux s'affichent au grand jour. Si les membres des délégations voyageaient auparavant ensemble et arrivaient par le même car, ces dernières années, ils se présentent séparément, manifestant ainsi une division entre deux groupes rivaux. Sur fond de rivalités personnelles et de pouvoir, la tendance de Mamadou Loby Coulibaly, fils de l'ancien chef de Canton de Kignan, s'affronte à celle de Moussa Sangaré à propos du lieu de rassemblement des Kignanais d'Abidjan. Jusqu'à récemment, c'était Bamory Cissé qui accueillait chez lui tous ceux qui arrivaient pour la première fois dans la capitale ivoirienne. Après le décès de ce dernier, la tendance de Moussa Sangaré voulut changer le lieu au profit du domicile d'un certain Souleymane Koné, un ressortissant de Dogoni qui ne relève pas de la commune rurale de Kignan. Contesté par Mamadou Loby Coulibaly, qui se réclame de la légitimité de la chefferie, cette initiative de Bamory Cissé provoqua une déchirure entre ressortissants kignanais d'Abidjan qui aboutit à une fracture irrémédiable qui s'exprima publiquement lors de la 16e édition du *Jominè* en 2010.

La participation au *Jominè* obéit à des motifs divers. Ainsi, questionnés sur son utilité, la plupart des Kignanais se contentent de répondre que « la participation au *Jominè* est importante. Sa célébration a un sens profond. Il assure le succès ou l'efficience des entreprises ». La participation à l'événement a des raisons individuelles, sociales, religieuses et économiques. Chacun vient chercher une solution à un problème. Si la participation est effectuée pour des motifs personnels, il n'en demeure pas moins que le résultat de l'acte finit par atteindre parents et amis, et rejaillit donc sur la collectivité elle-même dont il fait partie. Dans la croyance populaire, la célébration du *Jominè* permet au village de réussir dans beaucoup de ses entreprises. Tel notable témoigne des bienfaits que tirent les habitants de la célébration de cette fête dans la paix et la concorde. D'autres affirment que participer à l'événement est un devoir religieux, où les prières et les bénédictions visent aussi bien l'individu que le village et le Mali.

Construire un patrimoine culturel et célébrer une identité locale musulmane : « faire région » au cœur du pays sénoufo

À Kignan, le *Jominè* connaît aujourd'hui une mutation majeure au niveau de la pratique religieuse, mais aussi une montée en puissance. Sa pratique permet de contrebalancer un vide que ressentent les Kignanais, à savoir le manque de repère culturel, car leurs voisins senufo ont toujours des occasions de se retrouver à travers les fêtes populaires du *poro*. Elle vise donc à perpétuer non seulement la célébration d'une fête musulmane, Achoura, mais à tracer aussi de nouveaux repères pour l'ensemble de la communauté kignanaise de l'intérieur et de l'extérieur. Il s'agit de la construction d'un patrimoine culturel à base religieuse. Cette recherche de légitimité culturelle se concrétise avec l'appropriation du *Jominè* par l'ensemble de la communauté, habitants aussi bien que diaspora. Les ressortissants dispersés à travers tout le pays et ailleurs viennent y prendre part. Leur attachement à cet acte religieux répond aussi à un besoin de repère identitaire. Le village de Kignan étant un îlot dans un territoire majoritairement habité par les Senufo, les Kignanais ont besoin de se construire une identité sociale propre pour affirmer leur particularité culturelle, et d'abord religieuse, dans un environnement très prégnant.

Si cette cérémonie se présente comme un mécanisme de regroupement, de rencontre et de retrouvailles des Kignanais, elle est surtout l'occasion de résoudre les incompréhensions et régler les conflits entre parents. Le *Jominè* donne ainsi lieu à des réconciliations, à des présentations de condoléances, etc. D'une manière générale, il devient un instant de démonstration des solidarités sociales. C'est l'occasion pour les Kignanais de construire l'unité et la cohésion autour du village. Facteur de cohésion sociale, il est alors propice à l'entraide (aide aux indigents, aux orphelins, aux veuves[15], aux personnes âgées) et à des remises d'enveloppes à certaines personnes (imams). Mais on constate aussi qu'une somme est gardée pour soutenir les séances de lecture du Coran qui auront lieu tout au long de l'année dans les mosquées[16]. De même, les villages voisins de Kignan reçoivent des cadeaux pour leurs mosquées.

La nature particulière de cette redistribution issue du *Jominè* n'est pas sans révéler un caractère prosélyte, ce geste généreux faisant tout autant la promotion locale de l'islam. Si l'appartenance confessionnelle est respectée, le geste n'est nullement gratuit. Il témoigne d'une réelle ambition d'expansion de l'islam à travers le *Jominè* des Kignanais qui veulent profiter de la cérémonie pour asseoir leur audience spirituelle sur les autres villages. Ainsi, la veille de la fête, des délégations sont dépêchées pour des visites de courtoisie dans les villages de la région et pour leur faire des offrandes qui sont liées au quotidien du musulman : bouilloires,

15. Des dons en argent sont faits à toutes les veuves dont les maris ont disparu au cours de l'Achoura.
16. Une indemnité financière est remise tous les quinze jours aux lecteurs du Coran retenus par l'imam en fonction de leur compétence et de leur talent.

nattes de prière, colas, etc. C'est là la face cachée de cet événement qui consiste à cibler autour de Kignan les villages où l'islam est encore minoritaire et à les amener peu à peu à intégrer la communauté par ces manifestations de solidarité musulmane. Il s'agit de faire en sorte que les villages qui entourent Kignan deviennent musulmans. De fait, le *Jominè* exerce une influence incontestable sur les villages voisins (Tiébé, Koumbala), une célébration qui allie identité locale et islam, et qui fait de Kignan l'épicentre d'une spécificité culturelle vis-à-vis du monde sénoufo hégémonique et réputé plus « traditionnaliste », mais aussi du Mali en général, puisque Kignan participe localement de l'identité musulmane de la nation.

Le *Jominè* commence toutefois à être perturbé par une série d'incompréhensions qui menacent sa pérennité. En effet, des problèmes individuels ont tendance à déséquilibrer son organisation. La neuvième édition qui date de 2003, par exemple, a permis de mettre en exergue les points forts et les faiblesses du *Jominè* de Kignan. Les cérémonies avaient coïncidé avec les fêtes de Noël et de Saint-Sylvestre, le calendrier musulman coïncidant cette année-là avec le calendrier civil, mais aussi de la Tabaski. La particularité culturelle kignanaise du *Jominè* a été, par conséquent, éclipsée, ce qui a affecté d'autant la mobilisation, surtout des Bamakois. En outre, les délégations de l'extérieur, notamment de Côte d'Ivoire, se sont plaintes du retard à propos de la date de la cérémonie et bon nombre de participants ignorant le planning des activités furent surpris. L'information n'avait pas circulé correctement, provoquant une faible participation. Désormais, les organisateurs utilisent les moyens d'information modernes dont dispose tout un chacun : téléphone mobile, messagerie électronique, SMS, etc.

Certes, le *Jominè* fait son chemin au niveau de la communauté musulmane de Kignan, mais tous les musulmans ne l'acceptent pas. Bien que sa renommée dépasse les frontières du village, sa célébration n'est pas partagée par toutes les obédiences musulmanes. Si les fidèles se réclamant de l'école malékite, notamment la *Tijâniyya*, s'y attachent, les Wahhabites le condamnent. Pour autant, l'enjeu cérémoniel du *Jominè* kignanais ne s'arrête pas au seul marquage religieux. Ainsi, l'imam de la mosquée Labasse Haïdara, bien que wahhabite, officie durant toute la cérémonie, ce qui montre bien que le *Jominè* est désormais concerné par les logiques de l'économie sociale locale et bénéficie, bien sûr, des avantages financiers qui y sont liés. Mais cette situation laisse entrevoir l'émergence d'une barrière difficile à surmonter, en l'occurrence la différence des approches doctrinales au sein de la religion musulmane. En effet, la pratique du *Jominè* ne cadre pas avec la vision des Wahhabites qui la considèrent comme une « innovation blâmable » (*bid'a*), puisque le prophète Muhammad ne l'a pas célébrée.

Conclusion

Le *Jominè* de Kignan, qui se présente comme une situation d'accommodement religieux vis-à-vis de l'environnement local, offre la possibilité de découvrir les dynamiques de l'islam qui s'imposent dans la région et d'identifier les enjeux politiques et socio-économiques locaux de cette religion. Au regard des résultats obtenus dans la mise en place de cette fête, les difficultés rencontrées dans son exécution paraissent négligeables. Les nouvelles modalités de sa célébration ont produit une grande cérémonie au sein de laquelle des pratiques rituelles discrètes se réalisent. Dans tous les cas, c'est une percée impressionnante au niveau local, puisqu'elle est désormais l'occasion de deux jours de fête qui réaffirment les relations sociales et leur mode de fonctionnement, tout en contribuant à renforcer l'islam. En effet, cette rencontre annuelle du *Jominè* permet non seulement d'accomplir la célébration d'une fête musulmane, l'Achoura, mais aussi de tracer un nouveau repère pour l'ensemble de la communauté kignanaise et sa diaspora. De ce point de vue, il s'agit bien de la construction locale d'un patrimoine qui s'appuie sur la dimension religieuse d'un islam localisé et identitaire. Cette recherche de légitimité culturelle se concrétise avec l'appropriation du *Jominè* par l'ensemble de la communauté kignanaise, habitants aussi bien que ressortissants, qui y participe même si cela est facultatif. De manière plus générale, le *Jominè* apparaît comme un moment de démonstration des solidarités sociales à travers l'islam. Il s'inscrit dans la logique des recommandations de cette religion – être généreux et avoir pitié envers les autres – et apparaît donc comme un facteur de consolidation de la foi musulmane autant que celle de la société. À travers cette célébration du *Jominè*, s'exprime un partage de la foi dans une communauté musulmane qui est aussi une communauté sociale s'élargissant de la famille à la parenté, aux voisins, au village, à la région et finalement à la nation.

L'analyse de l'événement permet alors de dégager un certain nombre d'enseignements. Le *Jominè* s'inscrit dans un processus de transformation, et devient ces derniers temps un enjeu majeur de la construction d'un patrimoine local. Jamais les habitants de Kignan et leurs ressortissants ne se sont mobilisés avec autant d'ardeur pour préserver ce qu'ils considèrent désormais comme un héritage culturel et qui marque de ce point de vue un tournant dans l'histoire du village. La dynamique organisationnelle de cet événement qui est le seul à réunir les Kignanais témoigne de leur détermination à le célébrer dans la ferveur. Il est le seul facteur qui contribue à la stabilisation sociale du village. À cet égard, l'apparition de divergences entre réformistes wahhabites et confréries religieuses – ici essentiellement la *Tijâniyya* qui est solidement enracinée dans le village – n'a pas empêché la tenue ni le développement du *Jominè* année après année. De fait, sa mise en œuvre implique autant les habitants du village que les ressortissants installés ailleurs. Cette forte participation de l'ensemble des Kignanais contribue à renforcer un *Jominè* qui se veut avant tout religieux et communiel, même si des considérations politiques et économiques sont toujours présentes. Pour tout un chacun, le *Jominè* est en effet un moment de retrouvailles, d'échanges et de prières pour la paix et le bonheur qui renforce la cohésion sociale des Kignanais. Aussi, peu à peu, une certaine prise de conscience se fait jour autour d'un *Jominè* qui fait figure de patrimoine culturel donnant sens et profondeur à l'identité locale. Et s'il relève d'une pratique religieuse construite récemment, il constitue le seul événement capable de réunir tous les Kignanais dans un sentiment partagé de manifester une identité propre. Alliant pratiques traditionnelles (discrètes) et musulmanes (publiques), le *Jominè* est devenu incontournable, tandis que sa patrimonialisation accélérée témoigne de l'urgence à maintenir une centralité, une cohésion sociale et l'existence d'un village et de sa région confrontés à une migration croissante.

Bibliographie

CHOAY, Françoise, 1992, *L'allégorie du patrimoine*, Paris, Seuil.

HOLDER, Gilles, 2012, « Chérif Ousmane Madani Haïdara et l'association islamique Ançar dine : un réformisme malien populaire en quête d'autonomie », *Cahiers d'études africaines*, LII (2-3), 206-207, p. 389-425.

OUALLET, Anne, 2007, « Patrimoine et temporalités dans les villes africaines du patrimoine mondial : exemples maliens et éthiopiens », *Espace populations sociétés*, n° 2-3, p. 317-331 – En ligne, consulté le 5 novembre 2013, http://eps.revues.org/2208

DEUXIÈME PARTIE

RÉVEIL ISLAMIQUE : RÉORDONNANCER LE SOCIAL

4

Les dynamiques religieuses dans les milieux de l'enseignement supérieur au Sénégal

Kae AMO

Vêtu d'une chemise rayée, neuve et bien amidonnée, Babacar, étudiant en Master 2 de sociologie, se dirige vers une des chambres de la résidence universitaire. Mince et élancé, le crâne rasé, une barbe fine et le visage fermé, il marche à grands pas et traverse le Campus poussiéreux sous un soleil brûlant, en empruntant le « couloir de la mort »[1]. Babacar passe devant une rangée de vendeurs de livres d'occasion en plein air. Sur la porte d'une chambre située dans un couloir sombre, est affichée une photo de Cheikh Ahmadou Bamba, le fondateur de la confrérie mouride[2], et une feuille sur laquelle il est écrit : « Vente d'œufs »[3].

Quatre condisciples sont dans la chambre qui fait environ six mètres carrés. Deux sont assis sur le lit, les autres par terre ; ils bavardent,

1. Ce chemin est ainsi nommé en hommage à un étudiant gréviste tué par la police. Il se situe entre le Campus pédagogique et la résidence universitaire et longe les deux espaces sur près de cent mètres.
2. La confrérie (*tarîqa* en arabe) est la « voie » au sens littéral, la confrérie ou l'ordre soufis organisé(e) autour d'un ensemble de rites d'entraînement spirituel. Les communautés des disciples sont souvent structurées sous une forme hiérarchique. Au Sénégal, la majorité des fidèles musulmans sont organisés autour de deux grandes confréries, *Tidjaniyya* et *Mouridiyya*. Cheikh Ahmadou Bamba (1853-1927) est le fondateur de la confrérie mouride.
3. Ce *Dahira* (communauté de condisciples) vend des œufs que les disciples rapportent du village de leur marabout afin d'enrichir leur caisse et d'acheter les tickets restaurants des cadets qui ne bénéficient pas encore de bourse.

révisent leurs cours ou encore se penchent sur un petit livre de *Xasaid* (de l'arabe *Qasîda*, « poèmes religieux ») de Cheikh Ahmadou Bamba. Le visage maintenant détendu, Babacar salue ses camarades qui le taquinent sur le port de sa nouvelle chemise : « Que tu es beau aujourd'hui ! ». « *Ma'shAllah* (grâce à Dieu) ! », répond-il. Il s'assoit une minute et se relève aussitôt pour faire ses ablutions dans un coin du lavabo. Un autre condisciple ouvre la porte ; son front est déjà mouillé. Il prend un tapis de prière sur lequel on peut apercevoir une petite partie très usée par le frottement, à côté du motif d'une *Kaaba* tissée, à l'endroit même où les fidèles posent leur front au moment du *sujott* (« prosternation »). Babakar sort avec un de ses condisciples qui s'est levé hâtivement tout en enfilant un grand boubou sur son tee-shirt, laissant son iPod à terre, derrière lui. Ils se mettent à prier ensemble dans le couloir.

Ce genre de scène est le quotidien de l'Université Cheikh Anta Diop de Dakar (UCAD)[4] où se déroulent une multitude d'activités, preuve d'une grande ardeur de vie.

Ce travail tentera de décrire une récente reconfiguration des lieux de l'enseignement supérieur au Sénégal, animés par d'importantes initiatives religieuses. Aujourd'hui, nous remarquons, au sein des universités, une visibilité de plus en plus forte des fidèles musulmans à travers leurs comportements, leurs codes vestimentaires, leurs discours et leurs manifestations ouvertement organisées. Cette tendance est perçue par certains comme « le retour du religieux » dans les milieux académiques. Étudiants et observateurs justifient ce « retour » par les origines religieuses, notamment musulmanes, de la société sénégalaise et, plus spécifiquement, des lieux d'enseignement traditionnel (écoles coraniques, foyers confrériques)[5]. Les universités laïques, importées au cours de la colonisation par la France, doivent ainsi subir le retour, voire la « revanche », des véritables valeurs locales essentiellement religieuses.

En effet, l'université laïque et publique est elle-même un lieu problématique[6] en Afrique. Inaugurée et développée dans les conditions particulières de la « situation coloniale » (Balandier 1951), puis postcoloniale,

4. Créée en 1957 en tant que 18e université française, académiquement rattachée aux Universités de Paris et de Bordeaux, l'Université Cheikh Anta Diop de Dakar est inaugurée le 30 mars 1987. Elle est la plus grande et la plus ancienne structure d'enseignement supérieur public du Sénégal.
5. *Cf.* Cissé (1992).
6. Comme le dit un étudiant, « ce ne sont pas les musulmans qui envahissent les universités. Ce sont les universités qui parasitent notre société musulmane ! » (Sidy, étudiant en Master de sociologie, entretien à l'UCAD, 2010).

et finalement dans celle de la « situation de développement »[7], l'école (établissement d'enseignement) est un espace politique (Bianchini 2004 : 12). Elle est investie par diverses organisations internes et externes, à commencer par l'État, mais aussi de plus en plus par des acteurs privés et des réseaux transnationaux, dans une optique stratégique qui vise à transformer la société selon tel ou tel idéal.

En dehors des universités publiques, il faut signaler la présence des établissements privés d'enseignement islamique. Depuis les années 1990, avec la tendance à la privatisation de l'enseignement supérieur et la politique pro-arabe de l'ex-président Wade, la plupart des écoles franco-arabes ont été officialisées et ont été intégrées dans le système éducatif sénégalais. Aujourd'hui, celui-ci est devenu une « constellation hétéroclite de dispositifs d'enseignement, de formation ou de socialisation gérés et animés par des opérateurs multiples » (Charlier 2002). Parmi ces opérateurs, on doit signaler les acteurs religieux, notamment les disciples et les marabouts issus des foyers confrériques, les réformistes arabisants et les organismes islamiques transnationaux. Le clivage qui existait jadis entre ces différents acteurs s'efface progressivement. Les recherches récentes soulignent l'effacement des catégories dualistes : laïcité et religiosité, modernité occidentale et tradition, soufisme et réformisme, « islam noir » et « islam arabe »[8]. C'est notamment cet effondrement des clivages séparant les différentes sphères que nous voudrions décrire ici, en nous appuyant sur une série de figures de lettrés musulmans que nous qualifierons d'« hypermodernes » (Aubert 2006)[9].

Nos observations ont été menées dans deux types d'universités publiques et laïques, l'Université Cheikh Anta Diop de Dakar et

7. L'expression est de Jean-Pierre Dozon, recueillie au congrès de 2006 consacré aux *Études africaines : état des lieux et des savoirs en France* ; en ligne, consulté le 5 mai 2011, http://www.etudes-africaines.cnrs.fr/ficheateliers.php?recordID=48

8. Le rapport conflictuel entre l'islam noir (confrérique, maraboutique) et l'islam « orthodoxe » ou, plus précisément, l'islam réformiste influencé par l'islamisme du monde arabe (Wahhabiyya, Salafiyya) est étudié par de nombreux chercheurs. *Cf.* Gomez-Perez (2005), Kane (1998), Otayek (1993).

9. Selon Aubert, la condition « moderne » (la mondialisation de l'économie et la flexibilité généralisée conjuguées à un bouleversement des technologies de la communication, au triomphe de la logique marchande) a engendré un nouveau type d'individu « hypermoderne ». Contraire à « la personnalité traditionnelle », l'individu contemporain ou hypermoderne, issu de ces multiples bouleversements, serait caractérisé par un effacement de la « structuration par l'appartenance » (Aubert 2006 : 16) et présente des facettes contradictoires ; il est centré sur la satisfaction immédiate de ses désirs et intolérant à la frustration, il poursuit cependant, dans de nouvelles formes de dépassement de soi, une quête d'Absolu, toujours d'actualité. *Cf.* Aubert (2006).

l'Université Gaston Berger de Saint-Louis (UGB)[10], ainsi que dans trois établissements privés d'enseignement arabo-musulman (écoles islamiques arabophones ou bilingues appelés « franco-arabes ») : l'École al-Falah, l'Institut al-Azhar et l'École de Pire. Dans chaque établissement, nous avons observé la figure du musulman lettré et diplômé se déclarant être « dévoué à Dieu et doté de raison »[11]. Mais cette « raison » est-elle la même que la raison critique kantienne ou encore « la raison décidée » dont Habermas considère qu'elle est le moteur des échanges discursifs (Habermas 1992 : 91 ; Lacoste 1990 : 317)[12] ? Formés dans les établissements d'enseignement supérieur et socialisés dans les communautés religieuses et leur environnement culturel, quel modèle de la société ces étudiants incarnent-ils ? Quelle influence ont-ils dans les milieux de l'enseignement supérieur et quel type de sphère communicationnelle réalisent-ils au sein et à l'extérieur de ce que les étudiants appellent la « Cité », c'est-à-dire le Campus universitaire de l'UCAD ? Quels appuis et cadres institutionnels pour ces initiatives religieuses, académiques ou politiques ? Ce travail vise ainsi à décrire les différentes initiatives religieuses au niveau individuel, associatif ou institutionnel, et la façon dont elles peuvent constituer, ensemble, une nouvelle « scène » dynamique au sein des lieux de l'enseignement supérieur.

Ainsi, pour répondre à nos problématiques, cette étude s'appuie plus particulièrement sur les différents aspects des « sphères », à travers lesquelles se manifeste cette dynamique religieuse, au niveau spatial, institutionnel, symbolique, imaginaire et discursif[13].

---

10. L'UGB a été créée en 1990. Le nombre d'étudiants inscrits est d'environ 4 500.
11. L'expression « dévoué à Dieu » est notre interprétation de nombreux termes utilisés par les étudiants en wolof tels que *Diamou yalla* (« adorer Dieu »), *Jam yalla* (« esclave de Dieu ») et *Nitt yalla* (« homme de Dieu »). En ce qui concerne la « raison », les étudiants utilisent plus fréquemment le mot français que le mot wolof *xel* (« raison, pensée »). Les arabophones utilisent également le mot *a'ql*, désignant la rationalité.
12. Habermas montre comment, face à l'État absolu qui agissait dans le secret, une opinion publique bourgeoise est apparue à partir du XVIIIe siècle, favorisée en particulier par l'essor de la presse. En effet, cette dernière a permis de mettre en lumière les affaires publiques et que celles-ci soient vues, sues et reconnues par tout un chacun (Habermas 1962). Habermas retient surtout l'importance qu'a pris le principe kantien de publicité dans la définition même des Lumières, réduisant l'usage public de la raison à une affaire de savants ; voir ici Bedin et Fournier (2009) ; Marcil-Lacoste (1990 : 317-335).
13. Ici, nous utilisons le concept de la sphère ou de l'espace non seulement comme des lieux physiques mais aussi comme un aspect de l'espace « en dehors de la matière » (Prelorentzos 1996 : 170) que certains philosophes assimilent à l'« espace imaginaire ».

Ainsi, nous entendons par ce terme de « sphère », à la fois les lieux physiques (terrains, bâtiments, salles, etc.), les systèmes sociaux et politiques qui représentent les liens et les rapports de forces entre les acteurs (institutions, hiérarchies sociales, familles) mais aussi les « raisons » ou les « raisonnements » (religieux et symboliques) permettant une production « en dehors de la matière » (rêves, prières, sacrifices, « rang » ou proximité spirituelle au sein de la communauté soufie[14], etc.). Ces différentes dimensions de l'« espace » (matériel, symbolique, spirituel, etc.) s'influencent mutuellement pour constituer une réalité socioculturelle dynamique.

À travers cette étude, nous mettrons en exergue les quatre dimensions qui constituent le paysage religieux au sein des universités : premièrement, les espaces institutionnels ou « institutionnalisés »[15] dont disposent surtout les établissements universitaires mais aussi d'autres instances religieuses bien structurées (écoles arabo-islamiques privées, associations islamiques, etc.) ; deuxièmement, les « espaces socioculturels », ou sphères de vie, dans lesquelles se reproduisent les liens de solidarité entre les acteurs ; troisièmement, les « sphères du pouvoir symbolique » ou sphères « en dehors de la matière ». Cette dimension, exprimée par les disciples soufis à travers le mot *bâtin* (« savoir caché, ésotérique »), est extrêmement importante pour comprendre le mode d'échange de ces lettrés musulmans qui, s'appuyant sur ces sphères de sens et de reconnaissances qui leur sont propres, s'engagent dans un mouvement religieux afin de se réapproprier la sphère visible (*zahir*). Enfin, nous tenterons de décrire les « sphères de sens et d'échanges discursifs », ou sphères politiques, à travers lesquelles se manifestent les trois dernières dimensions que nous venons de mentionner.

14. Il existe une hiérarchie entre les croyants, non conditionnée par des contraintes terrestres mais par la piété face à Allah. Ceux qui sont proches de Dieu sont nommés *waly* mais il existe également différents statuts ou étapes pour accéder à une position supérieure dans cette communauté de croyants. À l'instar de la société humaine, il existe ainsi une société des « hommes de Dieu » ou *nitt yalla* qui dépasse les clivages espace-temps. Les vivants, les morts et ceux qui ne sont pas encore nés se retrouvent dans cette communauté des élus spirituels ; témoignages recueillis auprès de disciples mourides et tidjanes entre 2009 et 2013.

15. Au niveau empirique, le concept d'« espace » ou de « sphère » se construit à travers deux rationalités : la première est symbolique et la deuxième représente « l'instrumentalisation des territoires par les stratégies du politique et de l'économique érigés en équivalents généraux » (Paul-Lévy et Segaud 1983). Dès qu'il est destiné à telle ou telle fin, notamment par une décision politique (plus souvent étatique), un espace devient porteur d'une « fonction » et exerce un contrôle sur l'individu inscrit dans ce lieu, tout en faisant « table rase » de l'hétérogénéité de l'environnement socioculturel.

Les espaces institutionnalisés : les écoles arabo-musulmanes et la politique éducative sénégalaise

Il convient de souligner qu'à partir de 2000 avec l'arrivée de l'ex-président Abdoulaye Wade (2000-2012), la politique de l'État vis-à-vis de l'Éducation nationale est marquée par un grand effort d'intégrer l'enseignement religieux dans le système scolaire et universitaire[16]. En parallèle au mouvement de « retour du religieux » dans les universités laïques, organisé par les étudiants, le secteur privé de l'enseignement est devenu le champ émergeant des initiatives religieuses. Les institutions arabo-musulmanes (confrériques ou réformistes), tenues par les associations islamiques, ont développé leurs propres systèmes d'enseignement, reconnus par l'État ou par les réseaux internationaux, en attribuant des diplômes spécialisés notamment d'arabe et de sciences islamiques. Ces cadres de transmission, fondés et maintenus notamment par les anciens étudiants arabisants revenus des pays arabes,[17] ont pour objectif de promouvoir la « culture islamique » dans les sphères publiques et les milieux éducationnels en s'inspirant des mouvements réformistes tels que la *Wahhabiyya* ou la *salafiyya* (Gomez-Perez 2005 ; Kane 1998 ; Otayek 1993).

Pour la création et le développement de ces établissements, il existe différents types de collaboration entre les autorités religieuses locales (confréries), les réformistes et l'État. Le cas de l'Institut Al-Azhar de Touba, fondé en 1974 par le fils cadet de Cheikh Amadou Bamba, Serigne Mourtada Mbacké, est le plus significatif. Implanté dans plusieurs régions du Sénégal et dans d'autres pays subsahariens grâce à l'investissement des chefs mourides, l'Institut de Touba, en accord avec le Caire, bénéficie

16. La loi d'orientation de 1991, qui précisait le caractère laïc de l'Éducation nationale, est réformée en 2002 et l'enseignement religieux officiellement introduit dans l'éducation publique. Dans le cadre de cette réforme, l'enseignement des sciences islamiques est intégré au programme du cycle primaire de l'École publique. De même, plusieurs écoles publiques franco-arabes pilotes sont créées. L'État a également lancé le projet des « *daaras* modernes », en fournissant du matériel (chaises, tableaux..., etc.) et des cadres pédagogiques (mathématiques, langue française, etc.) dans les écoles coraniques pilotes (Basse 2004). Les enfants qui les fréquentent sont désormais considérés comme scolarisés au même titre que les élèves inscrits dans les établissements publics ou privés officiellement reconnus par l'État.
17. Nous pouvons citer quelques noms d'associations islamiques importantes : l'Union culturelle musulmane (UCM) fondée en 1953 ; le mouvement Al-Falah (« Le Bonheur ») pour la culture islamique *salafiyya* ; la Jamaatou Ibadou Rahman (« l'Association des serviteurs de Dieu ») ; Wal Fadjri (« l'Aurore ») ; le Cercle d'études et de recherches Islam et Développement (CERID) ; l'Association des étudiants musulmans de Dakar (AEMD) ; etc.

d'équivalences pour ses diplômes, ainsi que de programmes d'échanges entre les professeurs sénégalais et les professeurs égyptiens et mauritaniens[18]. L'autre exemple est l'Institut de *Da'wa* inauguré en 2000 par Moustapha Cissé, marabout *tidjane*, *khalif* de l'ancienne ville de Pire au Sénégal et diplomate dans plusieurs pays arabes[19]. À l'origine de la création de cet institut, on retrouve l'Association mondiale pour l'Appel islamique libyen ayant pour objectif la construction d'un pôle d'enseignement en Afrique subsaharienne[20].

Ces instituts étaient largement soutenus par l'ex-président Abdoulaye Wade. Une brève analyse de la situation politique permet de dire que son attitude était également une stratégie pour obtenir la reconnaissance des acteurs religieux « frustrés » par la politique éducative qu'ils considéraient comme une mauvaise reproduction du système et des valeurs occidentales (Sambe 2008).

En remerciement de son aide au développement de l'École de Pire, Moustapha Cissé soutint Wade lors de l'élection présidentielle de 2012. De même, à la veille de cette élection, Wade fit une visite à Sérigne Mam Mor Mbacké, actuel responsable du groupe scolaire Al-Azhar, afin de lui accorder une somme importante – on parle de 45 millions de francs CFA – pour la promotion de l'enseignement islamique dans son institut[21].

18. Selon le documentaire réalisé par le groupe Al-Azhar, on y compte 221 enseignants et 14 coopérants venant d'Égypte et de Mauritanie. Ces professeurs arabophones sont entièrement pris en charge par leur gouvernement respectif ; en ligne, consulté le 5 mars 2012, http://www.alazhartouba.com

19. Selon Kâ (2002 : 244-245), Serigne Moustapha Cissé a été nommé successivement ambassadeur du Sénégal en Arabie saoudite (1970-1972), en Égypte (1972-1975), au Koweït (1975-1977), et, à nouveau, en Égypte (1977-1980) et en Arabie saoudite (1980-1982).

20. Information de C. Touré, personnel administratif et responsable du cadre pédagogique ; entretien réalisé en mars 2011, à Pir. La licence se fait en quatre ans, uniquement en arabe, et est dispensée par des professeurs venant de Libye ou d'autres pays arabophones (certains sont sénégalais et formés dans cette école ou d'autres écoles arabo-musulmanes). Les bacheliers arabisants inscrits dans cet institut bénéficient de bourses libyennes.

21. « Wade mouille Mame Mor Mbacké avec 45 millions », article publié dans *Le Quotidien*, n° 2729, mercredi 22 février 2012, p. 8.

Le « retour du religieux » dans les universités laïques

La montée en puissance des initiatives religieuses n'est pas un phénomène limité au secteur privé mais s'étend aussi, et surtout, aux universités publiques, milieux hautement « institutionnalisés ». Dans ces lieux, officiellement laïcs, l'islamisation se passe « par le bas », et de façon diffuse, par le biais des regroupements des étudiants musulmans, le plus souvent de type associatif. Cette dynamique religieuse « renverse », dans une certaine mesure, l'objectif initial de l'université, à savoir la formation d'une élite francophone susceptible de guider la société vers la civilisation occidentale.

En effet, les universités publiques dans l'Afrique coloniale française étaient originellement un espace destiné à la formation des futurs administrateurs et instituteurs. Après l'indépendance en 1960, elles sont devenues d'importantes institutions publiques ayant pour mission de former des citoyens lucides. Elles étaient conçues, au nom du « développement », pour prendre la suite de la « mission civilisatrice » inachevée et pour promouvoir une « intégration » de la société locale dans le nouveau système mondial, par le biais de l'élite universitaire devenue fonctionnaire de l'État.

Toutefois, ces « espaces étrangers » à l'environnement local s'exposent aux « contre-attaques » de la société qui se manifestent sous la forme d'une politique contestataire venue « d'en bas ». L'université constitue un lieu de résistance et de contestation politique face au pouvoir de l'État (Biancini 2004). Mai 68 à Dakar (Bathily 1992) est un événement symbolique qui a non seulement marqué l'émancipation du milieu universitaire face à l'autorité étatique, mais aussi souligné la capacité des jeunes lettrés à diriger une mobilisation collective au nom du « peuple » et non de l'élite ou de l'intellectuel. Toutefois, ces initiatives, en majorité marxistes et inspirées par les mouvements prolétariens des sociétés industrialisées, restaient laïques jusqu'à la fin des années 1970.

L'apparition et le développement des mouvements religieux ou politico-religieux au sein de l'université publique dans les années 1980 sont liés à trois facteurs majeurs : le constat d'échec d'une politique socialiste et la crise généralisée, suivis par un désengagement de l'État vis-à-vis de la politique éducative ; la modernisation progressive de la société et la quête de nouveaux repères moraux, sociaux et politiques ; enfin l'intégration de certains mouvements sunnites dans la société locale et la conversion d'une couche de lettrés francophones à ces mouvements.

Pendant cette période, l'université s'est de plus en plus massifiée et est devenue « le foyer des pauvres bacheliers »[22]. La paupérisation des étudiants est la cause majeure des grèves permanentes. L'émergence de nouvelles formes de solidarité et l'émancipation politique s'expliquent à travers ce contexte où les mouvements religieux trouvent aussi leur compte. Deux principales organisations religieuses émergent ainsi au sein du campus : d'un côté les *dahiras* (regroupement de disciples) des groupes confrériques[23] ; de l'autre, les associations islamiques de tendance réformiste[24].

Chaque groupe s'organise sous forme d'association pour occuper l'espace universitaire, tout en négociant avec le milieu « institutionnel ». Vu l'efficacité de ces associations religieuses dans l'organisation de la vie en campus, l'université accorde un important soutien aux groupements religieux déclarés au Centre des œuvres universitaires de Dakar (COUD)[25]. Ils sont officiellement reconnus comme associations à vocation « culturelle » et soutenus par l'établissement (prêts de bus universitaires pour les pèlerinages, usage autorisé des amphithéâtres ou des terrains de sport pour les cérémonies religieuses, etc.). Des rapports d'échange et de reconnaissance mutuelle s'instaurent entre les autorités universitaires et les groupes religieux.

Véritable société en miniature, l'université n'échappe pas à l'apport des « médiations culturelles » (Bayart 1993 : 13)[26]. Le campus de l'UCAD

---

22. Ainsi, un étudiant en 2e année à l'UCAD expliquait : « Il n'y a que des pauvres à l'UCAD. Maintenant beaucoup d'élèves passent leur bac. Les parents qui ont les moyens envoient leurs enfants à l'étranger ou dans des instituts de formation supérieurs qui coûtent beaucoup plus cher. Ceux qui restent à l'université publique sont les fils de paysans et les villageois qui cultivent leurs champs en même temps qu'ils font leurs études ». « On est de plus en plus nombreux et ceux qui redoublent restent dans le campus ! » ; entretien à l'UCAD, 2010.
23. Association des étudiants mourides (AEM), Association des étudiants tidjanes (AET), Association des étudiants khadres (AEK), etc.
24. Association des étudiants musulmans de Dakar (AEMUD), Association des étudiants et élèves musulmans du Sénégal (AEEMS) et Mouvement des étudiants et élèves de la Jamatou Ibadou Rahman (MEEJIR).
25. Le centre prend en charge la vie sociale et culturelle des étudiants (hébergement, restauration, amicales des sportifs, événements culturels, etc.). L'équipe du COULD est constituée du personnel administratif qui s'occupe de la gestion des bâtiments, des lieux (amphithéâtres, salles de recréation, cantines, terrain de football, salles informatique...), des programmes culturels (journée d'intégration, conférence...) et est composée également d'autres personnels (cuisiniers, gardiens, femmes de ménage...).
26. Jean-François Bayart écrit ainsi qu'« en Afrique noire comme dans la Grèce antique, le facteur culturel est le seul agissant dans l'ensemble du corps social : c'est donc par le religieux que va se constituer progressivement un corps social

communément appelé « Cité » est devenu aujourd'hui un « grand village cosmopolite » habité par de jeunes croyants. Ces derniers « dominent » le paysage de l'université d'une manière bien visible, en se réunissant autour de lieux symboliques telle que la grande mosquée située au cœur de la résidence[27]. De même, les espaces communs (lieux de passage, terrains, salles de cours ou couloirs) sont transformés quotidiennement en lieux de culte à l'heure de la prière. Des photos et dessins de chefs religieux décorent les murs et des affiches annoncent les prochains rassemblements religieux. Les espaces sont occupés régulièrement par une foule de disciples mobilisés pour la prière et la récitation du Coran, les conférences religieuses et l'adoration de Dieu à travers les pratiques litaniques tel que le *zikhr*[28].

Les manifestations religieuses, les pèlerinages et les conférences sont autant de moments où la religiosité se manifeste pleinement à travers les campus. Si aux yeux d'un observateur lambda ces manifestations religieuses peuvent apparaître comme surprenantes et exceptionnelles, elles ne sont en réalité pour les fidèles, qu'une extension de leurs activités quotidiennes, ni privées, ni publiques, ou à la fois privées et publiques[29]. En effet, la dynamique religieuse dans les campus est tout d'abord observable dans la vie ordinaire et quotidienne de chaque étudiant, pratiquant sa foi dans une sphère familiale plus ou moins « close », puis se manifeste, occasionnellement, à travers des sphères plus « ouvertes », au sein des différents regroupements ou au moment de plus larges rassemblements.

---

original fondé sur l'appartenance au même "territoire culturel" – entendons là moins la figuration symbolique du territoire réel que la manière d'envisager la cohésion (et ses limites) sur un espace donné » ; Bayart (1993 : 13).

27. La grande mosquée de l'UCAD, d'une superficie de 250 m², a été construite en 1976 grâce à un financement koweïtien.
28. Séances collectives de récitation de litanies, notamment des noms de Dieu.
29. « Public *vs* privé réfère à une distinction et à une opposition théorique entre deux sphères ou simplement deux registres et niveaux de manifestation des phénomènes sociaux : l'un est dit public pour marquer son lien avec la collectivité sociale et politique (étymologiquement, *publicus* est ce qui concerne le peuple pris dans son ensemble), l'autre est appelé privé (*privatus* est le lieu où le public n'a pas accès, n'est pas admis) pour marquer son caractère individuel et particulier » (Kerrou, 2002 : 25). Toutefois, « le public et le privé ne sont souvent pas deux mondes séparés » (*ibid.* : 25). Ceci est vrai non seulement dans les sociétés non occidentales mais aussi dans les sociétés occidentales modernes. Dans le cas de l'UCAD, si l'étudiant prie dans sa chambre en compagnie de nombreux condisciples, nous ne pouvons alors considérer cet espace ni comme privé, voire intime, ni comme public. Mais nous pourrions dire tout aussi bien qu'il est à la fois privé et public.

Les espaces « socioreligieux » dans le campus : lieu de vie, lieu de culte

Au sein des deux établissements où nous avons mené nos observations (l'UCAD et l'UGB), l'espace universitaire est composé de deux types de campus : le « campus pédagogique » et le « campus social ». Le « campus pédagogique » est constitué de facultés et de départements. Il recouvre l'ensemble des lieux où se déroulent les différentes activités académiques (salles de cours, amphithéâtres, bibliothèques), et les bâtiments administratifs. Le « campus social » consiste en un lieu de vie des étudiants : logements, cantines, boutiques et autres lieux de convivialité (terrains ou salles de sport, salles informatiques, salles de télévision, théâtre en plein air, etc.). Le « campus social » est aussi habité par d'autres acteurs non étudiants. Certains travaillent dans les boutiques, à la reprographie, dans les « télé-centres » (cabines téléphoniques), dans les cybercafés ou encore dans les cafés-restaurants informels communément appelés « *Tangana* ». Ces acteurs évoluent dans le secteur informel mais font bel et bien partie de la vie de la « Cité universitaire ». On note aussi la présence de cordonneries, dc boutiques de matériel électronique, de vendeurs ambulants de vêtements, de parfums, de « *café TOUBA* », qui circulent ou s'installent dans tout le campus[30].

L'UCAD et l'UGB disposent de logements distincts pour les garçons, les filles et les couples mariés. Toutefois, certains bâtiments restent mixtes comme, par exemple, les logements réservés aux étudiants de master et de doctorat. L'attribution des chambres est hiérarchisée et privilégie les étudiants de niveau avancé (ils ont droit aux chambres individuelles ou chambres doubles). Ces différents points sont des caractéristiques communes aux deux établissements.

Toutefois, l'environnement socioculturel et l'organisation spatiale de ces deux établissements sont très différents. Inaugurée en 1987, l'UCAD est la plus ancienne structure d'enseignement supérieur au Sénégal. Cet établissement de 72 hectares est aujourd'hui largement surpeuplé. Il compte plus de 80 000 étudiants inscrits[31] dont environ 15 000 logent

30. À l'UCAD, à partir de l'année universitaire 2012-2013, les boutiques et les restaurants tenus clandestinement au sein du campus social ont été contrôlés et, si nécessaire, officialisés par le COUD. L'Université a construit une série des nouveaux bâtiments autour des logements étudiants, comportant des compartiments d'environ trois à quatre mètres carrés, afin que chaque vendeur et boutiquier puisse mener son commerce dans le cadre officiel.

31. *Le Soleil* online, publié le 6 décembre 2013 ; en ligne, consulté le 5 mai 2014, http://lesoleil.sn

dans le « campus social » malgré le nombre de lits limité à 4 000. Les logements estudiantins, appelés « pavillons », sont souvent surchargés et les résidents y dorment sur des matelas posés à même le sol.

L'attribution des chambres est souvent influencée par les syndicats étudiants dits « amicaux » qui privilégient les étudiants militants inscrits à un parti politique. Il existe par ailleurs une technique pour résider au campus social sans être affilié aux « amicaux » : il s'agit de « clandoter »[32], ou de « squatter » la chambre d'un camarade. Située au cœur de la capitale, l'UCAD est devenue véritablement « un quartier » de Dakar. Théoriquement réservé aux étudiants, elle est, en réalité, un milieu ouvert en contact perpétuel et étroit avec les autres quartiers et acteurs économiques, socioculturels, politiques et religieux.

Quant à l'UGB, créée en 1990, le nombre de ses étudiants s'élève aujourd'hui à 10 000. Elle est située dans la région du fleuve, à l'écart du centre-ville de Saint-Louis, et son campus est exclusivement réservé aux universitaires et, dans une moindre mesure, aux personnels administratifs et techniques. Les classes socioculturelles de l'UGB sont plus « aisées » que celles de l'UCAD, « porte ouverte » à tous les bacheliers. L'UGB n'inscrit que les meilleurs élèves sélectionnés aux quatre coins du Sénégal.

À l'UGB, le « campus social » est divisé en deux parties : le Campus A, réservé aux étudiants du premier cycle, et le Campus B, réservé aux étudiants de master et de doctorat. Chacun d'eux est organisé en six ou sept « villages », groupes de logements estudiantins rassemblés autour d'un petit espace vert et d'un lieu pour la prière. Sont également inclus, dans ces campus, des restaurants, des centres de santé et des boutiques. Les « villages » et autres structures sont eux-mêmes arrangés sous forme de cercle, au cœur duquel se trouve un énorme terrain de sport. L'architecture de ces campus est inspirée de celle la ville de Djenné au Mali.

On retrouve au sein même des « villages », à travers les espaces de prière ou les lieux de regroupements des disciples (*dahiras*), un mode de vie « à la musulmane ». Les pratiques rituelles et les codes vestimentaires des étudiants signalent la présence des différents groupes religieux dans le campus.

Nous allons à présent décrire une des multiples scènes observées à l'UGB pendant le mois de ramadan.

La journée de Moustapha, étudiant en master de sociologie débute à quatre heures et demie du matin avec la sonnerie du portable et la voix ensommeillée d'un camarade : « *Kai ñu Xoud !* » (« viens prendre le repas

32. Un verbe tiré à l'origine du mot « clando » désignant une voiture de seconde main utilisée comme taxi non déclaré et souvent surchargée de clients.

d'avant l'aube »[33]). Il sort de la chambre et débouche dans le couloir sombre. Il voit déjà quelques silhouettes d'étudiantes en pagne et en sandales qui, à petits pas pressés, sortent du bâtiment pour acheter du pain à la boutique. Il peut entendre s'élever de chaque chambre des bruits et chuchotements de camarades qui se réveillent et se lèvent pour chauffer l'eau ou les restes du dîner de la veille afin de manger avant le lever du soleil. Après son premier *Shahada* (« profession de foi ») de la journée, Moustapha termine ses ablutions.

À cinq heures, une petite queue, en majorité masculine, se forme déjà devant la cantine. Les filles, pour leur part, préfèrent prendre leur repas, entre elles, dans les chambres. Moustapha cherche un condisciple de sa *dahira*[34], un étudiant de première année à qui il doit donner un ticket de restaurant. Sur son plateau en aluminium, il prend rapidement un morceau de pain, du beurre et du « *fondé* », bouillon chaud de mil mélangé à du lait caillé sucré. Tout en tartinant son pain et en bavardant, on s'épie pour s'assurer qu'« on-est-tous-bien-fatigués-du-jeûne ». En sortant de la cantine, on entend raisonner l'*Azhan* (« appel à la prière ») de la mosquée. Moustapha remonte vite dans sa chambre – une dernière gorgée d'eau avant le lever du soleil – et redescend pour se rendre à l'extérieur, dans le petit espace consacré à la prière, où il aperçoit déjà ses condisciples se mettre en rang. *Allahou akbar !* (« Dieu est grand ») : en prononçant ces paroles, tous lèvent les deux mains au niveau des oreilles.

À l'UCAD, on peut retrouver la même scène, mais les étudiants sont beaucoup plus nombreux et la queue devant la cantine est par conséquent plus longue, tandis que l'espace intime est quasiment absent[35]. Dans les deux cas, le rôle essentiel des lieux de cultes est d'organiser la vie sociale et communautaire des fidèles autour d'un socle commun : la religion. Ils

33. *Xoud* est un mot wolof désignant le repas que les musulmans prennent avant le lever du soleil au mois du ramadan.

34. Une *dahira* est un petit groupe d'une dizaine de disciples de la même confrérie et souvent du même guide spirituel. Elle crée des liens entre les *taalibés* conscients de leur foi et de leurs obligations religieuses, régule et contrôle leurs comportements. En général, les réunions des *dahiras* se tiennent dans les chambres d'étudiant où se regroupent disciples et parfois sympathisants (camarades qui ne sont pas forcément affiliés au même groupe confrérique). Ces chambres représentent pour les disciples non seulement un « lieu de culte » mais aussi une « maison » où se construit une vie communautaire.

35. Prenons pour exemple un logement étudiant de six étages. Chaque étage comprend vingt à trente chambres et deux ou trois salles de bains communes, composées elles-mêmes de quatre toilettes et de quatre douches. Dans les chambres de six mètres carrés prévues pour deux personnes, il n'est pas rare de voir cohabiter trois ou quatre étudiants.

constituent des lieux privilégiés pour pallier les carences de l'université en fournissant logement, nourriture, habillement, médicaments, dépenses quotidiennes, etc. En ce sens, la *dahira* joue un rôle de régulateur : « C'est une forme de solidarité, de réseau, qui nous permet de vivre ensemble »[36].

Le retour à l'origine (*Tchosan*) et la « renaissance »[37]

Les lieux de culte sont un espace de vie à part entière pour les croyants. En ce sens, l'« espace socioreligieux » au sein des universités est un lieu d'expression à la fois ouvert et intime qui – au-delà d'une reconnaissance académique – offre aux étudiants un moyen d'épanouissement et l'accès à une « renaissance » au sein d'un environnement socioculturel propre à chacun.

En effet, les étudiants sont porteurs d'autres références culturelles que celles du milieu universitaire[38]. À l'UCAD et à l'UGB, on constate que la grande majorité des étudiants issus des zones rurales ont suivi un enseignement religieux dans le *daara* (école *Coran*ique) dès leur enfance[39]. Face à un nouvel environnement social, l'université et la ville, les réactions de ces étudiants à leur arrivée à l'université, sont diverses et variées : on observe une tentative de prise de distance par rapport à la famille, aux obligations sociales, mais aussi un certain refus vis-à-vis du mode de vie « moderne ».

Très souvent, après avoir passé un bref moment d'effervescence, de liberté et de « folie », les étudiants « tombent en dépression » et se retournent contre leur nouveau milieu qu'ils considèrent comme un lieu agressif ou un lieu de perdition. Dans d'autres cas, l'intégration se passe plus tranquillement et le nouveau bachelier retrouve ainsi ses amis d'enfance et ses aînés, déjà sur place et bien organisés en *dahira*.

36. Babacar, étudiant à l'UCAD, 2012.
37. Samson (2005 : 56).
38. Il s'agit des valeurs dites « traditionnelles » inculquées au cours de la socialisation. Celles-ci sont souvent associées ou mêlées sans contradiction avec l'identité religieuse « monothéiste » (ici, musulmane), laquelle, miroir de la société sénégalaise, dispose d'une multitude de solutions logiques ou théologiques permettant à ces « musulmans africains » ou « africains musulmans » (Moreau 1982) de vivre pleinement leur foi, et ce de façon concrète.
39. Cela concerne uniquement les garçons et non les filles. Toutefois, beaucoup de ceux qui étaient à l'école coranique n'ont pas achevé leur étude du Coran.

Les *dahiras* sont tout d'abord les lieux d'expression des identités collectives basées sur l'appartenance religieuse, mais aussi sur d'autres facteurs socioculturels. Il existe trois différents types de *dahiras* au sein du campus : la *dahira* de type « micro-sociétal », la *dahira* « fédérale » et la *dahira* des sympathisants anonymes.

La première est constituée d'une dizaine de disciples ayant quasiment le même parcours de vie : originaires de la même région, disciples d'un même marabout, ils suivent à peu près le même cursus universitaire ou la même formation religieuse. Ils sont très solidaires, se connaissent et s'entraident comme le feraient les membres d'une même famille.

La seconde, bien plus importante en terme de nombre de disciples, regroupe plusieurs *dahiras* « micro-sociétales » issues de la même confrérie. Il s'agit d'hyper-associations dont les très nombreux adhérents sont autonomes et ne se connaissent pas tous les uns les autres. Ajoutons que ce type de *dahira* « fédérale » agit au-delà de la sphère universitaire, s'associe également aux écoles (lycées, collèges, etc.) mais touche aussi la sphère professionnelle (ex-étudiants).

Enfin, pour ce qui concerne la troisième, que nous qualifierons de *dahira* des sympathisants anonymes, ces composantes sont souvent hétérogènes. Le regroupement n'est pas officiellement structuré comme c'est le cas dans les deux premières et se forme souvent en fonction des affinités ou de la proximité des chambres estudiantines.

Aujourd'hui, nous observons un nouveau comportement plutôt « modéré » des étudiants inscrits dans les groupements religieux. Ils cherchent un équilibre moral dans ce nouvel environnement tout en gardant leur identité culturelle et s'intègrent non seulement à une association religieuse, mais aussi à d'autres regroupements régionaux ou ethniques afin de revivre ce qu'on appelle le *Tchosan* (« source, origine socioculturelle »). On peut alors parler de la *dahira* comme un des cadres majeurs de re-socialisation[40].

Les espaces « socioreligieux » renvoient ces étudiants, membres des *dahiras*, aux « sources » de leur croyance et de leur identité lors des pèlerinages. Par groupe de centaines de personnes, ils prennent des bus empruntés à l'université pour se déplacer dans les lieux saints afin de rendre visite à leurs chefs religieux. Ces événements sont appelés *ziar*

40. Un des membres d'une *dahira* d'Ibrahima Niass l'affirme : « Nous sommes de véritables frères, d'abord parce que nous partageons la même foi et le même guide, mais aussi parce que nous nous connaissons depuis Kaolack où nous avons toujours vécu avec nos familles. Ici, nous vivons ensemble, nous mangeons ensemble, nous partageons tout, comme nous l'avons toujours fait » ; étudiant, disciple d'Ibrahima Niass, UCAD, 2009.

(« visite », de l'arabe *ziyara*, référence aux visites commémoratives sur la tombe des saints). La plupart des *dahiras* « fédérales », regroupant les associations locales[41], organisent leur *ziar* ou assemblée annuelle au sein de l'université en invitant, à leur tour, chefs religieux et fidèles de tout le pays. À cette occasion, les « hommes de Dieu » et leurs disciples se réunissent, vêtus de grands boubous en tissu bazin[42] brodé, et s'assoient dans de gros fauteuils en velours ou sur des chaises en plastique installées, sous de larges bâches, dans le terrain de football.

Toutefois, l'intégration d'un étudiant dans une association ou dans une *dahira* peut entraîner de multiples conséquences, souvent contradictoires[43]. La conversion « brutale » d'un étudiant à une *dahira* peut être considérée comme une rébellion par les siens, lorsque celui-ci arrête son choix sur une confrérie ou un guide religieux autre que celui de sa famille. L'adhésion à certaines *dahiras* ou guides « suspects », tels que ceux des groupes *Yalla-yalla*[44], *Baye-fall*[45], *Thiantakone*[46], ou de certains groupes

41. On y retrouve par exemple la Fédération des élèves et étudiants du Diwane (FEED), qui rassemble les disciples du marabout Modou Kara Mbacké, ou encore la Fédération islamique des élèves et étudiants de Dakar (fieed) créée en 1997, association de tendance sunnite, qui réunit l'Association des étudiants musulmans de l'université de Dakar (AEMUD) et l'Association des étudiants et élèves musulmans du Sénégal (AEEMS).
42. Le bazin (ou basin) est un tissu damassé que l'on rend semi rigide et brillant par l'imprégnation de gomme arabique. Ce tissu, très couteux, est souvent utilisé pour la confection des « grands boubous » traditionnels, grandes tuniques recouvrant un pantalon de même tissu, portés lors des cérémonies religieuses ou civiles.
43. L'adhésion à tel ou tel groupe est, avant tout, un acte individuel et consenti, bien que l'entourage ait aussi une influence importante sur cette décision. La *dahira* est composée, dans sa majorité, de disciples « zélés », mais aussi, d'un certain nombre de « sympathisants » qui ne participent que partiellement aux activités.
44. Groupe de disciples mourides, qui déclarent pouvoir « voir Dieu » (*Gis Yalla*). Ce qui est considéré par les musulmans orthodoxes comme une hérésie, puisque Dieu n'a pas d'image.
45. Les *Baye-Fall* ou *Baay Faal* forment une communauté au sein de la confrérie mouride de Cheikh Amadou Bamba. Son initiateur, Cheikh Ibrahima Fall (1858-1930), était tenu pour « fou » par certains, car il plaçait la foi intérieure, l'action et la soumission envers son maître religieux, au-dessus du respect des pratiques religieuses canoniques telles que les cinq prières quotidiennes et le jeûne du mois de Ramadan. Aujourd'hui, beaucoup de jeunes urbains copient ce « style » de conviction et affichent un code vestimentaire particulier : « rasta », patchworks, gris-gris, chapelet. Certains citadins considèrent que les *Baye-fall* sont de « mauvais musulmans », quasi délinquants, alors que d'autres ont une certaine considération pour leur dévotion au guide et leur contribution à la communauté mouride ; *cf.* Pézeril (2008b).
46. Les *Thiantakones* sont les disciples du marabout mouride Béthio Tioune. Les *Thiant* (ou *cant* selon la retranscription officielle du wolof) sont des « chants de

sunnites et réformistes (qui exigent le port du voile), est souvent contestée par la famille. Cette dernière les considère comme des groupes fanatiques qui leur « arrachent » leur fils ou leur fille.

Pourtant, l'opposition de la famille ne change guère la décision déjà prise par l'étudiant :

> « Au départ, ma famille a pensé que j'étais devenu fou, car j'ai complètement changé mes habitudes, je ne serrais plus la main des filles et ai commencé à me rendre à la mosquée chaque jour à cinq heures du matin. Je me suis mis à faire le *wird* [litanies à voix basse de l'initiation confrérique] tous les jours, à participer à des séances de *zikhr* [...]. C'était difficile pour ma famille. Ils ont cru que j'étais devenu aveugle, alors même que je venais d'ouvrir les yeux à la réalité, à la lumière ! Dieu a posé des obstacles sur ma route pour m'éprouver ; j'ai résisté, *al-Hamdou lillah* [Grâce à Dieu] ! Ce sont mes condisciples qui m'ont soutenu, et mon marabout ! Il est "autre chose" ; si tu étais devant lui, tu verrais nettement qu'il n'est pas comme nous. C'est lui qui m'a aidé à m'en sortir. Avant, je fréquentais les boîtes de nuit, je sortais avec les filles, mais tout ça c'est fini ! Lorsque j'ai fini mon master, je me suis marié avec une étudiante de la même *dahira*. Je viens d'avoir mon premier fils et mon premier boulot. Je suis maintenant responsable et j'ai un mode de vie décent, alors que je suis encore jeune ! Tout ça, grâce à Dieu et à mon marabout[47]. »

Certains membres de la confrérie mouride témoignent que le « lien entre les condisciples est plus fort que le lien du sang ». D'autres groupes sunnites soulignent que « les fidèles musulmans sont des frères et sœurs » et se désignent comme tels. L'intégration dans une *dahira* ou une association religieuse est un « retour aux origines » pour certains étudiants, une « renaissance » (Samson 2005 : 56) morale, spirituelle et sociale pour d'autres, et très souvent les deux à la fois. En retrouvant leur *tchosan* au sein de l'université, ou en adhérant à un groupe pour trouver un équilibre,

---

louanges » ou « actions de grâce » dédiés à Serigne Touba, Cheikh Ahmadou Bamba, mais aussi et surtout au guide et ancien khalife Serigne Saliou Mbacké ainsi qu'à Cheikh Bethio Thioune. Ce dernier, marabout jouissant d'une popularité croissante auprès des jeunes urbains défavorisés et des étudiants, reconnaît cependant son ignorance en matière de sciences religieuses et, décomplexé, déclare même ne pas savoir lire l'arabe. Il est jugé dangereux par les parents qui l'accusent notamment de marier leurs enfants en dehors de l'assentiment parental ; *cf.* Havard (2007).

47. Entretien avec C. D., doctorant en sociologie et enseignant dans les écoles de formation, membre d'une *dahira* mouride, UCAD, 2012.

les étudiants réalisent à la fois une reconstruction de soi mais aussi de leur environnement.

Sphères « symboliques » : la source de « l'émancipation religieuse des gens rationnels »

La dynamique des jeunes croyants lettrés attachés à leur sphère socioculturelle et conscients de leur libre arbitre, dotés d'une croyance pénétrante et agissante, renouvelle considérablement le paysage des lieux de l'enseignement supérieur public ou privé. D'où, la question du statut de ces « étudiants croyants ». Pourquoi un étudiant en quatrième année de droit qui maîtrise le sens de la rationalité et de la liberté se prosterne-t-il devant un marabout et participe-t-il à la construction d'une mosquée sans jamais être rémunéré ? Ses actes sont-ils le résultat d'une conviction pure ou d'un calcul utilitariste (reconnaissance du marabout et prise en charge par la communauté, sentiment d'assurance), ou encore d'une exigence collective de son entourage ?

Selon Freitag, l'individu moderne est sacrifié par sa propre liberté et sa « raison », en réalité substance à la fois interne et externe.

> « La foi intérieure s'est substituée au principe d'une fidélité encore extérieure, en même temps que les obligations concrètes impliquées dans la participation sociale et religieuse trouvaient leur origine transcendantale dans un devoir assumé entièrement dans l'intériorité libre du sujet, devoir qui, comme tel, tendra à se fondre dans le principe de la raison [...] » (Freitag 1999 : 182).

Cette manière d'interpréter la conviction religieuse et rationnelle de l'homme moderne peut donner une certaine compréhension de l'articulation entre l'individu et ce que Freitag appelle « l'existence *réaliste*[48] de la société » (Freitag 2010 : 14)[49].

---

48. Souligné par l'auteur.
49. Selon lui, « le fondement de l'existence *réaliste* de la société peut être rapporté à deux dimensions qui se recoupent et se superposent dialectiquement dans la constitution de la réalité sociale : la dimension *symbolique* et celle de la *solidarité ou de l'interdépendance fonctionnelle* » (Freitag 2010 : 14). La première dimension, symbolique, désigne « les rapports et échanges qu'ils ont entre eux et avec le monde, se déploient dans l'ouverture du champ symbolique, qui est l'espace de la

Pour mieux comprendre l'émancipation religieuse de la nouvelle génération, il ne suffit pas d'expliquer l'articulation entre la foi intérieure d'un individu et les obligations religieuses et sociales extérieures. Il est plutôt question ici de comprendre une raison ou rationalité religieuse, dissemblable de la nôtre, qui propose un discours différent, un vocabulaire et une explication autre du monde : une sphère « imaginaire »[50] d'épanouissement propre à ces jeunes croyants sénégalais. Cette sphère de communication à travers laquelle sont véhiculées valeurs et références religieuses, est réservée aux croyants « initiés » ayant acquis certaines connaissances religieuses. Nous proposons ici de la nommer « sphère symbolique ».

En effet, la véritable source des dynamiques religieuses de ces jeunes se trouve dans cette dimension où la notion d'homme ou de liberté se présente différemment de ce que nous entendons habituellement dans le vocabulaire académique. Il est important de souligner les nombreux malentendus et contresens que peut entrainer l'utilisation d'un même vocable dont la portée sémantique sera tout autre suivant qu'il est employé par le chercheur ou par le croyant.

Prenons pour exemple la notion de liberté : les étudiants croyants affirment être entièrement « libres » *de* leur foi et *par* leur foi, non seulement parce qu'ils choisissent volontairement (consciemment et rationnellement) de croire ou de ne pas croire, mais parce que, dans leur langage, la foi leur permet de « se libérer de leur propre égo (*nafs*)[51] ». Le malentendu sur le statut du croyant « libre » et « rationnel » est dû au décalage de sens entre la notion de « liberté » issue du vocabulaire juridique et celle adoptée par les croyants : la première notion renvoie l'état de liberté à un choix rationnel ; la seconde, la définit comme un dépassement de soi (*nafs*).

---

construction d'un monde commun fondé sur la reconnaissance, la réciprocité et la solidarité » (*ibid.* : 15). La deuxième, celle de l'« interdépendance fonctionnelle », renvoie aux « conditions fonctionnelles et naturelles de la vie collective qui sont reprises en charge de manière réflexive » (*ibid.* : 34).

50. Cette sphère est « imaginaire » pour les scientifiques car elle n'est pas une substance matérielle, mais pour les croyants, elle constitue une réalité absolue ayant un important poids sur la vie spirituelle mais aussi sociale et économique.

51. *Nafs*, très souvent traduit par le mot « âme charnelle », est considéré comme l'ennemi de l'éveil spirituel. Il désigne une partie de l'esprit humain, l'« égo », qui s'attache aux désirs terrestres et est donc perçu comme un obstacle à la perfection spirituelle et intellectuelle. Le « grand jihad », ou « jihad de l'âme » (*Jihâd al-Nafs*), désigne une lutte contre cet égo et non une guerre contre les ennemis extérieurs. Ce terme est adopté par les disciples soufis qui tentent de franchir les étapes de la *Tarbiyya* (« entrainement spirituel ») afin d'accéder à une véritable « liberté de l'âme » ; Babou (2011).

Pour réaliser cette « liberté de l'âme », l'homme doit accomplir des obligations religieuses, ce qui donne en effet une image du croyant comme d'une personne « dominée » par un dogme religieux. Or, ce qu'il essaye de réaliser à travers cette soumission aux « normes » n'est rien d'autre qu'une véritable « libération » de son être. Dans le contexte du soufisme, l'état de cette « liberté » suprême est défini par le mot *fana*, l'effacement total de l'égo (équivalent de *nafs*), et l'union avec son « propre être » et la « vérité » (*haqq*). Cet état désigne, en d'autre terme, l'absence totale du « soi terrestre » (*nafs*). Nous sommes ici à l'opposé même de la notion de liberté pour l'individu occidental moderne, pour qui l'étape suprême de la satisfaction – le bien-être – est synonyme d'« accomplissement de soi » (Maslow 1943) ; ce qui, dans le vocabulaire des mystiques, correspond à l'état d'un individu « dominé par son *nafs* ».

Pour une compréhension concrète de la manière dont les acteurs perçoivent le monde, il est donc essentiel d'analyser les logiques et les valeurs à travers lesquelles cette « sphère symbolique » est constituée. Il est aussi question d'analyser le mode d'articulation entre le monde sociologiquement observable et cette « sphère symbolique », ou domaine du *bâtin*[52], dans laquelle évoluent les acteurs religieux.

Nous allons à présent expliquer cette articulation tout en nous référant à deux exemples : d'une part, la question de la reconnaissance, ou capitalisation des « actes religieux », et, d'autre part, les liens entre les guides-disciples et la transmission (*silsila*, litt. « chaîne ») de la sainteté au sein des groupes confrériques.

La reconnaissance dans la « sphère symbolique »

Pour ce qui concerne la capitalisation des actes religieux dans cette « sphère symbolique », la piété et la connaissance d'Allah sont les seuls critères qui déterminent la valeur de l'homme. Ainsi, on retrouve au sommet de la hiérarchie les hommes qui craignent Dieu et qui ont acquis

52. *bâtin* [*el-bârin, el-baouâten*] : *mot arabe* signifiant intérieur, désigne dans le contexte soufi, le savoir caché, ésotérique. La « science de l'intérieur » (*'ilm al-bâtin*), par opposition à la science exotérique (*ilm al-zâhir*), autrement dit soufisme, propose une explication au « second degré du monde [...] ». Selon lui, cette dimension se distingue par son caractère « supra-rationnel » et non « irrationnel » où la théologie et le droit s'appuient sur la raison discursive et la pensée dialectique ; Geoffroy (2003).

un haut niveau de la connaissance divine (tels que les savants et les soufis). L'accès à cette sphère est ainsi réservé aux croyants instruits ou informés[53] des règles et lois qui codifient cet espace « imaginaire ».

Les bonnes actions, la croyance, la piété et les connaissances religieuses sont ici considérées comme monnaie d'échange afin d'acquérir la bénédiction divine ou *baraka*. Les prières, le jeûne et les aumônes sont tous « comptés » par les anges et n'échappent pas « aux yeux d'Allah »[54]. Ils seront reconnus et « rémunérés »[55] sur un compte dans l'au-delà.

Pour les disciples des confréries, le marabout est l'intermédiaire entre Dieu et les croyants et a pour mission de transmettre le salut et la bénédiction divine. Les travaux des disciples destinés au marabout (travaux champêtres, nettoyage de sa maison...) ne sont pas rémunérés en argent ou en quelconques valeurs terrestres, mais sont bel et bien « récompensés » à travers la *baraka*[56] ou encore, par le « ticket d'entrée au paradis »[57].

Pour les fidèles, le véritable bilan de leurs efforts dans cette « sphère symbolique » sera connu au « Jour du Jugement dernier » (*Yaum-l-Din*)

---

53. Les enseignements dispensés dans les écoles confessionnelles musulmanes (franco-arabes) ou dans les *dahiras* sont basés sur des principes éducatifs à travers lesquels les fidèles étudient et appliquent les normes et les valeurs religieuses afin de s'intégrer pleinement dans cette sphère d'échange. Le Coran, les hadiths, le *fiqh* (droit musulman) et le *tawhid* (unicité de Dieu) sont les premiers éléments qu'ils apprennent dans ces lieux de formation afin de connaître les obligations et les interdits, mais aussi les préceptes moraux de la religion musulmane.
54. Dans cet échange entre visible et invisible, l'intention compte plus que l'acte en soi. Un hadith (rapporté par Al-Bukhârî et Muslim) précise que « les actes ne valent que par les intentions » (Abdessalam 2004 : 90). La distinction entre « faire » et « ne pas faire », « bien faire » et « mal faire », « bienfait » et « pêché » est issue, non de l'acte lui-même, mais de l'intention de l'homme (*yééné* en wolof) qui accompagne l'acte et qui lui donne son véritable sens. Sans l'intention, les prières ne valent rien. Le même geste, par exemple, un simple regard ou un rapport sexuel, peut être un acte d'adoration de Dieu, ou un acte de déviance et un péché. Un étudiant nous l'a expliqué en donnant un exemple : « Le mariage permet de légaliser les rapports sexuels. À ce moment-là, si tu fais des actes [rapports sexuels], on va t'écrire des *Tiaba* ; ce sont des "bénéfices". Mais, si tu le fais hors de mariage, tu auras même des sanctions ! » ; Babacar, étudiant en master à l'UCAD, 2012.
55. Expression de S. B., étudiant. Il a dit aussi : « Comme nous avons nos comptes bancaires ici-bas, nous avons aussi nos comptes à l'au-delà. La seule différence dans ce dernier cas, c'est qu'il ne s'agit pas d'argent, mais de bienfaits » ; S. B., étudiant en licence de sociologie, UCAD, 2012.
56. La *baraka* désigne la bénédiction, la faveur céleste ou le pouvoir divin. Elle vient de Dieu et est transmise aux disciples par le biais d'un saint ou d'un marabout, vivant ou mort (la visite des tombes des saints explique le pouvoir toujours présent du défunt dans la transmission de la « baraka ») ; *cf.* Monteil (1964 : 21) ; Cissé (2008 : 43).
57. Expression de S. D., étudiant et disciple mouride, UCAD, 2013.

où chaque homme sera confronté à une comptabilité précise de ses actions bonnes et mauvaises accomplies dans le monde d'ici-bas[58], de manière à être jugé puis « condamné » au paradis ou à l'enfer. Certains étudiants en témoignent : « Tous mes gestes sont notés par les anges qui me surveillent et qui notent mes bienfaits et mes péchés afin que tout soit mis en balance au jour du jugement dernier »[59].

La raison religieuse renvoie chaque homme à ses responsabilités face à des actes ou intentions, qui seront capitalisés positivement ou négativement selon le critère divin. Nous pouvons en déduire que la « sphère symbolique » est hautement individualisée voire *individualiste*.

Dans son analyse sur les confréries au Sénégal, Blondin Cissé considère l'identité (religieuse) d'un individu, ainsi que sa culture, non comme un enfermement, mais comme un élan donné vers « la destination humaine », vers « la valeur » (Cissé 2008). Ainsi, pour les jeunes croyants, s'inscrire dans la « sphère symbolique » ne désigne nullement une immersion dans la vie monastique au détriment des joies et du bien-être terrestres. Au contraire, la jouissance spirituelle est parfaitement compatible à la réussite personnelle, sociale ou économique dans le monde ici-bas.

Un étudiant croyant révèle ici que sa crainte face à l'œil invisible d'Allah lui permet de « prendre un certain recul vis-à-vis de soi, de son entourage et de se détacher des contingences matérielles ». Cette expérience le conduit à un véritable « accomplissement » de soi, au sens spirituel mais aussi matériel ou social. Il s'agit là d'un réveil spirituel[60], renouvellement de son identité musulmane grâce auquel, il finit par acquérir une attitude calme et posée, afin de recueillir la confiance de ses condisciples et autres camarades. Grâce à ses efforts mais aussi à une forte conviction religieuse, il dit avoir réussi à tous ses examens de licence à l'Université.

58. « L'homme sera un témoin perspicace contre lui-même » (Coran 75/14).
59. Entretien avec A. B., étudiant en licence, UCAD, 2010.
60. Il s'agit de « se soustraire à son *nafs* » et à ses propres « souillures terrestres » (*sobé*) pour accéder à la « lumière » intérieure. L'accès à cette dimension est ainsi expliqué par ce croyant : « Dieu éclaire l'intérieur et l'extérieur de l'homme. Il remplit tout l'espace visible (*zahir*) et invisible (*bathin*) » ; entretien avec un étudiant en master 1 de sociologie, UCAD, 2011.

Les relations guide-disciple dans la « sphère symbolique » : la *tariqua* est-elle une « université » ?

Pour ce qui concerne les relations guide-disciple (ou marabout-taalibé) et la transmission de la « sainteté » au sein des groupes confrériques, il s'agit d'un lien ou « chaîne » (*silsila*) spirituelle qui relie chaque disciple à son guide, lui-même uni à son propre guide, jusqu'à ce que l'ensemble de ces liens *maîtres-disciples* aboutissent au prophète Mohammad. Il existe ainsi une hiérarchie divine qui détermine le statut de chaque croyant dans la *tariqa* (litt. « chemin » en arabe, le mot désigne la communauté confrérique).

Cette « sphère symbolique » dépasse largement l'espace matériel et est habitée par tous les croyants initiés, morts et vivants, « élites » et novices, existant ou ayant existé « depuis le début de l'histoire de l'humanité ». Ainsi, il n'est pas rare d'entendre un disciple affirmer qu'il a « rencontré »[61] Cheikh Ahmadou Bamba (1853-1927), Cheikh al-Tidjani (1737-1815)[62] ou même le prophète Mohammed et avoir reçu d'eux un conseil utile de la vie courante (problème de santé, problème conjugal, etc.). Ici, domaine imaginaire et domaine réel sont entremêlés et la distinction entre temps et espace est effacée.

Dans cette sphère de reconnaissances religieuses « sans clivages », la sainteté ou la qualité spirituelle peut être transmise par le sang, mais, plus souvent, au disciple par le maître. Un étudiant, taalibé tidjane, témoigne de ces liens *guide-disciple* en ces termes :

> « Je compare souvent le fonctionnement de la *tariqua* à celle de l'université : le rôle du guide spirituel envers son disciple est semblable à celui du directeur de thèse envers son étudiant. Un étudiant qui veut s'inscrire dans une université ou souhaite commencer sa thèse doit remplir certaines conditions. Il en est de même pour le musulman qui souhaite devenir "*taalibé sheekh*" (disciple d'un guide) qui doit prouver sa capacité à s'adapter à ce milieu. [...] Après avoir été accepté dans la communauté, le *taalibé* doit multiplier ses efforts pour réussir dans cette voie. Tel l'étudiant qui cherche à achever sa thèse, il doit faire preuve de rigueur

61. Pour les observateurs, ces « rencontres » ont eu lieu « dans un songe » ou « dans une vision ». Toutefois, pour la personne concernée, la frontière entre le songe et la réalité est souvent incertaine.
62. Al Imâm Abul 'Abbâs Chaikhana Ahmad ibn Mahammad At Tijânî Ash Sharîf, né à Aïn Mahdi (Algérie) autour de 1737 et décédé à Fès (Maroc) en 1815, est le fondateur de la confrérie *Tijâniyya*.

> morale et physique : apprendre les préceptes divins, pratiquer tout ce qui est enseigné dans l'islam, respecter les aînés et surtout les parents, apprendre aussi le *wird*, le pratiquer tous les jours, afin d'atteindre un haut niveau spirituel. [...] Je pourrais aussi dire que la *tariqua* est comme une armée. Il y a des colonels, des caporaux, des chefs et sous-chefs, des "bérets rouges" [...]. Les chefs sont les marabouts, les colonels, les grands marabouts et les caporaux, les grands cheikhs. Les caporaux agissent en fonction de ce qui est bon pour la "Nation". Les cheikhs aussi, décident et font des propositions selon la *sharia* (loi musulmane). Si jamais ils trahissent la loi, les disciples ont le droit de les contester. [...] Tout ceci pour rappeler que le *taalibé* est libre de choisir sa voie et son guide, comme l'étudiant a le choix de faire sa thèse ou non, et de retenir un encadreur plutôt qu'un autre[63]. »

Au sein des communautés des croyants, on peut ainsi observer une véritable hiérarchie et un académisme basés sur les valeurs religieuses. Chaque communauté essaie de saisir, d'évaluer et de visualiser les valeurs de chaque homme selon l'idée qu'elle se fait d'une hiérarchie divine. Ceux qui maîtrisent l'arabe, le *Coran*, la *Sunna* du prophète, ou encore la connaissance mystique (*ma'lifa*) sont considérés comme la véritable élite et placés en haut de la hiérarchie symbolique. Ces personnages, élites et élus[64] sont reconnus dans leur propre système de valeurs qui ne se confond pas entièrement avec celui des institutions de la société dite moderne.

Toutefois, ces « élites religieuses » sont devenues aujourd'hui de plus en plus « visibles » et « reconnues » dans la sphère « mondaine » ou moderne, sphère de pouvoir et de reconnaissance politique et politico-académique, ou dans la sphère d'échanges discursifs. Nous allons à présent décrire l'émergence de cette nouvelle scène politico-académico-religieuse au sein de la société sénégalaise.

---

63. S. O., étudiant en doctorat de mathématiques, UGB, 2013.
64. On les nomme de différentes manières, notamment *Thierno* ou *Serigne* (« Maîtres »), *Borom Xam-Xam* (« Détenteurs du savoir »), *Nandité* (« initiés »), *Ustad* (« professeurs arabisants »), *wali* (« amis de Dieu »), *mua'lim* (« savants ») ou *faida* (terme utilisé par les disciples de la *Tijâniyya* Niassène).

Sphère politique et échange discursif : La scène politico-académique des acteurs religieux lettrés

Aujourd'hui, les lettrés religieux, formés dans des établissements privés ou publics, cherchent leurs lieux d'expression dans d'autres sphères extérieures afin de se réapproprier ces nouveaux territoires « mondains ». À la veille de l'élection présidentielle de 2012, un grand événement a été organisé à l'initiative des autorités mourides. Ce colloque, intitulé « Colloque International du Magal[65] sur le soufisme » a eu lieu dans un hôtel cinq étoiles situé à l'Armadi, quartier bourgeois de Dakar, en présence de professeurs venant d'universités du monde arabe, aussi bien que d'universités européennes et américaines. Dans une grande salle de conférence d'une capacité de 300 places, se sont réunis des disciples mourides vêtus de boubou et portant le bonnet musulman, des « savants » au visage ridé venus de Syrie, d'Égypte, de Turquie et du Maroc, ainsi que des universitaires habillés à la mode occidentale, légèrement surpris par l'ambiance « mystique » imposante[66].

L'événement, qui se déroulait en traduction simultanée en trois langues (arabe, français et anglais), a accueilli le président Abdoulaye Wade, alors en campagne présidentielle, mais aussi ses opposants, dont Macky Sall (actuel président) et Moustapha Niasse (un des leaders politique opposant et candidat à l'élection présidentielle de 2012). L'objet de ce colloque, « le soufisme et les crises mondiales contemporaines », était, selon le président de l'organisation Abdoul Ahad Gaïndé Gatma, de trouver une solution à la crise actuelle. Il a souligné que « les principales causes de ces crises mondiales sont liées à la prédominance du matériel sur la dimension spirituelle et morale de l'homme » et a insisté sur l'importance de l'éducation religieuse[67].

Pour mieux saisir cette nouvelle scène « politico-académique », lieu qui donne une représentation à la fois académique, politique et religieuse, il faudrait analyser au préalable la destruction progressive des « clivages »

65. Le *Magal* est une fête célébrée par la communauté mouride chaque année, le 18e jour du mois lunaire de Safar. « Le Magal est une commémoration qui prend une forme de pèlerinage, acte global de captation de puissance sacrale à travers les visites aux saints, aux morts et aux lieux sacrés » (Guèye 2002 : 203).

66. Les écrans géants ont passé l'image de chaque participant en direct, doublée de temps à autre de la photo de Serigne Touba, titre par lequel les disciples mouride appellent Cheikh Ahmadou Bamba fondateur de la confrérie.

67. Le colloque a été retransmis à la télévision sur Walf TV et diffusé également sur les différents sites internet et blogs.

dénoncés dans le contexte des années 1970-1990 et l'installation d'un nouvel équilibre dans la sphère discursive, promue par de multiples acteurs. Jusqu'au début des années 1990, le Sénégal était largement connu pour son « contrat social » (Cruise O'Brien, Diop et Diouf 2002) entre l'État et les confréries, et leurs rivaux qu'étaient les « islamistes-réformistes » appelés *Ibadou*[68]. Les discours de ces derniers étaient caractérisés par une critique virulente à l'égard de l'Occident et des confréries (Otayek 1993).

Aujourd'hui, l'émergence des différents groupes politico-religieux et la nécessité de partager les mêmes espaces (sociaux, politiques ou universitaires) ont engendré des formes de collaboration entre les différents acteurs, confrériques, réformistes et hommes politiques[69]. Ce phénomène s'inscrit dans la conjonction de trois contextes majeurs qui ont contribué à une telle reconfiguration : la démocratisation « par le bas »[70] ; l'affaiblissement du charisme des marabouts suite à la modernisation des mœurs et des mentalités ; et enfin la mondialisation assortie de la mobilité internationale[71].

---

68. Il s'agit du diminutif de *Jamaatou Ibadou Rahman* (« Association des serviteurs de Dieu »), nom d'une association islamique créée dans les années 1950. Des années 1970 jusqu'au début 1990, ces lettrés musulmans, prônant la modernisation politique et influencés par l'islamisme du monde arabe, étaient opposés aux acteurs confrériques. Ils passaient toutefois pour des « outsiders » face aux intellectuels fonctionnaires de l'État et leur clientélisme avec les marabouts.
69. Les confréries invitent officiellement les membres des associations sunnites à participer à leurs conférences et leurs cérémonies religieuses. Les groupes sunnites, de leur côté, essaient de collaborer avec ces derniers en faisant ouvertement l'éloge des fondateurs des confréries, vantant leur qualité de croyant, leur savoir et leur piété. Les hommes politiques s'investissent dans le domaine de l'enseignement islamique pour acquérir la reconnaissance de ces acteurs religieux. Simultanément, certains chefs religieux se disent « réformateur » de la société et s'engagent dans la politique et fondent leur parti politique.
70. La « politique par le bas » est un terme utilisé à partir des années 1980 par Jean-François Bayart et le Groupe d'analyse des modes populaires d'action politique du Centre d'études d'Afrique noire de Bordeaux. Il désigne le rôle des « subordonnés », des « sans importances », ou de ceux d'« en bas du bas » dans l'invention de la forme de gouvernance et de l'État en Afrique. « La problématique du politique "par le bas" nécessite la mise en marche d'une approche épistémologique et méthodologique. Il s'agit avant tout de rompre avec la science politique de l'État post-colonial qui n'est qu'une variante de la science politique classique ; une science qui se fait "par le haut" et véhicule des préjugés d'une tradition constitutionnaliste » (Bayart, 2008).
71. Sur les mouvements religieux transnationaux en Afrique, voir Otayek (2003-2004) et Fourchard *et al.* (2005).

À ces contextes, on peut ajouter aussi un certain nombre de particularités propres aux nouvelles sphères discursives animées par les acteurs religieux lettrés : l'académisme politico-religieux[72] et l'usage des nouveaux outils de communication (médias, Internet) ; l'implication politique directe des acteurs religieux et l'utilisation de leur statut politique au service de la promotion religieuse ; la multiplicité des références et l'autonomie des individus, permettant aux différentes valeurs et acteurs de cohabiter dans les « mêmes sphères discursives superposées ».

L'académisme et le « rationalisme » politico-religieux

Depuis les années 1990, en raison de la crise d'une part et de la démocratisation d'autre part, la participation des jeunes défavorisés et des étudiants est de plus en plus marquée dans la sphère politique. Suite aux contestations, accompagnées par les manifestations des jeunes urbains, et aux mouvements du « Sopi »[73], nous avons assisté à l'alternance en 2000 et la prise du pouvoir par le Parti démocratique sénégalais (PDS) d'Abdoulaye Wade. Dans ce contexte de protestations populaires impulsées par en bas, les mouvements confrériques dirigés par les « guides des jeunes », tels que Moustapha Sy[74] et Modou Kara Mbacké[75], recrutent massivement les étudiants en quête de repères et d'un nouveau modèle au sein de l'UCAD. De même, les associations sunnites et réformistes ont développé leurs stratégies politiques et éducatives en collaboration avec d'autres acteurs confrériques. Soucieux de leur avenir, menacés par le chômage et la « crise généralisée », les étudiants participent activement aux mouvements religieux qui sont devenus un nouveau cadre pour

72. Il s'agit de l'émergence progressive des lieux d'expression à caractère éducatif et politique, mis en place par les acteurs religieux lettrés et universitaires (francophones ou arabisants).
73. *Sopi* veut dire « changement » en wolof. Il est le slogan du Parti démocratique sénégalais (PDS) ; voir Diouf (2002 : 162).
74. Moustapha Sy, marabout tidjane, est le « responsable moral », c'est-à-dire le guide de la *Dahiratoul Moustarchidine wal Moustarchidaty* ; voir aussi Samson (2006).
75. Modou Kara Mbacké, marabout mouride, est le guide du Mouvement mondial pour l'unicité de Dieu et dispose de son parti politique, le Parti de la vérité pour le développement (PVD), créé en 2004. Tous les deux sont des « guides modernes dans leurs façons de s'habiller, de s'adresser à leur public, dans leur rhétorique » (Samson 2006 : 6). Voir aussi Kane et Villalon (1995).

revivre leur foi et leurs « traditions », mais aussi et surtout le moyen de s'engager dans des « actions citoyennes » et se sentir utile à la société.

La stratégie de ces acteurs religieux pour « réformer la société » vise d'abord l'éducation des citoyens musulmans[76] et notamment des cadets sociaux (jeunes, enfants et femmes). Nous avons assisté à l'émergence progressive de lieux d'expression à caractère éducatif et politique, mis en place par les acteurs religieux et visibles aux quatre coins de Dakar et dans les différentes régions du Sénégal. L'« Université de Ramadan, organisée par le *Dahiratoul Moustarchidine wal Moustarchidaty* (DMWM) de Moustapha Sy en est une excellente illustration. Cette série de conférences[77] est programmée pendant le mois de Ramadan depuis dix-sept ans et se déroule aujourd'hui dans les propres locaux de la DMWM nouvellement construits dans le quartier populaire de Yoff[78]. Les disciples qui suivent cet événement à distance se donnent rendez-vous chaque soir à la *dahira* de leur quartier pour regarder la télévision[79].

Les adeptes, en se référant aux enseignements religieux et en s'appuyant sur leurs acquis dans le cadre universitaire, servent ces mouvements dans le but de « moraliser » et de « réformer » leur vie et la société qu'ils considèrent comme « malades »[80] (Samson 2005). Le

76. Le terme de « citoyen » est souvent utilisé dans les discours de ces leaders. Par exemple, « en appelant ses Taalibés à adopter des comportements citoyens, Serigne Moustapha Sy a insisté sur la dualité entre l'âme et le souffle divin, la rivalité entre le savoir et la discipline » ; en ligne, consulté le 15 juin 2014, http://www.actu24.net/actualites/article/gamou-2014-le-khalife-general-des

77. La thématique de l'année 2012 était « Héritage mystique et héritage politique : pour qui et pour quoi ? ». Les conférenciers étaient des intellectuels qui s'inscrivent dans diverses sphères académiques : professeurs, imams, marabouts, sociologues, islamologues, etc. La plupart des communications étaient faites en wolof, parfois en français ou en arabe. La conférence disposait également d'un système de traduction simultanée.

78. Le bâtiment est doté d'un matériel informatique et médiatique dernier cri, tel qu'appareils de montage et salles d'ordinateurs. La DMWM a également démarré ses propres émissions télévisées et les diffuse sur sa propre chaine privée.

79. Leonardo Villalon décrit l'organisation de ce groupe comme « bureaucratique » à la française, fortement hiérarchisée et structurée autour des bureaux et des agents (Villalon 1995 : 156).

80. On peut citer ici quelques-uns des symptômes et des causes de cette « maladie » : le mode de vie et les modèles occidentaux, matérialistes, individualistes et inégalitaires ; la mauvaise gouvernance ; la crise économique et sociale ; le manque d'éducation et la perte des valeurs morales, familiales, culturelles, spirituelles et religieuses qui expliquent les « mauvais comportements ». Mais c'est aussi l'irrespect envers les parents et aînés, les femmes qui insultent leur mari, les filles « mal habillées », l'agression, la violence, le vol, le viol, le mensonge, le trafic de drogue, la migration clandestine, la sexualité considérée comme « désordonnée »

« militantisme » religieux (Ndiaye 2007) devrait être analysé comme un essai de la nouvelle génération lettrée pour établir sa propre manière de vivre et s'engager dans la vie sociale et politique dans le contexte de démocratisation « par le bas », tout en se référant et se réalisant dans la « sphère symbolique » à laquelle nous avons fait allusion plus haut.

Cette sphère d'échanges « discursive » constitue un espace fort hétérogène : chaque groupe dispose d'un « cercle » et d'une « hiérarchie » qui lui permettent une promotion, souvent reconnue et intelligible uniquement aux yeux des « inscrits » et « initiés ». De même, les acteurs de ces sphères sont des « croyants raisonnés » avant d'être des « individus rationnels ». Si les « individus rationnels » décident d'abord en fonction de leurs divers intérêts personnels et matériels (économiques, politiques ou sociaux), les « croyants raisonnés » réagissent en fonction des critères de valeurs véhiculées dans leur sphère de sens symbolique (intérêts « célestes ») tout en tenant compte des conditions de vie matérielle. Les actions s'appuient, dans les deux cas, sur la rationalité, mais ni les normes sur lesquelles elles s'appuient, ni l'objectif de ces actions ne sont identiques.

Les acteurs religieux collaborent, si cela est légitime à leurs yeux, avec l'autorité temporelle ou les puissances politiques ou économiques. Car, si, pour ces croyants, les actions seront jugées (par Dieu) notamment à travers son *intention* et son *objectif initial*, le pouvoir et l'argent ne sont en eux-mêmes ni bons ni mauvais. Si le pouvoir ou les moyens sont « propres » et servent à la volonté divine pour améliorer la société des croyants et promouvoir la religion, ils ne peuvent être qu'un atout qui mérite d'être exploité. La plupart des acteurs politico-religieux ne s'opposent pas à l'actuel régime politique démocratique, même si on y note une minorité de réformistes qui insiste sur la seule légitimité de la gouvernance par une communauté des *hakim* (« savants musulmans ») et par la *sharia*, accusant ainsi la démocratie d'être un « système anarchique »[81].

(homosexualité, prostitution, adultère suivi de grossesses précoces, avortements ou divorces) ; enquête à l'UCAD et à l'UGB, 2012.

81. Expression utilisée par un intervenant lors d'une conférence islamique organisée à l'ENA de Dakar, juillet 2012.

Conclusion

Les soirées au Campus de l'UCAD ou de l'UGB sont toujours très animées. Certains étudiants se réunissent entre eux pour des séances de prières, d'autres organisent des soirées dansantes avec les tubes musicaux à la mode, tandis que d'autres préparent leurs examens, jouent au foot, ou déambulent tout simplement dans les couloirs, les jardins, et bavardent avec quelques camarades. Ces étudiants n'appartiennent pas exclusivement à un seul groupe. Au contraire, ils voguent de sphères en sphères, lesquelles sont constituées de différents « territoires », à l'intérieur du campus. C'est dans cette ambiance ouverte que les étudiants s'impliquent pleinement dans chaque activité sociale, culturelle, ou religieuse.

À travers cet article, nous avons tenté de décrire les différents aspects de la « dynamique religieuse » dans les espaces de l'enseignement supérieur et leur influence dans les sphères politiques ou discursives plus larges. Aujourd'hui, les jeunes croyants lettrés sont à cheval sur différents critères de valeur et de reconnaissance. En d'autres termes, ils sont inscrits dans une sphère de la complexité, où l'articulation entre signifiants et signifiés se réalise à travers les échanges, l'usage et la mise en scène du matériel (mondain) et de l'immatériel (spirituel). De même, la nouvelle forme de logique associative du religieux permet une individualisation de chaque acteur qui s'engage d'une manière tout à fait volontaire et « à la carte » dans le champ politique ou religieux[82].

Cette dynamique constitue une « scène » au caractère multidimensionnel où les différents acteurs et leurs sphères se superposent sans pour autant se réunir ou se concurrencer dans une seule et même dimension[83]. L'ensemble des différents groupes religieux, ayant chacun une « sphère » spécifique de reconnaissance, s'impose comme une puissante entité qui

82. Une étudiante voilée d'un foulard coloré rose en coton moelleux nous l'a témoigné fièrement : « Nous ne sommes plus dupes, personne ne peut plus nous contrôler sauf Dieu, en termes politique ou religieux. Si on a un doute sur ce que disent les guides religieux ou les hommes politiques, nous pouvons aller directement dans un cyber café et consulter islam.fr ou d'autres sites pour vérifier ce qui est écrit dans le Coran et dans le Hadith. On a besoin de guides et de dirigeants lucides ! Si je me permets de me prosterner devant un guide, c'est pour ma pure quête spirituelle. » ; UCAD, 2012.

83. Les théories sur l'espace public parlent désormais « d'espaces publics fractionnés et conflictuels » (Arlette Farge 2002). Sur les théories de l'espace public religieux en Afrique, voir notamment Holder (2009) ; Holder et Saint-Lary (2013). Les auteurs appellent l'émergence d'un nouveau type de rapports conflictuels ou collaboratifs, entre l'État et la société, un « espace public religieux ».

propose, à la société sénégalaise, « une nouvelle modernité » (Samson 2005 : 201 ; Seck 2010)[84].

Au vu de nos enquêtes, nous sommes en position d'affirmer qu'il n'y pas de véritable « homogénéisation » des comportements religieux chez les étudiants : on ne voit ni un radicalisme islamique très net, ni un seul chef religieux charismatique qui reçoive une adhésion totale de tous les disciples étudiants. On constate encore moins une vraie occidentalisation des comportements, ni l'affirmation d'un athéisme ou d'un retour total aux pratiques traditionnelles. Ce que nous observons plutôt, c'est le mélange de toutes ces aspirations multilatérales, en quête de bien-être dans des conditions nouvelles qui sont celles de l'université, que l'on appelle à Dakar, non sans un jeu de mots sous-entendu, la « Cité ».

Dans une certaine mesure, le retour à la croyance « orthodoxe » ou « spiritualiste » de l'islam, associé à la modernisation des mentalités, favorise un relatif détachement vis-à-vis de leur appartenance socio-religieuse et ce que nous pourrions appeler l'« individualisation en rapport avec l'au-delà »[85].

Bien évidemment, certains mouvements exigent une sociabilité militante, d'autres sont moins stricts. L'inscription et l'obédience de l'individu à tel ou tel mouvement, son mode d'implication dans différentes activités peut varier en fonction des personnes. Ainsi, décrire aujourd'hui ce « retour du religieux » dans les lieux d'enseignement revient à parler de « liberté » et de montée d'un islamisme « modéré », voire « tempéré ». Car, c'est dans l'ouverture de sphères multiples, dans la possibilité et la tolérance quant au choix, que ces mouvements créent une véritable sociabilité et un dynamisme nouveau.

Enfin, ces différents groupes et ces tentatives de « retour » à la foi s'inspirent et s'influencent mutuellement pour « soigner » une société sénégalaise « malade » qui nécessiterait une thérapie d'urgence. Cette maladie, comme l'a souligné l'un de nos interlocuteurs, « ne peut jamais

---

84. Les nouveaux acteurs religieux ont une multitude de référence et ne s'opposent pas à la « modernité » en elle-même. « Le modèle pour cette nouvelle élite fut le système occidental (volonté d'une souveraineté populaire, aspiration à la modernité occidentale, libertés individuelles, revendication de la justice sociale, de l'éducation pour tous, de l'émancipation de la femme). Les mouvements islamiques modernistes et ceux du renouveau socioreligieux (comme la Salafiya) prônèrent le ralliement du monde musulman au modernisme universel. » (Samson 2005 : 201).

85. Comme l'a souligné une étudiante : « Dieu nous enseigne à être autonome et responsable de nos actes et de notre avenir. C'est moi qui choisis ma conviction et de persévérer sur mon chemin. Personne d'autre que moi ne peut m'emmener au paradis. Le marabout ne peut que me guider. » ; entretien avec une étudiante en géographie à l'UCAD, membre d'une *dahira* tidjane, UCAD, 2011.

être soignée si on ne change pas nous-mêmes. Chacun a son devoir. Dieu a dit dans le Coran : Allah ne change pas l'état d'un peuple tant que celui-ci ne change pas ce qui est en lui-même »[86].

Bibliographie

ABDESSALEM, Sami, *Aïd al-Adhâ, fête du sacrifice d'Abraham : entre religion et tradition*, Paris, Essalam, 2004.

FARGE, Arlette, 2002, *Dire et mal dire. L'opinion publique au XVIIIe siècle*, Paris, Seuil.

AUBERT, Nicole (dir.), 2006, *L'individu hypermoderne*, Paris, Éditions ÉRÈS Sociologie Clinique.

BABOU, Cheikh Anta, 2011, *Le Jihad de l'âme. Ahmadou Bamba et la fondation de la Mouridiyya au Sénégal (1853-1913)*, Paris, Karthala.

BASSE, Mamadou, 2004, *Étude sur les besoins en éducation qualifiante des jeunes des daara, République du Sénégal*, Paris, UNESCO.

BATHILY, Abdoulaye, 1992, *Mai 1968 à Dakar, ou La révolte universitaire et la démocratie*, Paris, Éditions Chaka.

BALANDIER, Georges, 1951, « La situation coloniale : approche théorique », *Cahiers internationaux de Sociologie*, n° XI, p. 44-79.

BAYART, Jean-François (dir.), 1993, *Religion et modernité politique en Afrique noire : Dieu pour tous et chacun pour soi*, Paris, Karthala.

BAYART, Jean-François, MBEMBE, Joseph-Achille et TOULABOR, Comi-Molevo, 2008, *Le politique par le bas en Afrique noire : contributions à une problématique de la démocratie*, vol. 1, Paris, Karthala.

BEDIN, Véronique et FOURNIER, Martine (dir.), 2009, *Jürgen Habermas*, Paris, La Bibliothèque Idéale des Sciences humaines, Éditions des Sciences humaines.

BIANCHINI, Pascal, 2004, *École et politique en Afrique noire : Sociologie des crises et des réformes du système d'enseignement au Sénégal et au Burkina Faso (1960-2000)*, Paris, Karthala.

CISSÉ, Blondin, 2008, *Confréries et communauté politique au Sénégal*, Paris, L'Harmattan.

CISSÉ, Seydou, 1992, *L'enseignement islamique en Afrique noire*, Paris, L'Harmattan.

86. Coran, sourate 13, verset 10.

COPANS, Jean, 1993, « Intellectuels visibles, intellectuels invisibles », *Politique africaine*, n° 51, octobre, p. 7-25.

CRUISE O'BRIEN, Donal, DIOP, Momar-Coumba et DIOUF, Mamadou, 2002, *La construction de l'État au Sénégal*, Paris, Karthala.

DIOUF, Mamadou, 2002, « Les jeunes Dakarois dans le champ politique », *in* D. Cruise O'Brien *et alii* (dir.), *La construction de l'État au Sénégal*, Paris, Karthala, p. 157-167.

FOURCHARD, Laurent, MARY, André et OTAYEK, René (dir.), 2005, *Entreprises religieuses transnationales en Afrique de l'Ouest*, Paris/Ibadan, Karthala/IFRA.

FREITAG, Michel, 1999, « La dissolution postmoderne de la référence transcendantale. Perspectives théoriques », *Cahiers de la recherche sociologique*, n° 33, p. 181-217.

——— 2010, « L'avenir de la société : globalisation ou mondialisation ? », *SociologieS* [En ligne], Découvertes / Redécouvertes, Michel Freitag, mis en ligne le 27 décembre 2010. En ligne, consulté le 12 juin 2014, http://sociologies.revues.org/3379

GEOFFROY, Éric, 2003, *Initiation au soufisme*, Paris, Fayard.

GOMEZ-PEREZ, Muriel (dir.), 2005, *L'islam politique au sud du Sahara : identités, discours et enjeux*, Paris, Karthala.

GUÈYE, Cheikh, 2002, *Touba, la capitale des Mourides*, Dakar/Paris, ENDA/ Karthala/IRD.

HABERMAS, Jürgen, 1992, *L'espace public. Archéologie de la publicité comme dimension constitutive de la société bourgeoise*, Paris, Payot.

HAVARD, Jean-François, 2007, « Le "phénomène" Cheikh Bethio Thioune et le djihad migratoire des étudiants sénégalais "Thiantakones", *in* F. Adelkah et J.-F. Bayart (dir.), *Voyages du développement : émigration, commerce, exil*, t. 2, Paris, Karthala-Ceri.

HOLDER, Gilles (éd.), 2009, *L'Islam, nouvel espace public en Afrique*, Paris, Karthala.

HOLDER, Gilles et SAINT-LARY, Maud, 2013, « Enjeux démocratiques et (re)conquête du politique en Afrique. De l'espace public religieux à l'émergence d'une sphère islamique oppositionnelle », *Sens public* n° 15-16, p. 187-205.

KÂ, Thierno, 2002, *École de Pir Saniokhor : histoire, enseignement et culture arabo-islamique au Sénégal du XVIIIe au XXe siècles*, Dakar, GIA.

KANE, Ousmane et TRIAUD, Jean-Louis (dir.), 1998, *Islam et islamismes au sud du Sahara*, Paris, Karthala.

KANE Ousmane et VILLALON, Leonardo, 1995, « Entre confrérisme, réformisme et islamisme, les Mustarshidin du Sénégal. Analyse et traduction du discours électoral de Moustapha Sy et réponse de Abdou Aziz Sy Junior », *Islam et Sociétés au Sud du Sahara*, n° 9, p. 119-201.

KERROU, Mohamed (dir.), 2002, *Public et privé en islam. Espaces, autorités et libertés*, Paris/Tunis, Maisonneuve & Larose/Institut de recherche sur le Maghreb contemporain.

MARCIL-LACOSTE, Louise, 1990, « Les enjeux égalitaires du consensus rationnel : Habermas et ses sources », *Laval théologique et philosophique*, vol. 46, n° 3, p. 317-335.

MASLOW, Abraham Harold, 2003, *L'accomplissement de soi : de la motivation à la plénitude*, Paris, Eyrolles.

MOREAU, René-Luc, 1982, *Africains musulmans*, Paris/Abidjan, Présence africaine/Éditions Inadès.

NDIAYE, Alfred Inis, 2007, « Le mouvement associatif religieux en milieu étudiant : signification et enjeu », *in* J. Benoist et M.-C. Diop (dir.), *L'Afrique des associations. Entre culture et développement*, Dakar/Paris, CRESPO/Karthala, p. 117-128.

OTAYEK, René (dir), 1993, *Le radicalisme islamique au sud du Sahara : da'wa, arabisation et critique de l'Occident*, Paris, Karthala.

——— 2003-2004, « Religion et globalisation : l'islam subsaharien à la conquête de nouveaux territoires », *Revue Internationale et Stratégique*, n° 52, hiver, p. 51-65.

PAUL-LÉVY, Françoise et SÉGAUD, Marion, 1983, *Anthropologie de l'espace : habiter, fonder, distribuer, transformer*, Paris, Centre Georges Pompidou.

PRELORENTZOS, Yannis, 1996, *Temps, durée et éternité dans les principes de la philosophie de Descartes et de Spinoza*, Paris, Editions de la Sorbonne.

PÉZERIL, Charlotte, 2008a, « Histoire d'une stigmatisation paradoxale. Entre islam, colonisation et "auto-étiquetage" : les Baay Faal du Sénégal », *Cahiers d'études africaines*, vol. XLCIII (4), n° 192, p. 791-814.

——— 2008b, *Islam, mysticisme et marginalité : les Baay Faal du Sénégal*, Paris, L'Harmattan.

SAMBE, Bakary, 2008, « L'enseignement de l'arabe et de l'islam au Sénégal : enjeux politiques et incidences sur les rapports avec le monde arabe », *in* K. Zakharia et A. Cheiban (dir.), *Savoirs et pouvoirs : genèse des traditions, traditions réinventées*, Paris, Maisonneuve & Larose, p. 249-275.

SAMSON, Fabienne, 2006, « Identités islamiques dakaroises. Étude comparative de deux mouvements néo-confrériques de jeunes urbains », *Autrepart* n° 39, p. 3-20.

5

Les enjeux de l'islam et l'économie burkinabè

Issa CISSÉ

Aborder les enjeux de l'islam dans l'économie burkinabè durant la période de l'indépendance n'est pas une tâche aisée, car la documentation écrite fait grandement défaut. Néanmoins, nous nous sommes appuyé sur notre expérience de la pratique des archives privées des musulmans et nous avons également consulté la presse écrite, les mémoires et articles universitaires sur l'islam au Burkina Faso. Ce travail sur les archives et les sources écrites a été complété par des enquêtes orales qui ont été déterminantes, surtout à propos du milieu des affaires. Cependant, elles ne nous ont pas permis de collecter des données chiffrées très précises, incluant des statistiques, compte tenu du caractère sensible de ce milieu. Pour autant, les estimations et informations qualitatives recueillies ont permis de tendre vers notre objectif, où il s'agissait de montrer le rôle et la place des acteurs musulmans dans l'économie burkinabè.

Dans un premier temps, nous tenterons de voir quels liens anciens peuvent exister entre l'islam, certains groupes ethniques du Burkina Faso et le commerce. Dans un deuxième temps, nous nous attacherons à montrer la place particulière qu'occupe aujourd'hui l'islam dans l'économie burkinabè. Enfin, nous illustrerons cette spécificité des liens très contemporains entre l'islam et l'économie à travers l'itinéraire d'un homme d'affaire burkinabè hors normes : le multimilliardaire et mécène El Hadj Oumarou Kanazoé.

Mais avant cela, nous devons faire un certain nombre de remarques préalables. L'usage du terme ethnie est souvent problématique dans le milieu scientifique, par conséquent nous tenons à préciser qu'ici, il s'agit d'un groupe social stable d'êtres humains constitué au cours de l'histoire sur un espace territorial quelconque. Ce groupe possède des particularités linguistiques, culturelles et psychiques communes relativement stables. Ce groupe a aussi conscience de son unité et de sa différence par rapport aux formations semblables. Au regard de cette précision terminologique, il est maintenant possible de repérer, à travers le Burkina Faso, les groupes sociaux dont les références identitaires font d'eux des agents ayant contribué à l'islamisation du pays possédant une longue tradition commerciale. Au nombre de ces groupes sociaux, on trouve les Dioula et Dafing/Marka à l'Ouest, les Yarse et Maranse au Moogo. Quant aux Peuls, situés à l'origine au nord du pays, mais qui se sont disséminés à travers le Burkina Faso, ils accordent une grande importance à l'islam comme élément de leur identité. S'ils n'ont pas une tradition commerciale avérée et sont plutôt connus pour une activité fondée sur l'élevage, leur rôle dans l'économie burkinabè ne saurait être négligé. Nous signalerons ici les Haoussa, une population allogène et réputée pour son activité commerciale, qui a participé elle aussi à la diffusion de l'islam au Burkina. Mais leur influence reste limitée à l'époque coloniale et au début de l'indépendance, ce groupe étant aujourd'hui très minoritaire au Burkina Faso.

Islam, ethnies et tradition commerciale

Le terme Dioula a un contenu devenu polysémique. De nos jours, au Burkina Faso, il ne permet plus de désigner avec précision un groupe social. À l'origine, il désignait ces allogènes de l'Ouest, surtout localisés autour de Bobo-Dioulasso. Ils sont originaires soit du Mandé, soit de Kong (le nord de la Côte d'Ivoire actuelle). Le Mandé étant un espace géographique que les historiens considèrent à cheval entre le Mali actuel et la Guinée (Conakry). Historiquement, les Dioula sont perçus comme les descendants des premiers marchands noirs, en l'occurrence les Wangara, considérés comme soninkés, qui avaient le monopole du commerce avec l'Afrique du Nord déjà islamisée. Étymologiquement, Dioula vient de *Zoula*, terme utilisé par les Arabes de l'Afrique du Nord pour désigner ces colporteurs noirs.

Au plan économique, les Dioula sont perçus comme les marchands qui ont sillonné les vieilles routes commerciales reliant les grands centres de négoce comme Djenné, Oualata, Tombouctou, Bambouc, Bouré, Tégazza,

Taoudenni, etc. L'ouest du Burkina Faso en l'occurrence Bobo-Dioulasso, considéré comme un carrefour situé à mi-chemin entre la zone forestière et celle du Sahel a intéressé ces Dioula dans leur parcours commercial. Cette perception des Dioula, bien rompus dans les activités commerciales, fait que dans certaines langues au Burkina Faso de nos jours, le mot *dioulaya* signifie « faire du commerce ».

Au plan religieux, compte tenu de l'ancienneté de leurs contacts avec l'Afrique du Nord, les Dioula sont considérés comme faisant partie des premiers groupes sociaux à adopter l'islam en Afrique de l'Ouest. Parmi eux, certains vont se consacrer à l'érudition afin de jouer pleinement le rôle de prosélytisme islamique. La relation étroite entre Dioula et islam fait que chez les Sana du Sud, par exemple, le terme Dioula est synonyme de musulman.

L'évolution du groupe social Dioula a donné lieu à un processus d'assimilation culturelle et linguistique. Ainsi, la plupart des groupes sociaux disséminés de l'ouest du Burkina Faso, venus notamment de la Guinée-Conakry, du Mali et du nord de la Côte d'Ivoire pendant la colonisation, sont assimilés aux Dioula. Ces Dioula sont remarqués par les patronymes Barro, Fofana, Traoré, Touré, Diané, Kassamba, Ouattara, etc. Certains de ces patronymes se retrouvent dans le groupe des Sénoufo et Bobo Dioula. Ces derniers forment un groupe qui résulte d'une assimilation réciproque entre Bobo et Dioula. L'islam et le commerce constituent les éléments majeurs de distinction entre Bobo fing (litt. « Bobo noirs »), considérés comme des autochtones, le plus souvent animistes et agriculteurs, et Bobo dioula (litt. « Bobo commerçant »), plus islamisés (Traoré 1984).

Dans l'ensemble, la catégorie Dioula, élargie à tout un ensemble de groupes sociaux, est certes perçue comme un ethnonyme, mais il reste assez complexe à déterminer. Néanmoins, la langue, la religion musulmane et le commerce constituent des éléments d'identification locale de ces populations dites dioula, situées surtout à l'ouest du Burkina dans les régions actuelles des Hauts Bassins (Bobo-Dioulasso), des Cascades (Banfora) et de la Boucle du Mouhoun (Dédougou). Ces régions ont connu une influence culturelle du Mali, de la Guinée et du nord de la Côte d'Ivoire à travers l'histoire.

S'agissant des Dafing, ce terme est utilisé pour désigner le groupe Marka situé dans la Boucle du Mouhoun et surtout dans la vallée du Sourou. Au Mali, on retrouve une partie de ces Dafing, qui sont appelés Marka. Au Burkina Faso, Ouahabou, Boromo, Safané, Lanfiéra, Bossé, Gassan, Di, Koumara sont des localités dafing bien connues de la Boucle du Mouhoun. Dédougou et Nouna sont également deux centres urbains de la région du Mouhoun où cohabite une forte concentration de Dafing avec d'autres ethnies. Linguistiquement très proches des Dioula, les Dafing se disent originaires du Mandé. Perçus comme des agents d'islamisation, les Dafing ont eu, au milieu et à la fin du XIXe siècle, des personnages historiques dont le prosélytisme religieux dans la Boucle du Mouhoun est encore évoqué avec gloire par ces populations. Il s'agit en l'occurrence de Mamadou Karantao (fondateur de Ouahabou), Al Kari (de Bossé) et Karamoko Ba (de Lanfiéra)[1]. Le commerce, le tissage et la teinture à l'indigo constituent l'essentiel de leurs activités économiques auxquelles ils se montrent très attachés encore de nos jours. En outre, ces Dafing ont la réputation, au Burkina Faso, de compter les plus grands marabouts détenteurs de « recettes magiques » en mesure d'aider l'homme dans la quête de son mieux-être. Nous soulignons ce fait car la relation entre les « recettes magiques de marabouts » et la réussite dans les activités économiques a été le plus souvent évoquée lors de nos enquêtes orales. Tissi, Bossé, Sono, Douban, Safané, Lanfiéra sont autant de localités réputées où résideraient de puissants marabouts à l'ouest du Burkina Faso.

Les Yarse constituent une composante de la société moaga[2] à laquelle ils sont intégrés depuis le XVIe siècle. Sur le plan linguistique, il n'y a pas de parler yarga, le *moore*, la langue des Moose, est partagé par les Yarse. Si ce volet linguistique est une réussite de l'assimilation des Yarse par les Moose, au plan culturel, religieux et dans l'évocation des récits d'origine, la démarcation entre ces deux groupes sociaux ne souffre d'aucune ambiguïté. Le statut d'étranger, la religion musulmane et le marchand colporteur ont été les trois principaux éléments d'identification des Yarse. Ils se sont forgés des récits d'origine qui mettent en relief leurs liens avec les zones très islamisées, notamment la Guinée ou le Mali, en somme le Mandé, tout comme les Dafing et les Dioula. L'intégration progressive des Yarse dans la société moaga a fortement atténué voire annulé leur statut d'étranger. De nos jours, l'islam et le commerce demeurent les éléments d'identification fortement revendiqués par les Yarse dans la société moaga. Les patronymes Sakandé, Rabo, Kouanda, Sissao, Kanazoé, Mandé, Sanfo, Sana, Dabo, etc., permettent également de distinguer les Yarse au Burkina Faso. À l'instar des Dafing, les Yarse, en l'occurrence leurs marabouts, sont connus pour détenir un pouvoir surnaturel lié à leur connaissance du Coran. Les études consacrées aux

1. Pour plus de détails sur les Dafing, voir notamment Koté (1981-1982) et Larou (1985).
2. Moaga est le singulier de moose. Il s'agit du groupe social majoritaire au Burkina Faso.

Yarse dans la société notent un processus de « yarsification » qui signifie que des Moose, pour des raisons diverses, ont préféré s'identifier aux Yarse. Soulignant ce fait, Assimi Kouanda note ainsi que

> « jusqu'au XVIIIe siècle, on assiste à un important phénomène de yarsification [...] les mobiles qui poussent les Moose à se yarsifier sont nombreux, mais le principal est l'activité commerciale. Devenir commerçant à cette époque implique dans une large mesure de se convertir à l'islam » (Kouanda 1989 : 129).

Enfin, les Maranse constituent également une composante de la société moaga. Ce sont des musulmans et artisans commerçants qui ont diffusé l'islam en pays moaga. À la différence des Yarse, le groupe des Maransé ne s'est pas ouvert aux Moose, car ils ont été assimilés à des captifs. Ils se retrouvent « éparpillés » dans la société moaga.

Quant aux Peuls, qui constituent une composante importante de la population burkinabè, ils sont originaires des rives du fleuve Sénégal. Trois facteurs ont déterminé leurs mouvements migratoires à travers l'Afrique de l'Ouest : le pastoralisme, la diffusion de l'islam et la fondation d'États musulmans au XVIIIe et XIXe siècles. Au Burkina Faso, ils ont ainsi fondé des émirats et des chefferies au Jelgooji et au Liptako au Nord, et à Barani et Dokui à l'Ouest. C'est sur le site de ces anciennes formations politiques situées dans les régions administratives actuelles du Sahel du Nord et de la Boucle du Mouhoun que les Peuls se retrouvent en grand nombre au Burkina Faso. En outre, le déclin de leurs anciens pouvoirs, l'émancipation de leurs esclaves, l'accroissement de leur cheptel, la dégradation des pâturages et le relâchement de la contrainte politique coloniale expliquent une mobilité des Peuls dans l'ouest du Burkina durant la période de l'indépendance. Ainsi, existe-t-il des campements peuls dans tout l'ouest du Burkina, qui vont des frontières du Yatenga, en pays moaga et sana, à la Comoé, en pays senoufo, en passant par les pays dafing, bwa et bobo (autour de Bobo-Dioulasso) (Diallo 2008).

Hormis le cas des citadins ouverts au monde moderne, on peut distinguer quatre composantes essentielles dans la communauté peule : ils sont éleveurs, propriétaires d'importants troupeaux, commerçants de bétail, bergers salariés, lettrés musulmans (marabouts, imams). Tous font de l'islam un élément identitaire important et contribuent à le diffuser. Compte tenu de la tradition d'éleveurs, les femmes peules sont réputées dans le commerce de produits laitiers, notamment le lait frais, le yaourt, la crème, transportés à partir de leurs campements et vendus dans les marchés des villages ou des centres semi-urbains dans tout l'ouest du

Burkina Faso. Ensuite les Peuls jouent un rôle économique important dans l'approvisionnement des couches urbaines semi-urbaines au Burkina Faso.

Tels sont les principaux groupes sociaux parmi la soixantaine d'ethnies du Burkina Faso, qui font de l'islam un trait identitaire fondamental, tandis que le commerce (et l'élevage pour les Peuls) constitue une tradition très ancienne.

La donne islamique dans l'économie burkinabè : les musulmans et l'initiative privée

Dans cette partie de l'étude, la conception d'un certain nombre de points thématiques va nous permettre d'établir les liens possibles entre l'islam et l'économie burkinabè. Ainsi, le rôle et la place des acteurs musulmans pourront être déterminés. Ces thèmes sont : les musulmans et l'initiative privée ; la solidarité islamique et les activités économiques ; les musulmans et les secteurs d'activités économiques ; l'islam, la IVe République et les Affaires économiques.

À travers la présentation des groupes ethniques dans la première partie, la tradition commerciale signalée à l'endroit des Dioula, Dafing, Yarse et Maranse montre que l'initiative privée est une habitude courante dans ces sociétés. En outre, leur attachement à l'islam a longtemps conditionné le fait que les enfants ne fréquentaient pas l'école publique de langue française, au profit de l'école coranique ou la médersa ; dans l'esprit des parents, l'initiation à l'islam, condition nécessaire pour une pratique correcte de la religion musulmane, demeure le plus souvent l'objectif prioritaire des élèves de cet enseignement confessionnel musulman. Mais, à l'issue de cette initiation, que faire face à la dimension terrestre et matérielle de la vie ? C'est là qu'intervient l'idée d'entreprendre une initiative privée, aussi petite soit-elle[3] ; le plus souvent, c'est le commerce ou des activités artisanales.

En outre, le goût du risque, facteur clé de toute initiative privée, est largement à la portée des musulmans. Bon nombre de nos informateurs

3. Yacouba Cissé, parmi tant d'autres, est un exemple d'anciens élèves de médersa ayant décidé d'entreprendre une activité privée (le commerce pour le cas présent) après sa scolarisation dans un établissement confessionnel islamique ; entretien du 12 avril 2010 à Tougan.

ont insisté sur ce facteur. Selon eux, l'intellectuel sorti de l'école publique a le regard tourné vers la fonction publique ou un emploi rémunéré mensuellement même dans le secteur privé. Les réflexions multiples qui conduisent à se focaliser sur les chances de réussite minutieusement soupesées incitent l'intellectuel diplômé à opter pour le chemin estimé sûr, c'est-à-dire l'emploi salarié. En somme, généralement, le goût du risque dans le cadre d'une initiative privée n'est pas au rendez-vous chez les intellectuels francophones sortis de l'école officielle.

La patience, la modestie et la persévérance sont des qualités que nous avons pu repérer chez les acteurs économiques musulmans, en l'occurrence l'ancienne génération âgée de plus de 65 ans. La modestie, en ce sens où certains, au début de leur initiative privée, sont souvent partis de rien et sillonnaient les marchés villageois à pied ou à vélo pour leurs activités commerciales. La patience et la persévérance, parce qu'il a fallu attendre longtemps avant d'avoir la fortune. Durant ce long parcours du commerçant musulman, on note un effort d'adaptation remarquable tout au long des mutations opérées dans les activités économiques en fonction des circonstances. En effet, en guise d'exemple, on peut citer El Hadj Djanguinaba Barro, actuel représentant de la section territoriale de l'Ouest de la Chambre de commerce et d'industrie du Burkina Faso qui, après avoir fréquenté l'école coranique, a commencé sa vie active comme petit mécanicien des engins à deux roues et vendeur de pièces détachées[4]. Aujourd'hui, il est propriétaire de plusieurs usines (huilerie à Bobo-Dioulasso, sucrerie et grands moulins à Banfora). Il est aussi présent dans le secteur du transport des marchandises et de l'hôtellerie. Son statut de représentant de l'Ouest à la Chambre de commerce et d'industrie du Burkina est lié à son poids économique énorme dans la région.

C'est aussi le cas de Amadou Bangrin Ouédraogo, originaire de Ouahigouya au Yatenga. À l'issue de l'apprentissage du Coran dans une « école par terre », selon l'expression de notre informateur pour désigner l'école coranique, il était au départ un petit boulanger. Il fabriquait le pain dans un four traditionnel fait en banco et chauffé par les fagots de bois, qu'il plaçait dans les marchés de Ouahigouya et d'autres petits villages. C'est à partir de la vente du pain qu'il a réussi à se forger un véritable empire économique en diversifiant progressivement ses activités. Un quotidien du Burkina Faso décrivant les activités de Amadou Bangrin note : « Depuis des années la vente de sucre, de riz, de farine et autre n'a plus de secret pour lui. Mieux, le transport est devenu sa spécialité avec la

4. Les informations sur le parcours de Djanguinaba Barro ont été recueillies auprès de Gaoussou Simboro ; entretien du 12 avril 2010 à Ouagadougou.

société de transport mixte Bangrin STMB qu'il a mise sur pied »[5]. Cette société de transport possède une agence de voyage aérienne qui a eu le marché du transport des pèlerins du Burkina Faso pour La Mecque en 2008 et 2009. Il est aujourd'hui, lui aussi, le représentant de la section territoriale du Nord de la Chambre de commerce et d'industrie du Burkina Faso. Toujours au Yatenga, on signalera enfin Salif Déré Ouédraogo qui, après avoir fréquenté l'école coranique, a commencé par le petit commerce qui consistait à vendre du carburant et du pétrole. Il est désormais bien connu du public parmi les milliardaires originaires de Ouahigouya résidant à Ouagadougou. Il exerce dans le commerce général, l'hôtellerie et possède des immeubles placés en location.

Un dernier point peut être signalé à propos de ces profils : celui de l'usage de procédés occultes et de pouvoirs surnaturels du marabout dans l'initiative privée, censés favoriser la réussite. On pourra certes nous reprocher le caractère non scientifique de ces considérations occultes. Cependant, il se dit dans le milieu des affaires au Burkina Faso que « toute grosse fortune a un secret ». S'il y a bien sûr le goût de l'effort et la capacité managériale, l'exploitation d'un pouvoir surnaturel du marabout ou de toute autre recette traditionnelle occulte fait également partie du « bagage » de ces entrepreneurs musulmans qui ont réussi. Les pratiques liées au pouvoir magico-religieux du marabout étant à la portée des musulmans, nous sommes convaincu qu'elles peuvent favoriser ou encourager l'initiative privée.

La solidarité islamique et les activités économiques

Dans le contexte burkinabè, deux approches sont possibles pour établir une relation entre la solidarité islamique et les activités économiques. La première est de s'interroger sur la nature des liens entre les musulmans qui exercent dans le domaine de l'initiative privée comme le commerce, les entreprises diverses, etc. La seconde approche est de s'interroger sur la possibilité de l'usage de la fortune (pour les musulmans qui ont réussi) à des fins de développement de l'islam au Burkina Faso.

Concernant la première, son intérêt est qu'au Burkina Faso, le milieu des affaires accorde une place importante à l'informel. Le recours à des emprunts en dehors des institutions bancaires est fréquent. Ceux-ci

5. *Le pays* n° 1150 du 22 mai 1996.

peuvent servir soit comme fonds de commerce soit pour résoudre un problème ponctuel. Ces emprunts peuvent aussi être sous forme de marchandises, remboursables après leur écoulement. Cette forme d'entraide musulmane, une manifestation de solidarité, se rencontre particulièrement chez les Wahhabiyya, regroupés au sein d'une association depuis 1973 appelée Mouvement sunnite du Burkina Faso. La solidarité était très forte entre les Wahhabiyya au cours des années 1960 et 1970. Les rapports d'enquêtes de la gendarmerie en 1973 font bien ressortir cette solidarité à partir de témoignages recueillis à Bobo-Dioulasso et à Tougan[6]. Les forces de l'ordre s'étaient investies dans ce domaine dans un contexte de crise entre les Wahhabiyya et les autres musulmans. Avec l'accroissement des membres du Mouvement sunnite, la solidarité se poursuit mais, selon Idrissa Semdé, ancien président du Mouvement sunnite[7], elle baisserait en intensité. À l'ouest du Burkina Faso, des valeurs identitaires basées sur l'appartenance à la religion musulmane sont plus visibles en général, en l'occurrence dans le milieu des populations allogènes. Ici, également, nous pouvons parler de solidarité entre musulmans dans le cadre de l'exercice de leurs activités économiques. Ailleurs, au Moogo, l'appartenance à la même ethnie prend le pas sur l'identité musulmane dans les relations humaines ; de ce fait, ici, la solidarité est plutôt basée d'abord sur l'ethnie.

Quant à la seconde approche, cette forme de solidarité a toujours été de mise au sein des musulmans au Burkina Faso. En effet, la création de la Communauté musulmane en 1962, l'association musulmane unique à l'époque, a été possible grâce aux efforts considérables d'un El Hadj Ousmane Sibiri Ouédraogo. Le consensus dégagé autour de lui avait des relents ethnicistes, mais son poids économique et l'usage de ses moyens financiers ont été déterminants dans la mise sur pied de cette association. Grand commerçant bien connu au début de l'indépendance, il fut président de la Communauté musulmane de 1962 jusqu'à sa mort en 1966. C'est aussi pour ces besoins de solidarité qu'un regroupement des opérateurs économiques en association a eu lieu en 1990 ; dénommée Association burkinabè pour le développement de l'islam (ABDI), son objectif était de collecter des fonds en vue de financer le développement de l'islam et le bien-être des musulmans.

---

6. Rapport d'enquêtes de gendarmerie n° 2 du 27 septembre 1973 relatif au conflit Wahhabiyya de Bobo-Dioulasso (30 p., Archives non classées du ministère de l'Administration territoriale) et le Rapport d'enquêtes de gendarmerie du 10 octobre 1973 relatif au conflit Wahhabiyya de Tougan (48 p., Archives du Palais de justice de Dédougou).
7. Idrissa Semdé, entretien du 18 avril 2010 à Ouagadougou.

Si cette forme de solidarité peut paraître courante, soulignons qu'à la suite d'une série de crises qui ont secoué le mouvement associatif islamique au cours des années 1990-2000 au Burkina Faso, le rôle de certains acteurs musulmans s'est révélé crucial du fait de leur poids économique et financier. Nous n'allons pas relater ici les détails de ces crises (Cissé 2009), néanmoins retenons que de 1997 jusqu'à sa mort en octobre 2011, Oumarou Kanazoé, grâce à ses moyens financiers considérables, aura pu maintenir une cohésion relative au sein de la Communauté musulmane. Il a œuvré à porter Aboubacar Sana, du même groupe yarga que lui, à la tête de la Communauté en 1997. Puis, à la suite d'une crise aiguë, où Aboubacar Sana a été accusé de malversation financière et de mauvaise gestion portant respectivement sur les montants considérables de 12 millions, 26 millions et 247 163 000 de francs CFA, Oumarou Kanazoé a épongé le manque à gagner pour pallier l'éclatement de l'organisation. Il a évidemment été fortement sollicité, compte tenu de son envergure économique et politique, pour prendre la direction de la Communauté. Élu président en 2004, il a aussi œuvré à la mise sur pied de la Fédération des associations islamiques. Le budget du congrès constitutif de la Fédération, estimé à 15 millions de francs CFA, a été intégralement supporté par Kanazoé. Lors du congrès, ce dernier a été porté à la tête de cette Fédération qui regroupait 119 associations musulmanes. Toutes les grandes associations comme la Communauté musulmane, le Mouvement sunnite, l'Association islamique de la Tidjania, l'Isttihad islami, l'Association des élèves et étudiants musulmans du Burkina (AEEMB), le Cercle d'étude de recherche et de formation islamique (CERFI), dont les structurations couvrent l'ensemble du territoire, se retrouvent ainsi au sein de cette Fédération.

Au sein du Mouvement sunnite, une crise aiguë, marquée par un mort tué par arme à feu à la mosquée le vendredi 21 avril 1995, a entamé la cohésion du groupe des Wahhabiyya. C'est encore Kanazoé qui a été sollicité par le pouvoir d'État en place pour résoudre la crise en offrant sa médiation. Les dirigeants de l'État burkinabè craignaient en effet un incident diplomatique avec l'Arabie saoudite dans cette crise entre les Wahabiyya, lesquels entretiennent des relations privilégiées avec les Saoudiens. Oumarou Kanazoé a plus ou moins réussi dans sa mission et, lors du processus de réconciliation, les adhérents au Mouvement sunnite ont désormais préféré choisir des commerçants comme président en lieu et place des intellectuels francophones comme cela se faisait depuis sa création en 1973. Ainsi, Aboubacar Compaoré et Adama Nikiéma, malgré leur analphabétisme, sont-ils devenus présidents du Mouvement sunnite, respectivement en 2001 et 2007.

En somme, la visibilité des opérateurs économiques musulmans est de plus en plus remarquable au sein du mouvement associatif musulman burkinabè au cours des années 2000. Un consensus se dégage autour des généreux donateurs au sein de certaines associations islamiques à cause de leur poids financier. Cette tendance se développe dans un contexte social burkinabè où le matériel est devenu une valeur primordiale dans les mœurs ; il prend le pas sur toute autre considération dans les relations humaines.

Les musulmans et les secteurs d'activités économiques

Les musulmans sont dans presque tous les secteurs économiques des affaires au Burkina Faso. Pour reprendre l'affirmation d'un de nos informateurs, seul le commerce des fruits et légumes leur échappe.

Dans le domaine des bâtiments et construction des routes, Oumarou Kanazoé a toujours été la principale référence. Mais au cours des années 2000, il a été concurrencé par une femme, Alizeta Ouédraogo. De son emploi de secrétaire dans un des services du Burkina à Ouagadougou, Madame Ouédraogo s'est lancée dans le travail des cuirs et peaux, avant de s'affirmer dans le dit travail en créant la société Tan-Aliz. Aujourd'hui multimilliardaire, Madame Ouédraogo possède également la première société immobilière du Burkina Faso appelée Azimo et s'affirme progressivement dans la construction des routes. Courant 2010, elle a eu un marché de 9 milliards de francs CFA auprès de l'État burkinabè. Musulmane pratiquante, elle s'illustre régulièrement dans les œuvres de charité envers ses coreligionnaires et, d'une manière générale, les nécessiteux. Au regard de son poids économique, elle a été d'abord première vice-présidente de la Chambre de commerce et d'industrie, puis présidente de ladite structure après la disparition de Oumarou Kanazoé en 2011.

Dans le domaine de l'industrie, nous avions déjà vu le cas de Djanguinaba Barro à l'Ouest, et celui de Nana Bourêma à Ouagadougou, secrétaire de la chambre consulaire de commerce qui possède une usine de montage de tôles et fers à béton.

Concernant le commerce général – vente de produits alimentaires divers, noix de cola, haricot, céréales (riz, maïs, mil, sorgho) –, les musulmans détiennent le monopole. Ils maîtrisent parfaitement la collecte des céréales sur les marchés intérieurs et leur revente dans les centres urbains. En effet une autre femme, Mamounata Velègda, possède de grands magasins de vente de céréales à Pouytenga, sa ville natale, à Ouagadougou et en Côte d'Ivoire. Elle s'est spécialisée dans la vente du mil, sorgho germé et non germé, haricot. Sa renommée et son poids économique ont fait d'elle la représentante de la section territoriale de l'Est au niveau de la Chambre de commerce et d'industrie du Burkina Faso. Née de parents catholiques et ayant des frères et sœurs chrétiens, elle s'est néanmoins convertie à l'islam[8]. Elle fait partie des opérateurs économiques dont le chiffre d'affaires dépasse le milliard. Si Mamounata Velègda contrôle ainsi la vente des céréales à l'Est, la région ouest, notamment Bobo-Dioulasso et Saydou Tera, est quant à elle sous le contrôle d'un commerçant de l'ethnie dafing. Avec une fortune estimée à plus du milliard, sa renommée dans la vente des céréales est sous-régionale, car il traite avec des partenaires au Mali, en Côte d'Ivoire et au Niger[9].

Dans le domaine du transport, les plus grandes sociétés appartiennent aux musulmans, dont voici la liste constituée à partir de nos enquêtes orales :

- Société de transport mixte Bangrin (STMB), détenue par Amadou Bangrin Ouédraogo ;
- Société générale Bamogo et frères (SOGEBAF), détenue par Mahamoudou Bamogo ;
- Société de transport Maïga Issaka et fils (TRANSMIF), détenue par Alasane Maïga ;
- Société de transport OA, détenue par Adama Ouédraogo ;
- Société de transport Diao et frères (SOTRADY), détenue par Yaya Diao ;
- Transport TCV, détenue par Yacouba Barro ;
- Société de transport Aorema et frères (STAF), détenue par Adama B. Ouédraogo ;
- Transport Sana Rasmané (TSR), détenue par Sana Rasmané ;
- Société Rakiéta, détenue par Tahirou Kiendrébéogo ;
- Société de transport Bouro et frères, détenue par Saïdou Bouro Ouédraogo :
- Société Koussouka Voyage (SKV), détenue par Salif Koussouka Ouédraogo ;
- Établissement Drabo Bakary et Frères (EDBAF), détenue par Bakary Drabo.

Ces sociétés de transport desservent toutes les localités urbaines, semi-urbaines et rurales du Burkina Faso à partir de Ouagadougou et Bobo-Dioulasso. Certaines, en l'occurrence TCV, STMB, SOGEBAF, SKV, TSR

8. Entretien avec Paul Ouango du 19 avril 2010, Ouagadougou.
9. Entretien avec Adama Zerbo du 26 mars 2010, Bobo-Dioulasso.

relient le Burkina Faso aux villes et capitales des pays voisins : la Côte d'Ivoire, le Mali, le Togo, le Bénin et le Ghana. En somme, qu'il s'agisse du transport passagers ou marchandises, les musulmans ont presque le monopole de ce secteur au Burkina Faso.

L'islam, la IVe République et les Affaires économiques

Une particularité nécessite d'être soulignée à propos des relations entre l'islam et le milieu des affaires en rapport avec la politique sous la IVe République en cours depuis 1991. Mais compte tenu de la sensibilité de la thématique, il nous sera difficile de donner des détails pointus collectés lors des enquêtes. En effet, la IVe République est largement dominée par des élites, le plus souvent relativement jeunes, et bon nombre ont fait la Révolution d'août 1983. Soulignons que cette élite, sous la Révolution, n'avait pas eu le temps d'amasser des fortunes au moment où elle écrasait l'ancienne génération qui a géré le pouvoir entre 1960 et 1982, car le ton était à la moralisation de la vie publique et la lutte contre la corruption et l'enrichissement illicite étaient leur leitmotiv. Cette élite, parvenue aux affaires par les armes, progressiste au regard du contenu de son discours, aux prises avec la transition et le processus démocratique à partir des années 1990, a tenu absolument à garder le pouvoir d'État. Il lui fallait alors beaucoup d'argent pour la politique et des militants et sympathisants qui soient en mesure de lui apporter un soutien financier important. D'où une connexion très intéressée entre les hommes d'État et le milieu des affaires sous la IVe République. Durant ce tournant historique, l'ancienne génération d'hommes d'affaires va accepter la collaboration. Ceux qui tentent de refuser le jeu d'intérêt des hommes du pouvoir ont sur le dos tout l'appareil étatique, la douane, les impôts, la gendarmerie, etc. Ils ne peuvent pas non plus obtenir les marchés publics. Le milieu des affaires dominé par les musulmans, comme nous l'avons montré, va accepter ce jeu d'intérêts des hommes d'État afin d'éviter de se voir ruiné par un appareil répressif qui pourrait user de l'arbitraire ; c'est à cette condition que la fortune acquise au prix de beaucoup de sacrifices et de patience légendaire pouvait être conservée absolument. Mais une nouvelle génération d'hommes d'affaire apparaît. Parmi elle, ce sont encore les musulmans qui ont le plus adhéré à ce jeu d'intérêts avec les hommes d'État. Cette nouvelle génération est le plus souvent docile, par manque d'esprit critique, car elle est dépourvue de formation intellectuelle. Elle est aussi gagnée par l'appât du gain rapide car elle considère que la fortune permet de combler l'absence de références de formation, en l'occurrence les diplômes qui procurent un emploi salarié aux intellectuels. En effet, cette nouvelle génération d'hommes accepte facilement les sociétés ou entreprises prête-noms, le jeu du blanchiment d'argent, ou les énormes commissions versées contre l'acquisition de marchés étatiques ou de monopoles du fait de certaines transactions commerciales, notamment l'approvisionnement en vivres, carburant et articles divers des zones rebelles lors de la guerre civile en Côte d'Ivoire.

Ces pratiques ainsi décrites dans le milieu des affaires ont eu un impact négatif sur le processus de privatisation remarqué au cours des années 1990-2000 au Burkina Faso et ont des conséquences fâcheuses sur la collecte des impôts. En somme, le fonctionnement normal d'un État de droit démocratique se retrouve affecté avec cette connexion entre hommes d'État et milieu des affaires[10].

En observant de près la forme et la procédure d'acquisition de la fortune chez certains de cette nouvelle génération d'hommes d'affaires musulmans, dont l'âge se situe entre 35 et 55 ans, on est en droit de se demander le rôle de la morale religieuse islamique chez elle. Il est aisé de constater que ladite morale n'a aucun poids devant le désir farouche d'amasser la fortune à tout prix. Et la grande tendance bien remarquée depuis la fin des années 1990 et au cours des années 2000 à financer le prosélytisme islamique est liée en partie à cette manière relativement facile d'acquisition de la fortune grâce à la connexion entre hommes d'affaires et hommes politiques. Ce prosélytisme se manifeste par la construction de mosquées, les dons de billets d'avion pour le pèlerinage à La Mecque, le financement de cérémonies religieuses tels que le Mouloud et autres activités de prêches. Ces aides se font à coups de publicité dans la presse écrite et audiovisuelle, contribuant à renforcer l'élan du dynamisme islamique des années 2000 au Burkina Faso. On pourrait même se demander si ces aides à but religieux n'ont pas parfois un objectif expiatoire chez certains donateurs.

La connexion entre les hommes d'État et le milieu des affaires a deux autres retombées qu'il convient d'évoquer. La première est une mésentente et une rivalité de plus en plus visible entre des commerçants burkinabè et des Libanais. Ces commerçants accusent certains hommes

10. Les informations sur la connexion entre les hommes d'État et le milieu des affaires ont été recueillies auprès de Mousa Yambila Traoré, entretien du 29 avril 2010 à Ouagadougou.

d'État de soutenir ou favoriser ces Libanais dans la pratique d'une concurrence déloyale. Ce soutien devait sans doute avoir une contrepartie. L'incendie du grand marché de la ville de Ouagadougou, en 2003, et son processus de réhabilitation par l'État a donné l'occasion à certaines associations de commerçants de manifester leur mécontentement[11]. Les meneurs de cette lutte au sein des associations de commerçants, dont la principale est l'organisation nationale des commerçants du Burkina (ONACOM-B), étaient des musulmans[12]. Lors de cette crise, qui a failli remettre en cause la paix sociale, Oumarou Kanazoé a usé de son influence pour la résoudre. Aux vues des méthodes utilisées – morcellement des associations des commerçants et usage de la corruption –, Kanazoé a été parfois pris à partie par certains qui l'ont dénoncé comme étant l'homme de main du pouvoir contre les intérêts des commerçants, décidés à aller en croisade contre les Libanais.

La deuxième retombée est l'organisation du pèlerinage à La Mecque, le Hadj, avec une grande implication de l'État à partir de 1995. En effet, depuis le milieu des années 1990, l'organisation du Hadj est devenu un enjeu politique et surtout financier important. En moyenne, le Burkina compte 1 571 pèlerins par an pour les statistiques consultées entre 1996 et 2002 (Oubda 2002 : 79). L'organisation du Hadj suscite d'interminables polémiques sur fond de tensions parfois entre les musulmans et les deux ministères en charge du pèlerinage : le ministère des Affaires étrangères et de celui de l'Administration territoriale. Du côté des musulmans, les associations islamiques et l'Association des démarcheurs du Hadj (ADH), laquelle font du Hadj leurs sources de revenus, constituent les cadres d'expression, parfois hostiles, parfois favorables, à cette implication de l'État dans l'organisation du pèlerinage. Tantôt ce sont des incompréhensions entre le ministère des Affaires étrangères et celui de l'Administration territoriale sur fond d'intérêts financiers non avoués, tantôt ce sont les démarcheurs qui contestent vivement l'organisation du Hadj par l'État et crient au respect de la laïcité. Des agences de voyages et compagnies de transport aérien sont parfois créées spontanément pour l'attribution de certains marchés dans le cadre du Hadj. L'enjeu financier de l'organisation du Hadj est alors source de dégradation parfois du climat social entre les musulmans eux-mêmes ainsi qu'avec certains hommes du pouvoir. Un des ministres de l'Administration territoriale aurait été

11. *Le Pays* n° 3468 du 25 septembre 2005. Nous avons aussi recueilli des informations sur ces manifestations auprès de Bourêma Kékélé, entretien du 2 avril 2010 à Ouagadougou.
12. *Le Pays* du 21 et du 27 septembre 2005.

remercié lors d'un remaniement parce qu'il y avait, entre autres, une situation de mésentente entre lui et les musulmans.

Un exemple d'itinéraire d'homme d'affaires musulman : El Hadj Oumarou Kanazoé

Nous avons déjà évoqué certaines caractéristiques de l'itinéraire des musulmans dans le milieu des activités économiques. La fréquentation de l'école coranique, le goût de l'initiative privée, la patience, la persévérance et la capacité d'adaptation sont autant d'éléments caractéristiques concernant ces itinéraires. Quelques exemples ont été soulignés, mais sans donner de détails sur ces itinéraires. Nous avons alors choisi de parler un peu plus du cas de Oumarou Kanazoé, un homme d'affaires incontournable dans le milieu des activités économiques au cours de ces trente dernières années au Burkina Faso. Il a été président de la Chambre de commerce et d'industrie de novembre 1995 jusqu'à sa mort en octobre 2011, président du Conseil national du patronat burkinabè de 1997 à octobre 2011, président de la Communauté musulmane de 1977 à 1982, puis de 2004 à octobre 2011, et président de la Fédération des associations musulmanes du Burkina Faso depuis sa création en 2005 jusqu'en octobre 2011. Il a été aussi un membre influent du Congrès pour la démocratie et le progrès (CDP), le parti majoritaire au pouvoir, et président d'honneur de la Fédération associative pour la paix et le progrès (FEDAP-BC) avec Blaise Compaoré. La FEDAP-BC « entend fédérer les forces de tous les admirateurs du chef d'État burkinabé pour accompagner de façon efficace et efficiente ses initiatives pour le meilleur devenir social, économique, politique de son pays »[13] ; mais un de ses objectifs inavoués est de contrebalancer toute hégémonie possible des instances du CDP sur le président Blaise Compaoré, concernant des questions importantes comme celle de l'alternance par exemple. Kanazoé a eu également en projet une mosquée futuriste de la sous-région, selon Aboubacar Doukouré, un érudit titulaire d'un doctorat d'État en droit islamique et conseiller à la présidence du Faso. Cette mosquée en construction à Ouagadougou est estimée à 10 milliards de francs CFA.

Kanazoé a connu une jeunesse difficile marquée par une éducation rigoureuse dans un milieu social et familial pauvre. Dès son jeune âge, il est soumis à l'apprentissage du Coran auprès d'un marabout durant six

---

13. *Sidwaya* n° 6024 du 16 octobre 2007, p. 6.

ans. Orphelin de père à 12 ans, il a grandi auprès de sa mère. Il a travaillé aux champs, à l'instar de bien d'autres enfants, et gardé les animaux domestiques en brousse. Des tâches ménagères, comme aller chercher des fagots de bois en brousse, de l'eau aux puits, faire la cuisine, ont constitué un devoir pour le jeune Kanazoé à l'égard de sa mère qu'il pensait ainsi soutenir. Soulignons que Kanazoé a été l'enfant unique de sa mère. Fort de cette soumission à sa mère qui lui a procuré une certaine *baraka*, selon l'entendement de la tradition africaine, et des bénédictions qu'il pense avoir reçues de son père comme héritage précieux, Kanazoé a commencé de façon précoce sa vie professionnelle. Il aime rappeler cet héritage lors de ses interviews de la manière suivante « Mon père est décédé quand j'avais 12 ans. Il ne m'a rien laissé comme héritage matériel et financier, mais des bénédictions pour ma conduite. Elles sont pour moi une richesse énorme et intarissable »[14]. Nous parlons de vie professionnelle précoce car la fréquentation de l'école coranique dont il a été question n'était qu'une initiation à l'islam. Elle ne constituait pas un cadre de formation intellectuelle et ne faisait même pas de Kanazoé un homme alphabétisé en réalité. Il n'a jamais connu le chemin de l'école française.

Cette vie professionnelle commence à l'âge de 17 ans par le tissage des habits traditionnels, avec les fils offerts au départ par sa mère, et le travail de teinture à l'indigo. Dans une logique de tradition de commerce déjà évoquée comme élément d'identification du Yarga, Kanazoé a commencé dans un premier temps à fréquenter les marchés des localités voisines de Yako. Il se rendait à pied dans les marchés de Berenga, Bagaré, Latodin, situés respectivement à 32 km, 40 km et 25 km de Yako. Les recettes obtenues sur ces marchés lui permettaient d'acheter encore du fil et de l'indigo en vue de renouveler sa marchandise, c'est-à-dire la cotonnade et les habits traditionnels qui devaient être encore placés sur les prochains marchés. Un succès enregistré sur les marchés des localités proches de Yako favorisa une nouvelle perspective. Il envisagea alors de fréquenter des marchés lointains de certains pays voisins. Ainsi il se rendait à Kumassi, au Ghana, à Bamako et à Mopti au Mali. Ces longs trajets ont été effectués à pied, à dos d'âne et à bicyclette. Il allait vendre ses cotonnades au Ghana d'où il ramenait de la cola, du sel, au Mali d'où il rapportait des tissus pour les placer sur les marchés locaux des environs de Yako[15].

---

14. *Africa international* n° 299 de novembre 1996, p. 39.

15. Nous avons constitué ces données sur l'enfance et le début des activités commerciales de Kanazoé à partir d'une synthèse de ses entretiens accordés à *Sidwaya Magazine* n° 13 de juillet-août 1990, p. 15-19, au journal *Racine* n° 008, avril-

Un autre succès noté pendant cette deuxième phase de ses activités commerciales incite Kanazoé à ouvrir une boutique en 1948, puis un restaurant à Yako. Une bonne gestion de la boutique et du restaurant le conduit à l'achat d'un premier véhicule en 1955, ce qui constitue un tournant dans les activités commerciales de Kanazoé.

Retenons que l'enfance et les durs labeurs marqués par des voyages à pied ont forgé chez Kanazoé le goût de l'effort et la volonté de réussir. L'importance de l'acquisition du premier véhicule est soulignée par Fernand Sanou : « L'achat du premier véhicule de transport a été l'étape la plus décisive, le bond qualificatif majeur. C'est en effet cet achat qui a marqué la rupture avec une forme d'activité artisanale et commerciale » (Sanou *Sans Date* : 10). Avec ce véhicule, Kanazoé se lance dans le transport de passagers entre le Burkina Faso et la Côte d'Ivoire. Mais le retour de la Côte d'Ivoire est consacré au transport de marchandises en cas d'absence de passagers. Nous étions dans un contexte où la main-d'œuvre était demandée sur les chantiers et plantations en Côte d'Ivoire. En outre, une incitation des bras valides à partir du Burkina à la recherche du mieux-être dans ce pays côtier était bien visible. Kanazoé a largement profité de ce contexte historique et régional. Mieux, il a bénéficié d'un marché de transport de travailleurs proposé au gouvernement burkinabé par le Syndicat d'initiative et d'acheminement de la main-d'œuvre (SIAMO) (*ibid.* : 11). Cette aubaine permet à Kanazoé d'accroître considérablement son assise économique et financière. En effet, d'un camion en 1955, il est passé à sept en 1957 (*ibid.* : 12). Ensuite, avec le revenu des activités de transport de passagers, il achète des camions de transport de matériaux de construction (sable, gravillon, cailloux). Les années 1966-1969 constituent une autre période de prospérité pour la nouvelle dimension donnée à ses activités. Des entreprises européennes de travaux publics (DRAGAGES, UDEC, ECA) et du bâtiment offrent des marchés de sous-traitance à Kanazoé pour le transport des matériaux de construction.

Enfin, en 1973, stimulé par cette dernière expérience et conforté par le capital accumulé, il créé l'entreprise Oumarou Kanazoé. Il excelle d'abord dans les travaux de bâtiment, puis se consacre ensuite exclusivement aux travaux publics (construction de routes, bitumage, aménagement hydro-agricole) à partir du milieu des années 1980[16]. Sa réussite dans les travaux

mai 1996, p. 21-22 et de sa biographie publiée sur le site Internet « Petite académie » qui retrace d'une manière succincte le parcours de personnalités connues au Burkina Faso ; *cf.* http://www.petiteacademie.gov.bf

16. Constat fait à partir d'une longue liste de ses réalisations depuis le début de la création de l'entreprise Oumarou Kanazoé. Source : dossier de presse sur Oumarou Kanazoé conçu et relié en 11 volumes par Sita Tarbagdo.

publics se mesure par la dimension sous-régionale des réalisations grâce à l'acquisition de marchés de construction de routes au Bénin, au Niger et au Mali[17].

En somme, nous pouvons parler d'un parcours marqué par de multiples succès liés à des circonstances favorables diverses qui rappellent la *baraka* de Kanazoé selon la tradition africaine. Il a réussi à se bâtir un empire financier et économique immense.

Nous n'avons pas réussi à obtenir des données précises sur l'estimation de la fortune de Kanazoé, malgré les multiples documents consultés. Généralement, pour une entreprise individuelle devenue familiale de ce genre, la fortune relève du domaine du secret, tout comme pour les autres hommes d'affaires évoqués précédemment. Cela fut d'ailleurs vérifié lorsque la question du montant de la fortune lui a été posée lors d'un entretien, où il disait :

> « À vrai dire, je ne sais pas en termes financiers, de combien je dispose. Ce que je connais, c'est le nombre de chantiers sur lesquels je travaille. Sur ces chantiers, les travaux s'exécutent en termes de milliards ou de plusieurs millions de francs CFA. Et plus j'ai des chantiers, plus j'encaisse[18]. »

Compte tenu de ces propos, seules quelques indications peuvent effectivement donner une idée de la fortune de Kanazoé qui, à coup sûr, s'élève en milliards de francs CFA. En effet, en 1977 déjà, il possédait un avion personnel, puis deux en 1980. D'autres matériels comme indicateurs de la fortune peuvent être énumérés : une centaine de camions-bennes Mercedes d'un coup total de 4 milliards de francs CFA ont été commandés pour l'équipement de l'entreprise rien qu'en 1990. Kanazoé affirmait lui-même que durant les huit premiers mois de l'année 1991, les frais de renouvellement de son équipement s'élevaient à plus de 5 milliards de francs CFA et que l'investissement dans les pièces de rechange lui coûtait chaque mois plus de cent millions de francs CFA[19]. En outre, un reportage a fait ressortir au milieu des années 1990 que :

> « l'entreprise de Oumarou Kanazoé a un patrimoine impressionnant : plus de 400 véhicules et engins pour les travaux publics, dix scrapeurs (dont l'unité revient à plus de 200 millions de francs CFA, quatre carrières.

17. *Les Afriques, le journal de la finance africaine* ; http://www.lesafriques.com
18. *Sidwaya Magazine* n° 23-24, juillet-août 1990, p. 17.
19. *Construire l'Afrique*, hors-série n° 15, septembre-octobre 1991, p. 25.

> Chaque mois Oumarou Kanazoé dépense près de 200 millions de francs CFA pour l'entretien de ses machines ».

Dans le même reportage, il ressort que Oumarou Kanazoé injectait 30 millions d'euros par an, soit un peu plus de 19 milliards de francs CFA dans l'économie burkinabè[20].

Les réalisations constituent aussi une piste qui donne une idée de la fortune de Kanazoé. Nous avons dénombré plusieurs grands bâtiments publics, surtout dans les deux grandes villes de Ouagadougou et Bobo-Dioulasso, des aménagements hydro-agricoles et la réalisation de 2 500 km de routes bitumées[21]. La dimension sous-régionale (Burkina Faso, Bénin, Niger, Mali) des marchés exécutés est à prendre en compte. Enfin, un don fait aux populations des provinces du Passoré et du Yatenga est aussi révélateur de l'immensité de la fortune de Kanazoé. Il s'agit de la réalisation d'un barrage en 1994-1995 qui devait favoriser une exploitation agricole et dont le coût s'élevait à quatre milliards de francs CFA[22].

Au vu de ces indicateurs, il est indéniable que Oumarou Kanazoé fut bien un multimilliardaire. Ce genre de fortunes dans nos pays africains est souvent suspecté d'origine mystique. Nous avons retracé le parcours de l'homme, mais à la question sur l'origine mystique de sa fortune, il a répondu :

> « En ma connaissance, il n'existe pas encore de gris-gris qui produise l'argent. La clé de ma fortune, c'est le travail. Si aujourd'hui Kanazoé arrête de travailler, demain on ne parlera pas de ma fortune. Le seul fétiche qui procure l'argent, c'est le travail, l'investissement [...]. Je vais dire une chose qui va vous étonner. Je ne fréquente pas les marabouts, les féticheurs, les charlatans et autres prédicateurs[23]. »

L'idée généralement partagée au Burkina est pourtant que la relation entre grande fortune et sources occultes est possible dans certains cas. Mais les recherches dans ce domaine sont extrêmement difficiles à pousser.

---

20. Voir *Les Afriques, le journal de la finance africain*. Le montant de 30 millions d'euros coïncide avec l'estimation faite par *Africa international* n° 299 de nov. 1996, p. 33. Le journal affirme que Kanazoé investit entre 15 et 20 milliards de francs CFA dans l'économie burkinabè par an.
21. Voir les réalisations dans le Dossier de presse sur Oumarou Kanazoé de Sita Tarbagdo, ainsi que *Jeune Afrique plus* du 2 décembre 1996, p. 32.
22. *Sidwaya* n° 3117 du 16 octobre 1996, p. 9.
23. *Sidwaya Magazine* n° 23-24, juillet-août 1990, p. 17.

Conclusion

La spécificité de l'islam dans le milieu des affaires au Burkina Faso doit être comprise à travers la force économique des musulmans. Plusieurs facteurs peuvent expliquer cette réalité. D'abord, une présence relativement ancienne de groupes sociaux dioula, yarse, maranse, dafing/marka et peul, qui ont lié la diffusion de l'islam aux activités commerciales, artisanales et d'élevage. Ensuite, le progrès de l'islam – qui passe de 9,86 % d'adeptes en 1949[24], à 20 % en 1959[25] et 60,53 %[26] en 2006 –, le refus de l'école publique et le goût de l'initiative privée ont contribué à accroître le nombre de musulmans dans le secteur libéral de l'économie burkinabè. Ils sont les plus dominants dans le commerce général d'import-export, l'industrie, le transport et l'immobilier. De fait, bon nombre d'élèves sortis de l'enseignement confessionnel musulman, médersas et écoles coraniques, se retrouvent dans le secteur informel. De même, la présence des musulmans aux postes clés de la Chambre de commerce et d'industrie du Burkina, notamment à la présidence, à la vice-présidence, au secrétariat et aux trois quarts des postes de représentants des sections territoriales, est un indicateur important de leur poids économique[27]. Car il faut retenir que les postes au niveau du Bureau consulaire de la Chambre de commerce et d'industrie sont pourvus à la suite d'élections. Enfin, la nature des relations des musulmans avec les hommes d'État consolide leurs positions. En effet, ils acceptent facilement les compromis dans le sens d'un intérêt réciproque. Cette tendance existait auparavant, certes, mais elle a été plus visible sous la IVe République. Cependant les conséquences de ces compromis ne sont pas de nature à consolider l'État postcolonial burkinabè. Se dessinent plutôt des enclaves d'empires économiques et financiers qui s'épanouissent au détriment du trésor public.

Une partie de la fortune des musulmans, notamment les plus généreux et pieux, est utilisée au service du prosélytisme islamique. Cette tendance s'est consolidée à partir des années 1990 grâce à une connexion complexe du politique et du religieux.

---

24. *Notes et études documentaires* n° 1152, Paris, La Documentation française, juin 1949, p. 2.
25. Audouin et Deniel (1978 : 65).
26. *Résultats préliminaires du Recensement général de la population et de l'Habitation de 2006*, Institut national de la statistique et de la démographie du Burkina Faso, avril 2007, p. 31.
27. *Mémento des élections consulaires*, Chambre de commerce et d'industrie du Burkina Faso, 2006.

Bibliographie

AUDOUIN, Jean et DENIEL, Raymond, 1978, *L'islam en Haute-Volta à l'époque coloniale*, Paris/Abidjan, L'Harmattan/INADES.

CISSÉ, Issa, 2009, « Le Wahhabisme au Burkina Faso : dynamique interne d'un mouvement islamique réformiste », *Cahiers du CERLESHS*, Presses universitaires de Ouagadougou, n° 33, juillet, p. 1-33.

DIALLO, Youssouf, 2008, *Nomade des espaces interstitiels. Pastoralisme, identité, migrations (Burkina Faso – Côte d'Ivoire)*, Cologne, Éditions Rüdiger Köppe Verlag-Köln.

KOTÉ, Blami, 1981-1982, « Les Marka et l'islam dans la boucle de la Volta Noire, du jihad d'El Hadj Mamadou Karantao aux débuts de la colonisation française », mémoire de maîtrise d'histoire, Université de Ouagadougou [non publié].

KOUANDA, Assimi, 1989, « La religion musulmane : facteur d'intégration ou d'indentification ethnique. Le cas des Yarse du Burkina Faso », *in* J.-P. Chrétien et G. Prunier (dir.), *Les ethnies ont une histoire*, Paris, Karthala et ACCT, p. 125-134.

LAROU, Ernestine B., 1985, « Évolution de la société marka au contact de l'islam, des origines à 1815, le cas de Safané », mémoire de maîtrise, Université de Ouagadougou, juillet [non publié].

Ministère de l'Économie et du Développement, Burkina Faso, *Résultats du Recensement général de la population et de l'habitation*, document de l'INSD, avril 2007.

OUBDA, Mahamoudou, 2002, « Le Hadj et son organisation au Burkina de 1960 à 2002 », mémoire de maîtrise d'histoire, Université de Ouagadougou, juillet [non publié].

SANOU, Fernand, *sans date*, « Culture, gestion et développement, l'exemple de El Hadji Oumarou Kanazoé, "empereur" Burkinabé des travaux publics », rapport ronéoté de 32 pages pour la Banque mondiale [non publié].

TRAORÉ, Bakary, 1984, « Le processus d'islamisation à Bobo-Dioulasso jusqu'à la fin du XIXe siècle : approche socio historique », mémoire de maîtrise d'histoire, Université de Ouagadougou [non publié].

6

Dynamiques religieuses à la périphérie de Bamako (Mali) : les évaluations sociales du désordre

Françoise BOURDARIAS

Les recherches menées dans le cadre du projet PUBLISLAM en Afrique de l'Ouest s'accordent pour décrire une situation d'effervescence religieuse qui semble s'être accentuée après 1991. Le « retour à la démocratie » a notamment favorisé l'essor des associations religieuses et l'apparition sur la scène médiatique de nombreux prêcheurs, personnalités charismatiques, dont certains sont parvenus ces dernières années à organiser des mouvements religieux transnationaux. Ce dernier phénomène ne constitue pas en soi une nouveauté. Cependant les stratégies des leaders, le contenu des messages et leurs modalités de diffusion, les formes de croyance et d'adhésion qu'ils suscitent semblent constituer des indices d'une transformation du champ religieux et des rapports que celui-ci entretient avec le politique, avec l'État.

Les dynamiques religieuses qui se sont développées au Mali depuis deux décennies doivent être situées dans un contexte caractérisé par une « privatisation » à la fois des structures étatiques et du secteur économique public mis en place dans les premières années de l'indépendance. La crise économique qui sévit depuis plusieurs années au Mali peut être liée en partie à une privatisation brutale des entreprises d'État (dont la plupart ont aujourd'hui été démantelées), aux mesures imposées par le Fonds monétaire international et la Banque mondiale, aux stratégies d'investissement des entrepreneurs locaux et aux conséquences de la mondialisation économique. Cependant, la défaillance de l'État et les pratiques prédatrices des élites politiques constituent aujourd'hui des éléments de causalité largement privilégiés par une grande partie de la population malienne[1]. Les nombreuses affaires de détournements massifs de fonds publics et internationaux[2] portées ces dernières années à la connaissance de la population, jointes à une expérience quotidienne de la corruption, à une transformation des réseaux de dépendance et de clientélisme[3], ont enclenché un processus de dévalorisation à la fois des structures étatiques et du personnel politique, de la « démocratie », perçue comme un principe imposé de l'extérieur, et enfin de la « politique ».

Dans le même temps, on peut observer une valorisation croissante de la forme étatique, ce qui n'est paradoxal qu'en apparence. Un « État fort » doit édicter des lois et les faire respecter en dépassant (en combattant) les intérêts particuliers et les solidarités locales. Le caractère universaliste des lois qui devraient régir les rapports sociaux constitue aujourd'hui un thème récurrent dans les débats sociaux. Qu'il s'agisse des lois du travail censées réguler les relations entre employeurs et salariés, des lois foncières qui devraient maîtriser les dérives de la spéculation, des règles régissant l'obtention et la valorisation des diplômes, une multiplicité de groupes sociaux, exclus des grands réseaux clientéliste, conçoivent l'État comme un pouvoir impartial, protecteur, organisateur et redistributeur garant de la justice sociale. Ces représentations de l'institution étatique sont bien entendu très diversifiées et se construisent dans le cadre des confrontations, des conflits qui opposent individus et collectifs aux structures administratives réelles.

Perte de légitimité de l'appareil d'État malien et survalorisation d'une forme étatique autoritaire, un tel contexte contribue à orienter à la fois les dynamiques qui se développent au sein du champ religieux et les usages sociaux des messages diffusés.

Dans une configuration sociale où la religion musulmane est largement dominante, où l'État se définit comme laïque, les mouvements religieux islamiques ont construit à travers leur utilisation des outils médiatiques un champ discursif dans lequel ils s'affrontent et se répondent, interpellent l'État. Ils peuvent également enclencher de larges mobilisations sociales,

1. La partition du Mali en 2012 est encore venue exacerber les accusations de corruption, de trahison formulées à l'encontre de la classe politique.
2. Les rapports émanant des services du précédent Vérificateur général Sidi Sosso Diarra, dont le mandat s'est achevé en 2011, ont été largement diffusés sur Internet, tandis que la presse en a publié certains éléments.
3. Cette transformation se traduit notamment par l'exclusion des plus démunis, qui ne maîtrisent pas les nouvelles règles du jeu social.

les manifestations d'opposition au nouveau Code de la famille en 2009 et 2010 ont bien démontré leur influence.

Les messages religieux diffusés s'attachent à définir les causes des maux dont souffrirait la société malienne. Ils proposent en même temps une rationalisation de la vie sociale, de la sphère privée, un ordre légitimé par une loi religieuse universelle. Qu'ils formulent des jugements explicites sur le fonctionnement de l'État ou s'en abstiennent, qu'ils admettent le caractère laïque de la constitution malienne ou le remettent en cause, les mouvements religieux se situent tous sur le registre politique[4] lorsqu'ils débattent des normes et des valeurs morales qui devraient régir les rapports entre les individus (entre les hommes et les femmes, entre les classes d'âges, entre dominants et dépendants). Les règles de comportement prescrites impliquent toujours une évaluation en creux des pratiques de l'appareil d'État et enclenchent des débats sociaux sur ce thème. Le rôle des associations religieuses tend à devenir d'autant plus hégémonique dans un contexte où les autres organisations de la société malienne (partis politiques, syndicats, associations citoyennes) s'expriment peu, ou se voient refuser toute légitimité par une partie croissante de la population[5].

Les associations religieuses, malgré les conflits qui les traversent, tendent ainsi à s'imposer comme médiateurs privilégiés entre la population et l'appareil d'État. On pourrait alors émettre l'hypothèse selon laquelle une forme particulière de « société civile » serait en voie de constitution, s'appuyant sur l'émergence d'une opinion publique largement structurée par les débats qui s'instaurent autour des messages religieux.

Je désignerai ici comme « société civile » religieuse en voie de constitution une configuration d'associations qui progressivement orientent leurs pratiques sociales, la gestion de leurs relations – entre elles et avec l'État – en référence à un ensemble de valeurs évoquées par une notion à la fois floue et routinisée. Reformulée par les organisations internationales, les ONG, les médias, la notion de « société civile » est invoquée

4. Le politique ne sera pas considéré ici comme un secteur particulier de la vie sociale, mais comme « un ensemble de principes générateurs des relations que les hommes entretiennent entre eux et avec le monde » (Lefort 2001 : 8). Dans cette perspective, on voit bien que la définition de ces normes représente un enjeu fondamental et doit susciter des conflits qui traversent l'ensemble d'une configuration sociale. Les dynamiques religieuses dont il est question relèvent aussi du politique. Il s'agit bien dans tous les cas de mettre en œuvre et de diffuser les normes qui doivent orienter la mise en ordre de l'ici-bas et les rapports entre les êtres.

5. Partis politiques, directions syndicales, ONG locales seraient ainsi peuplés de « bouffeurs » (en français).

aujourd'hui lorsqu'il s'agit d'évaluer les formes de gouvernance mises en place par les États et leur conformité au modèle démocratique. Ses définitions les plus courantes (les plus médiatisées) sélectionnent et interprètent aujourd'hui certains traits des définitions multiples et contradictoires qui se sont succédé au cours de son histoire[6]. L'existence d'une société civile bénéficiant du droit de libre expression permettrait ainsi de réguler les relations entre la population et l'État. Les associations qui la composent sont censées représenter et défendre les intérêts des différents groupes sociaux, garantir leur autonomie face à un appareil politique conçu comme une sphère distincte. Les débats qui s'engagent entre les associations et entre elles et l'État symbolisent le développement d'un « espace public » démocratique, d'une « opinion publique » éclairée et critique qui doit pouvoir contrôler et transformer les politiques étatiques. Les énoncés concernant la « société civile » articulent aujourd'hui des valeurs positives qui l'opposent à la sphère de l'État : autonomie individuelle et collective, diffusion des responsabilités dans le corps social, solidarité... Ces valeurs sont travaillées sous des formes diverses par les États eux mêmes lorsqu'il s'agit de déléguer une partie de leurs fonctions aux instances de la société civile (de les « privatiser »). Les ONG se sont progressivement imposées comme un élément essentiel de cette société civile. Elles participent d'ailleurs largement aux activités de formation à la bonne gouvernance qui se sont développées dans les pays du Sud.

L'imaginaire politique qui s'est ainsi diffusé est susceptible d'une multiplicité d'interprétations, chaque contexte social particulier conduisant à la sélection de ses traits les plus pertinents. Tous les leaders religieux maliens ne se réfèrent pas explicitement à la notion de « société civile ». Cependant, si l'on examine leurs stratégies, leurs modes de

6. L'histoire de la notion de société civile ne présente guère de continuité et se caractérise par l'instabilité de ses définitions, par leur caractère contradictoire. Pour Hobbes, elle représente l'état politique opposé à l'état de nature. Les économistes du début du XVIIIe siècle l'assimilent à la société marchande qu'ils opposent alors à la sphère politique. Elle désigne pour Hegel une configuration de relations conflictuelles qui ne peut se réaliser pleinement que dans sa subordination à l'État. Ensemble des relations productives qui fondent l'État bourgeois chez Marx, elle devient chez Gramsci le lieu d'exercice de l'hégémonie culturelle et politique, de la fonction idéologique et politique de l'État. Cette notion connaît une éclipse dans le courant du XXe siècle, aussi bien dans les écrits des néolibéraux (Hayek), qui opposent État et marché, que chez des penseurs de gauche qui remettent en cause la coupure État/Société civile. La notion réapparaît dans les années 1980 sous la forme d'un mythe politique particulièrement efficace, dont les usages transcendent de nombreux clivages. La configuration de valeurs qui lui est attachée l'oppose aux formes politiques et aux idéologies étatistes.

communication et les thématiques privilégiées dans leurs messages, il semble que le modèle de la société civile leur permette de penser à la fois l'autonomie de la sphère religieuse, sa légitimité à assumer un rôle téléologique dominant dans la société, à représenter le peuple face aux élites politiques. L'argumentation de cette légitimité auprès des institutions internationales semble par ailleurs constituer un enjeu de plus en plus important[7].

Lorsque l'on observe les transformations du champ religieux à une échelle macrosociale, les formes d'investissement du politique par les associations religieuses peuvent être éclairées par une référence aux notions de « société civile » ou « d'opinion publique ». Cependant, le choix d'une perspective microsociologique conduit à relativiser leur efficacité heuristique. L'observation des situations vécues par les individus dans le cadre de leurs activités économiques, de leur vie familiale, des relations de voisinage, de la confrontation quotidienne aux relations de dépendance, fait apparaître la variété des usages dont les énoncés religieux font l'objet. À cette échelle, les évaluations de ces énoncés, les constructions pratiques et symboliques qui les intègrent sont particulièrement instables, comme le sont d'ailleurs les modalités d'adhésion aux mouvements religieux. Les formes de réflexivité et de critique sociale qui naissent de la confrontation des discours religieux, des regards portés sur le comportement social des leaders et de leurs disciples, invitent à considérer sous un nouvel angle l'influence des leaders charismatiques dans la structuration des opinions et la légitimité politique et religieuse qui leur est accordée.

Les reconfigurations religieuses dont il est question ici peuvent donc être saisies selon différentes échelles d'observation qui donnent à voir des paysages sociaux en apparence incompatibles. Ce problème est classique dans nos disciplines[8]. Ajoutons à cela que le fait de privilégier un groupe social, ou une position particulière dans le champ religieux, ne permet d'appréhender que quelques modalités singulières du croire. Les trajectoires de leaders constituent un objet privilégié dans le champ de l'anthropologie du religieux. Il est ainsi possible de saisir la construction et l'évolution des messages, les formes de rattachement à une tradition religieuse qui les légitime, l'élaboration d'une généalogie. Cette perspective

7. On peut constater que, ces dernières années, les ONG religieuses se sont multipliées au Mali et que les énoncés du champ humanitaire sont largement utilisés. Par ailleurs, dès les années 1990, les institutions et les ONG internationales ont considéré les mouvements religieux comme une composante essentielle de la société civile et, par exemple, ont entrepris de les associer aux campagnes de prévention contre le sida.
8. Voir notamment Revel (1996).

permet d'analyser sous un angle particulier la construction des collectifs rassemblés autour du *Karamogo*[9], le « Maître », les formes de rationalisation de la vie quotidienne et les conceptions du salut qu'il propose. Elle conduit souvent à focaliser l'analyse sur les stratégies sociales et symboliques du leader et du mouvement qu'il anime. De ce fait, la diversité des modalités de réception et de réappropriation des discours religieux, les conflits qu'ils suscitent tant à l'intérieur qu'à l'extérieur du groupe des « affiliés » peuvent alors être occultés.

Il m'a semblé que l'analyse des dynamiques qui se développent au sein du champ religieux malien devrait être articulée à une observation microsociale des constructions opérées par divers groupes sociaux à partir des discours et des mises en scène religieuses et politiques qui leur sont proposés.

Le désordre et les conditions de l'équilibre

Les quelques éléments d'observation qui vont être présentés ici concernent une population de salariés précarisés, de chômeurs et de petits artisans et commerçants installés dans des quartiers périphériques au nord de Bamako, notamment dans le quartier de Bankoni.

Bankoni est une zone récemment urbanisée en extension « spontanée » régulière[10], encore peuplée pour l'essentiel de foyers en situation d'insécurité économique. Les procédures de lotissement engagées depuis 1992 par les autorités du Gouvernorat, la dévaluation du francs CFA, la fermeture des dernières grandes entreprises privatisées ont provoqué de profondes perturbations (Bourdarias 2007). Selon les habitants, « le désordre s'est installé », les règles qui régissaient les relations sociales ont été bouleversées. À la fin des années 1990, le développement des mouvements religieux dans l'ensemble des quartiers périurbains bamakois semblait révéler de nouvelles formes de mobilisation de la jeunesse

9. Ce terme désigne les personnages qui diffusent et transmettent un savoir, notamment religieux, et rassemblent autour d'eux des disciples. D'où la traduction de « Maître » retenue ici.

10. Le quartier de Bankoni, situé en Commune I à Bamako, a vu le nombre de ses habitants à peu près doubler depuis le recensement de 1997, pour atteindre quelque 150 000 personnes en 2010 (estimations du recensement de 2009).

urbaine. L'un de ces mouvements, Ançar Dine[11], a installé son siège à Bankoni en 1991. En quelques années, cette association musulmane réformiste s'est implantée dans toute l'Afrique de l'Ouest, au Congo, dans plusieurs pays européens et aux États-Unis. Par ailleurs, de jeunes soufis étaient de plus en plus nombreux à parcourir la zone de Bankoni, et certains y ont fondé des établissements secondaires, manifestant ainsi le rayonnement de leur *Karamogo*. Soufi Bilal et Soufi Adama sont considérés à Bankoni comme les maîtres les plus prestigieux. Durant la même période, les « féticheurs » (*bolitigi*[12]) et les groupes de chasseurs se sont multipliés, proclamant leur fidélité à la « vraie tradition bamanan d'avant l'Islam ». Daouda Yattara, le *bolitigi* le plus présent dans les médias et le plus controversé au Mali, compte de nombreux adeptes et élèves dans le quartier.

Cette effervescence religieuse donne lieu à d'inlassables débats au sein des groupes d'amis et des foyers. Les enquêtes de terrain menées entre 2003 et 2006, puis en 2009-2011, ont fait apparaître la variété des formes d'investissement du religieux et des jugements politiques élaborés par des groupes confrontés au chômage, au délitement des formes de protection sociale liées aux solidarités familiales. L'affiliation à un mouvement religieux était fréquemment présentée par les individus eux-mêmes comme un remède au « désordre » et à la transformation des liens familiaux et conjugaux, parfois comme un « retour à la tradition du village ». L'observation des relations sociales qui s'élaboraient au sein des collectifs religieux, des pratiques de mise en ordre de l'espace urbain, de la vie quotidienne des fidèles, des jugements émis par les non affiliés, incitait à interroger à ce niveau les formes d'articulation du religieux et du politique.

Une situation de crise conduit les groupes sociaux et les individus à examiner et à évaluer les ressources pratiques et symboliques dont ils disposent pour donner du sens aux perturbations vécues. Ils sont amenés à construire collectivement de nouveaux cadres sociaux de l'expérience.

Dans le contexte qui vient d'être rapidement évoqué, l'espace familier lui-même, le foyer, le voisinage, sont perçus comme des lieux d'incertitude et de conflits. Les jeunes hommes sont confrontés aux accusations de

---

11. De l'arabe *Ansâr ad-Din* (litt. « les Auxiliaires de la religion »). Malgré l'homophonie, ce mouvement érigé en association de la société civile est distinct du mouvement djihadiste Ansâr ed-Dine qui a fait irruption au nord du Mali dans le conflit de 2012 ; il est d'ailleurs orthographié différemment.
12. Les termes bambara *boli* (« fétiche ») *et bolitigi* (« féticheur ») sont utilisés localement en milieu urbain, aussi bien par les musulmans que par les adeptes des « religions traditionnelles ».

leurs aînés et des femmes qui les rendent responsables de leur situation de chômeur, de l'échec de leurs projets matrimoniaux, de la propagation de la « nouvelle maladie » (sida). Les jeunes femmes sont soupçonnées par les hommes de se livrer à la débauche, de refuser le mariage, de propager la « maladie étrangère » ; les cadets flétrissent les aînés incapables de jouer leur rôle traditionnel en organisant les activités productives et en leur procurant des épouses.

L'observation des affrontements liés à la circulation et la gestion des ressources monétaires dans l'espace résidentiel et la sphère domestique permet d'appréhender la transformation des relations, celle des regards sociaux qui évaluent les individus et les groupes familiaux. Cette évaluation est fondée sur une définition de l'« honneur » (*horonya*) lié au contrôle des ressources et leur distribution, à la maîtrise des relations sociales qu'il implique.

La maîtrise exclusive de l'usage des biens les plus valorisés (en premier lieu la terre), de l'exploitation du domaine patrimonial, fonde le pouvoir matériel et symbolique de l'aîné, définit son honneur et celui du groupe (Bouju 2009). L'usage de la violence est alors légitime lorsqu'il s'agit de défendre, ou d'étendre ce patrimoine. Cette éthique est censée garantir la circulation de la dette au sein du lignage et les transactions avec l'extérieur. Dans ce cadre, la résistance des cadets et des femmes désigne la défaillance, la « honte » (*maloya*) des aînés.

Dans les quartiers urbains « spontanés », les occupants de parcelles opposés au lotissement entendaient protéger les possessions matérielles et symboliques qui fondaient leur autorité de chef de famille. Cependant, les nouvelles modalités d'acquisition des ressources remettent en cause ce statut. La monétarisation des échanges et l'extension du salariat dans un contexte de crise économique ne permettent plus aux aînés de légitimer leur pouvoir sur les cadets et les femmes. Les cadets sont ainsi conduits à revendiquer le libre usage d'une partie de leurs gains, tandis que les épouses affirment leur droit à la maîtrise des ressources qui doivent être dévolues à la consommation au sein de l'unité domestique.

L'argent semble alors perçu comme une ressource ambiguë. « Gagner » (de l'argent) permet aux aînés de conforter leur position dans la sphère familiale et les relations de voisinage, aux cadets et aux femmes de conquérir une relative autonomie. En même temps, l'argent introduit une certaine opacité dans les relations d'échange – il suscite le soupçon. Les gains monétaires peuvent être dissimulés par les individus, dépensés ou accumulés en secret. Dans la sphère domestique, chacun s'efforce ainsi de résoudre une contradiction : comment conquérir une position par l'exhibition de l'argent gagné, comment en dissimuler une partie pour l'épargner ou acquérir des biens personnels (téléphones portables, vêtements, motos). Il en va de même dans l'espace de voisinage ou les réseaux de sociabilité, les ressources monétaires garantissent *a priori* l'honneur et le prestige masculins, qui ne peuvent être conservés que par la distribution. Les femmes, quant à elles, affirment qu'elles ne peuvent que dissimuler leurs gains, acquis par le petit commerce ou dans les tontines, « sinon l'homme ne donne plus rien pour tes petits besoins et ceux des enfants ».

L'acquisition des biens de consommation représente alors un enjeu et suscite de multiples conflits au sein de l'unité domestique. Elle consolide et met en péril la position des individus et des familles – « sauf chez les riches », dit-on, car ces derniers pourraient à la fois acheter, donner et économiser, ce qui fonde leur statut d'aîné social, de *nyèmogoba* (« grand dirigeant »).

Les quartiers populaires constituent un espace transparent – nul n'y est à l'abri des regards évaluateurs. La conquête de l'existence sociale implique que l'on sache maîtriser les jeux de la transparence et de l'opacité. Les individus doivent remodeler la hiérarchisation des espaces de vie et de relations. Il doivent également parvenir à évaluer la « bonne distance » par rapport à leurs groupes d'appartenance familiaux, professionnels et amicaux – celle qui leur permettrait d'y conquérir à la fois une relative autonomie et un statut valorisé.

Le contrôle du désordre[13] et le repérage des risques sont toujours liés, dans les discours comme dans les pratiques, à la hiérarchisation des espaces de vie et de relations, à la définition des conditions de l'équilibre. Exercice périlleux, puisque les frontières tracées doivent sans cesse être redessinées. Parvenir à la fois à donner et à cacher l'argent aux aînés, à conquérir une fiancée contre les exigences monétaires de ses parents et la concurrence des autres, à imposer aux maris une juste répartition des ressources, implique que l'on sache maîtriser la proximité et la distance. Qu'il s'agisse de transactions économiques ou de relations amoureuses et conjugales, ces deux impératifs semblent conditionner la réussite.

Les débats observables au sein des *grins*[14] masculins et féminins permettent de déceler l'élaboration d'un savoir collectif. Comment voir le danger, comment savoir à qui l'on peut se fier ? Le regard doit alors être exercé afin de repérer les signes qui permettent d'interpréter les conduites.

---

13. Ce que je traduis ici par « désordre » est exprimé dans les discours par des expressions stéréotypées telles que « tout est mélangé », « tout est embrouillé ».
14. Groupes de sociabilités affinitaires réunissant des individus appartenant à une même classe d'âge et de sexe.

En cas de défaillance, on s'expose au ridicule ou à la pitié de ses pairs, à l'échec social. Dans ce contexte, les principes de remise en ordre de la vie quotidienne et les conceptions du Salut proposés par les leaders religieux constituent autant de « programmes de vérité ». Ils peuvent susciter la croyance (la confiance en la personne du religieux charismatique) et une adhésion plus ou moins stable au collectif qu'il dirige. Mais ils ne font pas l'objet d'une réception passive. En dehors du cercle des affiliés à un mouvement religieux – dont les frontières sont incertaines et évoluent très rapidement –, les vérités proposées par le Maître et ses disciples, les pratiques religieuses et les règles de vie quotidienne qu'ils donnent à voir alimentent les débats qui se développent au sein des familles, des *grins*, sur les lieux de travail. On peut ainsi observer la constitution d'un ensemble hétérogène de sphères d'opinions[15] instables, où les usages des énoncés religieux et les jugements dont ils font l'objet varient considérablement en fonction des problèmes envisagés – évaluation des conditions de travail, des normes qui devraient régir les relations familiales et conjugales, du comportement des élites politiques et économiques, définitions du rôle dévolu à l'État.

La constitution et les transformations des sphères d'opinions semblent fortement influencées par les modalités de territorialisation des différents mouvements religieux qui s'affrontent dans l'espace urbain. Chacun peut être défini par une modalité particulière d'implantation dans cet espace, par les principes de mise en ordre de la vie quotidienne qu'il exhibe. Chacun organise à sa manière les jeux de la transparence et de l'opacité.

Ançar Dine : la mise en ordre de la cité

En 1991, Chérif Ousmane Madani Haïdara implante le siège de son mouvement Ançar Dine[16] à Dianguinabougou, dans le quartier de Bankoni. Au départ simple concession périurbaine, l'établissement s'étend en même temps que se développe l'influence du prêcheur. Les

15. Mettant à l'épreuve la notion d'espace public (d'espace délibératif bourgeois), certains chercheurs, notamment des historiens, soulignent la multiplicité des sphères de débats, la constitution « d'espaces publics fragmentés et conflictuels » qui caractériseraient les dynamiques politiques occidentales depuis la fin du XVIIIe siècle. Voir notamment Farge (1992).

16. La biographie élaborée par ce leader religieux et les transformations de son mouvement sont analysées par Holder (2009 et 2012).

affiliations se multiplient dans le quartier (musulmans, chrétiens, « animistes »). « La maison de Haïdara » devient un pôle d'attraction fréquenté par de nombreux fidèles venus d'autres quartiers périphériques, du centre-ville, puis des villages les plus lointains. Aujourd'hui, de hauts bâtiments « en dur » surplombent les simples constructions qui les entourent. Lorsque l'on analyse les récits du prêcheur et de ses proches disciples, cet investissement progressif de l'espace urbain, puis villageois évoque l'épopée de Muhammad[17] après l'Hijra vers Médine, lorsque le prophète construit la *'Umma* avec l'appui des *Muhâdjirûn* (« émigrants ») mekkois et des *Ansâr* (« auxiliaires ») médinois. Là aussi, la conquête religieuse ne va pas sans conflits, notamment avec les Wahhabites[18] et les dirigeants des organisations musulmanes rassemblées au sein de l'Association malienne pour l'unité et le progrès de l'islam (AMUPI)[19].

Les prêches, en langue bambara, adoptent le ton de la causerie familière émaillée parfois de plaisanteries. En premier lieu, c'est la sphère la plus intime, la plus banale en apparence qui est concernée : les rapports entre les conjoints, la régulation des conflits entre les coépouses, les rapports d'autorité au sein de la famille, la répartition des ressources. Puis les comportements dans l'espace de proximité doivent rendre visible aux yeux de tous cette réforme de la famille : tenue vestimentaire et attitudes des femmes et des enfants, déplacements dans l'espace urbain et rythmes de vie, rapports au travail et à l'argent des hommes adultes, relations de voisinage. Le respect des règles religieuses (prières, jeûne, aumône) est évalué à l'aune de cette maîtrise de la sphère domestique – trait commun à tous les mouvements islamiques « réformistes ».

Il s'agit là d'une reconquête, d'une reconstruction de la hiérarchie familiale, qui doit permettre aux hommes et aux femmes, aux aînés et aux cadets de retrouver le statut dont les perturbations sociales les ont dépossédés. Cette remise en ordre peut nécessiter le conflit, la rupture. Les anciens doivent être respectés, mais s'ils s'opposent, il convient de s'en

17. Schème courant semble-t-il dans les récits de fondation de nouveaux mouvements religieux réformistes et traditionalistes.

18. La *Wahhabiyya* (sunnite) est un mouvement influent au Mali, surtout dans les villes. Les fidèles sont cependant peu présents dans la zone urbaine concernée par l'enquête. Les Wahhabites sont considérés comme issus d'une classe de commerçants aisés et d'une élite d'intellectuels arabisants (Amselle 1985 ; Brenner 1993).

19. Fondée en 1980 à l'initiative de l'État, l'AMUPI est une association qui devait englober l'ensemble des organisations musulmanes maliennes et permettre la régulation des rapports entre les sphères politique et religieuse. En janvier 2002, mettant fin au monopole de l'AMUPI, un Haut conseil islamique du Mali (HCIM) sera créé ; Chérif Haïdara en est le deuxième vice-président.

éloigner[20]. Dans les prêches, la référence à la tradition religieuse permet d'interpréter ces perturbations, d'en désigner les causes.

En premier lieu, Chérif Haïdara affirme aux jeunes gens qui l'écoutent qu'ils ne sont responsables en rien des échecs qu'ils subissent ; il ne cesse de souligner l'injustice des accusations proférées, qu'il s'agisse du chômage, du célibat prolongé, du recours à la prostitution. Les règles qui régissent le groupe des « vrais croyants » anticipent l'avènement d'une société à la fois juste et pieuse. L'organisation sociale globale est ainsi conçue comme une extension de la sphère domestique. La mise en ordre du territoire social et religieux affirme le rôle fondamental du regard en instaurant en premier lieu la transparence au sein du groupe lui-même, en invitant les fidèles à exhiber aux yeux de tous leur nouveau mode d'existence. En même temps, il semble que ce primat de la transparence permette d'inverser sous un angle particulier les rapports entre gouvernants et gouvernés. Les règles de vie des fidèles leur permettent le jugement et l'évaluation du comportement visible des puissants, de retourner en quelque sorte les accusations dont ils ont été la cible.

Les récits de trajectoire des convertis sont formulés en termes de ruptures successives, d'échecs. L'inscription territoriale proposée par le collectif religieux constitue une protection. Tout se passe comme si la visibilité instaurée dans le groupe permettait de tenir à distance et de rendre intelligibles les pouvoirs arbitraires responsables des échecs, tout en permettant la conquête de l'existence sociale.

Pour les hommes, l'affiliation suscite l'espoir de s'insérer dans de nouveaux réseaux économiques dépassant l'espace restreint du quartier. Les jeunes filles mettront fréquemment l'accent sur l'assurance de « gagner un mari » dont le bon comportement sera garanti par la collectivité. Elles espèrent aussi « être considérées », être protégées des dangers qui dérivent de la polygamie, puisque cette situation représente pour elles une catastrophe particulièrement redoutée. Les prêches, en effet, incitent les maris à traiter les coépouses et leurs enfants avec équité.

Dans ce cadre, la conquête du Salut dans l'au-delà semble se confondre avec la conquête du statut dans le monde – à la fois signe d'élection et source d'émotion religieuse.

---

20. De nombreux jeunes gens, mariés ou célibataires, quittent la concession familiale, certains choisissent une épouse parmi les « vrais croyants », sans même en informer leurs parents. Des liens amicaux sont rompus lorsque l'ami refuse de s'affilier à l'« association » (*tòn*)... Là encore, il s'agit d'un rappel de l'épopée de Muhammad et de ses compagnons.

Le comportement économique constitue une composante essentielle de cette rationalisation de la vie quotidienne et un critère qui permet l'évaluation des individus. De nombreux prêches sont consacrés aux principes qui doivent guider la bonne gestion des ressources et incitent les fidèles à articuler efficacité économique et sociale des pratiques ; reste alors à définir ce dernier élément qui englobe le premier et lui donne son sens. Ainsi les dépenses ostentatoires sont-elles condamnées, mais les dépenses ne sont considérées comme telles que si elles mettent en péril la survie de la famille et l'amélioration de sa position, empêchent de faire les dons prescrits par la religion. Il est légitime d'acquérir des biens de consommation marquant le rôle social et économique réel de l'individu et de sa famille – l'homme prospère devient alors un modèle qui indique aux autres les voies du Salut en ce monde et dans l'au-delà.

Cependant la richesse n'est pas en soi un signe d'élection, le prêcheur insiste fréquemment sur ce point.

> « Riche ou pauvre, tu peux être béni de Dieu ou maudit... L'argent peut être une récompense ou une malédiction. Dieu peut t'aimer et t'éprouver par la pauvreté, il peut aussi te maudire et te donner de l'argent... Tu t'imagines que tout va bien et tu continues à faire le mal. Maintenant, gagner de l'argent ou en perdre, c'est aussi une affaire de hasard, d'habileté, et Dieu n'a rien à voir avec ça[21] ! »

Les différentes étapes qui marquent l'ascension du leader charismatique et la territorialisation du collectif religieux donnent à voir à la population les effets économiques et sociaux des principes diffusés. Lors de son installation à Bankoni, Chérif Haïdara vit pauvrement, « pauvre parmi les pauvres » déclare-t-il volontiers. Avec l'extension du mouvement au Mali, puis dans tous les pays d'Afrique de l'Ouest, en Europe et aux USA, les cotisations et les dons des fidèles[22] lui permettent de réaliser l'aménagement du territoire religieux local. Construction d'une vaste demeure à étages, d'une mosquée, d'une école coranique, puis d'un hôpital, achat de terrains où il installe ses disciples les plus méritants. Dans l'espace local, le prêcheur joue le rôle de collecteur, de gestionnaire et de redistributeur des biens matériels, en même temps qu'il transmet à ses talibés la *baraka* (l'influx divin dont il dispose).

21. Entretien avec Chérif Haïdara, Bamako, 2012.
22. Tous les membres de l'association Ançar Dine doivent verser une cotisation mensuelle et annuelle. Sur les logiques économiques propres à l'Association Ançar Dine, lire Holder (2012).

Zawiya soufies : la séparation de l'espace religieux et des espaces de la vie quotidienne

Les mouvements soufis les plus influents dans le quartier proposent un autre modèle de mise en ordre du monde.

Les modes d'implantation des collectifs soufis dans l'espace urbain, les formes d'organisation sociale données à voir à la population, signifient bien qu'il ne s'agit pas ici de réformer la sphère domestique, de réguler la vie quotidienne, mais de construire un nouvel espace relationnel.

Dans un contexte local marqué par la montée en puissance du mouvement Ançar Dine, par l'hégémonie religieuse qu'il exerce à Bankoni depuis la fin des années 1990, les représentations populaires du soufisme sélectionnent et articulent quelques traits qui permettent de l'opposer au mouvement réformiste dominant. Les pratiques des différents collectifs soufis seront évaluées à l'aune de ces représentations schématiques et fluctuantes. La mise à distance du monde social, le mépris de l'argent et des biens matériels, un anticonformisme à la fois social et religieux caractérisent ainsi – positivement ou négativement – la figure du « vrai soufi ».

Les récits biographiques élaborés par Soufi Adama et Soufi Bilal[23] sont classiques : retrait du monde, quête mystique, arrivée progressive des disciples et fondation d'un établissement à la lisière de la ville, dans un espace encore vierge d'urbanisation. Le maître et ses disciples les plus proches sont installés aux confins de la ville. Au sein de l'espace urbanisé sont implantés de petits établissements où résident des disciples moins avancés qui doivent à leur tour attirer des élèves, faire la preuve de leur charisme auprès des populations. L'espace religieux et l'espace de vie quotidienne des habitants des quartiers coexistent mais ne se recouvrent pas. Rendre visite aux soufis pour obtenir une bénédiction, participer aux prières et aux chants, constitue en soi une rupture par rapport aux espaces-temps de la vie quotidienne. Inscrite dans l'espace, la trajectoire spirituelle des disciples accentue ce modèle de retrait du monde.

---

23. Le rapport aux textes religieux situe les deux maîtres à l'opposé l'un de l'autre. Soufi Bilal est un lettré qui a acquis une connaissance des traditions soufies ; Soufi Adama déclare qu'il ne pourra jamais lire le Coran et que cela importe peu. Parmi les élèves installés dans la *zawiya* de Bilal, on trouve une forte proportion d'anciens étudiants ou de lycéens ; les personnalités politiques, les cadres de l'armée et de l'administration sont de plus en plus nombreux parmi les fidèles. Les élèves d'Adama sont pour la plupart d'anciens ouvriers, petits artisans ou paysans, et les fidèles se recrutent essentiellement dans les milieux déshérités des quartiers périphériques de Bamako et dans les zones rurales proches.

Les récits de trajectoire sociale recueillis auprès des disciples, comme dans le cas des Ançar, sont scandés d'échecs, d'expériences de l'injustice. Toutefois, le thème de la rupture volontaire des liens familiaux, antérieure à l'apparition de la vocation religieuse, apparaît fréquemment. Surtout chez Soufi Adama, un certain nombre de disciples déclarent avoir connu des phases de délinquance. Ils disent tous avoir trouvé là un refuge, une « vraie famille » qui leur permet de dépasser les limites étroites du monde social. Ils dépeignent ce dernier comme violent, sans pitié et voué à la monotonie. L'attraction exercée par le Maître, la recherche de la proximité avec Dieu, s'accompagnent d'un processus de rééducation de l'individu qui vient de connaître une seconde naissance. Rompre avec le monde implique une phase de refus, d'agressivité. De nombreux disciples l'exprimaient ainsi : « Le monde devient dangereux, tu vois le diable partout, il faut repousser les autres » ; « la vie avec le Maître et les autres élèves t'apprend à être sûr de toi, alors tu fais la paix avec les gens du dehors et tu deviens tolérant ». Il semble alors que la quête mystique aille de pair avec la construction d'une nouvelle famille, autour d'un père-modèle, où les positions sont hiérarchisées selon les degrés d'acquisition de la sagesse. Dans cette configuration, les regards sont orientés vers le Maître et les disciples les plus avancés et doivent se détourner progressivement du monde environnant. Il appartient aux habitants de ce monde-là de « venir voir » et de s'engager ou non dans la même trajectoire de rupture. Ainsi se dessine en creux l'évaluation du monde politique et économique, les voies de sa transformation et le rôle dévolu aux croyants dispersés dans le monde : « Que les hommes et les femmes tournés vers Dieu se multiplient, et le monde changera de lui-même », déclare fréquemment Soufi Adama.

Au sein du collectif rassemblé autour de lui, « les riches », les gens de pouvoir ne font l'objet d'aucun jugement. Les seuls qui doivent susciter l'intérêt, dont on mentionne le nom, sont « les voitures cassées qui souhaitent se faire réparer », les puissants en échec notamment qui viennent régulièrement solliciter les bénédictions du Maître[24]. Cette inversion des regards et de la force d'attraction remet en cause les liens de clientélisme qui conditionnent la réussite sociale en milieu urbain ; elle affirme par ailleurs l'autonomie sociale du collectif religieux et des individus qui le rejoignent.

24. C'était le cas, jusqu'en 2008, de l'ancien président malien Moussa Traoré, deux fois condamné à mort, puis gracié. Quant à ceux qui exercent le pouvoir, ils ne peuvent qu'être « mauvais » dans un monde caractérisé par le désordre.

Lorsque les habitants de Bankoni évaluent les maîtres et la pertinence de leur message, cette mise à distance du monde politique ainsi que le mode de vie ascétique affiché par Soufi Adama semblent marquer la singularité de son collectif et l'opposent à celui que dirige Soufi Bilal. Depuis la fin des années 1990, les deux mouvements ont en effet connu des évolutions de plus en plus divergentes. Soufi Bilal est devenu le leader d'un mouvement transnational[25] implanté dans plusieurs pays d'Afrique de l'Ouest. Une accumulation importante de ressources monétaires a enclenché le développement d'une économie de la dépense et de l'ostentation. Cette transformation de l'ethos économique du mouvement renforce le charisme du leader auprès d'une partie de la population mais suscite aussi la contestation : « Un soufi qui roule en Humer est-il un vrai soufi ? ».

Quant à Soufi Adama, les critiques dont il fait l'objet portent sur son appartenance réelle à la religion musulmane. Le maître et ses disciples affirment qu'ils participent de toutes les traditions religieuses, qui se valent en ce qu'elles incitent les croyants à « chercher la même chose » – le contact avec la divinité. La « religion traditionnelle des anciens Bamanan » n'est pas exclue de ce vaste ensemble[26]. En 2003, Soufi Adama a reçu publiquement la visite du « féticheur » le plus honni des dignitaires musulmans, Daouda Yattara dit *Sitanè* (« Satan ») qui, de son côté, vantera sur les ondes sa bonté et sa tolérance.

Sitanè : universalité de la coutume bamanan et affirmation de l'individu

Les chasseurs sont devenus l'un des symboles privilégiés de la « tradition du Mandé ». Dans chaque association aujourd'hui, l'initiation

25. Il s'agit d'une configuration de communautés appelées « soufies » – le terme soufi devant être considéré comme une raison sociale autant qu'un marquage relatif aux pratiques inspirées du soufisme en vigueur dans les confréries (*tarîqa*) – implantées notamment en Côte d'Ivoire et au Burkina Faso. Ainsi, à côté de la communauté-mère appelée Communauté musulmane des soufis du Mali (CMS), on compte la Communauté musulmane des soufis de Côte d'Ivoire (CMCI), etc. Pour plus d'informations sur cette configuration, voir le site du mouvement : http://www.soufibilal.org.
26. Le maître et ses disciples arborent ainsi les symboles de la religion chrétienne, de la religion musulmane et de la « religion traditionnelle ». De tels phénomènes de syncrétisme n'ont rien de nouveau ni d'exceptionnel, mais la situation dans laquelle ils se manifestent ici leur donne un sens particulier.

des membres implique l'attachement à un maître : acquisition des savoirs cynégétiques, mais aussi des savoirs ésotériques permettant d'établir des liens avec les forces qui régissent les processus naturels. En ce sens, chasseurs et « féticheurs » entretiennent de nombreuses affinités. Les uns et les autres se posent en médiateurs entre le monde des hommes et celui des esprits. Depuis quelques années, les « féticheurs » se multiplient dans les zones urbaines périphériques. Les mouvements de chasseurs deviennent de plus en plus visibles (Arseniev 2007). Le processus de patrimonialisation de la tradition enclenché par l'État malien a donné lieu à l'organisation de festivals, de « Fêtes des chasseurs », à l'érection d'un monument à leur gloire dans le centre-ville.

Dans les quartiers périphériques, la mobilisation de la tradition est investie d'un sens explicitement politique. Un certain nombre d'événements entre 2003 et 2006 ont attiré mon attention sur ce phénomène, en particulier des « meetings » de chasseurs organisés dans les quartiers, où étaient prononcés des discours particulièrement agressifs, dénonçant l'oppression exercée par les musulmans liés au pouvoir en place, préconisant le retour à la société paisible et égalitaire « d'avant la conquête musulmane ».

Si de nombreux « féticheurs » s'exprimaient alors sur les ondes des radios indépendantes, l'un d'entre eux, Daouda Yattara, semblait avoir conquis un prestige particulier – large diffusion de ses cassettes sur les marchés, multiplication du nombre de ses élèves dans les quartiers, attaques répétées de la part des dignitaires religieux musulmans dans les prêches et dans la presse. Fait intéressant, Yattara s'était attribué le nom de Satan – *Sitanè* en bambara –, inscription tenant lieu, sur son véhicule, de plaque d'immatriculation. Le siège de Sitanè, Sitanèbougou (litt. « le village de Satan »), s'élève à la lisière sud de la ville, dans le quartier de Sébénikoro, à côté de la centrale électrique. Avant d'obtenir quelques entretiens, j'ai pu passer là-bas de nombreuses journées qui m'ont permis d'évaluer le nombre impressionnant de ceux qui venaient solliciter ses services, « animistes », musulmans et chrétiens confondus. Dans la cour, entre deux entretiens privés, Satan rendait la justice, faisait châtier par ses aides les voleurs que les propriétaires lésés conduisaient chez lui.

La biographie présentée par Daouda Yattara est celle d'un « jeune homme en colère » qui dit avoir été confronté dès son enfance à l'injustice et à l'oppression. Les événements qui articulent les récits mettent en scène une famille rurale appauvrie et exploitée par de riches musulmans[27]. Si la

27. La famille de Daouda Yattara est originaire de la région de Gao et s'est installée dans le Bélédougou.

scène de la révélation, le récit de formation de maître en maître sont des plus conventionnels[28], les réaménagements de la tradition religieuse opérés ici le sont beaucoup moins.

Les croyances des « vieux bamanan », religion qui se définit comme respectueuse de la nature de l'homme – au sens où l'homme est un être dont les besoins sont légitimes et doivent dès lors être satisfaits – entretiennent une lutte séculaire contre les religions de Salut[29] qui « divisent » les hommes et dont la seule fonction est de réprimer leur nature. La référence constante à Satan doit sans doute être interprétée dans ce cadre. Les défaites de la religion traditionnelle viendraient de ce que les « féticheurs », qui sollicitaient les forces de la nature au profit de la collectivité villageoise, se sont appropriés celles-ci en ville pour leur usage personnel. La restauration de la religion passe donc par la restauration de la « coutume villageoise » et des liens sociaux qu'elle impliquait.

Si les intérêts sociaux (la conquête des pouvoirs politique et économique individuels) divisent et isolent les hommes, il apparaît dans ce discours que les « besoins » (*mago*)[30] fondent la ressemblance entre tous les êtres et leurs liens avec la nature. En ce sens, me fera t-on souvent remarquer, la coutume bamanan est valable pour tous, dans le monde entier. De nombreux « féticheurs » précisent que les musulmans qui viennent les consulter en secret témoignent de la force de ce que leur religion réprime. Ainsi « la coutume progresse dans l'ombre ».

En avril 2005, Sitanè a été accusé de complicité de meurtre, puis de trafic d'organes humains. Il a été condamné en 2007 à cinq années d'emprisonnement. Cet événement a rapidement été constitué en affaire d'État. L'analyse des articles de presse[31], montrant bien les pressions exercées par les hiérarchies religieuses et l'embarras du pouvoir d'État, permet de déceler la dimension politique conférée « en haut » à ce qui a parfois été qualifié de « complot souterrain » contre l'ordre social et la démocratie. Dans les zones périphériques, les causeries entre amis et voisins étaient

28. Daouda dit avoir été témoin de l'humiliation de son père et de sa mère par le propriétaire terrien musulman qui les employait. Durant la nuit qui a suivi cet événement, un esprit lui est apparu. Il entreprendra alors de « rechercher le savoir » auprès des « féticheurs » du Bélédougou, puis de Guinée.

29. Ici l'ennemi désigné est l'islam, car « le christianisme, maintenant, laisse les gens tranquilles ».

30. Semblent ainsi être opposés le désir d'imposer sa loi aux autres et le « besoin ». Interrogés sur ce point, Sitanè et ses disciples énumèrent : « faire que ton champ ou ton commerce gagnent beaucoup, que tu gagnes au tiercé, que tu puisses avoir la femme que tu aimes et qu'elle te soit fidèle, que tu guérisses de ta maladie... ».

31. On trouvera de nombreux articles publiés par les journaux maliens entre 2005 et 2009, en consultant le site Maliweb.net.

l'occasion d'affrontements entre les tenants de la défense de l'islam et ceux qui accusaient les pouvoirs étatique et religieux de « complot contre les pauvres »[32]. Aujourd'hui encore, des groupes de jeunes écoutent, le soir, les cassettes de Sitanè. Mais ses adeptes ne se manifestent plus dans les médias : « Mieux vaut rester cachés pour le moment », déclarent-ils.

Ce dernier mouvement est difficilement comparable aux précédents. Il ne suscite pas la formation d'un collectif stable, repérable dans l'espace de la ville et ne propose pas bien entendu une voie vers le Salut. Il ne se constitue pas en « aménageur » de l'espace urbain et des relations. Les références au « village de la tradition » semblent relever à la fois de la nostalgie et de la convention. La localisation des pratiques cultuelles (espace domestique, demeure des « féticheurs » locaux), les manifestations publiques des associations de chasseurs, révèlent les représentations d'un milieu urbain fragmenté, hostile, conflictuel[33]. Il ne s'agit pas pour l'heure d'y conquérir un territoire d'appartenance, mais de susciter « dans l'ombre » l'adhésion des individus.

Conclusion

Chaque collectif religieux fonde son autorité sur le rattachement à une lignée croyante (islam, « religion des anciens bamanan »), propose aux adeptes un retour à un univers de significations collectives immuable. La conquête de la légitimité procède du respect de la tradition religieuse dont le dévoiement serait à la fois le principe et l'effet du désordre social vécu.

32. D'après mes observations, les adeptes de la « religion bamanan » constituent un groupe très hétérogène : villageois récemment urbanisés, individus en échec social, « transfuges » provenant de mouvements islamiques, membres des nouvelles couches moyennes occupant des positions plus ou moins stables dans l'échelle sociale. De ce fait la diversité des constructions de la tradition et de leurs usages mériterait une analyse approfondie.

33. Lors des réunions tenues dans les quartiers périphériques (2005-2007), certaines sociétés de chasseurs mettaient en scène ponctuellement leur présence et leur puissance, dans un espace local quadrillé par les mouvements religieux et les partis politiques dont ils contestaient la légitimité et les principes. Par les violences verbales contre la religion dominante, les manifestants affirmaient qu'ils « ne craignent rien ni sur terre ni ailleurs ». Lors des entretiens, « féticheurs » et adeptes laissent entendre que « ce qui se passe ici (en ville) » ne peut-être aujourd'hui réformé.

Les observations menées auprès des adeptes et des groupes qui commentent leurs pratiques indiquent un processus de sélection et de réinvestissement des éléments pertinents de ces traditions, choisis à un moment donné pour leur « valeur d'usage » lorsqu'il s'agit de donner du sens aux perturbations sociales et aux conflits. Les causes du désordre sont désignées, les figures de l'État et des élites se dessinent à travers les regards qui les évaluent (Ançar Dine), qui s'en détournent (Soufis), à travers les jeux du secret et de l'exhibition propres aux adeptes de la « coutume bamanan », à travers aussi les formes d'organisation socio-spatiales.

Les multiples transferts d'allégeance entre les mouvements, la variation des jugements sociaux dont ils font l'objet, suggèrent quelques réflexions concernant l'émergence des sphères d'opinions, les formes d'articulation du religieux et du politique qu'elles révèlent. Les individus lient toujours explicitement leur adhésion et leurs jugements aux relations sociales qui prévalent dans chaque collectif religieux, au statut social lié à l'appartenance. Les mouvements – et pour les mouvements islamiques, la voie vers le Salut qu'ils proposent – sont donc évalués à l'aune de l'existence sociale qu'ils garantissent, de la protection qu'ils assurent contre les contraintes de l'ordre économique et social[34]. Selon les situations envisagées, un leader religieux peut être perçu comme un aîné social efficace garantissant la réussite économique et sociale de ses dépendants (on insistera alors sur le fait qu'il suscite l'adhésion de personnages riches et influents) ou comme le porteur de valeurs sociales et religieuses qui remettent en cause un ordre injuste dont il convient de se détourner.

La diversité des sphères d'opinions observables et leur caractère fluctuant manifestent l'intensité des débats qui se développent en milieu urbain, au sein des groupes les plus dominés économiquement et symboliquement. Il s'agit bien ici de reconfigurer les relations sociales locales, d'élaborer une légitimation de ce nouvel ordre en articulant des principes

34. Le phénomène des transferts d'allégeance, les stratégies des « mobiles religieux », mériteraient une enquête approfondie. Les observations effectuées sur un terrain restreint (Bankoni) et auprès d'une population relativement homogène ne me permettent pas ici de proposer une analyse rigoureuse. Les récits recueillis auprès de seize « transfuges », hommes et femmes jeunes issus de milieux déshérités, confrontent les relations sociales vécues au sein du collectif religieux qu'ils ont quitté et les principes affirmés par le prêcheur. Les hommes dépeignent un groupe en proie aux conflits, où les disciples entreraient en compétition pour conquérir les faveurs du maître et en retirer des avantages matériels ; les femmes insistent sur le fait qu'elles n'ont pas trouvé là le respect et la protection qu'elles escomptaient. Le nouveau prêcheur qu'ils viennent de rejoindre est dépeint à la fois comme un homme juste et désintéressé, et comme un véritable « homme de Dieu ».

qui transcendent le local et relèvent de l'universel (universalité de la religion monothéiste ou de la religion traditionnelle).

De tels phénomènes caractérisent bien ce qu'il est convenu de désigner comme un contexte de « crise ». L'inefficacité des modèles relationnels de référence devient alors visible pour les individus, alors même qu'ils avaient depuis longtemps connu de profondes transformations – progressivement investis par de nouvelles formes de dépendance et d'échange économique.

Les modèles sociaux mis en scène par les différents collectifs religieux proposent une redéfinition des liens de dépendance et des conditions de l'autonomie individuelle. Les « observateurs » les confrontent aux situations qu'ils vivent et tentent d'y puiser des principes d'action et d'évaluation.

Les observations menées à Bankoni montrent que la rationalisation de la vie quotidienne, l'ethos économique préconisés par le mouvement Ançar Dine ont conduit des chefs de famille à réaménager leur espace domestique – notamment les relations conjugales et la gestion des ressources – tandis que des cadets entreprenaient de fonder une cellule familiale autonome en négociant leurs relations avec les aînés. Les femmes se réfèrent quant à elles aux prêches de Chérif Haïdara pour revendiquer leurs « droits », une « juste » répartition des ressources et une régulation des relations entre les coépouses. La figure de l'individu actif et « responsable » qui se dessine ici à travers les interprétations populaires des prêches de Chérif Haïdara est couramment opposée au modèle extrême de retrait du monde propre au collectif de Soufi Adama. Les « soufis » sont alors qualifiés de « paresseux », ils fuiraient leurs responsabilités en abandonnant leur famille. Cependant, leur mépris de l'argent et du pouvoir politique est constitué en référence lorsqu'il s'agit d'évaluer le comportement des « puissants », de définir « l'homme vraiment libre », et parfois même le « vrai religieux ». Sitanè et ses adeptes sont sollicités en secret, surtout lorsque les individus ne parviennent pas à réorganiser à leur profit les relations familiales et professionnelles. La gestion rationnelle des désirs et des besoins préconisée par les « féticheurs », leur comportement pragmatique, sont alors conçus comme des remèdes à l'injustice et à la confusion qui caractériseraient aujourd'hui le monde social.

Les usages auxquels donnent lieu les programmes de vérité concurrents, l'instabilité des formes d'adhésion religieuse, mériteraient d'être mis en perspective avec les stratégies des leaders religieux. La position d'intermédiaires entre la population et l'État qu'ils tentent de conquérir est liée à l'évaluation sociale de leur autorité dans un champ religieux conflictuel et de l'influence qu'ils y exercent, mais sa légitimité est fondée sur l'adhésion de la population aux principes religieux qu'ils diffusent. La sphère religieuse argumente ainsi son autonomie face au monde politique et la spécificité de sa fonction téléologique.

Cependant, le traitement médiatique des relations entre la sphère étatique et les leaders religieux semble mettre de plus en plus l'accent sur ce qui semble les rapprocher du personnel politique (évaluation de leur réseau social, de leur capacité de mobilisation lors des meetings et des manifestations, des ressources économiques dont ils semblent disposer). Ces modes d'évaluation se reflètent dans les jugements sociaux qui circulent de plus en plus dans la population étudiée : « Les Maîtres sont devenus des politiciens ».

Une analyse des formes d'adhésion et des usages du religieux observables dans l'ensemble de la configuration malienne permettrait de considérer sous un nouvel angle l'évolution des conceptions du politique et de ses rapports avec la sphère religieuse élaborées par les leaders charismatiques.

Bibliographie

AMSELLE, Jean-Loup, 1985, « Le Wahhabisme à Bamako (1945-1985) », *Canadian Journal of African Studies*, p. 345-357.

ARSENIEV, Vladimir, 2007, « Les chasseurs Donso du Mali à l'épreuve du temps », *Afrique Contemporaine*, 3-4, n° 223, p. 341-361.

BOUJU, Jacky, 2009, « La malédiction, l'honneur et la spéculation. Principes historiques de la propriété foncière en Afrique de l'Ouest », *Bulletin de l'APAD*, 29-30, p. 71-91.

BOURDARIAS, Françoise, 2007, « La décentralisation, la coutume et la loi. Les constructions imaginaires d'un conflit à la périphérie de Bamako (Mali) », *in* C. Fay et C. Quiminal (dir.), *Pouvoirs et décentralisation en Afrique de l'Ouest,* Paris, IRD, p. 221-238.

BOURDARIAS, Françoise, 2010, « Redéfinitions de l'État-nation et des territoires au Mali en temps de crise : migrants chinois et populations locales », *in* P. Phelinas et M. Sélim, (dir.), *La crise vue d'ailleurs*, Paris, L'Harmattan, p. 139-169.

BRENNER, Louis, 1993, « Constructing Muslim Identities in Mali », *in* L. Brenner (ed.), *Muslim Identity and Social Change in Sub-Saharan Africa*, Londres, Hurst, p. 50-78.

FARGE, Arlette, 1992, *Dire et mal dire, L'opinion publique au XVIIIe siècle*, Paris, Seuil.

HOLDER, Gilles, 2009, « Maouloud 2006, de Bamako à Tombouctou. Entre réislamisation de la nation et laïcité de l'État : la construction d'un espace public religieux au Mali », *in* G. Holder (éd.), *L'islam, nouvel espace public en Afrique*, Paris, Karthala, p. 237-290.

——— 2012, « Chérif Ousmane Madani Haïdara et l'association Ançar Dine : un réformisme malien populaire en quête d'autonomie », *Cahiers d'études africaines*, LII (2-3), 206-207, p. 389-425.

LEFORT, Claude, 2001, *Essais sur le politique*, Paris, Le Seuil.

REVEL, Jacques (dir.), 1996, *Jeux d'échelles*, Paris, Gallimard/Le Seuil.

7

Les musulmans au Niger : un réveil islamique à la nigériane ?

Roman LOIMEIER

La genèse de ma participation à cette réflexion sur l'islam nigérien, ses pratiques, ses usages, ses compétitions, ses relations avec le pouvoir politique, ses engagements civiques et ses acteurs remarquables ou ordinaires tient à une sollicitation de la part des organisateurs du Workshop International de l'ANR PUBLISLAM, qui s'est tenu en mars 2012 à Paris. On m'invita à cet effet à présenter une conférence introductive à l'atelier consacré à la restitution des travaux sur le Niger, en tirant partie de mes travaux sur le Nigeria voisin (Loimeier 1997). Aussi est-ce à ce titre que ma participation à cet ouvrage prend sens, bien que je ne sois jamais allé personnellement au Niger. Pourtant, ce pays ne m'est pas totalement inconnu : mes recherches au Nigeria du Nord m'ont naturellement conduit à prendre en compte ce qui se passe au Niger, surtout au regard du développement du mouvement *Yan Izala*.

Le développement du mouvement *Yan Izala* (en arabe, *Jamâ'at Izâlat al-bid'a wa-Iqâmat as-Sunna*, litt. « Communauté pour la suppression de l'innovation blâmable et la restauration de la Sunna ») ou plus simplement l'abrégé *Yan Izala* en langue haoussa, doit être vu dans le contexte du procès de transformation sociale et de modernisation économique du Nigeria du Nord qui a mené, depuis les années 1930, à l'affaiblissement des autorités établies, particulièrement des leaders politiques des émirats du Nord et des leaders religieux des ordres soufis, *Tijâniyya* et *Qâdiriyya*. En réalité, les protagonistes de ces dynamiques de modernisation, notamment Ahmadou Bello, le Premier ministre du Nigeria du Nord (1954-

1966), et Abubakar Gumi, le « Grand Cadi » du Nigeria du Nord (1962-1966), avaient estimé que les musulmans du Nord ne pouvaient assurer leur position dominante au sein de la Fédération du Nigeria que s'ils achevaient de réduire les différences de développement entre le Nord et le Sud du pays. Parallèlement, ils essayèrent d'imposer leur propre « hégémonie d'interprétation » comme leaders politiques et religieux du Nord aux autorités en place. Leurs efforts de modernisation « islamique », au sens d'un processus défini par les musulmans eux-mêmes, menèrent inévitablement à de multiples conflits avec les autorités dans les années 1950 et 1960, prenant même un caractère chaotique lorsque Ahmadou Bello fut assassiné lors du premier coup d'État en 1966. Ayant dès lors perdu son principal soutien politique et institutionnel, Abubakar Gumi commença à attaquer ouvertement ses « ennemis », les leaders des ordres soufis en tête, et encouragea finalement la fondation du mouvement *Yan Izala* en 1978 (Kane 2003 ; Loimeier 1997 ; Umar 2006).

Vu du Nigeria, le Niger est d'abord perçu comme une extension de peuplement du pays hausa en direction du nord – à l'exclusion de la société djerma située quant à elle à l'ouest de la vallée du fleuve Niger –, qui se caractérise par un creuset la fois religieux, linguistique, culturel et historique commun. À l'instar du Nigeria du Nord, le Niger est aujourd'hui un pays largement islamisé. Selon le recensement général de 1988, le pays compterait une population à 98,7 % musulmane, tandis que les chrétiens ne représenteraient que 0,4 % de la population, se distinguant en cela du nord du Nigeria où il existe une forte minorité chrétienne. De même, au Niger, comme au Nigeria du Nord, il existe une forte tradition soufie, en l'occurrence autour de la *Tijâniyya* et la *Qâdîriyya*, tandis qu'une nouvelle tradition anti-ésotérique a émergé dans la seconde moitié du XXe siècle, à travers le mouvement *Yan Izala*. Mais tandis que le Nigeria a connu aux XVIIIe et XIXe siècles une histoire marquée par des mouvements djihadistes, le Niger se singularise quant à lui par une opposition historique à ces mêmes dynamiques, opposition incarnée par les royaumes de Kebbi, Gobir, Katsina Nord (Maradi) et Damagaram qui luttèrent contre l'empire de Sokoto et ses émirats. De fait, au Niger, on trouve de façon spécifique un héritage islamique à la fois pré- et anti-djihadiste, assorti d'une forte tradition autour des cultes locaux, notamment le *bori*.

Dans ce contexte comparatif, je me propose d'opérer ici une double lecture des dynamiques contemporaines de l'islam, sous la forme d'un aller-retour entre le Niger et le Nigeria. Dans un premier temps, je me propose de conduire une réflexion à travers la question suivante : comment peut-on « lire » le Niger à partir du Nigeria du Nord ? Dans un second temps, je retournerai la comparaison en prenant cette fois-ci la perspective inverse du Niger vers le Nigeria du Nord, ce qui me permettra alors de discuter des différences structurelles entre les deux pays.

Intensification de l'espace public religieux nigérien et nouvelle économie morale de la prédication

En considérant d'un point de vue comparatif les similarités et les différences entre la société nigérienne et celle du nord du Nigeria, un certain nombre de questions méritent d'être posées, notamment au regard des dynamiques de développement du mouvement *Yan Izala*. Est-ce que son développement au Niger s'est déroulé comme au nord du Nigeria, ou bien observe-t-on des changements significatifs ? Et si modifications il y a, comment les analyser ? Le Niger a-t-il connu les mêmes problèmes de succession de leaders du mouvement qu'au Nigeria et quels sont les événements décisifs qui ont conduit à la formation de ces générations de leaders ?

Lorsqu'on regarde l'histoire récente du mouvement *Yan Izala* au Nigeria du Nord, on remarque en premier lieu que, dès les années 1970 et jusqu'à la fin des années 1980, la succession des leaders du mouvement *Yan Izala* est étroitement liée à deux confrontations successives : celle avec les ordres soufis, d'une part ; celle avec les églises chrétiennes, d'autre part. Dans la décennie 1990-2000, surtout à partir de 2000, on observe une série de conflits internes marqués notamment par le débat autour de la charia, où les *Yan Izala* vont finir par imposer un activisme islamique sous la forme de groupes de vigilance appelés *Yan Hisba* (litt. « Les Gardiens »), chargés de surveiller la bonne application de la charia. Dans le nord du Nigeria, la dynamique du mouvement *Yan Izala* tel qu'il apparaît aujourd'hui aura ainsi connu cinq phases successives : gestation, croissance, crise, fragmentation et renouveau, lequel s'ancre notamment autour du débat sur la charia.

Au Niger, le développement du mouvement *Yan Izala* semble être d'une autre nature. Il s'inscrit dans une dynamique particulière marquée par une série de facteurs qui participent du procès de réislamisation propre au pays. On note ainsi un accroissement significatif du nombre de fidèles, notamment des jeunes et des femmes, et un retour à la prière quotidienne, ce dont témoigne en particulier la multiplication des mosquées dans les dernières décennies. On constate également l'augmentation des associations islamiques (plus d'une soixantaine en 2009), suivie de la mise en place d'ONG islamiques nationales, tandis que l'on assiste parallèlement à une intensification de la *da'wa*. On observe aussi un développement relativement important de l'enseignement religieux et la multiplication des médersas *modernisées*, conduisant à une certaine amélioration du degré d'apprentissage du Coran et de la langue arabe. Mais d'une manière plus générale, les Nigériens expriment une forte demande visant à découvrir ou redécouvrir l'islam. De fait, le nombre de pèlerins nigériens qui se rendent à La Mecque s'accroît d'année en année, tandis que les autres cultes religieux reculent, à commencer par les cultes préislamiques. Sur un plan plus culturel, on observe une augmentation significative du nombre de programmes islamiques à la radio et à la télévision (publiques ou privées), mais aussi du nombre de journaux communautaires, tandis que le marché des objets religieux (livres, brochures, cassettes audiovisuelles, CD, etc.) croît de façon exponentielle et que l'on observe un net changement des modes vestimentaires et des apparences physiques à travers le port du hijab, du pantalon court ou de la barbe.

Enfin, depuis les années 1990, l'intensification de l'espace public religieux au Niger se caractérise par l'affirmation de toute une gamme d'acteurs islamiques (Hassane 2005 : 373 *sq.*) qui répondent au développement des concurrences entre les divers groupes socioreligieux. On dénombre ainsi six catégories d'acteurs du champ islamique nigérien : 1/ les maîtres des écoles coraniques, ou *Malamai zaure*, de loin les plus nombreux et qui sont souvent liés à une confrérie soufie ; 2/ les docteurs et savants en islam, qui sont en l'occurrence des fonctionnaires d'État, et que l'on appelle *Malamai gwamnati* (litt. « les maîtres du gouvernement ») ; 3/ les *Shuyûkh* proprement dits, c'est-à-dire les guides spirituels confrériques de la *Tijâniyya* et la *Qâdîriyya* ; 4/ le groupe assez réduit que constituent les intellectuels musulmans (arabisants et francophones confondus) dits *Malaman yan boko* (litt. « les maîtres du savoir occidental »), lesquels sont souvent issus des milieux marxistes ; 5/ les mécènes qui appartiennent au groupe des riches marchands *Alhazai*, les *Masu taimakon addini* (litt. « les maîtres de l'assistance religieuse »), très généralement liés aux *Yan Izala* ; 6/ enfin les prédicateurs proprement dits du mouvement *Yan Izala*, ceux que l'on appelle les *Masu waazi* (litt. « les maîtres du prêche »), qui incarnent une nouvelle figure du champ islamique nigérien et tendent sur ce point à supplanter les maîtres coraniques et autres savants liés à l'islam confrérique.

Ces prédicateurs constituent un groupe clé pour comprendre les dynamiques actuelles de l'islam au Niger. Les *Masu waazi* peuvent en effet être singularisés comme entrepreneurs religieux dans un « islam de marché » (Haenni 2005). De fait, si la « clientèle » des prédicateurs *Yan Izala* est constituée pour l'essentiel d'un public de fidèles considérés comme des « croyants ignorants » (*jâhil*), il s'agit néanmoins de les respecter, de les séduire et surtout de les convaincre (Hassane 2009 : 104). Nous sommes là dans une figure de l'accommodement entre économie morale et économie de marché qui caractérise cette nouvelle tendance de l'islam et qui influe fortement sur la sphère religieuse nigérienne. Contrairement aux savants et autres *Mallamai*, les *Masu waazi* ne fondent pas leur discours sur un mode savant, mais s'attachent au contraire à être des vulgarisateurs. L'action est au cœur de leur prédication, au sens de « quand dire c'est faire » (Austin 1970), mais aussi au sens plus trivial d'une rhétorique du marketing, où la communication même est action.

De ce point de vue, et c'est sans doute là une dimension importante de la réussite des *Masu waazi*, ce travail d'islamisation ou de réislamisation est perçu comme une offre libérale et démocratique. Les rigidités protocolaires (autorité, respect, savoir, etc.) sont fortement atténuées, voire supprimées, tandis que ces nouveaux prédicateurs s'efforcent de se rendre disponibles, aimables, réceptifs et accessibles à tous. Comme le souligne Hassane (2009 : 109 *sq.*), les *Masu waazi* travaillent à produire une touche personnelle et deviennent en quelque sorte une « marque » référencée dans le marché du religieux. Ils veillent ainsi à se spécialiser dans la prédication qui a trait, par exemple, au mariage, à la morale, à l'explicitation jurisprudentielle du politique, etc. Dès lors, les *Masu waazi* se doivent d'aller à la rencontre de leur clientèle et de circuler au sein de l'organisation ; la mobilité est essentielle pour éviter la sclérose. Il faut savoir renouveler ses produits et les rendre attirant, conquérir de nouveaux marchés, susciter la demande. La vitesse de la communication et la transnationalité du réseau sont des éléments forts de l'action des *Masu waazi*. L'idéologie et les techniques de l'économie libérale irriguent cette nouvelle forme de prédication, tandis que le consommateur de prêches éprouve le sentiment de participer, sinon d'une démocratisation du savoir islamique, tout au moins d'un accès immédiat et connecté au global. Dans le même temps, et parce que le produit proposé demeure du registre de la foi, les relations au sein des associations *Yan Izala* s'attachent à transcender les identités, les hiérarchies sociales et même les rapports de genre au profit d'une confraternité entre frères et sœurs qui concourt à instaurer alors une « communauté d'émotion » (*ibid.* : 114).

Le contexte politique des développements religieux au Niger : un État encore à la manœuvre ?

Au-delà de la typologie, l'analyse propre des dynamiques religieuses au Niger demande cependant que l'on examine d'abord le cadre politique du pays tel qu'il s'est imposé depuis les années 1990. À la suite de l'effondrement du bloc soviétique en 1989, le Niger va inaugurer, à l'instar de beaucoup d'autres États subsahariens, une dynamique de démocratisation, de décrispation sociale et d'ouverture politique, qui sera assortie de changements économiques brutaux sous l'égide de la politique dite des « ajustements structurels » et d'une dévaluation du franc CFA en 1994. Si cette économie brutalement libéralisée provoquera une certaine « insécurité économique » à l'endroit des populations précaires, ces années 1990 sont aussi celles de la globalisation des modes de communication (explosion des nouveaux médias et individualisation des supports), de circulation des personnes (politiques d'intégration sous-régionales et migrations internationales) et d'un pluralisme politique inédit (multipartisme et logique démocratique). Or ces processus ont gagné la sphère religieuse et se sont notamment manifestés, comme nous l'avons vu, par la multiplication des associations qui a abouti à la fois à la croissance de la *da'wa* religieuse, d'abord dans les centres urbains, puis dans les campagnes, et à un renouveau islamique lié notamment au développement du mouvement *Yan Izala* au Niger. Face à ces entreprises, on assiste alors à un véritable choc des idées et des pratiques entre, d'une part, les ordres soufis et *Yan Izala* et, d'autre part, l'État nigérien et *Yan Izala*. Une série d'événements vont marquer ce choc entre pratiques et conceptions, à travers une sorte d'agenda oppositionnel : la lutte contre la politique de planification familiale, dont les manifestations à Zinder en 1992 furent particulièrement virulentes ; la contestation du projet de réforme du code de la famille de 1993 qui perdure jusqu'à aujourd'hui ; le rejet en 1999 de la Convention pour l'élimination des discriminations à l'égard des femmes (CEDEF) ; ou encore, l'opposition en 2000 au Festival international de la mode africaine (FIMA) à Niamey et à Maradi, festival organisé pour la première fois en 1988 à Tiguidit dans l'Aïr.

D'une manière plus générale, on assiste à des efforts de plus en plus concertés de la part des associations musulmanes qui militent en faveur d'une islamisation de l'État nigérien, objectif en direction des institutions étatiques considéré comme indispensable pour pérenniser l'islamisation de la société. De fait, l'État nigérien s'est engagé depuis plusieurs années dans ce que l'on peut appeler une « politique musulmane », à travers une série de mesures significatives : 1/ la création en 2007 d'un ministère des Affaires religieuses et de l'Action humanitaire (MARAH), qui perdra son autonomie 2010 avec la VIIe République pour n'être plus qu'une des compétences du ministère de l'Intérieur, de la Sécurité publique, de la Décentralisation et des Affaires religieuses ; 2/ la mise en place de postes de « conseillers islamiques » ; 3/ l'intervention croissante dans l'organisation du pèlerinage à La Mecque ; 4/ la création de jours fériés musulmans ; 5/ le développement d'émissions religieuses dans les médias d'État ; 6/ le renforcement des relations bilatérales avec la Libye de Mouammar Kadhafi ; 7/ la création d'un Conseil islamique du Niger (CIN) en 2003, qui ne sera effectif qu'en 2007.

En dépit de cette « politique musulmane », l'État nigérien se fonde sur une constitution non pas « laïque » – le mot n'existe pas dans la constitution –, mais qui affirme la séparation de l'État et de la religion. Si ce principe est largement débattu, voire contesté par une frange de la sphère islamique, notamment *Yan Izala*, il demeure un élément important au regard, notamment, du fait que le Niger est très bénéficiaire de l'aide internationale (Sounaye 2005 : 506), une aide fortement conditionnée au maintien de ce principe de séparation. De fait, celui-ci sera successivement réaffirmé dans les constitutions de 1992, 1996 et 1999, où l'article 8 du préambule stipule que la République « respecte et protège toutes les croyances. Aucune religion, aucune croyance ne peut s'arroger le pouvoir politique ni s'immiscer dans les affaires de l'État », tandis qu'à l'article 9, il est rappelé que « les partis à caractère ethnique, régionaliste ou religieux sont interdits. Aucun parti ne saurait être créé dans le but de promouvoir une ethnie, une région ou une religion, sous peine de poursuites judiciaires ». Mais au-delà de la posture vis-à-vis des partenaires occidentaux et supranationaux, ce maintien de la séparation entre l'État et la religion est aussi un outil de politique intérieure qui permet ainsi à l'État nigérien, au nom du respect de la constitution, de contrôler et exclure, le cas échéant, toute association qui deviendrait trop critique.

Pour autant, l'État nigérien ne saurait rester sourd à ces entreprises islamiques et à leur impact social. Aussi, développe-t-il ce que David Robinson (2000) a appelé des *paths of accommodation*, des « voies d'accommodement », censées permettre de concilier la politique de l'État avec les diverses associations et orientation musulmanes. Toutefois, on peut se demander si l'État nigérien n'est pas tombé là dans une sorte de « piège de la piété » (Loimeier 2011) en estimant ainsi « qu'il est possible de combattre l'islam à partir de ses positions » (Hassane 2009 : 120) et en sous-estimant le rapport de légitimité entre la sphère étatique et la sphère islamique. De fait, on peut estimer que l'État a d'ores et déjà en partie échoué à subvertir l'activisme islamique par un islam intégré, si l'on considère par exemple l'échec autour de la Convention sur les droits de la femme, du code de la famille, etc. De surcroît, la stratégie du « diviser pour régner » accuse des limites, lorsque les organisations musulmanes loyalistes ou les docteurs musulmans fonctionnarisés, les *Malamai gwamnati*, censés faire office de garde-fous face à la réforme *Izala*, doivent eux aussi préserver leur légitimité sociale en veillant à afficher de temps à autres publiquement une certaine distance avec l'État.

Le développement du mouvement *Yan Izala* au Niger : entre confréries et État

C'est dans ce contexte général que se développe le mouvement *Yan Izala* au Niger. Son implantation commence juste après la mort du président Kountché, en 1987, soit onze ans après la création du mouvement au Nigeria du Nord. Le premier représentant nigérien des *Yan Izala* est Malam Shu'aibu Ladan, disciple du nigérian Shaykh Abubakar Mahmud Gumi, qui va implanter le mouvement au Niger à partir de la ville de Maradi. Malam Shu'aibu Ladan et ses *Yan Izala* trouveront ici un appui auprès du groupe des *Alhazai* (sing. *Alhaji*), les grands commerçants de la ville, qui, comme au Nigeria, vont jouer le rôle de mécènes en finançant les activités prosélytes du mouvement. Les artisans, les fonctionnaires, les diplômés et universitaires revenus d'Arabie saoudite, ainsi que quelques *Malamai zaure* liés à la *Tijâniyya* ou à la *Qâdîriyya*, vont permettre une large extension du mouvement. En 1990, les *Yan Izala* créent l'Association pour la diffusion de l'islam au Niger (ADINI-Islam), association qui ne sera reconnue officiellement qu'en 1992 et enregistrée en 1993, mais organisent dès 1992 une première campagne de « prêche national » (*waazin kasa*) entre le Nigeria et le Niger.

À mesure que le mouvement se développe, les cadres de *Yan Izala* vont s'efforcer de suivre le modèle nigérian en portant une attention accrue aux aspects formels du culte, ce qui répondait de surcroît à une certaine nécessité quant à la visibilité publique du réformisme de ce mouvement. Ils s'attachent ainsi à une certaine manière de prier, la mise en place d'horaires de prières légèrement décalées et le respect de certaines invocations. Mais ils se caractérisent surtout par la dénonciation farouche des pratiques coutumières liées au mariage, à la dation du nom ou au décès et à ce qu'ils appellent les « innovations blâmables » (*bida'*), c'est-à-dire les pratiques jugées magico-religieuses, tels que l'usage des amulettes de protection, du *sha rubutu* (ou *Sunan Alla* qui consiste à faire boire l'eau avec laquelle on a lavé une planchette où ont été écrits les noms de Dieu), de la divination, etc. Apparaissant de ce point de vue comme un mouvement ostensiblement anti-maraboutique, *Yan Izala* s'impose en suscitant une série de conflits avec les confréries, notamment la *Tijâniyya*. Mais comme au Nigeria du Nord, ces entreprises de dénonciation des *Yan Izala* conduisent à un « réveil » des organisations *tijânî*, lesquelles vont créer en 1992 l'Association pour le rayonnement de la culture islamique (ARCI), une organisation en l'occurrence niassène. Cette confrontation entre réformistes *Yan Izala* et traditionnalistes *Tijânî* prendra des formes extrêmes et violentes, surtout en 1992, à Dogondoutchi, et en 1993, avec des assassinats, des mosquées incendiées, etc. Mais elle permettra pourtant d'enclencher d'importants débats contradictoires qui, au final, participeront à une intensification de l'islam dans l'espace public nigérien.

Si le mouvement *Yan Izala* se développe stratégiquement dans l'espace public à travers sa lutte contre l'islam confrérique, il va aussi s'opposer avec force à l'État nigérien, ce qui le distingue singulièrement de son développement au Nigeria, où *Yan Izala* apparaît plutôt comme loyal vis à vis de l'État ou, plus exactement, à l'égard des gouverneurs musulmans des États du Nigeria du Nord, mais aussi des présidents musulmans de la fédération comme Shehu Shagari ou encore le général Babangida. En revanche, son action sociale est assez similaire au Niger et au Nigeria. *Yan Izala* crée de nombreuses écoles islamiques modernes, que ce soit en termes d'enseignement ou de moyens (tableaux, bancs, tables, cahiers, curriculum, etc.), tandis qu'il est perçu comme un mouvement particulièrement ouvert en direction des femmes et des jeunes. Dans les deux pays, il met en place une structure de prédication territorialisée qui se décline au niveau national, régional et local, et organise des sorties mensuelles, des prêches de quartier, etc. Le mouvement est financé par les mécènes, mais aussi par les cotisations des membres (Zakari 2007 : 51 *sq.*). Au-delà des frais d'organisation des différentes campagnes de prédication et de prosélytisme, ces fonds permettent notamment d'alimenter une aide sociale des membres, expliquant encore une fois leur succès en tant que mouvement de reforme sociale et religieuse. Mais, tout comme au Nigeria, on assiste à des scissions autour des questions liées à l'autorité, la corruption, la gestion des fonds, etc., révélant combien cette dynamique réformiste qualifiée de *Yan Izala* est loin d'être homogène. En 2000, à l'instar de ce qui s'était produit au Nigeria en 1991, le mouvement se divise et aboutit à une certaine paralysie ; l'intensité des activités de *Yan Izala* régresse, tandis que les discours sont devenus plus didactiques et moins polémiques.

Conclusion

Le développement du mouvement *Yan Izala* au Niger semble suivre, dans ses grandes lignes, celui du Nigeria, même si l'on observe désormais une divergence avec le lancement, en 2000, des débats sur l'introduction de la « charia politique ». Mais cette dynamique de débats et les activités déployées par *Yan Hisba* au Nigeria du Nord contribuent en réalité à renforcer le traditionnel trafic transfrontalier, en développant tout particulièrement les villes frontalières nigériennes, où les musulmans du Nigeria du Nord viennent de surcroît consommer de l'alcool et rencontrer des prostitués, toute une économie du plaisir rendue impossible au Nigeria. Plus largement, les liens directs et étroits entre Nigeria et Niger ont ainsi conduit, dès les années 1990, à la mise en place d'un « champ sémantique transfrontalier » (Hassane 2007 : 92) qui, amplifié par les technologies modernes, a tendance à renforcer les conflits.

Il faut pourtant souligner que, en comparaison du Nigeria, les *Yan Izala* du Niger se caractérisent jusqu'à aujourd'hui comme un phénomène surtout urbain qui épargne une partie du territoire. Et si les *Yan Izala* se sont imposés de façon incontournable dans l'espace public nigérien, c'est avant tout parce qu'ils auront suscité de profondes dissonances entre musulmans. De ce point de vue, les années 1990 se sont caractérisées par de nombreux conflits religieux, notamment entre les *Yan Izala* et la *Tijâniyya*. Toutefois, depuis le début des années 2000, la situation s'est sensiblement calmée. Une meilleure connaissance de l'islam, à travers les débats sur les textes, les différentes positions, etc., a peut-être contribué à cette pacification, à l'instar de ce que l'on a pu observer dans d'autres pays, comme au Sénégal par exemple. Mais l'exemple négatif du Nigeria du Nord a peut-être aussi servi de repoussoir et influencé par contraste la situation nigérienne. Il semble en effet que, au Niger, on ne souhaite pas assister au même déploiement de haine, de violences et de conflits qui, au Nigeria, s'est caractérisé de façon extrême par le développement du mouvement Boko Haram à partir des années 2000 (Loimeier 2012). La politique de décrispation nigérienne a finalement forcé les courants militants à accepter l'expression de la différence et considérer que tous les courants islamiques ont le droit de s'exprimer (Hassane 2009 : 121).

En comparaison des années 1990, mais aussi de la situation nigériane, l'ostracisme qui avait court au Niger entre les différentes mouvances est en passe de disparaître. Peut-être a-t-on à faire ici, à l'instar de ce qui s'est produit à Zanzibar notamment, à une certaine « fatigue » en termes de ferveur ou d'enthousiasme religieux. Les acteurs islamiques ont-ils peu à peu éprouvé une certaine lassitude à polémiquer et s'affronter ainsi de façon stérile autour des mêmes thèmes durant toutes ces années ? Peut-être ont-ils réalisé que les diverses positions théologiques et dogmatiques n'étaient en fait que des interprétations relativement acceptables en termes scholastiques (Loimeier 2009). Quoi qu'il en soit, si l'on cultive la disposition qui consiste à faire acte de « bonne volonté » (*husn al-niyya*) et concéder celle-ci à tout musulman, quelle que soit par ailleurs sa filiation religieuse ou sa position dogmatique, les débats théologiques pourraient s'apaiser et se déplacer pour prendre alors une forme moins religieuse à travers des luttes sociales, politiques et économiques plus classiques. Si la situation au Niger et, plus encore, au Nigeria du Nord n'en est pas encore à ce niveau, on aimerait en tout cas voir un jour ce processus se mettre en place.

Bibliographie

AUSTIN, John L., 1970, *Quand dire c'est faire*, Paris, Seuil [1re éd. angl. 1962].

CHARLICK, Robert B., 2007, « Niger : Islamist Identity and the Politics of Globalization », *in* W. Miles (ed.), *Political Islam in West Africa: State-Society Relations Transformed*, Londres, Lynne Rienner Publishers, p. 19-42.

GLEW, Robert, 1996, « Islamic Associations in Niger », *Islam et sociétés au sud du Sahara*, n° 10, p. 187-206.

——— 1998, « Islamic Culture and Muslim Identity in Zinder, Niger: A historical perspective », *Islam et sociétés au sud du Sahara*, n° 12, p. 129-148.

——— 2001, « A discourse centrered approach toward understanding Muslim identities in Zinder, Niger », *Islam et sociétés au sud du Sahara*, n° 14-15, p. 99-122.

GRÉGOIRE, Emmanuel, 2003, « Islam and Identity of Merchants in Maradi (Niger) », *in* L. Brenner (ed.), *Muslim Identity and Social Change in Sub-Saharan Africa*, Londres, Hurst, p. 106-115.

HAMANI, Djibo, 2007, *L'Islam au Soudan Central. Histoire de l'Islam au Niger du VIIe au XIXe siècle*, Paris, L'Harmattan.

HAENNI, Patrick, 2005, *L'islam de marché : l'autre révolution conservatrice*, Paris, Seuil.

HASSANE, Souley, 2005, « Les nouvelles élites islamiques du Niger et du Nigeria du Nord : itinéraires et prédications fondatrices », *in* L. Fourchard *et al.* (dir.), *Entreprises religieuses transnationales en Afrique de l'Ouest*, Paris, Karthala, p. 373-394.

——— 2007, « Le Nigeria, entre la sharia et la démocratie », *in* S. Hassane *et al.*, *Islam, sociétés et politique en Afrique subsaharienne. Les exemples du Sénégal, du Niger et du Nigeria*, Paris, Les Indes savantes/Rivages de Xanton, p. 75-96.

——— 2009, « Société civile islamique et nouveaux espaces publics au Niger. Esquisse sur l'islam postmoderne et les pratiques religieuses globales en Afrique », *in* G. Holder (éd.), *L'islam, nouvel espace public en Afrique*, Paris, Karthala, p. 101-126.

IDRISSA, Abdourahmane, 2005, « Modèle islamique et modèle occidental : le conflit des élites au Niger », *in* M. Gomez-Perez (dir.), *L'Islam politique au Sud du Sahara*, Paris, Karthala, p. 347-374.

KANE, Ousmane, 2003, *Muslim Modernity in Postcolonial Nigeria: A Study of the Society for the Removal of Innovation and Reinstatement of Tradition*, Leyde, Brill.

LOIMEIER, Roman, 1997, *Islamic Reform and Political Change in Northern Nigeria*, Evanston, Northwestern University Press.

——— 2009, *Between Social Skills and Marketable Skills: The Politics of Islamic Education in 20th Century Zanzibar*, Leyde, Brill.

——— 2011, « Zanzibar's geography of evil: the moral discourse of the Ansâr al-sunna in contemporary Zanzibar », *Journal for Islamic Studies*, vol. 31, p. 4-28.

——— 2012, « Boko Haram: The Development of a Militant Religious Movement in Nigeria », *Afrika Spectrum*, vol. 47, 2-3, p. 137-156.

MASQUELIER, Adeline, 2001, *Prayer has spoiled everything: Possession, power and identity in an Islamic town of Niger*, Durham, Duke University Press.

——— 2009, *Women and Islamic revival in a West African town*, Bloomington, Indiana University Press.

MEUNIER, Olivier, 1997, *Dynamique de l'enseignement islamique au Niger : le cas de la ville de Maradi*, Paris, L'Harmattan.

ROBINSON, David, 2000, *Paths of accommodation: Muslim societies and French colonial authorities in Senegal and Mauritania, 1880-1920*, Oxford, Ohio University Press.

SOUNAYE, Abdoulaye, 2005, « Les politiques de l'Islam au Niger dans l'ère de la démocratisation de 1991 à 2002 », *in* M. Gomez-Perez (dir.), *L'Islam politique au Sud du Sahara*, Paris, Karthala, p. 503-528.

UMAR, Muhammad S., 2006, *Islam and Colonialism: Intellectual Responses of Muslims of Northern Nigeria to British Colonial Rule*, Leyde, Brill.

ZAKARI, Maïkoréma, 2000, « Une figure tijani de l'est nigérien : Malam Abba Tchillum de Kolori-Kolo », *in* D. Robinson et J.-L. Triaud (dir.), *La Tijaniyya : une confrérie musulmane à la conquête de l'Afrique*, Paris, Karthala, p. 237-248.

——— 2007, « La naissance et le développement du mouvement Izala au Niger », *in* H. Souley *et al.*, *Islam, sociétés et politique en Afrique subsaharienne. Les exemples du Sénégal, du Niger et du Nigeria*, Paris, Les Indes savantes/Rivages de Xanton, p. 51-74.

——— 2007, « Shaykh Shaibu Ali. Un soufi au cœur de la capitale nigérienne », *Islam et sociétés au sud du Sahara*, nouvelle série n° 1, p. 101-116.

8

L'espace public religieux au Burkina Faso : entre pouvoir charismatique et développement social[1]

Mara VITALE

Au Burkina Faso, l'islam est devenu depuis quelques décennies la religion principale, et sa présence est de plus en plus évidente autant dans les grands centres urbains que dans les villages. À Ouagadougou, la capitale, on ne compte plus les mosquées, les centres islamiques et les complexes religieux appelés *zawiya* ; les symboles de l'islam, exposés avec fierté par les fidèles, sont bien visibles dans les espaces privés des habitations ainsi que dans les lieux publics[2]. Ce qui impressionne le chercheur, ainsi que le visiteur moins averti, c'est la grandeur et la splendeur des bâtiments consacrés à la prière ou aux activités liées à l'islam[3].

1. Je tiens à remercier le projet ANR PUBLISLAM pour le soutien financier ainsi que les collègues du projet pour les échanges tenus à Paris, Bamako et Ouagadougou.

2. Sur les portes des habitations, les mobylettes ou les voitures, on voit de plus en plus de symboles (autocollants, photos, porte-clés avec image, chapelets, etc.) affichant l'appartenance religieuse, mais aussi l'affiliation confrérique, ou encore la dévotion envers un guide spirituel local ou étranger.

3. En 2010, dans le nouveau quartier de Ouaga2000, a été ouvert un centre islamique polyvalent. Ce centre, voulu et financé par l'ONG libyenne Association mondiale de l'appel islamique (AMAI), est composé d'un centre médical, d'une bibliothèque, d'une mosquée et de plusieurs salles de lecture et d'activités. Sa construction a débuté en 2005 et, à l'occasion de la pose de la première pierre, étaient présentes de nombreuses personnalités musulmanes burkinabè et étrangères, parmi lesquelles Cheikh Hassane Cissé, guide spirituel sénégalais de la confrérie *Tijâniyya* niassène. La même année, l'homme d'affaires burkinabè Oumarou Kanazoé (1927-2011) a

En effet, chacune des nombreuses associations musulmanes présentes au Burkina essaie de bâtir sa propre mosquée afin de montrer son importance, et ainsi s'imposer autant vis-à-vis des autres coreligionnaires, que des autres religions et de la société civile. La forte concurrence entre les diverses organisations musulmanes et entre les quatre principaux cultes (musulman, catholique, « animiste »[4] et protestant)[5] a rendu nécessaire l'élaboration de nouvelles stratégies d'appropriation de l'espace et accentué l'importance des associations religieuses dans le processus de formation identitaire et l'organisation sociale de la population.

Les recherches que nous avons menées au Burkina, dans le cadre du projet ANR PUBLISLAM, nous ont permis d'analyser ce processus de réappropriation et de redéfinition des espaces publics par les acteurs religieux. Nous avons également pu observer que toutes les grandes confessions vivent un moment d'expansion et d'effervescence au Burkina Faso, et prennent de plus en plus conscience de l'importance de leur rôle vis-à-vis de la société.

En particulier, nous étudierons dans notre contribution le cas de la communauté islamique de la *Tijâniyya hamawiyya* – *Tijâniyya* réformée par Cheikh Hamallah au début du XXe siècle, et dont le centre religieux est situé à Nioro-du-Sahel, dans le nord-ouest de l'actuel Mali – et son rôle dans le processus de développement d'un nouvel espace public religieux au Burkina Faso. Cette confrérie soufie, la plus importante du Burkina, a intensifié au fil des ans sa participation à la vie politique du pays et redéfini sa place au sein de la société. Nous essaierons donc de comprendre la nature des rapports entre cette confrérie et le monde politique, d'analyser les activités de la *Tijâniyya hamawiyya* soutenues par le gouvernement et de faire le point sur le travail accompli, les choix opérés et les stratégies

---

fait construire une nouvelle mosquée du vendredi pour la Communauté musulmane (l'ancienne association musulmane unique du Burkina Faso), qui a été déclarée plus grande mosquée de l'Afrique subsaharienne.

4. Les chercheurs utilisent de moins en moins le terme « animisme » pour désigner les cultes et pratiques religieux locaux. Cependant dans les rapports statistiques officiels, nous trouvons utilisé le mot « animisme » pour indiquer les pratiques religieuses traditionnelles, terme que nous reprenons donc ici. Sur le débat autour de la terminologie à adopter, voir notamment l'article de Nicolas Journet : « L'animisme est-il une religion ? Entretien avec Philippe Descola », *Sciences Humaines*, n° 5, 2006, p. 4-9.

5. Selon le dernier recensement officiel, les musulmans seraient 60,5 %, les catholiques 19 %, les animistes 15 % et les protestants évangéliques 4,2 %. Voir *Recensement général de la population et de l'habitat (RGPH) de 2006*. « Analyse des résultats définitifs. Thème 2 : état et structure de la population », Ministère de l'Économie et des Finances, Burkina Faso, 2006. En ligne, consulté le 24 avril 2014, http://www.insd.bf/fr/IMG/pdf/Theme2-Etat_et_structure_de_la_population.pdf

suivies par les leaders religieux *tijânî* impliqués dans la consolidation progressive d'un espace public ouvert aux fidèles musulmans et aux autres citoyens.

De plus, la formation de nouvelles associations musulmanes, toutes liées à la *Tijâniyya hamawiyya* mais se donnant des objectifs différents de ceux qui caractérisent les confréries mystiques, nous a poussé à enquêter sur ce phénomène des associations musulmanes se transformant en ONG islamique. En effet, l'évolution récente des formes associatives musulmanes a été déterminée principalement par deux facteurs : d'une part, l'accroissement de la dimension transnationale de l'islam (porté par l'action des ONG et l'intensification des flux migratoires), et d'autre part, la politisation des organisations religieuses qui font de plus en plus entendre leur voix auprès des gouvernements en influençant souvent les choix politiques. Nos recherches nous ont donc amené à nous interroger aussi sur les stratégies d'expansion mises en place par les « nouveaux » chefs religieux, leurs connections politiques et les relations qu'ils entretiennent avec le monde islamique moyen-oriental.

Afin de mieux comprendre le phénomène d'appropriation de l'espace public par le religieux, nous avons limité notre domaine d'investigation aux deux principaux foyers *tijâni* burkinabè, à savoir celui de Ramatoulaye (contexte rural), et celui du quartier ouagalais de Hamdallaye (contexte urbain), pour ainsi identifier les différences et les caractéristiques communes de ces deux *zawiya*, et de leurs chefs charismatiques.

De l'espace public à « l'espace public religieux »

Le concept d'espace public reste l'un des plus fascinants et débattus dans les sciences humaines et sociales ; différentes disciplines ont proposé de nombreuses définitions de cette notion (Arendt 1972 ; Habermas 1990 ; Tassin 1992). Il est toutefois crucial pour notre analyse de comprendre l'interprétation donnée au concept d'espace public par la société civile, l'État et les autorités religieuses burkinabè, ainsi que son évolution au cours du temps, en fonction des événements historiques du pays et du continent africain. En effet, comme nous le verrons, la participation croissante de certains acteurs sociaux à la vie sociopolitique du pays a rempli la notion d'espace public de nouveaux contenus. Nos observations tendent à montrer que les musulmans burkinabè perçoivent l'espace public comme un « espace d'apparition du politique » ; les acteurs politiques s'approprient des lieux de rencontre et des grands événements, pour se mettre en scène et donner de la visibilité aux problèmes politiques qui les concernent (Arendt 1972). Nous avons également remarqué que l'espace public devient de plus en plus un espace de légitimation du politique : dans ce cas ce sont les citoyens qui choisissent des lieux privilégiés d'accès aux informations politiques, où ils peuvent débattre et se forger une opinion. Les citoyens se sentent alors non seulement destinataires du droit mais aussi auteurs de ce droit (Habermas 1990).

La naissance d'un « espace public religieux », notion élaborée et discutée au sein du projet PUBLISLAM (Holder 2009a), est alors une conséquence, presque inévitable, du progressif intérêt de la religion – dans notre cas l'islam – aux problèmes de la société et à son rapprochement avec le monde politique du pays. Au Burkina Faso, nous avons pu observer la politisation progressive des grands événements religieux, qui mélangent de plus en plus la spiritualité et le mysticisme à l'engagement civil. Les chefs religieux se montrent ouverts aux principales thématiques sociales et politiques, devenant des figures de médiation entre État et citoyens. Ils donnent aux acteurs politiques et à la société civile la possibilité de s'approprier des espaces qu'ils gèrent eux-mêmes, et s'investissent dans la création de nouveaux espaces de sociabilité qui permettent à l'islam de s'engager directement dans les questions sociales et de redéfinir ainsi son accès à la sphère publique.

Le village sacré de Ramatoulaye ou l'espace public imposé

Ramatoulaye est un centre spirituel de la confrérie de la *Tijâniyya*. Il s'agit notamment d'un village religieux fondé par le Cheikh Aboubakar Maïga, ayant à l'origine comme seules finalités la méditation, la prière et la contemplation de Dieu – un lieu qui devait donc, en principe, rester en dehors de toute logique économique et politique. Administrativement, Ramatoulaye était jusqu'en 2010 un quartier du village de Namissiguima (dans les zones rurales, la différence entre village et quartier est assez labile), situé dans la région septentrionale du Yatenga, siège historique du royaume mossi. Depuis sa création en 1917, cet endroit est devenu un lieu saint et la destination de pèlerinages des fidèles *tijânî*[6]. Son statut de

6. Selon les sources orales, la fondation de Ramatoulaye remonte à 1917, lorsque Aboubakar Maïga, après de longs voyages d'étude en quête du savoir musulman,

« village sacré » lui interdit toute activité qui ne soit pas liée à la religion : par conséquent, les places et autres lieux publics du village ne sont pas fréquentés par les habitants, ni animés par des marchés, et il n'existe aucun moment de rassemblement ou de discussion publique, à l'exception du vendredi à la mosquée[7].

Cependant, à l'occasion de la célébration de l'anniversaire du prophète, le *Mawlid an-Nabî* ou Mouloud, nous observons un véritable bouleversement de la vie du village[8]. Pendant la semaine qui précède cet événement, et la nuit de la cérémonie, Ramatoulaye se transforme en un énorme marché, où les échanges commerciaux se mêlent aux échanges d'opinions et d'informations sur la vie politique et sociale du pays et de l'Afrique. Des milliers de fidèles se rendent en pèlerinage dans ce petit village pour visiter les tombeaux du fondateur et de son successeur, et dans l'espoir de rencontrer le Cheikh Aboubakar Maïga II pour recevoir la *baraka*. Mais la nuit même du Mouloud, entre les chants de louanges au prophète, c'est l'occasion pour les hommes politiques, les personnalités influentes du pays et les chefs religieux de prendre la parole et tenir des discours de propagande électorale autour de leur programme politique, tout en dispensant des enseignements moraux à la population. Pour Ramatoulaye, la participation de ces personnalités au Mouloud est le signe évident de son importance religieuse. Mais pour les hommes politiques, cette cérémonie est devenue au fil des années le moment privilégié pour

---

est de retour dans son village natal Namissiguima. Néanmoins, il est rejeté par sa famille « animiste » qui l'oblige à s'éloigner. L'administration coloniale, en accord avec les autorités coutumières, lui confie les champs de sa mère à environ un kilomètre du village d'origine. Avec ses compagnons rencontrés au fil de ses voyages, il occupe et cultive cet espace auquel il donne le nom de Ramatoulaye (de l'arabe : « bonheur de Dieu »), qui deviendra avec le temps un sanctuaire et un centre religieux.

7. Les informations d'intérêt public sont soit diffusées à la radio, soit transmises de bouche-à-oreille grâce aux personnes venues de Ouahigouya ou de Ouagadougou. Dernièrement, les conseillers du Cheikh ont proposé de faire venir une fois par semaine la presse locale afin que la population puisse être informée et discuter des plus importants événements internationaux et nationaux. Entretien avec B. Maïga, Ramatoulaye, le 12 septembre 2011.

8. Cette célébration, qui commémore la naissance du prophète Muhammad, fait l'objet d'un âpre débat chez les musulmans. En effet, le courant salafiste considère cette festivité comme une « innovation blâmable » (*bid'a*), car elle n'aurait jamais été commémorée par le prophète et n'est mentionnée ni dans le Coran ni dans la Sunna. Par contre l'islam soufi reconnaît cette festivité et, en Afrique de l'Ouest, les *zawiya* sont désormais nombreuses à célébrer la naissance du prophète, faisant même de cette fête un moment de rassemblement et de confirmation de l'attachement à leur identité islamique.

s'afficher avec les chefs religieux, pour diffuser des idées et faire connaître leurs projets politiques. En effet, ils peuvent s'adresser à un vaste public provenant des tous les coins du Burkina et des pays voisins et transmettre – à travers les médias (radios, télévision et journaux) qui assurent la couverture de l'événement – leur message.

Au cours de ces dernières années, plusieurs acteurs sociaux ont compris l'importance médiatique du Mouloud de Ramatoulaye, et à chaque célébration, de nouveaux invités s'imposent aux organisateurs[9]. C'est d'abord le gouvernement burkinabè, qui se charge de la coordination des services de sécurité à titre gratuit, qui profite de cette célébration pour mettre en exergue et en scène, à travers les discours des représentants des institutions, le travail accompli par le gouvernement. Par exemple, l'édition du Mouloud 2010, qui a eu lieu en plein milieu des élections présidentielles, a été marquée par plusieurs interventions en faveur du président de la République et par de nombreux appels à participer aux élections. Récemment, la participation au Mouloud a également permis à plusieurs personnalités religieuses et politiques des pays arabes et du Maghreb de gagner en visibilité, le financement d'œuvres publiques à caractère religieux et civil (puits, écoles, etc.) permettant de « recruter » de nouveaux fidèles[10].

La transformation subie au fil des ans par Ramatoulaye s'est traduite en 2010 par un changement de statut administratif : de simple quartier de Namissiguima, Ramatoulaye est devenu un village indépendant, avec sa propre organisation administrative. Ce changement s'inscrit avant tout dans le programme de décentralisation mis en œuvre par l'État burkinabè depuis les années 1990[11], mais il a sans aucun doute subi une forte accélération grâce au gain de popularité religieuse de ce village. Dans la formation de la nouvelle administration communale, les hiérarchies existantes ont été respectées ; le frère cadet du Cheikh, Abdoulaziz Maïga, qui

9. À côté des hommes d'État, des représentants coutumiers et religieux, nous retrouvons parmi les invités des ambassadeurs des pays du Golfe et des pays nord-africains, des hommes d'affaires, etc.

10. Cette « instrumentalisation » du Mouloud par les hommes politiques, qui profitent de cet événement pour obtenir des financements et acquérir plus de visibilité auprès d'une société toujours plus sensible aux thèmes sur l'islam, n'est pas une caractéristique exclusive du Burkina, et a été observé dans d'autres contextes africains (Holder 2009b).

11. En 1993 est créé le ministère de l'Administration territoriale et de la Décentralisation (MATD) et le programme de décentralisation est devenu effectif à partir de 1995, après que les élections communales ont permis la création de 33 communes urbaines.

était responsable administratif de la petite communauté et substitut du Cheikh pendant son absence, est devenu le premier maire de Ramatoulaye.

Le changement administratif du village a eu de nombreuses conséquences. Tout d'abord, Ramatoulaye a pu se détacher de Namissiguima, considéré par les fidèles du Cheick comme un endroit peuplé de *kâfirun* (infidèles). Ensuite, Ramatoulaye peut dorénavant gérer de façon autonome les ressources financières nécessaires à la réalisation des projets de développement, mais qui pourront également être utilisées pour l'aménagement des lieux de culte[12]. Mais la conséquence la plus marquante de ce changement concerne le fait que Ramatoulaye n'est plus seulement un espace religieux de méditation ; on voit désormais la formation de nouveaux espaces, publics et non plus privés, et la création de moments de rencontre spécifiques (assemblées, réunions, conseils administratifs, etc.) pendant lesquels il est possible d'exposer et de discuter publiquement des problèmes sociopolitiques du village[13].

Dans le cas de Ramatoulaye, la redéfinition de l'espace public ne passe pas seulement à travers la politique et la religion : depuis quelques années ce petit village a été classé parmi les sites d'intérêt touristique du Burkina. Cette nouvelle vocation touristique a non seulement été déterminante pour la mise en valeur des lieux de culte, mais elle a aussi entraîné les villageois vers une plus grande participation pour l'aménagement de la localité. En particulier, l'ouverture de Ramatoulaye au tourisme a abouti à l'élaboration de plusieurs projets visant la construction de petits hôtels et de « maquis » (restaurant) jusque-là inexistants, mais aussi à un réseau de transport en direction de Ouahigouya et des autres villages environnants[14].

---

12. La destination des fonds a toujours été un objet de débats et de tensions pour l'administration de Namissiguima. Les représentants de Ramatoulaye ont en effet régulièrement demandé qu'une partie des financements soit destinée aux bâtiments religieux, mais cette requête n'a jamais pu aboutir pour des raisons d'équité entre confessions.
13. La transformation de Ramatoulaye qui, de quartier devient un village, a notamment porté sur la construction d'un bâtiment destiné au bureau du maire.
14. Depuis quelques années, il existe un système de transports reliant le village sacré de Ramatoulaye à Ouahigouya qui est effectif environ deux jours par semaine (en fonction de la saison), à l'exception de la période du Mouloud pendant laquelle les transports augmentent sensiblement.

Le quartier de Hamdallaye et la recherche de nouveaux espaces de rencontre

Si l'exemple de Ramatoulaye illustre la manière dont l'État impose sa présence pour susciter de nouveaux espaces publics lui permettant de faire passer ses messages politiques, le cas du quartier Hamdallaye de Ouagadougou est un exemple marquant de l'interaction entre pouvoir charismatique et stratégie de développement de l'espace public religieux. Cheikh Boubakary Doukouré, qui est à la tête des *Tijânî* du quartier de Hamdallaye depuis les années 1980, est l'une des figures religieuses burkinabè les plus intéressantes, capable à la fois de s'impliquer dans la formation de nouveaux espaces publics et de s'engager de façon active dans la sphère politique. Descendant direct du fondateur de la *Tijâniyya hamawiyya* de Hamdallaye, il est lié depuis sa jeunesse au monde politique local autant qu'aux pays arabes du Golfe. Il représente pleinement cet islam qui, au Burkina, essaye de se débarrasser de ses traits exclusivement mystico-religieux, pour se rapprocher davantage du monde de la politique et du développement économique et social (Vitale 2012).

Cheikh Doukouré a ainsi choisi de devenir un véritable entrepreneur religieux au service de la population, sans pour autant renier ses propres ambitions personnelles. En effet, grâce surtout à ses capacités relationnelles et à son charisme, il peut compter sur un patrimoine économique important, provenant de différentes sources. En premier lieu, Cheikh Doukouré dispose de la *zakat* (aumône légale) versée par ses adeptes lors d'une rencontre ou des grandes festivités musulmanes. Ensuite, le Cheikh de Hamdallaye s'appuie sur les financements provenant des pays arabes, avec qui il entretient des rapports privilégiés, et des ONG étrangères qui sont de plus en plus intéressées pour soutenir ses projets de développement social, économique et urbanistique. Grâce à ces fonds, il a pu réaliser notamment la construction de l'Institut franco-arabe El-Elmi, du lycée confessionnel Ridwane, du Centre universitaire polyvalent du Burkina Faso (CUPB) et a récemment créé Radio Ridwane pour le Développement, sans compter une série d'importantes structures commerciales. À cet égard, il est intéressant de noter que dans la réalisation de ses projets, Cheikh Doukouré ne s'appuie généralement pas sur un seul « mécène », et cela afin de se garantir plus d'autonomie décisionnelle et une certaine liberté d'expression au sein de ses réalisations culturelles et éducatives. En effet, si les lieux qu'il met en place sont clairement des espaces islamisés où les adeptes construisent leur identité musulmane, l'objectif du Cheikh est aussi de susciter des espaces de sociabilité destinés à la transformation des habitants en citoyens responsables. Par exemple, plusieurs activités d'action sociale (visites aux malades, interventions en faveur des enfants de la rue, etc.) ont pour objectif principal le prosélytisme, mais elles sont aussi un moyen de transmission de valeurs civiques indispensables à l'action citoyenne.

La « construction » de ces nouveaux espaces publics à caractère religieux a été rendue possible grâce au charisme, mais aussi au talent d'entrepreneur du Cheikh, cette dernière caractéristique étant singulièrement absente chez d'autres acteurs religieux que nous avons rencontrés. La gestion des fonds qui, comme nous l'avons dit, proviennent de différentes sources, s'insère dans un système plus général d'économie morale de l'islam, où le cheikh assume le rôle de « planificateur social » (Vitale 2009) chargé de réinvestir au profit de la collectivité les fonds financiers dont il dispose. Son action est guidée par un système de principes, éthiques et religieux, qui affectent la définition même du bien-être social (*ibid.*) et rendent légitime l'appropriation par la religion des lieux publics. Les stratégies d'investissement mises en œuvre par le Cheikh montrent qu'une économie morale de l'islam peut véritablement contribuer à la mutation de l'islam en Afrique, en soutenant son engagement dans la sphère sociale et en redéfinissant son accès à la sphère publique. Par ailleurs, si l'appropriation de l'espace public par le pouvoir religieux met souvent en exergue l'incapacité de l'État à faire face aux besoins socio-économiques des citoyens, surtout en matière de santé et d'éducation, elle permet aussi d'apprécier la capacité de l'islam burkinabè – longtemps considéré comme isolé et peu actif – de se renouveler et de s'adapter aux exigences de la modernité.

Le charisme religieux comme outil du politique

L'appropriation de l'espace public par la religion passe aussi à travers l'engagement direct dans les choix politiques. Au Burkina Faso, nous ne pouvons pas parler d'une véritable politisation des autorités musulmanes – qui d'ailleurs n'ont jamais déclaré publiquement leur appartenance politique – ou de l'existence d'associations religieuses impliquées dans le débat politique. Dans d'autres pays africains, nous observons en revanche une participation active des acteurs religieux à la vie politique, à tel point qu'on parle parfois d'eux en termes de « marabouts politiques » (Samson 2009). Dans cette configuration, les chefs religieux s'imposent personnellement au pouvoir politique, ou bien soutiennent ouvertement les partis et leurs représentants (Kane et Villalon 1995 ; Gomez-Perez 1991, 2005 ; Samson 2005, 2009 ; Brégand 2009 ; Thiriot 2010 ; Holder et Saint-Lary 2013). L'exemple burkinabè montre que les chefs religieux ne s'engagent pas directement, bien que leur participation soit fortement demandée par les autorités politiques (qui pensent élargir leur base électorale en affichant le soutien des chefs religieux, et reconnaissent en ces derniers le charisme indispensable pour guider un pays).

Cheikh Doukouré n'a jamais participé personnellement à la gestion du pouvoir politique, mais depuis quelques années, il est l'un de plus proches conseilleurs du président de la République en matière de politique étrangère. En effet sa connaissance du monde arabe et les relations qu'il entretient avec les plus influentes personnalités religieuses et politiques de ces pays lui permettent d'être un interlocuteur privilégié pour le gouvernement burkinabè. Cependant, pour respecter la volonté de son père qui souhaitait le voir à la tête de la *zawiya*, Cheikh Doukouré a toujours refusé d'assumer une charge institutionnelle publique, même si son engagement dans la politique devient de plus en plus significatif. En effet, la rapide montée de l'islam au Burkina Faso au cours des dernières années a rendue nécessaire une confrontation constante et directe entre les représentants religieux et les autorités politiques. De plus, l'islam occupe de plus en plus l'espace public pour faire face aux faiblesses de l'État, surtout en matière d'éducation et santé, et a su tirer profit de cette opportunité pour réislamiser la société musulmane, attirer des nouveaux adeptes et proposer à la population un nouveau civisme fondé sur les principes moraux islamiques.

De l'association musulmane à l'ONG islamique : extension ou changement des espaces publics religieux ?

Un phénomène récent observable au Burkina Faso est la mise en place de formes associatives islamiques qui cherchent dans l'aide humanitaire une nouvelle identité, une stratégie d'action et la possibilité d'occuper l'espace public religieux burkinabè. En particulier, ces dernières années, des associations sont nées au sein de la *Tijâniyya* et des deux principaux foyers *tijânî* dont nous avons précédemment parlé. Le cas le plus remarquable est sans doute celui de Cheikh Abdoul Aziz Ouédraogo, guide spirituel du village de Titao (situé quelques kilomètres de Ramatoulaye dans la région septentrionale du Yatenga), qui a fondé pas moins de trois

ONG islamiques. Il semble que cette option ait répondu à la fois à la nécessité d'interagir activement avec les autorités religieuses, les acteurs politiques et la société civile, et à l'ambition d'augmenter le nombre de ses adeptes. Ces associations humanitaires, qui relèvent de son autorité, ne sont pas pour autant ouvertement liées à la mystique *tijânî*, bien que leur fondateur soit membre de la Communauté islamique de la Tidjaniya au Burkina Faso (CITBF) et qu'il adhère, par tradition familiale, à une pratique religieuse soufie[15]. La première ONG du Cheikh de Titao, l'Union fraternelle et de solidarité islamique du Burkina Faso (UFSIBF) créée en 2005, organise de nombreuses activités de prosélytisme mais aussi des projets de développement rural dans la région du Yatenga, qui sont destinés en particulier aux femmes et aux jeunes. La deuxième organisation s'appelle la Fondation internationale de solidarité Cheikh Abdoul Aziz Ouédraogo (FISCAAZO) et, tout en poursuivant les mêmes objectifs que la première, profite de la collaboration avec des ONG nord-africaines. Enfin, la troisième association, la Fédération mondiale pour la réconciliation sociale et la paix (FEMORES/PAIX), est centrée sur la promotion de la paix à travers la propagation de l'islam[16].

Sans renier ses origines *tijânî*, Cheikh Ouédraogo a voulu se rapprocher du monde arabe pour accéder à de nouvelles sources de financement, indispensables pour développer ses projets humanitaires (Vitale 2010), et ainsi obtenir une reconnaissance internationale, ce qui semble être désormais l'un des soucis principaux des autorités religieuses soufis de l'Afrique subsaharienne (Vitale 2012). L'exemple du Cheikh Ouédraogo montre également que, du point de vue des autorités religieuses, la mise en place, non plus d'associations mais d'ONG à vocation humanitaire est devenu un moyen pour gagner le soutien des fidèles, « occuper » l'espace public et devenir un interlocuteur incontournable du pouvoir politique. Comme nous l'avons déjà mis en exergue dans le cas du Cheikh Doukouré, les guides spirituels contemporains doivent faire preuve de polyvalence et affirmer leur prestige en dehors de la sphère purement mystique, s'ils aspirent à jouer un rôle décisif dans la société. Cette redéfinition des fonctions, dictée en premier lieu par les ambitions personnelles des chefs religieux, est également une conséquence de la faiblesse et de la perte d'autorité de l'État, souvent incapable de satisfaire les

15. Cheikh Abdoul Aziz Ouédraogo est le fils d'un des proches conseilleurs du fondateur de la *zawiya* de Ramatoulaye, Cheikh Aboubakar Maïga. Au moment de la mort du guide spirituel, Cheikh Ouédraogo, selon la rumeur, aurait dû lui succéder.

16. Cette ONG organise des caravanes de *da'wa*, des rencontres dans les mosquées et les villages avec les personnes en difficulté, etc. Entretien avec Cheikh Ouédraogo, Ouagadougou mars 2010.

besoins d'une société en rapide évolution. Cette nouvelle forme d'association à vocation humanitaire reconnue comme un acteur du développement par l'État permet donc au fondateur et aux membres de s'affirmer en tant qu'éléments actifs de la société civile, tout en faisant la promotion d'un projet de moralisation et de réislamisation de la société.

Conclusion

À travers trois exemples, nous avons essayé d'étudier les différentes stratégies mises en place par l'État et les autorités religieuses dans la formation et l'appropriation des espaces publics au Burkina Faso. En particulier, nous avons constaté que de nouveaux espaces publics, créés par les autorités politiques, subissent par la suite une rapide transformation sous l'impulsion des chefs religieux musulmans. L'appropriation de nouveaux espaces publics ne répond pas uniquement à l'exigence d'alimenter le dialogue entre État et société civile, mais est souvent déterminée par la nécessité d'élargir la base électorale des pouvoirs publics. En effet les représentants du monde politique burkinabè ont bien compris l'importance du soutien des musulmans (qui représentent, désormais, la majorité de la population), ainsi que la centralité du rôle de médiateur joué par les chefs religieux. Si d'un coté les autorités politiques choisissent attentivement des espaces publics religieux pour relancer le débat politique et faire passer leur propagande électorale, de l'autre les chefs religieux utilisent l'espace public comme un lieu de moralisation et de réislamisation, d'où ils peuvent affirmer leur pouvoir charismatique au sein de la communauté musulmane appelée à débattre de problèmes sociopolitiques.

Par conséquent, le réveil de l'islam, né de la nécessité de revivifier la foi et la pratique des musulmans, se traduit désormais par une progressive politisation de l'islam burkinabè, non seulement parce que l'action religieuse déborde de plus en plus sur l'action sociale, mais aussi parce que cette nouvelle situation tend à faire rapprocher les chefs religieux du monde politique (bien que ces derniers continuent généralement à éviter tout engagement direct). Enfin, cette participation de plus en plus active des autorités religieuses à la gestion des espaces publics est étroitement liée aux défaillances et aux faiblesses d'un État qui, même s'il a su construire l'image positive d'un pays sans conflit interne et d'une démocratie ouverte et attentive aux exigences de la population (Hilgers et

Mazzocchetti 2005), reste incapable de répondre aux besoins collectifs essentiels de la population.

Bibliographie

ARENDT, Hanna, 1972, *La crise de la culture. Huit exercices de pensée politique*, Paris, Gallimard.

BRÉGAND, Denise, 2009, « Du soufisme au réformisme. La trajectoire de Mohamed Habib, imam à Cotonou », *Politique Africaine*, n° 31, p. 121-142.

GOMEZ-PEREZ, Muriel, 1991, « Associations islamiques à Dakar », *Islam et sociétés au sud du Sahara*, n° 5, p. 5-19.

——— (dir.), 2005, *L'islam politique au Sud du Sahara. Identité, discours et enjeux*, Paris, Karthala.

HABERMAS, Jürgen, 1990, *L'espace public. Archéologie de la publicité comme dimension constitutive de la société bourgeoise*, Paris, Payot.

HILGERS, Mathieu et MAZZOCCHETTI, Jacinthe, 2005, « L'après-Zongo : entre ouverture politique et fermeture des possibles », *Politique Africaine*, n° 101, p. 5-18.

HOLDER, Gilles, 2009a, « Introduction. Vers un espace public religieux : pour une lecture contemporaine des enjeux politiques de l'islam en Afrique », *in* G. Holder (éd.), *L'islam, nouvel espace public en Afrique*, Paris, Karthala, p. 5-20.

——— « "Maouloud 2006", de Bamako à Tombouctou. Entre réislamisation de la nation et laïcité de l'État : la construction d'un espace public religieux au Mali », *in* G. Holder (éd.), *L'islam, nouvel espace public en Afrique*, Paris, Karthala, p. 237-289.

HOLDER, Gilles, SAINT-LARY Maud, 2013, « Enjeux démocratiques et (ré)conquête du politique en Afrique. De l'espace public religieux à l'émergence d'une sphère islamique oppositionnelle », *Sens public*, n° 15-16, p. 187-205.

KANE, Ousmane et VILLALON, Leonardo A., 1995, « Entre confrérisme, réformisme et islamisme. Le Mustarshidin du Sénégal. Analyse et traduction du discours électoral de Moustapha Sy et réponse de Abdou Aziz Sy Junior », *Islam et Sociétés au Sud du Sahara*, n° 9, p. 119-201.

SAMSON, Fabienne, 2005, *Les marabouts de l'islam politique. Le Dahiratoul Moustarchidina Wal Moustarchidaty, un mouvement néo-confrérique sénégalais*, Paris, Karthala.

SAMSON NDAW, Fabienne, 2009, « Nouveaux marabouts politiques au Sénégal. Lutte pour l'appropriation d'un espace public religieux », *in* G. Holder (éd.), *L'islam nouvel espace public en Afrique*, Paris, Karthala, p. 149-172.

TASSIN, Étienne, 1992, « Espace commun ou Espace public ? L'antagonisme de la communauté et de la publicité », *Hermès*, n° 10, p. 23-37.

THIRIOT, Céline, 2010, « Islam et espace public au Mali : "une société civile religieuse" très engagée », *in* D. Darbon, R. Otayek et P. Sadran (dir.), *Altérité et identité, itinéraires croisés. Mélange offert à Christian Coulon*, Bruxelles, Bruylant, p. 213-243.

VITALE, Mara, 2009, « Économie morale, islam et pouvoir charismatique au Burkina Faso », *Afrique Contemporaine*, n° 231, p. 231-243.

——— 2010, « L'aiuto umanitario islamico in Burkina Faso : ONG internazionali e transnazionalizzazione della Tijâniyya », *Afriche e Orienti*, anno XII, 2/10, p. 87-101.

——— 2012, « Trajectoires d'évolution de l'islam au Burkina Faso », *Cahiers d'études africaines*, LII (2-3), n° 206-207, p. 367-387.

TROISIÈME PARTIE

LES POLITIQUES DE L'ISLAM : UNE COMPÉTITION SANS ARBITRE ?

9

Le Sénégal de Abdoulaye Wade : entre populisme et affirmation mouride

Jean-Pierre DOZON

À propos du Sénégal, Jean-Louis Triaud a employé, à l'occasion d'une communication orale, une très heureuse formule que je reprendrais volontiers à mon compte, celle de « nation confrérique ». Cette formule, même si elle peut paraître réductrice, exprime en effet assez remarquablement l'idée que le Sénégal, différemment des autres pays ouest-africains à majorité musulmane, a été façonné depuis l'époque coloniale par plusieurs confréries, par plusieurs *turuq* (sing. *tarîqa*), pour utiliser le mot arabe désignant tout à la fois une voie spirituelle et un ordre institutionnel ; en l'occurrence principalement par la *Tijâniyya* et la *Mouridiyya*, secondairement par la *Qâdîriyya* et la confrérie *Layenne*. Ces quatre confréries rassemblent ainsi l'essentiel de la population musulmane, mais n'épuisent cependant pas le champ islamique du pays, car celui-ci compte également des musulmans non confrériques dont une proportion non négligeable adhère à des mouvements wahhabites ou revendique une appartenance chiite.

Mais, mise à part sa valeur descriptive, la formule de nation confrérique a également l'avantage de renvoyer à deux autres importantes notions qui ont été proposées de plus longue date comme grille d'analyse de l'histoire et de la sociologie politique du Sénégal colonial et post-colonial.

La première notion est celle d'« *accommodation* » – accommodement en français – que l'on trouve sous la plume de David Robinson (2000) et qui permet de saisir comment, au tournant du XXe siècle et après s'être heurtés à plusieurs djihâds militaires durant les décennies précédentes, dont celui de Al-Haij 'Umar Tall, calife pour le Soudan de la *Tijâniyya*, les colonisateurs français et le monde islamique sénégalais, c'est-à-dire principalement confrérique, pratiquèrent un accommodement réciproque. Celui-ci s'est tout particulièrement illustré au travers de cet autre grand marabout et refondateur de la *Tijâniyya*, El Hadj Malick Sy qui, à l'opposé de Al-Haij 'Umar Tall, pratiqua une entente plutôt cordiale avec les autorités coloniales. Mais elle s'est également poursuivie au travers du fondateur de la *Mouridiyya*, Cheikh Ahmadou Bamba. En effet, celui-ci, après de sérieux démêlés avec les mêmes autorités, spécialement plusieurs années de déportation au Gabon et d'exil en Mauritanie, s'arrangea finalement peu ou prou avec elles, au point qu'après sa mort, le pouvoir maraboutique qui lui succéda prit une large part au développement de l'économie coloniale de l'arachide.

La seconde notion, proche ou dans la continuité de la première, mais qui a concerné plus spécifiquement le Sénégal postcolonial, est celle de « contrat social sénégalais » proposée par Donal Cruise O'Brien (1992). Elle voulut signifier que, sous l'égide du président Léopold Sédar Senghor, s'est en quelque sorte consolidé l'accommodement de la période précédente tout en établissant durablement l'hégémonie du parti socialiste sénégalais, par un accord plus ou moins explicite entre le pouvoir étatique et le pouvoir confrérique. Un accord qui s'est incarné exemplairement dans le *ndigël*, c'est-à-dire dans le commandement adressé aux fidèles de soutenir (spécialement à l'occasion des périodes électorales) les autorités politiques en place.

À partir de ces deux notions, « accommodement » et « contrat social sénégalais », j'en proposerais volontiers une troisième, celle de *co-production*. On pourrait en effet dire que, depuis l'époque coloniale, l'État et les confréries se sont coproduits, œuvrant de la sorte conjointement au façonnement de la nation sénégalaise. À quoi il convient d'ajouter que cette coproduction s'applique tout particulièrement bien à la *Mouridiyya*, dans la mesure où cette confrérie est parfaitement contemporaine de la « modernité sénégalaise ». Tout au long du XXe siècle, elle n'a cessé en effet de s'affirmer au sein des anciens royaumes wolofs et de gagner en puissance dans les domaines les plus variés – agricole, artisanal, commercial, migratoire, urbain, etc. (Dozon 2010) –, spécialement au travers de sa cité sainte de Touba devenue la deuxième agglomération du pays (Gueye 2002), et auprès de laquelle le pouvoir senghorien trouva d'importants soutiens dès 1960.

Ces premiers points précisés, il me paraît utile de revenir sur la notion qui charpente le projet de PUBLISLAM, celle d'espace public, que je définirais pour ma part simplement comme le lieu d'expression d'enjeux collectifs et d'intérêts plus particuliers donnant lieu à compétitions, à intrigues, à disputes et conflits, mais aussi à possibles arrangements.

Défini de la sorte, il est assez manifeste que l'espace public sénégalais a toujours été assez fortement imprégné de religieux étant donné que les autorités politiques, durant toute la période coloniale comme après, ont continuellement eu affaire à des interlocuteurs islamiques de poids, principalement confrériques : depuis les djihâds lancés contre les Français durant la deuxième moitié du XIXe siècle et qui participent aujourd'hui au récit national, jusqu'au *ndigël* pratiqué en contexte postcolonial. Plus précisément encore, on pourrait dire de la vie politique sénégalaise qu'elle a pris souvent et très directement des formes d'expression religieuse. C'est par exemple ce qui s'est passé au tournant de l'indépendance quand l'opposition entre les deux grands leaders politiques d'alors, Lamine Gueye et Léopold Sédar Senghor, s'est traduite par une cassure brutale et apparemment irrémédiable de la *Tijâniyya* (une fraction de la confrérie soutenant le premier, une autre le second), laquelle avait pourtant été portée et rénovée par El Hadj Malick Sy et était devenue à cette époque tout à la fois la plus influente et la plus élitiste des confréries.

Cependant, quelle que fût l'importance continue du religieux au sein de l'espace public sénégalais, de cette coproduction du « national » à laquelle se sont livrées sphère étatique et sphère confrérique, l'État au Sénégal, dans son acceptation moderne d'instance rationnelle-légale, ou encore d'univers bureaucratique, pour emprunter ici à Max Weber, n'en a pas moins eu une consistance propre et durable.

En effet, depuis l'instauration des Quatre Communes[1] au début de la IIIe République et le rôle central qu'occupa la vieille cité de Saint-Louis (Dozon 2012) dans la genèse du Sénégal contemporain, la vie politique n'a cessé d'y être animée par des compétitions, des luttes de factions ou des débats idéologiques qui semblaient bien davantage s'inspirer du monde du colonisateur que de celui de l'islam local (Wesley Johnson 1992). Il suffit d'évoquer le combat assimilitionniste, d'inspiration très franc-maçonne oserais-je dire, du député Blaise Diagne (premier Africain, en 1914, a être élu à l'Assemblée nationale), la poursuite plus tard de ce combat par le Saint-Louisien Lamine Gueye qui obtint au Palais Bourbon l'abolition du régime de l'indigénat au sortir de la Seconde Guerre mondiale. Et, en ce qui concerne les années 1950-1960, il faut rappeler

1. C'est-à-dire de Saint-Louis, Gorée, Rufisque et Dakar qui firent exception au régime colonial de l'indigénat puisque leurs habitants, qu'ils fussent blancs, noirs ou métis, obtinrent le statut de citoyens français au tout début de la IIIe République.

l'importance du marxisme, du catholicisme social[2] et du tiers-mondisme qui influencèrent quantité de ceux qui avaient suivi le cursus scolaire instillé par la métropole.

De la même façon, compte tenu de la richesse de cette histoire politique et de la formation très française des Sénégalais qui l'ont animée, compte tenu sans doute également de la place centrale qu'occupait le Sénégal dans l'administration générale de l'Afrique-Occidentale française (AOF), l'État, tel qu'il s'est instauré en 1960, a longtemps pu incarner tant symboliquement que pratiquement le lieu à partir duquel s'organisaient des politiques publiques, en matière agricole, éducative, culturelle, etc., soutenues par le droit et capables de structurer une nation républicaine (Cruise O'Brien, Diop et Diouf 2002).

Aujourd'hui, c'est à cet État-là, ou à ce modèle de nation républicaine, que se réfère, non sans nostalgie, une certaine génération d'intellectuels et de cadres sénégalais, même quand ils ont pu être de sévères critiques à l'encontre d'un mode de gouvernement dominé par le Parti socialiste de Senghor et poursuivi par son successeur, Abdou Diouf.

Cependant, pour appréhender plus précisément la situation actuelle dans laquelle s'est inscrit très directement le projet PUBLISLAM sur le Sénégal, on s'accorde pour dire que, depuis plus de dix ans, depuis tout particulièrement l'arrivée au pouvoir en 2000 d'Abdoulaye Wade, le contrat social sénégalais n'a plus fonctionné ou, plutôt, que les deux termes dudit contrat (État d'un côté, confréries de l'autre) ne furent plus à la même place ou furent quelque peu brouillés.

Du côté, en effet, de l'État, tel qu'il a pu fonctionner comme pôle de structuration de la nation sénégalaise, capable de conduire des politiques publiques et d'organiser, avec des perspectives d'amélioration, le vivre ensemble, on a assisté à un processus continu d'affaiblissement. En réalité, c'est un processus qui a commencé avant l'élection d'Abdoulaye Wade en 2000, à l'époque d'Abdou Diouf avec les programmes d'ajustement structurel qui ont considérablement réduit les possiblités de conduire des politiques publiques et remis en cause cette fonction quasi régalienne que l'État sénégalais avait remplie depuis l'indépendance (à l'instar de la plupart des États africains, mais aussi de beaucoup d'autres États de pays bien plus développés comme la France) d'être au centre du développement économique. Mais c'est un processus d'affaiblissement qui s'est

2. Incarné au Sénégal par le père Lebret, cofondateur du Centre « Économie et Humanisme » après la guerre, qui inspira fortement le socialisme africain que voulurent mettre en œuvre au début de l'indépendance Senghor et son Président du Conseil, Mamadou Dia.

considérablement accéléré avec l'arrivée au pouvoir d'Abdoulaye Wade. Ce dernier, encouragé sans doute par un contexte général fortement néolibéral, transforma le pouvoir d'État en un style de gouvernance de plus en plus informel, c'est-à-dire en des manières de mener les affaires publiques qui tendaient à échapper pour l'essentiel aux circuits rationnels-légaux pour ressortir à la sphère particulière du Président, de ses proches et de ses affidés. Le fait que le fils d'Abdoulaye Wade (Kharim Wade) ait occupé une place de plus en plus stratégique dans cette informalisation de l'État et ait été pressenti comme son successeur à la tête du pays, constitua l'illustration exemplaire d'une telle évolution des choses. Encore doit-on préciser que cette évolution s'est aussi et malgré tout traduite par une politique volontariste de grands et somptuaires travaux dans la capitale sénégalaise, comme si Abdoulaye Wade, quels qu'en fussent les modes opaques de financement, avait voulu marquer d'une empreinte forte l'histoire de son pays afin d'oblitérer peu ou prou celle de Senghor, premier Président du Sénégal indépendant[3].

Au bout du compte, cette évolution a généré une forme de populisme dans lequel la débrouillardise et différentes formes d'illégalisme, qui constituent un des principaux ressorts de la société sénégalaise (compte tenu du niveau important de paupérisation et de chômage, notamment parmi les jeunes), se sont affirmées également comme mode de gouvernance du pays.

Cependant, si l'on peut aussi percevoir dans ce populisme une nouvelle subjectivité politique, il convient précisément de souligner le lien de celle-ci avec la sphère religieuse, comme y invite fortement l'heureuse expression proposée par Olivia Gervasoni et Cheikh Gueye (2005) pour qualifier Abdoulaye Wade : celle en l'occurrence de « Président-talibé » par laquelle le haut et le bas de la société sénégalaise paraissaient soudain se confondre. Cette expression en forme d'oxymore fait tout particulièrement référence au geste inédit et hautement emblématique par lequel le Président Wade, au début de son premier mandat présidentiel, a fortement signifié, non seulement son appartenance à la confrérie mouride, mais aussi et surtout son allégeance au calife général des mourides dans sa cité sainte de Touba.

Cependant, s'il s'est agi là d'un geste inédit dans l'histoire sénégalaise (encore qu'Abdou Diouf, d'obédience pourtant tidjane, avait manifesté, sans doute parce qu'il était alors en mal de popularité, des marques d'attention à l'endroit des mourides en offrant à leur califat rien moins

3. C'est certainement ce qu'a voulu représenter l'immense monument de la « Renaissance Africaine » érigé, non sans démesure, sur la corniche de Dakar.

qu'un domaine de 50 000 hectares – le fameux site appelé Kelkhom – pour qu'il en organise l'exploitation agricole), il convient de l'inscrire plus largement dans ce que Abdourhamane Seck (2010) a appelé « la nouvelle modernité religieuse sénégalaise ».

Je reprends donc à nouveau volontiers à mon compte cette éclairante formule par laquelle son auteur explique que la consolidation du champ islamique au Sénégal s'est faite, depuis deux décennies, au travers d'un processus de diversification et de complexification. Il s'agit d'un processus qui, en empiétant du même coup sur l'espace public, a donné lieu à compétitions et parfois aussi à disputes aussi bien à l'intérieur du monde confrérique qu'à l'extérieur, compte tenu, comme on l'a dit, d'un certain prosélytisme de groupes réformistes, tels que le mouvement (le *jamatou*) d'Ibadou Rahman, ou compte tenu de la présence d'un mouvement chiite à travers son ONG Mozdahir. Cependant, s'il s'est traduit par des compétitions et des défiances à l'intérieur du champ islamique, le processus fut également producteur de nouvelles sociabilités et de nouveaux liens politiques. C'est ce que montre Muriel Gomez-Perez (2009) en pointant la multiplication des mosquées à Dakar, un espace public donc, mais entendu ici dans son sens proprement physique, et en décryptant la façon dont les imams et leurs prêches sont effectivement créateurs de lieux de discussion et de sociabilités possiblement durables pouvant aller jusqu'à d'éventuelles mobilisations, spécialement parmi les jeunes. C'est ce que souligne également Jean-François Havard (2009) lorsqu'il explique que le *ndigël*, qui participait de l'ancien contrat social sénégalais, n'est plus véritablement suivi par les jeunes générations des confréries et est bien souvent remplacé par des adhésions plus ou moins durables à des communautés conduites par des leaders charismatiques plus en accord avec leur mode de vie ou avec leur quête existentielle que les marabouts de leurs parents[4]. Et c'est ce que confirme ici même Kae Amo qui suit notamment de très près la manière dont les deux grandes universités publiques (Université Cheikh Anta Diop de Dakar, Université Gaston Berger de Saint-Louis), sont devenues des lieux de militantisme religieux et de production d'économies morales dans lesquelles sont impliquées et, semble-t-il, conciliées identités culturelles, valeurs islamiques et démarches plus individualisées.

Selon les travaux de mes collègues, on peut par conséquent considérer que la « nouvelle modernité religieuse sénégalaise », suivant la formule d'Abdourhamane Seck, correspond à un espace public qui se caractérise

---

4. Il s'agit d'un phénomène qui s'était amorcé dès l'époque d'Abdou Diouf ; voir Mbodj (1990).

par bien plus de pratiques religieuses qu'auparavant, spécialement durant les deux premières décennies de l'indépendance. Encore convient-il de préciser que ces pratiques ne renvoient pas seulement à de nouvelles sociabilités, à des lieux de discussion, à des entreprises de moralisation de soi et des autres, à des formes de compétition entre diverses appartenances musulmanes (peut-être faudrait-il y ajouter les religiosités chrétiennes qui sont très minoritaires mais également actives). Elles sont également corrélatives d'engagements plus directement politiques, ainsi qu'en témoigne la création de partis créés par des leaders charismatiques émanant de la *Tijâniyya*, surtout de la *Mouridiyya* (Samson 2009), d'implications dans le développement local et la santé au travers de la multiplication d'ONG confessionnelles. Mais, de manière encore plus concrète, elles se sont manifestées par diverses dynamiques de territorialisation.

Muriel Gomez Perez a repéré et étudié certaines d'entre elles dans l'espace urbain de Dakar au travers de la multiplication des lieux de prêche. Pour ma part, je me suis attaché à celles que développe plus particulièrement la *Mouridiyya* dont j'ai indiqué plus haut qu'elle était montée en puissance tout au long du siècle dernier et, singulièrement, après l'indépendance. Or, cette montée en puissance fut au premier chef, précisément, une affaire de dynamiques spatiales. D'abord, dans le domaine agricole par le fait d'une extension permanente de fronts pionniers engageant des communautés de fidèles (des *daaras*) dans l'exploitation de l'arachide et du mil. Ensuite, dans ce que j'appellerai le domaine de la cité – de la « cité cultuelle » pour reprendre en un sens plus spécifique la formule de Jean-François Bayart (1993) –, puisque Touba, la cité sainte des Mourides, est devenue la deuxième agglomération du pays (plus de 500 000 habitants), mais puisque également quantité de *dahiras*, à savoir d'associations mourides, d'artisans, de commerçants, d'étudiants, de fidèles liés à un leader charismatique, se sont de plus en plus déployées et exprimées dans les espaces urbains, particulièrement à Dakar. Enfin, et de manière peut-être encore plus significative, ces dynamiques spatiales se sont traduites par la multiplication des lieux de mémoire et des commémorations généralement liés aux différents épisodes de l'arrestation et de l'enfermement à la fin du XIXe siècle du fondateur de la *Mouridiyya*, Cheikh Ahmadou Bamba, par les autorités coloniales, tout particulièrement à Touba (avec son fameux Grand Magal annuel), mais aussi à Diourbel, à Saint-Louis ainsi qu'à Dakar. Or, ces entreprises mémorielles, comme je l'ai montré dans plusieurs textes (Dozon 2009), n'engageaient pas seulement un processus symbolique de territorialisation. Elles donnaient également lieu à une appropriation assez politique du récit national par laquelle Cheikh Ahmadou Bamba devenait bien davantage que le fondateur de la *Mouridiyya* : en l'occurrence une sorte de héros national avant la lettre, c'est-à-dire une personnalité locale fortement inspirée qui préfigurait déjà l'indépendance du pays alors même que celui-ci venait à peine de devenir la place forte de l'imperium français en Afrique.

Cependant, à propos de récit national et d'entreprises mémorielles, il convient de mettre rapidement en perpective ce phénomène d'intensification religieuse de l'espace public tel qu'il a pu être observé et étudié sous la présidence d'Abdoulaye Wade. Car, en réalité, il s'est amorcé depuis assez longtemps, depuis la fin des années 1970, c'est-à-dire à époque où le contrat social sénégalais fonctionnait, si j'ose dire, à plein régime, mais où l'État-PS, celui de Senghor en l'occurrence, affrontait de graves difficultés, notamment dues aux grandes sécheresses, qui mirent à mal l'économie arachidière du pays et, plus largement, son modèle plus ou moins socialisant de développement du monde rural sénégalais.

C'est dans ce contexte de désenchantement politique qui faisait par ailleurs écho à la perte d'influence des mouvements d'inspiration marxiste et tiers-mondiste, incarné par le Parti africain de l'indépendance (PAI) fondé par Mahjmout Diop, qui avait mené la contestation au tournant de l'indépendance et au-delà, que des étudiants et d'anciens militants abandonnèrent peu ou prou ces mouvements et ces idéologies pour s'investir dans l'islam. Certains s'engagèrent dans les quelques courants réformistes qui commençaient déjà à émerger à l'époque, tandis que d'autres, sans doute plus nombreux, rallièrent le milieu confrérique, spécialement, semble-t-il, celui du mouridisme (Dozon 2010). Par ses figures fondatrices, enracinées dans l'histoire sénégalaise, comme par ses dynamismes économiques qui allaient désormais bien au-delà de l'agriculture arachidière en crise, à savoir le commerce, les transports, l'artisanat, les migrations internationales, le mouridisme ne cessait de représenter aux yeux de ces étudiants et de ces anciens militants tiers-mondistes une sorte de « développement autocentré » pour reprendre une formule qui avait eu une grande audience en leur sein.

Ce sont précisément eux qui prirent une large part à la consolidation idéologique de la *Mouridiyya* en y développant bien souvent leur propre stratégie interne et en œuvrant tout particulièrement à ces entreprises mémorielles évoquées précédemment. Mais, plus généralement, il se produisit au tournant des années 1980, et au-delà même de l'attraction opérée par la *Mouridiyya*, notamment à cause de cette autre attraction que représenta la révolution iranienne, un réinvestissement dans l'islam, générateur justement d'une « nouvelle modernité religieuse », qui fut comme une alternative consécutive aux échecs du pouvoir d'État sénégalais – du pouvoir du parti socialiste qui, quoique fussent ses liens avec les confréries, avait pu devenir hégémonique parce qu'il était au centre du développement national.

Finalement, et pour reprendre le fil d'une analyse consistant à interroger et à mettre en regard les deux termes du contrat social sénégalais, on se trouve donc en présence, d'un côté, d'une sphère étatique sénégalaise qui a perdu une large part de ses fonctions rationnelles-légales, spécialement durant les deux mandats présidentiels de Abdoualye Wade ; de l'autre, d'une sphère confrérique et, plus largement, islamique occupant dans tous les secteurs d'activité de plus en plus de terrain, ce qu'on peut appeler soit un élargisssement, soit une intensification religieuse de l'espace public. Mais, si cela invite à conclure sur le constat d'un déséquilibre tout à fait inédit entre les deux termes, la sphère religieuse prenant l'avantage sur la sphère étatique, il convient cependant de compléter le tableau par une ultime analyse.

En effet, ainsi qu'il a été indiqué précédemment, si les fonctions rationnelles-légales de l'État se sont affaiblies au profit d'une informalisation des modes de gouvernement, le pouvoir proprement politique, incarné par un homme, Abdoulaye Wade, et ses affidés, n'a eu de cesse de vouloir se consolider en faisant valoir une capacité à moderniser le pays par une politique de grands travaux et en cherchant une légitimité qui outrepassait, jusqu'à vouloir le mettre en cause, le cadre constitutionnel dont il était issu.

Cette légitimité peut être définie en termes de populisme, c'est-à-dire, comme je viens de le suggérer, d'homologie entre, d'un côté, un pouvoir politique qui prit de plus en plus de liberté à l'égard des dispositifs légaux, mais qui sut « se débrouiller » pour conduire d'ambitieux et coûteux aménagements et rendre presque méconnaissable la capitale, Dakar ; de l'autre un certain peuple (symbolisé assez bien par la figure du *moodu moodu*[5]), notamment parmi les jeunes qui n'ont pas fait de grandes études ou qui ne deviendront pas fonctionnaires comme leurs aînés, mais qui savent également se débrouiller et, parfois, s'enrichir au travers d'activités plus ou moins licites.

Mais cette légitimité semble également avoir trouvé son terrain d'appui, non pas dans le milieu confrérique en général, comme au temps du contrat social sénégalais, mais plus particulièrement auprès de la *Mouridiyya*. Outre qu'Abdoualye Wade se déclarait volontiers mouride, que nombre de ses ministres revendiquaient la même appartenance et qu'il

5. Terme populaire d'origine wolof qui désigne précisément l'individu débrouillard, notamment par le fait de partir en migration ; *cf.* N'Diaye (1998).

avait fait ce geste de s'agenouiller devant le calife de Touba au début de sa présidence, il fut assez aisé de percevoir une autre homologie. Celle, précisément, entre la *Mouridiyya* qui n'a cessé de gagner en puissance, notamment en accentuant les métamorphoses de sa cité cultuelle, Touba (manière de cité-État, au cœur du territoire sénégalais, qui était de plus en plus elle-même en mesure de se projeter, grâce à toutes sortes d'aménagements et de connexions avec les nombreuses diasporas mourides, en cité globale), et un pouvoir politique qui ne cessait de passer par-dessus les structures et les procédures étatiques légales pour façonner à ses risques et périls un Sénégal nouveau. Et cette seconde homologie a croisé la première sur le plan du populisme, puisque, au sein même du monde mouride, s'étaient développés, depuis plusieurs années, des courants spécifiques, portés par des leaders charismatiques, tout particulièrement par Cheikh Bethio Thioune et Cheikh Modou Kara M'Backé[6] qui rassemblaient des fractions notables de la jeunesse urbaine et qui ont soutenu en large part la politique et le pouvoir de Wade.

Il n'est pas aisé de caractériser ce jeu d'homologies ou de miroirs entre pouvoir politique et fractions du peuple médiatisées pour une large part par une confrérie musulmane qui a gagné en puissance et en expressivités multiples dans l'espace public sénégalais. Peut-être suffit-il de reprendre la définition du Sénégal donnée en incipit comme nation confrérique, mais en y ajoutant maintenant que la *Mouridiyya* en est devenue de plus en plus la principale coproductrice. Et en précisant surtout que cette co-production semble, sous la gouvernance de Abdoulaye Wade, avoir singulièrement balancé entre deux pôles, entre deux processus : celui d'un État qui tendit à se mouridiser et celui d'un monde mouride qui parut de plus en plus être en mesure de s'étatiser (tout particulièrement au travers de la cité-État de Touba).

6. Cheikh Bethio Thioune, qui fut longtemps un simple talibé mouride, mais aussi un ancien instituteur, puis, cadre de l'administration territoriale, devint Cheikh grâce au cinquième calife des Mourides en 1987 et créa au sein de la confrérie son propre mouvement dit des « Thiantacoumes » (du mot wolof *thiant* qui signifie « cérémonie populaire ») à l'inspiration particulièrement syncrétique (à la manière de la secte Moon, il organisait régulièrement des cérémonies de mariages publiques) qui recruta massivement dans la jeunesse urbaine, spécialement estudiantine. Il est actuellement détenu en prison, présumé coupable d'homicides. Cheikh Modou Kara M'Backé appartient, lui, au grand lignage de Cheikh Amadou Bamba (il est son petit-neveu), et a créé le Mouvement mondial pour l'unicité de Dieu, qui a recruté également au sein de la jeunesse urbaine (particulièrement chez les chômeurs et dans les milieux délinquants) en empruntant de son côté aux Églises pentecôtistes, notamment sur le thème du redressement moral ; voir Samson (2007).

Il conviendra, par conséquent, d'observer dans les années qui viennent si son successeur, Macky Sall, ancien Premier ministre de Wade, et lui-même mouride, conforte cette tendance, ou si la nouvelle séquence de l'histoire politique du Sénégal qu'il incarne désormais, illustrative à n'en point douter d'un nouveau moment démocratique, est susceptible d'en modifier substantiellement les termes.

Bibliographie

BAYART, Jean-François, 1993, « La cité cultuelle », *in* J.-F. Bayart (dir.), *Religion et modernité politique en Afrique noire*, Paris, Karthala, p. 298-310.

CRUISE O'BRIEN, Donal, 1992, « Le contrat social sénégalais à l'épreuve », *Politique Africaine*, 45, p. 9-20.

CRUISE O'BRIEN, Donal, DIOP, Momar Coumba et DIOUF, Mamadou, 2002, *La construction de l'État au Sénégal*, Paris, Karthala.

DOZON, Jean-Pierre, 2009, « Remémoration coloniale et actualisation politique dans la confrérie mouride », *in* G. Holder (dir.), *L'islam, nouvel espace public en Afrique*, Paris, Karthala, p. 225-236.

——— 2010, « Ceci n'est pas une confrérie. Les métamorphoses de la *muridiyya* au Sénégal », *Cahiers d'études africaines*, vol. L (2-4), 198-200, p. 857-879.

——— 2012, *Saint-Louis du Sénégal. Palimpsestes d'une ville*, Paris, Karthala.

GERVASONI, Olivia et GUEYE, Cheikh, 2005, « La confrérie mouride au centre de la vie politique sénégalaise : le "sopi" inaugure-t-il un nouveau paradigime », *in* M. Gomez-Perez (dir.), *L'islam politique au sud du Sahara. Identités, discours et enjeux*, Paris, Karthala, p. 621-639.

GOMEZ-PEREZ, Muriel, 2009, « Autour des mosquées à Ouagadougou et à Dakar : lieux de sociabilité et reconfiguration des communautés musulmanes », *in* M. Gomez-Perez, L. Fourchard et O. Goerg (dir.), *Lieux de sociabilité urbaine en Afrique*, Paris, L'Harmattan, p. 405-433.

GUEYE, Cheikh, 2002, *Touba, la capitale des Mourides*, Paris, Karthala.

HAVARD, Jean-François, 2009, « Tuer les "Pères des indépendances" ? Comparaison de deux générations politiques post-indépendances au Sénégal et en Côte d'Ivoire », *in* J.-F. Havard (dir.), *Revue Internationale de Politique Comparée*, vol. 16, n° 2, p. 315-331.

MBODJ, Mamadou, 1990, « Le Sénégal entre ruptures et mutations : citoyenneté en construction », *in* M. C. Diop et M. Diouf (dir.), *Le Sénégal sous Abdou Diouf. État et société*, Paris, Karthala.

N'DIAYE, Malick, 1998, *Les moodu moodu*, Dakar, Presses universitaires de Dakar.

ROBINSON, David, 2000, *Paths of Accommodation. Muslims Societies and French Colonial Authorities in Senegal and Mauritania, 1880-1920*, Athens/Oxfor, Ohio University Press/James Currey.

SAMSON, Fabienne, 2007, « Islam social ou islam politique ? Le cas de Modu Kara M'Backé au Sénégal », *Islam & sociétés au sud du Sahara*, 1, p. 43-60.

——— 2009, « Nouveaux marabouts politiques au Sénégal. Lutte pour l'appropriation d'un espace public religieux », *in* G. Holder (éd.), *L'islam, nouvel espace public en Afrique*, Paris, Karthala, p. 150-171.

SECK, Abdourhamane, 2010, *La question musulmane au Sénégal. Essai d'anthropologie historique d'une nouvelle modernité*, Paris, Karthala.

WESLEY JOHNSON, G., 1992, *Naissance du Sénégal contemporain. Aux origines de la vie politique moderne (1900-1920)*, Paris, Karthala [1re éd. anglaise : 1971].

10

Essai de lecture d'une démocratisation malienne hors champ : salafisme républicain *versus* légalisme soufi

Gilles HOLDER

Entre le 17 janvier 2012, date du début de l'insurrection touarègue, et le 11 janvier 2013, où le président de la République par intérim demande à la France d'intervenir pour stopper une coalition islamiste, le Mali voit la déroute totale de son armée, la perte de sa souveraineté sur les deux tiers du territoire, l'effondrement de la nation et une inimaginable demande de secours auprès de l'ex-puissance coloniale. Entre-temps, un djihadisme hybride impose par la terreur la loi d'un califat qui va de Tombouctou à Gao et provoque l'exode de centaines de milliers de civils, tandis qu'à Bamako, un coup d'État militaire suspend les institutions et met le pays au banc de la communauté internationale. L'ennemi est alors partout : au nord comme dans les pays voisins, au siège de la CÉDÉAO comme à celui de l'ONU, et jusqu'au sein de la nation qui se déchire entre sudistes et nordistes, patriotes et « collabos » (*sic*), bérets verts et bérets rouges.

Tandis que la raison historique du Mali chavire, une littérature académique et d'expertise met sur la sellette un régime présenté jusque-là comme une « démocratie exemplaire ». À Paris, Bruxelles, New York, Ouagadougou ou Genève, conférences et séminaires se succèdent dans une sorte de *mea culpa* collectif [1]. On y dénonce les inconséquences de la gestion du conflit libyen ; on s'alarme d'un « arc de crise » qui irait du Sahel au Moyen-Orient ; on pointe un « État failli » et son économie corruptive et clientéliste ; on fustige la gestion calamiteuse de l'aide internationale et les ratés de la décentralisation ; et on qualifie alors le régime malien de « démocratie de façade ». Quatre ans plus tard, en dépit du rétablissement des institutions, des opérations militaires contre le djihadisme, de la présence de plus de 13 000 casques bleus de la MINUSMA, des centaines de milliards de francs CFA alloués pour la reconstruction du pays et de l'accord d'Alger, l'avenir du Mali reste en suspend et nombreux sont ceux qui considèrent que la démocratie de façade est revenue.

Hier « exemplaire », aujourd'hui « de façade », la démocratie malienne mérite sans doute une analyse critique que nombre de Maliens ont du reste déjà amorcée eux-mêmes[2], y compris hors des cercles intellectuels. Les approches politiques, institutionnelles, structurelles animent très largement ces réflexions, mais l'entrée par le religieux, sans être toutefois négligée, n'est guère considérée autrement que comme un facteur parmi d'autres, limité à la question tantôt de la culture, tantôt du social, tantôt de l'entrisme politique.

Si l'on excepte les travaux sur la « radicalisation » qui se sont multipliés depuis 2012, il existe fort peu d'études globales sur les dynamiques musulmanes au Mali[3], alors qu'un phénomène de réislamisation s'est enclenché depuis une trentaine d'années et s'est sensiblement accéléré au fil du processus démocratique lancé en 1990-1991. Les acteurs musulmans produisent désormais des efforts assez remarquables pour concevoir leurs modes d'action et élaborer des critiques, des accommodements et/ou des alternatives à l'égard de l'État et la démocratie. Résolus à s'impliquer

---

1. Lire par exemple, le document de travail issu du séminaire AFD « Mali : une contribution de la recherche française et européenne », qui s'est tenu à Paris le 12 avril 2013 et mis en ligne en janvier 2014 [consulté le 29 avril 2015. URL : http://www.afd.fr/webdav/site/afd/shared/PUBLICATIONS/RECHERCHE/Scientifiques/Documents-de-travail/136-document-travail.pdf]. Ce document devait servir à interpeller la Conférence des donateurs pour le développement du Mali organisée à Bruxelles le 15 mai 2013. Celle-ci annoncera une promesse de dons de 3,25 milliards d'euros pour les deux ans à venir.
2. Parmi de nombreuses initiatives au Mali et à l'extérieur, on peut citer ici le Centre d'études et de réflexions au Mali (CERM), créé en 2015 et présidé par l'ancien ministre Ousmane Sy.
3. Par contraste, les études sur l'islam au Sénégal, spécialement la confrérie mouride, sont si foisonnantes que certains considèrent le « mouridocentrisme » comme un avatar du « sénégalocentrisme » (Dozon 2010). Pour un aperçu quasi exhaustif de la littérature académique sur l'islam sénégalais, voir dans ce même ouvrage le chapitre de Jean Copans.

dans tous les domaines du social, à infléchir les modes de gouvernance économique et à affirmer une certaine éthique du pouvoir, ils convoquent des valeurs et une intelligibilité fondées sur l'islam qui affectent en profondeur la nature des mobilisations sociales et des imaginaires politiques. Ce faisant, la dimension politique de l'islam s'affirme de jour en jour, tandis qu'une partie croissante de la société malienne se sent concernée par la rhétorique qui se déploie au sein d'une sphère islamique publique.

Ce texte se propose précisément de décrire le contexte et les modalités qui conduisent les Maliens à se réapproprier cette ressource politique que constitue désormais l'islam[4], ou plus exactement son autorité, pour actualiser *in fine* ce que j'appellerai une *démocratisation hors champ* : démocratisation, parce que non seulement la sphère musulmane telle qu'elle se donne à voir aujourd'hui est issue du processus démocratique des années 1990, mais aussi parce que les engagements partisans qu'elle suscite engendrent une conflictualité réglée, là où la logique du consensus qui prévaut dans la sphère du pouvoir neutralise, sinon liquide, la vie politique et le principe d'interpellation démocratique ; mais hors champ également, dans la mesure où les expressions publiques, la rationalité, les initiatives et les projets de société qui sont élaborés et discutés dans la sphère religieuse malienne en appellent à une économie politique et morale de l'islam, plutôt qu'à celle de la démocratie libérale.

Crise de l'État ou rupture d'intelligibilité ? L'émergence d'une alternative islamique du principe d'opposition

Au Mali comme dans les autres pays musulmans, l'islam n'a jamais saturé la vie des croyants ni enfermé ces derniers dans une herméneutique ; nul ne saurait être réduit à sa religion et la plupart ne la vivent pas non plus comme un univers total régissant chaque acte à chaque instant (Prud'homme 2016). Au sein même de la pratique de sa foi, le croyant exerce une critique de sa « communauté imaginée » (Anderson 1991) et il évalue en permanence les acteurs qui prétendent en donner une certaine

4. Outre celles récoltées dans la presse, les données requises dans ce texte sont issues d'enquêtes de terrain menées au Mali entre 2007 et 2012, dans le cadre du projet ANR PUBLISLAM, complétées par une mission en juillet 2013, visant à suivre la campagne des élections présidentielles.

lecture[5]. De la même manière, il ne s'agit pas de laisser entendre que la crise malienne serait un conflit religieux, pas plus qu'elle aurait même une cause religieuse. La crise témoigne bien plutôt, de façon paroxysmique, de la paupérisation de la société malienne depuis les années 1990, d'un certain pervertissement du jeu politique, de l'incurie d'une administration corporative, d'une « décharge » de l'État en faveur d'un secteur privé inefficace et, surtout, de la lancinante question de l'intégration des populations de ce qu'on appelle le « Nord » (Fay 1995).

Et pourtant, c'est en partie sur ce terreau que s'enracine le phénomène de réislamisation, à mesure que les espérances que devait concrétiser le champ politique n'ont cessé d'être déçues depuis l'indépendance : le régime socialiste de 1960, marqué par l'échec du collectivisme et sa miliciarisation, qui sera stoppé par un coup d'État en 1968 ; la contre-révolution qui suit, avec son gouvernement de transition militaire, puis un présidentialisme liberticide qui fera du Mali un « État néo-patrimonial » (Médard 1991), lui aussi renversé par un coup d'État ; enfin l'avènement de la démocratie en 1991, entendue comme « le pouvoir pour tous » (*bèè jè fanga*), puis le processus de décentralisation enclenché en 1993, que l'on va traduire par « faire retourner le gouvernement à la maison » (*ka mara la segin so*), et qui s'abîmera une fois encore dans un coup d'État militaire en 2012. Trois Républiques successives, trois types de régimes, trois coups d'État et autant de désillusions quant à l'amélioration des conditions de vie des Maliens et l'avènement d'un état de droit où l'État lui-même serait soumis à la loi.

Ce désenchantement social engendrera tantôt la mobilisation contestataire, tantôt l'émeute, tantôt l'insurrection à l'égard d'un ordre politique et économique qui accentue les inégalités (Siméant 2014), mais aussi plus généralement le retrait. Dès lors, face à une gouvernance de l'État qui se départicularise en s'homogénéisant autour du modèle néolibéral, et tandis que les revendications identitaires succèdent aux idéologies politiques, une partie de plus en plus large de la société malienne convoque l'islam comme ultime ressource capable d'animer à la fois identité personnelle,

5. À cet égard, une étude financée par le ministère norvégien des Affaires étrangères a été conduite en 2014 par la Fondation de recherche FAFO, en partenariat avec le Groupe de recherche en économie appliquée et théorique (GREAT) de Bamako. Il ressort de cette enquête statistique que 62 % des Maliens se déclarent sans affiliation, tandis que 3,2 % se disent « sans religion ». Pour les autres, vient en tête le mouvement Ançar Dine, avec 8,8 %, suivi de la Hamâdiyya, 5,2 %, la Tijâniyya, 4,9 %, la Wahhâbiyya, 3,7 % et la catégorie générique « sunnite », 3,6 %, qui ne peut être référée à une étiquette doctrinale propre (Sommerfelt, Hatløy et Jenes 2015).

identité collective et espérance sociale. Si l'islam fait là l'objet d'une idéologie *populaire* face à celle de l'État – phénomène déjà observé sous la colonisation (Coulon 1983 et 1988) –, il va également devenir une ressource *populiste* dans les années 1990, et d'abord pour les organisations musulmanes qui se livrent à une compétition d'autant plus vive que la démocratie permet l'expression publique des diverses doctrines, voies et charismes. Comme le dit si bien Chérif Ousmane Madani Haïdara, le prêcheur musulman le plus célèbre du Mali[6] :

> « Si tu détiens la vérité, tu viens au marché pour exposer ta marchandise. Le chrétien lui aussi vient au marché pour exposer sa marchandise. Le féticheur vient lui aussi pour exposer sa marchandise. Maintenant, commençons ! Moi je vais dire pour moi ce qu'est la vérité. Les gens viennent m'écouter. Le chrétien dit que pour lui c'est ça la vérité. Les gens vont aller l'écouter. Le féticheur dit que pour lui c'est ça la vérité. Les gens vont aller l'écouter. Laissons les gens décider d'eux-mêmes. Les gens sont dotés d'intelligence[7]. »

Cette explicitation triviale et humoristique de la compétition religieuse témoigne de ce que l'islam au Mali se caractérise autant comme offre des organisations religieuses que comme demande des croyants sur le *marché de la vérité*. Dès lors, ce ne sont plus seulement les organisations religieuses qui convoquent cette ressource islamique, mais aussi, et de plus en plus, une classe politique en quête de relégitimation.

L'État malien est moins le glorieux héritier de l'empire médiéval du Mali qu'un mix de la Ve République française et de l'État précolonial de Ségou (*Segu fanga*). Ainsi sémantiquement défini, il a longtemps considéré les acteurs religieux comme subalternes, sorte d'auxiliaires au service de sa gouvernance sociale, tandis qu'il se réservait la politique, les lois, la diplomatie, la sécurité, l'économie, l'éducation ou encore la culture. Mais avec la démocratisation, cette relation qui s'apparente plus à une « domestication » du religieux qu'à une doctrine de la laïcité (Holder et Sow 2014), se transforme au fil d'un processus d'institutionnalisation des organisations musulmanes, qui sont désormais représentées sur le plan national

6. Voir plus loin dans ce texte l'importance d'Haïdara dans l'espace public malien. Pour un approfondissement de son parcours, voir notamment Holder (2012).
7. Extrait de la conférence que Chérif Haïdara a donnée le 25 juin 2014 devant un parterre d'étudiants de la Faculté des sciences et techniques de l'Université de Bamako. Je remercie ici Soumaïla Camara de m'avoir permis d'utiliser ce passage issu de la conférence qu'il a enregistrée, transcrite et traduite du bambara, dans le cadre de son enquête de terrain de Master.

au sein du Haut conseil islamique du Mali (HCIM) depuis 2002[8]. Dans son principe, la création de ce Haut conseil visait avant tout l'organisation des affaires islamiques par les acteurs eux-mêmes (fêtes religieuses, pèlerinage, autorisations de prêche, etc.) et la structuration du dialogue avec l'État. Mais dans un pays où le nombre de musulmans est estimé à 92,4 %, voire 94 %[9], et où l'État accuse de nombreuses insuffisances en matière de gouvernance et de protection sociale, le HCIM va rapidement sortir des limites de ce mandat.

Dès 2008, à l'occasion du premier renouvellement de ses instances, le HCIM prend en effet une autre dimension avec l'élection de l'imam sunnite Mahmoud Dicko, alors âgé de 54 ans, à la présidence du Bureau exécutif national[10]. Originaire du Cercle administratif de Goundam, dans la région de Tombouctou, Dicko a suivi un enseignement coranique de base dans plusieurs écoles au Mali, notamment à Douentza, avant d'aller poursuivre ses études religieuses en Mauritanie, successivement à Amourge, Néma et Oualata, et de passer son baccalauréat en 1972-1973 à l'Institut national des hautes études islamiques de Boutilimit. De retour au Mali, il enseigne à la médersa privée de Ouélessébougou, puis intègre la fonction publique en 1977, où il est alors affecté au Second cycle de l'école régionale de Tombouctou en qualité de maître d'arabe. Après y avoir enseigné trois ans, il demande sa mise en disponibilité de l'Éducation nationale, se rend en Arabie saoudite et s'inscrit au *Dâr al-Hadîth* de Médine pour y suivre durant deux ans les enseignements d'un des grands maîtres de la doctrine

8. Dans sa configuration de 2008, le HCIM comprenait quatre structures internes : un Bureau exécutif national de trente-trois membres ; une Commission nationale de contrôle de neuf membres ; un Bureau de la conférence nationale des oulémas de neuf membres également ; et les huit présidents d'honneur. Si l'Arabie saoudite aura largement suscité la mise en place de cette coordination paraétatique en janvier 2002, sa ressemblance avec le Conseil français du Culte musulman (CFCM), créé quatre mois plus tard, révèle le rôle qu'a joué ici la France, en même temps que les conceptions initiales du régime malien quant à la forme de ce HCIM.
9. Le chiffre de 92,4 % est tiré du recensement mondial effectué par le *think tank* américain *Pew Research Center* publié en 2011. L'enquête statistique se fonde sur la notion d'« attachement à l'islam en tant que composantes culturelle et historique » ; voir l'article « Nombre de musulmans par pays » sur Wikipédia [en ligne, consulté le 29 avril 2015 : http://fr.wikipedia.org/wiki/Nombre_de_musulmans_par_pays]. Quant au chiffre de 94 %, il correspond à celui publié par la statistique malienne, qui a croisé différentes données à partir du Recensement général des populations et de l'habitat de 2009 (INSTAT 2011).
10. Sur le parcours de Mahmoud Dicko, voir également la thèse de Pierre Prud'homme (2016).

Salafî wahhâbî, Cheick Oumar Foulata[11]. Dicko rentre à Bamako en 1982 et fréquente alors activement la mosquée sunnite de Quinzambougou, avant d'être appelé par celle de Badalabougou (SEMA II) pour en devenir l'imam principal en 1983, poste qu'il occupe encore aujourd'hui. En 1987, il intègre le Bureau exécutif de l'Association malienne pour l'unité et le progrès de l'islam (AMUPI) – créée en 1980 et qui sera l'unique association musulmane jusqu'en 1991 –, où il a alors en charge les relations sociales. En 2000, il devient Secrétaire général à la fois de l'AMUPI et du Collectif des associations islamiques (CAI) et prend la direction de Radio Islamique. Il se défera de toutes ses fonctions exécutives en 2002 pour intégrer le nouveau Haut Conseil Islamique et y occuper le poste de Premier Secrétaire aux affaires religieuses[12].

S'il est peu connu du grand public lorsqu'il est élu à la présidence du HCIM en 2008, Mahmoud Dicko jouit pourtant d'une réelle compétence qui tient à sa formation islamique et sa maîtrise de l'arabe, mais aussi à un parcours qui l'a conduit à fréquenter des personnalités et des organisations musulmanes très diverses, y compris soufies. Ses responsabilités associatives de premier plan lui permettent de surcroît de capitaliser les multiples relations nouées dans les milieux islamiques et politiques maliens et sous-régionaux, sans parler de son savoir-faire organisationnel. Fort de cette légitimité, Dicko requiert alors rapidement le HCIM pour faire valoir une vision wahhabite de l'islam malien, en constituant un Bureau exécutif de sensibilité majoritairement salafi[13] qui va porter une critique de plus en

11. Comme son nom l'indique, Cheick Oumar Foulata – en arabe Shayhk 'Umar b. Muhammad Fallâta – est un Peul né à La Mecque en 1926, dont les parents originaires du nord du Nigeria avaient effectué le *hijra*, avant de s'installer ensuite à Médine. Jusqu'à son décès en 1998, Cheick Oumar enseignera la doctrine *salafî wahhâbî* à la plupart des fidèles venus d'Afrique pour se former à Médine. Pour un approfondissement de l'itinéraire de ce personnage, mais aussi de ses hautes responsabilités en Arabie saoudite, voir notamment Ahmed (2012).

12. Données biographiques recueillies le 7 juillet 2008 auprès de Mahmoud Dicko, à l'occasion d'un entretien au siège national du HCIM à Bamako.

13. Dans ce texte, le terme « salafi » est utilisé sous une forme invariable en tant qu'énoncé doctrinal qui ne préjuge pas des modalités de son activisme. La doctrine salafi, qui revendique un « islam des origines », est censée ne se référer qu'aux actes et dires du prophète et des *Salaf*, les « ancêtres, prédécesseurs », c'est-à-dire les *Sahaba* de la première génération et les *Tâbi'ûn* des deux générations suivantes. Théorisée par l'imam Abu 'Abd Allah Ahmad Ibn Hanbal (780-855), inspirateur de l'école juridique hanbalite, puis par le jurisconsulte Taqî ad-Dîn Ahmad Ibn Taymiyya (1263-1328), la doctrine salafi n'a été politiquement réalisée que tardivement, à travers le wahhabisme saoudien porté par le prédicateur Muhammad ibn 'Abd al-Wahhâb (1703-1792). D'autres variantes ont par la suite été développées,

plus élaborée à l'encontre des postulats jugés laïcisants et pro-occidentaux de l'État. Cette gouvernance proactive de Dicko permettra incontestablement aux organisations islamiques d'évoluer vers un rôle de contre-pouvoir jusque-là inédit. Mais l'appropriation du HCIM en tant qu'organe de diffusion du postulat salafi suscitera aussi une opposition de plus en plus marquée de la part des autres organisations islamiques.

C'est la crise de 2012 qui va structurer celle-ci, lorsque la doctrine salafi n'apparaîtra plus seulement comme un énoncé religieux, mais comme une idéologie (salafiste cette fois), sous l'effet de certains journaux qui suggèrent l'existence d'un continuum entre les wahhabites et les djihadistes dans le projet, sinon d'établir un califat en lieu et place de la République, du moins d'imposer la charia. Les acteurs religieux vont alors s'adresser à l'opinion publique en traduisant cet énoncé en termes politiques, où s'opposent ce qu'on appellera ici un *salafisme républicain*, qui entend modifier démocratiquement les institutions, et un *légalisme soufi*, qui défend quant à lui le principe d'une séparation entre le politique et le religieux. En réalité, cet activisme politique des organisations islamiques interpelle le retrait manifeste de l'État en la matière – la crise au nord et le coup d'État en témoignent de façon dramatique – révélant de plus en plus l'idée que démocratie libérale et islam se situent désormais dans une relation dialogique hors de l'État.

Retour sur la « démocratie exemplaire », ou comment le Haut conseil islamique du Mali entend incarner l'« Espace d'interpellation démocratique »

Le processus historique, les modalités et le soubassement idéologique de la démocratisation à la malienne auront finalement été peu interrogés par les Maliens, alors même que sa réception sociale se dégrade précocement. Au-delà de sa nature néolibérale, Claude Lefort considérait que la démocratie est d'abord « une forme de société » plutôt qu'un régime (1986 : 23). L'auteur explique ainsi que :

> « Le trait révolutionnaire et sans précédent de la démocratie [est que] le lieu du pouvoir est un *lieu vide*. Inutile d'insister sur le détail du dispositif

---

lesquelles vont du salafisme moderniste au djihadisme, et jusqu'au *takfir*, où l'apostasie justifie l'extermination.

> institutionnel. L'essentiel est qu'il est interdit aux gouvernements de s'approprier, de s'incorporer le pouvoir. Son exercice est soumis à la logique d'une procédure de remise en jeu périodique. Il se fait au terme d'une compétition réglée, dont les conditions sont préservées d'une façon permanente. Ce phénomène implique une institutionnalisation du conflit » (*ibid.* : 28).

Cet idéal démocratique du « lieu vide » n'est pourtant pas celui des Maliens, tout au moins ceux, et ils sont nombreux, pour qui la démocratie est une injonction de l'Occident ; l'un des reproches majeurs adressés au régime du président Alpha Oumar Konaré et, par la suite, à celui du président Amadou Toumani Touré, était précisément qu'il n'était ni assez habité, ni assez coercitif[14]. Pour nombre de Maliens, ce lieu *vidé* plutôt que « vide » est la marque d'un déficit d'autorité qui fait le lit du clientélisme politique et du laisser-faire, aboutissant à ce que l'on appelle en bambara la « démocratie pour soi-même » (*nyèngokrasi*), c'est-à-dire du chacun pour soi, anarchique et par là même antisociale.

Le fait est que, très tôt dans la mise en œuvre de la IIIe République, le champ politique s'est caractérisé par un certain consensus qui sera érigé en quasi doctrine sous le président Amadou Toumani Touré, ce dernier considérant que pour gouverner, il fallait nécessairement se situer au-dessus des luttes partisanes (Baudais et Chauzal 2006). Si cette position se justifiait peut-être au début des années 2000, eu égard à la paralysie de la fin du mandat du président Konaré, elle a conduit à la disparition du principe inhérent d'opposition, que celle-ci soit marginalisée, comme pour l'extrême gauche, ou neutralisée, dès lors qu'elle participe du pouvoir à travers le jeu subtil des désignations et des remaniements (Wing 2013). Cette doctrine avait certes de quoi satisfaire les chancelleries occidentales acquises à la démocratie dite « délibérative » – celle où le politique relève d'une logique agrégative et d'échanges d'arguments rationnels tendant vers un consensus (Mouffe 2000) –, mais elle liquidait aussi l'idée de compétition réglée par une « institutionnalisation du conflit », pour reprendre ici Lefort.

Cette raison conflictuelle, à laquelle les organisations supranationales ont toujours opposé celle d'une « culture de la paix »[15] – spécialement

---

14. À cet égard, la notion de « chef d'État » est rendue en bambara par le terme *faama*, ce qui signifie littéralement « celui de la force », au sens trivial de détenir personnellement la force de coercition (*fanga*).
15. Ainsi, l'ONU préconise-t-elle que « la culture de la paix est un ensemble de valeurs, attitudes, comportements et modes de vie qui rejettent la violence et préviennent les conflits en s'attaquant à leurs racines par le dialogue et la négociation entre les

pour l'Afrique –, est au cœur du concept philosophique de « démocratie agonistique » (Mouffe 2000). Celui-ci pose en effet l'idée que le pluralisme des conflits est nécessaire pour que la démocratie soit véritablement politique et pour qu'elle anime la participation effective des citoyens. Sans sa théorisation radicale, cette approche qui considère que la démocratie ne peut se réaliser qu'« à partir de sa conflictualité principielle et, partant, de son instabilité existentielle » (Vitiello 2009), appelle sans doute quelques nuances. Pour autant, le conflit n'est pas la violence.

> « Si, écrit Georg Simmel, toute interaction entre les hommes est une socialisation, alors le conflit, qui est l'une des formes de socialisation les plus actives, qu'il est logiquement impossible de réduire à un seul élément, doit absolument être considéré comme une socialisation. Dans les faits, ce sont les *causes* du conflit [...] qui sont véritablement l'élément de dissociation. Une fois que le conflit a éclaté pour l'une de ces raisons, il est en fait un mouvement de protection contre le dualisme qui sépare, et une voie qui mènera à une sorte d'unité, quelle qu'elle soit, même si elle passe par la destruction d'une des parties » (2003 : 19).

Et l'auteur d'ajouter : « la société a besoin d'un certain rapport quantitatif d'harmonie et de dissonance, d'association et de compétition, de sympathie et d'antipathie pour accéder à une forme définie » (*ibid.* : 22).

Nicole Loraux rappelait quant à elle que « l'étymologie du terme "démocratie", au sens de *demos kratos*, n'est pas, comme le répète la vulgate, le "pouvoir" du peuple, mais littéralement "la victoire" ou la "supériorité" du peuple, une victoire dangereuse aussi, qu'il faut contrôler » (2005 : 25). Or, si la démocratie n'est pas le « pouvoir du peuple », mais sa « victoire », c'est que le conflit serait à l'origine du politique, ce qui suppose alors de mettre en doute le paradigme du centre, du lieu stable, d'où « s'opère le partage. Partage du pouvoir dans la rotation des charges, partage du *logos* dans le débat, contradictoire mais non conflictuel, où la loi de la majorité veut qu'à l'issue d'un affrontement de discours, l'avis

---

individus, les groupes et les États » (résolutions des Nations Unies A/RES/52/13 : culture de la paix et A/53/243). Et l'UNESCO d'ajouter que « dans le souci de favoriser la participation démocratique », il faut comprendre que « parmi les fondations indispensables à la réalisation et au maintien de la paix et de la sécurité figurent des principes, des pratiques et une participation démocratique dans tous les secteurs de la société, un gouvernement et une administration transparents, la lutte contre le terrorisme, la criminalité organisée, la corruption, les drogues illicites et le blanchiment d'argent... ». Voir le site de l'UNESCO [en ligne, consulté le 29 avril 2015. URL : http://www3.unesco.org/iycp/fr/fr_sum_cp.htm].

qui l'emporte passe pour le meilleur » (*ibid.* : 50-51). Aussi, lorsque Nicole Loraux invitait « à méditer sur ce que nos représentations modernes du politique ont retenu de cette logique », c'est précisément pour « s'interroger sur le consensus à faire du consensus le lien nécessaire de la politique » (*ibid.* : 68).

Ce questionnement sur les fondements idéologiques de la démocratie délibérative n'est pas sans intérêt pour comprendre la situation malienne. En promouvant une démocratie exercée avec fluidité dans une nation présentée comme fraternelle et apaisée, le pouvoir malien aura dénié la nature profonde de la raison démocratique qui, pour autant qu'elle est censée être politique, doit se fonder sur une *culture* de la conflictualité réglée plutôt que celle de la paix. De ce point de vue, si les indicateurs des bailleurs de fonds n'ont cessé d'entériner depuis vingt ans la « consolidation démocratique » du Mali[16], c'est parce qu'ils n'ont guère pris en compte son intégration qualitative, culturelle, politique. Auquel cas, ils auraient alors détecté le phénomène de *transfert de la raison politique* vers la sphère religieuse qui s'enclenche dès le milieu des années 1990, comme conséquence de la vacuité démocratique (Holder 2013).

Par transfert de la raison politique, il faut entendre non seulement celui de l'activité politique dans son principe d'opposition et son jeu partisan fixant les rapports de pouvoir – ce qu'on appelle en anglais *political* –, mais aussi la prise en compte de l'intérêt général et de la justice sociale à travers la récupération des services publics comme l'éducation, la santé, ou encore la pauvreté – renvoyant alors au *policy*. Au fil d'une désétatisation de la gouvernance sociale et d'une dépolitisation de la démocratie, on observe en effet un déplacement progressif de la légitimité et de l'action politiques vers les organisations musulmanes, qui vont dès lors

16. Si chaque organisation supranationale dispose de ses propres indicateurs, une standardisation a été créée en 2006 par The Economist Group, société britannique qui édite une série de publications économiques, dont *The Economist*. À travers la production d'un « indice de démocratie », 167 pays sont désormais annuellement évalués en fonction d'un barème allant de 0 à 10, à l'issue de 60 critères regroupés en 5 grandes catégories : processus électoral, libertés civiles, fonctionnement du gouvernement, participation politique et culture politique. Dans le classement de 2011, les deux extrêmes sont la Corée du Nord, avec un indice de 1,08 et classé comme « régime autoritaire », et la Norvège, avec un indice de 9,80 et classée comme « démocratie ». Quant au Mali, il se situait en 2011 au 63e rang à l'indice 6,36, et la France au 29e rang à l'indice de 7,77. Mais tous deux étaient classés parmi les « démocraties imparfaites » [en ligne, consulté le 29 avril 2015. URL : http://fr.wikipedia.org/wiki/Indice_de_démocratie]. Au passage, on notera ici que ce sont des économistes qui standardisent les modalités d'évaluation de la démocratie, plutôt que la sociologie, la politologie ou la philosophie politique.

faire de la remoralisation du corps social et de la réislamisation des individus les deux axes d'une politique d'intérêt général hors de l'État. Toutes les organisations musulmanes maliennes n'adhèreront pas à cette perspective, mais les activistes salafistes revendiquent ce transfert, à l'instar du président du HCIM, le Wahhabite Mahmoud Dicko, qui confiait en « off » à un journaliste français : « *L'État est comme un aéroport ; il s'occupe des visas et de la sécurité. Pour le reste, c'est nous qui nous en occupons* »[17].

Cette vision d'un État réduit à ses pouvoirs régaliens, rejoignant incidemment le projet libéral, révèle combien les organisations musulmanes considèrent que, en tant que représentative de la société malienne, elles incarnent la véritable société civile et non celle issue de l'idéologie libérale et financée de l'extérieur. Lors d'un entretien conduit par un site d'information en ligne, où l'on demande au même Mahmoud Dicko s'il ne cherche pas à être le « représentant du peuple », ce dernier répond sans détour :

> « Bien sûr que oui. Je suis là pour représenter la base face à une élite qui ne pense qu'à s'occidentaliser. Le seul souci des dirigeants africains, c'est le regard de l'Europe et des États-Unis. Le regard du peuple lui, n'a pas d'importance. Comment le Mali a-t-il pu devenir le sanctuaire d'AQMI ? À l'origine, il y a une mauvaise gouvernance. Notre État a laissé faire sans consulter le peuple. Nos partenaires nous donnent beaucoup d'argent mais le peuple ne le sait pas parce que les puissants manquent de transparence. Ici, les gens n'ont pas de médicaments, pas de table dans leurs écoles, pas d'eau potable. Même à Bamako. Pendant ce temps, des montagnes d'argent sont dépensées pour un stade et des millions pour un entraineur de football... Je dénoncerai toujours la complicité des élites[18]. »

En tant que plateforme nationale des organisations islamiques censées représenter une société malienne majoritairement musulmane, le HCIM estime constituer de façon permanente ce que l'on appelle l'Espace d'interpellation démocratique (EID). Créé en 1994 sous la forme d'une journée solennelle où les organisations de la société civile dialoguent directement avec le président de la République de l'état de la démocratie, l'EID constitue l'un des indicateurs sollicités par les experts pour évaluer la

17. Communication personnelle rapportée par un journaliste qui venait d'interviewer le président du HCIM pour un grand quotidien français ; Bamako, le 21 octobre 2011.
18. Entretien réalisé par *Mondafrique* et mis en ligne le 14 janvier 2014 : « N'ayez crainte, je ne suis qu'un wahhabite ». [En ligne, consulté le 29 avril 2015. URL : http://mondafrique.com/lire/politique/2014/01/14/nayez-crainte-je-ne-suis-quun-wahhabite]

bonne santé démocratique du pays. S'il est prudent de relativiser la prétention du HCIM à être l'EID – d'autant que la représentativité du HCIM est loin de faire l'unanimité de la part des acteurs musulmans –, il n'en reste pas moins qu'on observe un déplacement du centre de gravité d'une certaine expression démocratique vers ce qui constitue *de facto* une « société civile islamique » (Coulon 1983 et 1988).

De l'affirmation d'une société civile musulmane à l'expression d'une « sphère islamique oppositionnelle »

Alors que l'islam était politiquement réduit à un « statut subalterne » lors des indépendances de 1960 (Coulon 1983 et 1988), trente ans plus tard, il s'impose comme « religion publique » (Casanova 1994). En réalité, cette « déprivatisation » s'est faite à mesure que la guidance de l'État s'est perdue dans une démocratie qui répond au mot d'ordre de gouvernance, et dont les retombées ne concernent qu'une partie limitée de la société. Non pas que la foi soit le refuge des exclus de l'économie néolibérale, mais que les acteurs religieux ont bien perçu combien la démocratisation permettait de constituer une force sociale nouvelle ; autorisés à déclarer des associations confessionnelles depuis 1991[19], intellectuels, imams et prêcheurs auront non seulement rendu possible l'expression d'une opinion publique religieuse, mais aussi densifié le religieux dans l'espace public (Jonckers 2011).

Dès le milieu des années 1990, un certain nombre de Maliens de la classe moyenne (jeunes diplômés n'accédant plus à la fonction publique, fonctionnaires paupérisés, etc.) commencent à adhérer aux diverses organisations musulmanes, trouvant là une forme d'engagement social et de responsabilité inédits. Puis, à partir des années 2000, ces organisations voient arriver des cadres issus du monde de l'entreprise qui considèrent que libéralisme et morale religieuse peuvent se conjuguer pour penser l'action sociale hors de l'État. Si certains rejoignent les confréries soufies, notamment la Tijâniyya niassène, et les associations islamiques popu-

19. Selon les chiffres publiés en 2009 par le ministère de l'Administration territoriale, la seule année actuellement disponible, on comptait 146 associations musulmanes, sur les 8 542 enregistrées, soit une assez faible proportion, bien que ces chiffres occultent leurs démembrements territoriaux, ainsi que l'existence de nombreuses associations et mouvements non déclarés.

laires, comme Ançar Dine[20] et la Communauté musulmane des Soufis (CMS), la plupart intègrent des organisations constitués en ONG grâce à l'appui de fondations des pays du Golfe (Wamy, Ama, Al-Muntada), de Libye (Association mondiale de l'appel islamique), de Turquie (Cansuyu), ou de Grande-Bretagne (Islamic Relief, Humanity First).

Cette densification du religieux dans l'espace public et leur requalification en ONG vont permettre aux associations islamiques de consolider leurs activités classiques (réislamisation, enseignement, médiations, etc.), tout en investissant de nouveaux secteurs caritatifs (aide alimentaire, consultations médicales, alphabétisation, formation professionnelle, etc.). En récupérant ainsi l'idéologie développementaliste, ces ONG confessionnelles s'affirment en tant que société civile islamique, ce dont témoigne par exemple la « Plateforme des OSC » créée en novembre 2014 par les principaux leaders musulmans pour participer à la résolution du conflit au nord et la réconciliation nationale[21].

Cette société civile confessionnelle porte ainsi un dialogue avec l'État, certes indépendant et critique, mais qui se veut constructif. Chérif Ousmane Madani Haïdara, le guide spirituel d'Ançar Dine à l'initiative de cette plateforme, explique ainsi à la presse : « Sans l'opposition dans un pays, il n'y a pas de démocratie. Il faut qu'il y ait l'opposition pour dénoncer et critiquer ce qui ne va pas »[22]. Et le même Haïdara de préciser deux semaines plus tard, à l'occasion d'un meeting au stade Modibo Kéita, la nature de cette vigilance démocratique :

> « Nous ne sommes ni de la majorité présidentielle, ni de l'opposition, nous sommes juste des Maliens qui aspirent à la paix et qui sont contre la

20. En dépit de son homophonie, cette association musulmane fondée en 1991 par Chérif Ousmane Madani Haïdara dans le sillage du processus démocratique n'a aucun lien avec l'organisation islamiste armée Ansâr ed-Dîn, créée en mars 2012 par Iyad Ag Ghaly et dénommée en arabe Ansâr ad-Dîn As-Salafiyya.

21. Comptant en son sein les plus hautes autorités confessionnelles du pays, cette plateforme rassemble également des ministres, des députés, des diplomates, des syndicalistes, des avocats, des représentantes de coordinations féminines et de la jeunesse, etc. Voir l'article du *Soir de Bamako* du 25 novembre 2014 : « Des leaders religieux reçus à Koulouba : une plateforme de crise initiée par Chérif Madani Haïdara remise à IBK » [en ligne, consulté le 29 avril 2015. URL : http://www.maliweb.net/societe/leaders-religieux-recus-koulouba-plateforme-sortie-crise-initiee-cherif-madani-haidara-remise-ibk-657912.html].

22. Tiré de l'article du *Républicain* du 15 avril 2015 : « Mali : Chérif Ousmane Madani Haïdara, guide spirituel des Ançars : "Sans l'opposition dans un pays, il n'y a pas de démocratie" » [en ligne, consulté le 15 avril 2015. URL : http://malijet.com/actualite-politique-au-mali/flash-info/127406-cherif_ousmane_sans_l_opposition.html].

> partition du Mali. Ceux qui pensent que nous sommes en train de faire de la politique se trompent. Notre engagement n'a d'autre motivation que la sauvegarde de notre patrie "le Mali"[23]. »

Mais cette logique discursive propre à l'espace public démocratique va basculer à l'occasion de la réforme du Code de la famille et des personnes en 2009. Les modalités et l'ampleur de l'opposition des organisations religieuses à ce projet vont en effet conduire celles-ci à ne plus se limiter au seul registre de la société civile, mais à se constituer en une « sphère islamique oppositionnelle » (Holder et Saint-Lary 2013). Il ne s'agit pas ici d'un espace politique subalterne et alternatif à l'espace public bourgeois (Negt 2007), mais d'une force d'opposition hors des partis – la constitution interdit la création de partis confessionnels – qui se manifeste à travers de larges mobilisations dépassant la sphère islamique pour accuser l'État de vouloir imposer à la société malienne les valeurs de l'Occident.

Toutes les mobilisations religieuses ne relèvent pourtant pas de cette sphère oppositionnelle, à commencer par les rassemblements sur les places publiques à l'occasion du Maouloud, où des prêcheurs dénoncent l'injustice sociale, l'incurie des services publics et fustigent la complicité passive des élites civiles et musulmanes. Les associations de sensibilité salafi n'ont pas non plus toujours été dans une posture d'opposition, même si elles ont milité lors de la Conférence nationale de 1991 en faveur de la création des partis politiques. Mais en 2009, la mobilisation des acteurs religieux à l'encontre d'un projet de code des personnes, jugé « calqué » (*sic*) sur le modèle français, ne concerne pas seulement les organisations salafi : elle impliquera en effet les confréries, les prêcheurs populaires, et jusqu'à l'épiscopat lui-même, entrainant une très large partie de la population malienne dans cette contestation. Au Mali, à l'instar de ce qui s'était passé précédemment au Sénégal, au Niger, ou au Tchad, on rejette ainsi le principe de l'autorité parentale partagée avec l'abandon des notions de « puissance paternelle » et « d'obéissance », le divorce par consentement mutuel, la dévolution successorale conforme au droit positif, la reconnaissance de droits pour les enfants adultérins, ou

---

23. Lire l'article de *Tjikan* du 5 mai 2015 : « Mali : "Nous sommes d'accord avec ceux qui critiquent l'accord, mais encore faut-il que ceux-ci proposent une option meilleure", dixit Ousmane Chérif Madani Haïdara » [en ligne, consulté le 6 mai 2015. URL : http://maliactu.net/mali-nous-sommes-daccord-avec-ceux-qui-critiquent-laccord-mais-encore-faut-il-que-ceux-ci-proposent-une-option-meilleure-dixit-ousmane-cherif-madani-haidara/].

encore la réaffirmation de l'état civil comme unique source légale du mariage.

Ce projet remontait à plus de dix ans, à l'instigation du Fonds européen de développement qui souhaitait que les codes des pays africains soient harmonisés aux standards internationaux des droits de l'homme, avec un volet visant notamment à renforcer l'égalité des femmes. De leur côté, les organisations religieuses y voyaient une négation des valeurs sociétales maliennes et une ingérence de l'Occident. Elles s'indignaient en outre de ce que le droit positif soit placé au-dessus de la charia, alors qu'elle avait jusque-là été reconnue dans le domaine du statut personnel[24]. Sous-estimant le poids du HCIM, le président Amadou Toumani Touré accède à la demande des bailleurs de fonds (qui conditionnaient du reste l'adoption de la réforme à leur assistance) et soumet le texte au corps législatif qui l'adopte dans la nuit du 3 au 4 août 2009, avec 117 voix pour, 5 contre et 4 abstentions. S'ensuit une campagne sans précédent marquée par un meeting géant le 22 août 2009, où plus de 50 000 personnes se rassemblent au Stade du 26 Mars de Bamako pour y écouter le président du HCIM. Ébranlé, le pouvoir suspend alors la promulgation de la loi et la renvoie « en seconde lecture ». Parmi les 1 143 articles que comptait initialement le projet, 49 furent modifiés ou supprimés sous la supervision du HCIM. Présentée à nouveau au vote, cette seconde mouture sera adoptée le 2 décembre 2011 par une Assemblée nationale inchangée, mais obtenant cette fois-ci 121 voix pour, soit quatre de plus que lors du premier vote. Ce retrait manifeste de l'État et l'ampleur de la contestation vont non seulement être perçus comme la victoire démocratique d'une opinion publique qui défend les valeurs de l'islam, mais faire également du HCIM une plateforme d'opposition face aux élites accusées d'aller à l'encontre des aspirations du peuple, d'occidentaliser le pays et de brader l'indépendance nationale.

Capitalisant ici l'exercice d'une *démocratie dans la rue*, où les citoyens paraissent désormais confondus avec les musulmans, et la défense d'une

24. Si le Mali dispose d'une législation généraliste en matière de mariage, de divorce et de succession, il reconnaît *de facto* les codes de statut personnel et de gestion des conflits aux communautés confessionnelles qui en disposent, exemplairement la communauté musulmane. D'un point de vue juridique, si l'on peut considérer cette disposition comme relevant de l'exercice des libertés religieuses conforme au principe constitutionnel de laïcité, il s'agit en fait d'une survivance du « *millet* » ottoman relatif à la protection légale d'une « communauté confessionnelle » (*millah* en arabe), même si elle concernera surtout, après la réforme ottomane dite *Tanzimât* (1830-1876), les minorités religieuses non musulmanes relevant de l'administration d'un État islamique.

identité nationale qui semble là aussi devoir s'ancrer sur les valeurs islamiques, le HCIM opère alors une véritable mutation. Avec la nouvelle présidence de Mahmoud Dicko et l'engagement d'un Bureau exécutif dont 30 des 33 membres sont réputés être salafi, le HCIM rompt avec la logique d'accommodement politique et d'équilibre entre les sensibilités musulmanes pour suivre un agenda distinct, non seulement de celui de l'État[25], mais aussi de la société civile islamique prise dans son ensemble. En effet, si la sphère oppositionnelle qui s'était constituée autour de la réforme du code de la famille était bien plus large que le HCIM, celui-ci va pourtant récupérer à son profit cette dynamique et constituer, fin 2011, une sorte de *parti de l'islam* d'où il diffusera désormais une conception, non plus seulement salafi mais aussi salafiste.

Le HCIM comme « parti de l'islam », ou la mise en place d'un *salafisme républicain*

Le terme « parti » ne renvoie pas ici à ce que la constitution définit comme tel, mais au fait que le HCIM s'érige désormais en un lieu d'expression d'une certaine opinion publique qui, au nom de l'islam, dépasse les seules questions religieuses pour engager une vision politique de la société. Le lancement de ce *parti de l'islam* coïncide au moment où l'État, confronté aux dénonciations à l'égard de pratiques politiques jugées opaques et non démocratiques, sollicite le HCIM comme garant moral de sa transparence et lui propose de présider la Commission électorale nationale indépendante (CENI) qui se constitue pour les élections générales prévues pour 2012. Le HCIM mandate pour cela Mamadou Diamoutani, son Secrétaire général, qui est élu à la présidence de la CENI en septembre 2011.

D'origine burkinabé, docteur en mathématiques et ancien ingénieur en informatique appliquée à l'ORSTOM, Diamoutani est l'un des plus importants intellectuels du réformisme islamique malien : il fonde d'abord la

25. Le premier président du HCIM, Thierno Hady Boubacar Thiam, élu en 2002 avec l'appui du président Alpha Oumar Konaré, était un ouléma modéré de la *Tijâniyya*. Son mandat aura consisté à garder le HCIM hors de la sphère politique, maintenir une certaine unité des musulmans malgré les clivages internes et peser de façon accommodante sur la prise en compte des valeurs musulmanes dans l'élaboration des politiques publiques.

Ligue des élèves et étudiants musulmans du Mali (LIEEMA) en 1994[26], puis le Cercle de réflexion et de formation islamique au Mali (CERFIM) en 1998, lequel repose sur le principe d'une cooptation d'intellectuels et de cadres musulmans. À côté de la LIEEMA et du CERFIM, gravite un certain nombre d'autres organisations islamiques de sensibilité salafi, dont l'Association islamique pour le Salut (AISLAM) et l'Association malienne des jeunes musulmans (AMJM), toutes deux déclarées en 1991, ainsi que l'Union nationale des associations des femmes musulmanes (UNAFEM) créée en 1996. Enfin, membre de plusieurs réseaux ouest-africains particulièrement bien structurés en Côte d'Ivoire et au Burkina Faso, le CERFIM est depuis 1999 l'un des principaux animateurs maliens du Colloque international des musulmans de l'espace francophone (CIMEF), dans lequel Tariq Ramadan est l'intellectuel de référence[27]. Ce réseau national et international, qui du reste ne regroupe pas que des organisations salafistes, diffuse ainsi depuis une quinzaine d'années au Mali un activisme à la fois salafi et francophone à travers le CERFIM, la LIEEMA, l'AMJM et l'UNAFEM, lesquels s'adressent respectivement aux milieux scolaire et universitaire, à la jeunesse et aux femmes, tandis que l'AISLAM intervient dans l'opinion publique au moyen de la principale radio islamique qu'il contrôle – Radio Dambé – et des médias généralistes.

Bras droit du président du HCIM, Diamoutani n'est pas un responsable religieux. C'est un militant qui promeut un réformisme islamique progressiste et ouvert à la science occidentale, plutôt que le wahhabisme. Comme le soulignait Marieke Kruis, « even if Salafi doctrine has been an important influence on reformist groups in Mali, simply referring to them as Wahhabi does not do justice to their heterogeneous nature » (2010 : 41). Aussi, en tant que responsable associatif, Diamoutani intègre bien la CENI au titre de la société civile, même si son élection à la présidence d'une structure chargée de veiller au respect du processus électoral aura été vue par beaucoup comme le signe d'une dangereuse politesse de l'État à l'égard du HCIM en même temps qu'une politisation de celui-ci. Si la présence d'un haut cadre du HCIM à la tête de la CENI était inédite – elle était plus souvent attribuée à un avocat issu, par exemple, de la Ligue des droits de l'Homme –, la présidence de Diamoutani, qui aura duré plus de

26. La LIEEMA est issue de la Ligue islamique foi et action (LIFA), créée en 1992 par le même Diamoutani. Pour un approfondissement, voir notamment Kruis (2010) et Camara (2016).

27. Le CIMEF, qui rassemble une centaine de délégués d'Afrique, d'Europe, de l'Île Maurice, de La Réunion, du Canada et des États-Unis, est issu de la transformation du Séminaire international de Formation des responsables des associations musulmanes (SIFRAM) fondé en Côte d'Ivoire en 1991.

sept ans, de 2011 à 2017, ne semble pourtant pas avoir fait l'objet de dérives. C'est plutôt le lien quasi organique de la CENI avec le HCIM qui inquiète, sentiment qui sera confirmé avec la crise de 2012 – lorsque le pouvoir confie à un membre du HCIM le nouveau ministère des Affaires religieuses et du culte[28] créé quelques semaines après la proclamation de l'État islamique de l'Azawad – et la campagne présidentielle de 2013 dans laquelle le « parti de l'islam » va se révéler publiquement.

Issus pour l'essentiel des cadres étudiants de la LIEEMA (Camara 2016), un groupe de jeunes musulmans mettent en place une plateforme revendicative à l'occasion des présidentielles qui prend le nom de Sabati 2012 (Prud'homme 2016). Financée par le Chérif de Nioro, le guide spirituel de la branche réformée de la *Tijâniyya* dite *Hamawiyya*[29], Sabati bénéficie de l'appui du HCIM et fait du reste de l'imam Dicko son président d'honneur. Le conflit au nord et le coup d'État ayant suspendu le processus électoral, c'est en 2013 que la campagne reprend. Rendant public un mémorandum[30] qui appelle à choisir le candidat qui s'engagera à promouvoir les valeurs de l'islam et à prendre en compte les principes de la charia dans le domaine du droit civil et pénal, Sabati 2012 soutient Ibrahim Boubacar

---

28. Il s'agissait d'une des grandes revendications du HCIM, et l'on entendait ainsi dans les prêches : les femmes sont 50 % et elles ont un ministère ; les jeunes sont 60 % et ils ont un ministère ; les musulmans sont 95 % et ils n'ont pas de ministère ! Le portefeuille sera confié à Yacouba Traoré, titulaire d'un doctorat de l'Université d'économie et des finances de Saint-Pétersbourg, professeur du supérieur à Bamako, militant au CERFIM et Premier rapporteur à la Commission nationale de contrôle du HCIM.
29. Le Chérif de Nioro Mohamedoun Ould Cheick Hamallah Haïdara, dit M'Bouyé, est le fils du fondateur de la voie réformée de la *Tijâniyya* oumarienne, Cheikh Hamallah – ce dernier est né au Mali à Kamba Sagho en 1883 et décédé en déportation en France à Montluçon en 1943 – et l'actuel maître de la confrérie. S'il est considéré par ses fidèles comme la réincarnation du *Qûtb*, le « Pôle », et jouit à ce titre d'une sainteté religieuse exceptionnelle au sein de la confrérie, M'Bouyé n'en est pas moins un riche homme d'affaires très impliqué dans les affaires politiques locales. Il a longtemps cultivé la singularité religieuse de sa voie réformée en utilisant notamment les grandes fêtes religieuses pour annoncer l'apparition de la lune décalée d'un jour par rapport au reste du Mali. Mais M'Bouyé s'est récemment rapproché du HCIM avec la contestation de la réforme du Code de la famille en 2009 et amorcé un net engagement dans le champ politique national. Il a ainsi successivement donné sa caution morale aux putschistes en 2012, soutenu IBK dans la campagne présidentielle de 2013 et financé le mouvement Sabati 2012. Pour un approfondissement de ces questions, voir notamment Boly (2013), Coulon (1983 et 1988).
30. Ce mémorandum, que j'ai pu télécharger, avait été mis en ligne le 16 juillet 2013 sur le site *maliweb.net*. La page est aujourd'hui supprimée.

Kéita, dit « IBK »[31], surnommé pour l'occasion Ladji (de l'arabe *al-Hajj*, « le Pèlerin »)[32]. Si l'élection d'IBK en juillet 2013 s'est faite avec le soutien du HCIM et de Sabati, elle ne se résume pas à cet appui musulman, loin s'en faut. Mais cette élection aura marqué l'entrée en politique d'un certain salafisme qui gravite autour du HCIM, y compris aux législatives qui suivront où trois députés issus de Sabati seront élus sur des listes du Rassemblement pour le Mali (parti présidentiel) et de Yèlèma (parti de l'ex-Premier ministre d'IBK, Moussa Mara)[33].

En réalité, l'implication politique du HCIM ne débute pas en 2013, mais un an plus tôt, lorsque l'imam Mahmoud Dicko accorde un entretien au journal *L'Aube*, deux jours après le déclenchement du conflit armé :

> « [...] J'ai dit qu'on respecte ce pays là, on respecte son caractère républicain, démocratique et laïc. Je l'ai dit à toutes les occasions qui se sont présentées. Je suis un musulman convaincu et je fais la promotion de ma religion. Si la promotion de cette religion doit aboutir à ce qu'un jour le Mali devienne une République islamique, ça c'est l'affaire de tous les Maliens. Ce n'est pas le problème à moi tout seul. Pourquoi vouloir me coller cette étiquette. Ou bien les gens veulent que je dise que je ne veux pas d'un État islamique ? Non, je ne fais pas l'hypocrite. Je suis un musulman convaincu et je me bats pour ma religion. Là où celle-ci m'amène, j'irai[34]. »

Au regard de son statut et du contexte dans lequel il s'exprime, le président du HCIM brise là un tabou au sein de la République en souhaitant voir advenir une « République islamique », même s'il réitère parallèle-

---

31. Âgé de 68 ans lors de son élection, IBK est diplômé en Relations internationales et a été Chargé de recherche au CNRS. Ancien vice-président de l'Internationale socialiste, ancien Premier ministre, ancien président de l'Assemblée nationale, IBK fut aussi le candidat malheureux aux présidentielles de 2002 et 2007, malgré le soutien personnel de l'imam Mahmoud Dicko.
32. À cet égard, l'affiche la plus populaire de la campagne d'IBK est celle où il tend le doigt vers le ciel, un geste qui sera interprété comme le signe qu'il était le « candidat des musulmans ».
33. Lire l'article de Sékouba Konaté : « Sabati 2012 versus Assemblée Nationale : La Constitution d'un Groupe Parlementaire d'obédience "islamiste" aux calendes grecques », *Le Progrès* du 12 février 2014 [en ligne, consulté le 13 février 2014 : http://maliactu.net/sabati-2012-versus-assemblee-nationale-la-constitution-dun-groupe-parlementaire-dobedience-islamiste-aux-calendes-grecques/].
34. Entretien conduit par Oumar Diamoye : « Élections – Instauration d'une république islamique – Code de la famille : les vérités de Mahmoud Dicko », *L'Aube* du 19 janvier 2012 [en ligne, consulté le 29 avril 2015. URL : http://www.afribone.com/spip.php?article38759].

ment son respect du caractère démocratique et laïc des institutions. Au passage, cette laïcité que reconnaît le HCIM est plutôt celle qui contraint l'État à ne pas s'immiscer dans les affaires religieuses, un garde-fou auquel veillent les organisations religieuses (Holder et Sow 2014). Mais au-delà de cette lecture, il est possible de comprendre la position du président du HCIM, et avec lui de l'ensemble des organisations de sensibilité salafi, à travers un énoncé politique que l'on pourrait appeler le *salafisme républicain* ; non comme références savantes à la *salafiyya*, mais comme réengagement dans une citoyenneté fondée sur une éthique musulmane « générique », où la « rectification » du comportement individuel et la « clarification » des scories socioculturelles – entendez le « maraboutisme » – dans la pratique religieuse sont considérés ici comme un gage d'efficacité dans la gestion des affaires publiques.

Si ce salafisme républicain du HCIM n'est en aucun cas assimilable au djihadisme qui sévit au nord, le télescopage entre politisation du HCIM et djihad crée néanmoins un trouble dans l'opinion publique, d'autant que Mahmoud Dicko organise fin septembre un forum sur « les conditions d'application de la charia »[35]. Cette initiative semble en effet faire écho aux revendications de Iyad ag Ghaly, le chef touareg du groupe Ansar ed-Din, lequel exige comme préalable aux négociations de paix la mise en place d'un référendum national sur l'application de la charia[36]. Cette affaire, rendue publique par la presse, va alors provoquer une certaine confusion dans l'opinion entre la « charia », comprise dans le sens des normes juridiques régissant classiquement le statut personnel, et la « charia », en tant que code civil et pénal, et comme fondement de la constitution[37]. De fait, si les oulémas malékites considèrent la charia comme la source principale du droit, c'est en tant que jurisprudence

35. Lire l'article de *L'Indicateur du Renouveau* du 25 septembre 2012 : « Forum des Ulamas : L'application de la charia en débat » [en ligne, consulté le 29 avril 2015. URL : http://malijet.com/la_societe_malienne_aujourdhui/52089-forum-des-ulamas-:-l'application-de-la-charia-en-débat.html].

36. Le leader Iyad Ag Ghaly avait en effet indiqué au groupe de médiation piloté par le Burkina Faso qu'il n'était pas pour la partition du Mali, mais pour l'application de la charia sur l'ensemble du territoire. Voir l'article de *Maliactu.net* du 26 juin 2012 : « Iyad ag Ghali demande un référendum sur la Charia au Mali » [en ligne, consulté le 20 avril 2015. URL : http://maliactu.net/iyad-ag-ghali-demande-un-referendum-sur-la-charia-au-mali/].

37. La confusion autour de la notion de charia sera telle que la télévision d'État diffusera une émission le 25 novembre 2012 intitulée : « La charia, qu'en est-il ? ». Voir le compte rendu dans *Lerepublicainmali* du 2 décembre 2012 [en ligne, consulté le 29 avril 2015. URL : http://malijet.com/actualte_dans_les_regions_du_mali/rebellion_au_nord_du_mali/57116-debat_problemetique_de_l_application.html].

référentielle à partir de laquelle les situations concrètes sont examinées. En revanche, les salafi l'invoquent en tant que norme par excellence et, comme telle, considèrent que la charia doit être appliquée de façon littérale, hors de toute contextualité. De même, là où la charia, dont la codification proprement dite est réalisée par des oulémas progressistes dans le contexte colonial du XIXe siècle, visait à définir le statut personnel, le salafisme l'étend non seulement au droit civil mais aussi au droit pénal et au droit commercial et, plus largement, à l'organisation de la vie publique[38].

Il n'est pas exclu que le HCIM ait joué de cette confusion, d'autant que d'un point de vue lexical, droit positif et droit islamique se disent tous deux *sariya* en bambara[39]. Mais quelle que furent ses intensions, la position du HCIM en faveur d'une hypothétique République islamique et, surtout, d'une charia *applicable* a pu laisser croire à certains qu'une révision constitutionnelle n'était plus aussi improbable dans le contexte de la crise malienne. Certes, Mahmoud Dicko a plusieurs fois déclaré que les conditions pour réaliser un tel projet n'étaient pas réunies[40]. Il n'empêche que le surgissement du terme « charia » dans le débat public et les velléités hégémoniques du HCIM auront suscité une véritable inquiétude, à commencer dans les organisations musulmanes qui ne se reconnaissent pas dans ce HCIM et vont alors s'organiser en conséquence.

La constitution d'une « opposition soufie » en lutte contre le parti de l'islam

Si les musulmans maliens envisagent avant tout leur foi à travers la pratique et l'identité culturelle plutôt que les enjeux théologiques, doctrinaux et intellectuels (Prud'homme 2016), il n'en va pas de même pour les

38. Pour un approfondissement de cette question, lire l'ouvrage collectif dirigé par Dupret (2012).
39. Il existe néanmoins en bambara une distinction plus précise entre le droit islamique, *silamèsariya* (litt. « loi de l'islam »), le droit positif, *tubabusariya* (litt. « loi du Blanc ») et le droit coutumier, *bamanansariya* (litt. « loi *Bamana* »). Quant à la constitution, elle est dite *sariyasunba* (litt. « loi du grand arbre »).
40. Voir notamment l'article de Marianne Meunier : « Mahmoud Dicko, l'imam qui casse le code », *Jeune Afrique* du 14 octobre 2010 [en ligne, consulté le 20 octobre 2010, http://www.jeuneafrique.com/194548/politique/mahmoud-dicko-l-imam-qui-casse-le-code-de-la-famille/].

responsables des organisations religieuses. Car au-delà des questions de leadership, l'enjeu est ni plus ni moins celui de liquider, pour les uns, préserver, pour les autres, la pluralité des voies en islam. Pour les organisations considérées de façon simpliste comme « soufies » (confréries, oligarchies détentrices de la *baraka*, associations néo-confrériques), l'objectif est de maintenir ici une autonomie cultuelle jugée menacée par les salafistes. Multipliant les prêches, les conférences et les interviews, ces organisations interpellent alors l'opinion publique et l'État, au nom d'une laïcité censée garantir la liberté religieuse et la neutralité des pouvoirs publics.

Chérif Ousmane Madani Haïdara, le Guide spirituel de l'association Ançar Dine comptant plus de 150 000 membres essentiellement au Mali, en Côte d'Ivoire et au Burkina Faso, revendique depuis de nombreuses années cette exigence à la fois laïque et républicaine. Pour lui, la diversité dans l'islam malien est la garantie de l'autonomie de son mouvement et lui permet de développer son projet d'une communauté pieuse où la charia peut être effective, mais seulement là. Il explique à cet égard, au cours d'une conférence donnée à l'université de Bamako en juin 2014 :

> « [...] tous les musulmans sont un. Je voudrais que vous compreniez aussi ça : tous les musulmans sont d'un même père et d'une même mère. Chez nous ici, qu'untel soit sunnite[41], ou gens de la Fayda[42], ou malékite ; que celui-là soit hanbalite[43], celui-ci de la Tijâniyya, cet autre de la Qâdîriyya... Il n'y a rien dans tout ça qui justifie de se quereller. Non ! La religion n'est pas ta propriété. De la manière dont chacun l'a comprise, et selon la charia, c'est ainsi que tu fais ton travail avec sincérité. Moi, je l'ai dit [publiquement], la voie sur laquelle je suis est celle [du serment prophétique dit] bay'a[44] [...], mais sans empiéter sur la voie de quelqu'un d'autre et l'humilier. C'est ça la pratique de l'islam[45]. »

41. Dans le cadre de cette conférence, Haïdara utilise le terme consensuel de « sunnite » (*sunamogo*) plutôt que *Wahabiya* plus stigmatisant.
42. La *Fayda* est une branche réformée de la *Tijâniyya* fondée par le cheikh sénégalais Ibrahima Niass. Elle est l'une des confréries les plus dynamiques au Mali et en Afrique de l'Ouest.
43. Haïdara mentionne ici le terme savant « hanbalite » comme euphémisme savant de salafiste, même si en réalité, la plupart des salafistes maliens se réclament de l'école juridique malékite.
44. Allusion au serment d'allégeance demandé aux fidèles et qui caractérise le mouvement Ançar Dine (Holder 2012).
45. Extrait de la conférence de Chérif Haïdara, recueillie par Soumaïla Camara (*op. cit.*).

Haïdara incarne, et ce depuis le milieu des années 1980, l'opposition la plus constituée vis-à-vis des mouvements salafi et qu'il appelle ici les « hanbalites ». L'organisation Ançar Dine qu'il a mis sur pied témoigne à cet égard d'un islam populaire qui, à partir des années 1990, sort du contrôle des mosquées (où les oulémas wahhabites sont particulièrement structurants), pour prôner une sorte de réformisme « traditionnaliste » – au sens de la Sunna –, qui est à la fois afrocentré et non salafi[46]. Parallèlement, Ançar Dine mobilise ses fidèles autour de ce que ces derniers appellent un « islam de développement », slogan inventé par un militant musulman ivoirien sollicité par Ançar Dine en 1994 pour réorganiser l'association, former les cadres et réviser les statuts en conséquence :

> « [...] Par la suite, je leur ai conseillé un réseau de formation sanitaire, d'unités sanitaires. Je leur avais conseillé également une caisse d'épargne. Donc il y avait un ensemble de choses qu'ils devaient réaliser dans le cadre de la nouvelle structure que j'avais conseillé de mettre en place. Donc c'est comme ça que j'ai dit qu'ils sont "un mouvement", [que] ce n'est pas une structure islamique parmi d'autres et qu'ils devaient aussi – ça c'est ma fibre militante – participer au développement de la société. [...]. Donc moi je suis pour l'islam de développement. Mais l'islam des mosquées ce n'est pas trop mon fort. Moi, ma philosophie de l'islam, c'est l'islam de développement. Pas seulement l'action sociale ; un musulman doit être intégré à sa société et agir véritablement en étant imprégné de sa société[47]. »

Avec cet « islam de développement », Ançar Dine développe là une conception de son action à travers une logique d'autonomie autant religieuse que sociale et économique (Holder 2012) qui vient butter sur le projet salafiste visant à étendre le champ sémantique de la charia et, comme corollaire, une certaine liquidation de la pluralité des voies en islam. C'est donc en réponse à cette menace que Haïdara constitue, fin octobre 2011, le Groupement des leaders spirituels musulmans du Mali (GLSMM). Rassemblant des organisations de sensibilité et de formes très diverses, il s'agit alors moins de peser sur les futures présidentielles de 2012 que de faire bloc en vue du renouvellement des instances du HCIM

---

46. Pour autant, la plupart des cadres fondateurs de la branche ivoirienne d'Ançar Dine, créée en 1994, sont issus d'un engagement militant pro-wahhabite, considéré comme la voie du réformisme islamique par excellence dans les années 1980. Entretien avec I. C., un haut cadre d'Ançar Dine Côte d'Ivoire, Williamsville, Abidjan, le 16 juillet 2014.
47. Entretien avec H. S., Treicheville, Abidjan, le 5 avril 2012.

prévu la même année[48]. La crise qui éclate au nord en janvier 2012 va contraindre à reporter les élections présidentielles, mais également celles du HCIM. Or c'est précisément ce report et la mise entre parenthèses des institutions qui permettront aux salafistes d'accentuer leur pression politique et d'utiliser le HCIM comme parti de l'islam. Dès lors, le Groupement des leaders spirituels va lui aussi adopter un discours politique, en sommant l'État de réaffirmer la séparation entre le politique et le religieux. Parallèlement, Haïdara va non seulement s'attacher à dénoncer la sémantique ambiguë autour de la charia, mais s'adresser également à l'opinion publique en explicitant le « hold-up » du HCIM par les salafistes.

L'occasion lui est donnée avec la première destruction des mausolées de Tombouctou, le 4 mai 2012, qui choquera profondément les Maliens. Quatre jours après, Haïdara organise une conférence publique dans laquelle il fustige la profanation des djihadistes et leur volonté de nier l'ancrage historique des pratiques soufies au Mali. Mais il interpelle également le HCIM, auquel il reproche de n'avoir pas condamné aussitôt ces exactions. Le 13 mai, une seconde conférence réunit cette fois-ci Haïdara et Mahmoud Dicko. Laissant ce dernier expliquer que le silence du HCIM était dû au fait qu'une négociation était en cours avec les djihadistes au sujet de l'ouverture d'un « couloir humanitaire », Haïdara rétorque alors :

> « [...] Cette non condamnation est due tout simplement au fait que ces rebelles partagent la même conviction religieuse que certains membres du Haut conseil. Alors que lui [Haïdara] et d'autres musulmans pratiquent ce que ces rebelles condamnent à savoir : des prières dans les cimetières, c'est-à-dire les Ziara [visites pieuses sur la tombe d'un saint] ; le port des talismans etc., qui font partie de leur tradition[49]. »

Cette position politique d'Haïdara et du Groupement, que l'on peut qualifier ici de *légalisme soufi* par opposition au *salafisme républicain*, se caractérise par une réaffirmation de la laïcité constitutionnelle qui passe à la fois par le principe de séparation et la prééminence du droit positif,

48. Haïdara est 1er vice-Président du HCIM. Mais cette fonction, dont il n'a bénéficié que sur simple désignation du président Dicko, est de pure forme et ne tient qu'à la surface sociale dont jouit le prêcheur ; Haïdara assure d'ailleurs n'avoir jamais participé à une quelconque réunion du Bureau exécutif.

49. Propos rapportés par *L'Indicateur du Renouveau* du 14 mai 2012 : « Les musulmans divisés à propos de la profanation d'un mausolée à Tombouctou : un linge sale bruyamment lavé en famille » [en ligne, consulté le 29 avril 2015. URL : http://malijet.com/a_la_une_du_mali/43590-les-musulmans-divises-a-propos-de-la-profanation-d'un-mausolée-a.html].

véritable *casus belli* pour les Salafi. Si Haïdara touche habituellement un *peuple* de fidèles qui voit en lui un guide, non seulement spirituel, mais aussi social, il va convaincre à cette occasion une partie de la classe moyenne malienne et certains de ces intellectuels qui considéraient jusque-là sa prédication comme un populisme trivial et dangereux. Haïdara va surtout susciter l'attention des médias étrangers et des diplomaties occidentales, pour qui il apparaît alors comme le leader musulman malien qui a su garder une saine distance vis-à-vis des putschistes, condamner sans réserve les djihadistes (qui l'avaient menacé de mort) et, plus largement, contenir le salafisme qui travaille la société malienne de l'intérieur[50]. À travers une stratégie de communication efficace, Haïdara va ainsi faire figure de représentant de l'islam soufi tel que le conçoit l'Occident, c'est-à-dire un « islam traditionnel », compatible avec les institutions républicaines et qui s'oppose en cela à un « islam importé », vecteur de l'idéologie salafiste[51]. Haïdara recevra ainsi la médaille du Sénat français le 24 février 2013, des mains de Jean-Pierre Chevènement et Laurent Larcher en visite au Mali dans le cadre de la commission sénatoriale chargée de l'élaboration du rapport du groupe de travail « Sahel »[52].

Conclusion autour d'une démocratisation *hors champ*

L'opposition entre le HCIM et le Groupement est désormais publique et durablement établie. En dépit des efforts de part et d'autre à maintenir une unité de façade au nom de l'islam, les médias et l'opinion commentent avidement les prêches et déclarations qui consolident cette bipolarisation

50. Voir ici la page 47 du rapport du groupe de travail « Sahel » de la commission des Affaires étrangères du Sénat, intitulé : « Mali : comment gagner la paix ? », et publié le 16 avril 2013. [En ligne, consulté le 29 avril 2015. URL : http://www.senat.fr/rap/r12-513/r12-5131.pdf].
51. Ce faisant, il aura repris ni plus ni moins les codes persistants qui opposent « islam noir » et « islam arabe », établis jadis par l'administration coloniale.
52. Cette cérémonie n'a pas été répercutée par les médias français. La photo de remise de médaille est publiée sur la page communautaire de Facebook « Bamada Bamako » [en ligne, consulté le 29 avril 2015. URL : https://fr-fr.facebook.com/Bamada.net/photos/a.261837833929689.56981.256602651119874/373498539430284/] et seule la page Wikipédia consacrée à Haïdara la mentionne [en ligne, consulté le 29 avril 2015. URL : http://fr.wikipedia.org/wiki/Cheikh_Cherif_Ousmane_Madane_Haidara].

de la sphère islamique malienne[53]. Certes, le Groupement n'a pu empêcher l'imam Dicko d'être reconduit à la tête du HCIM le 21 avril 2014, ni éviter le maintien des principaux cadres salafi au Bureau exécutif[54]. Mais il a néanmoins réussi à imposer un retour de la société civile islamique à travers la création d'une Plateforme des OSC, dont le rôle en faveur de la signature de l'accord d'Alger, du rejet du communautarisme et du maintien de l'unité dans la République jouit d'un écho tel que le président du HCIM se devait d'y participer[55].

En réalité, l'usage politique que les salafistes ont fait du HCIM n'aura pas seulement servi le projet d'un parti de l'islam ; il a aussi modifié la place du religieux dans la société et le rôle de l'islam dans l'État et, ce faisant, engendré le retour en politique d'une opinion musulmane jusque-là peu écoutée. Ce changement de paradigme s'est d'abord traduit par l'émergence d'une société civile islamique qui a eu comme conséquence de revivifier le jeu démocratique à travers la mise en place d'un contre-pouvoir effectif. La dynamique de réengagement social qui en a résulté a alors permis aux organisations islamiques, toute sensibilité confondue, de se constituer en une sphère oppositionnelle capable d'infléchir les politiques du gouvernement et d'imposer son arbitrage dans le processus électoral. Enfin, les positionnements des organisations musulmanes lors de la crise malienne ont conduit à rendre publique une opposition entre un *salafisme républicain* et un *légalisme soufi*. Or d'une certaine manière, cette bipolarisation constitue une sorte de réponse aux non-dits de la démocratie malienne, en formalisant là un cadre d'exercice concret du transfert de la raison politique vers la sphère religieuse. Si une telle situation semble sans doute aller à rebours des postulats classiques de la

---

53. Voir *L'express de Bamako* du 27 décembre 2012 : « Incompréhension entre les chefs religieux. Vers une crise interreligieuse ? » [en ligne, consulté le 29 avril 2015. URL : http://www.maliweb.net/societe/incomprehension-entre-les-chefs-religieux-vers-une-crise-interreligieuse-au-mali-114229.html].
54. Le nouveau Bureau a toutefois été élargi, passant de 33 à 45 membres et répondant ainsi aux revendications du Groupement des leaders spirituels musulmans. Toutefois, certains dénoncent le fait que seules 28 associations, sur les 70 censées participer au congrès, auront voté en faveur de Dicko. Voir ici l'article du *Reporter* du 22 avril 2014 : « Haut conseil islamique du Mali : IBK intronise Mahmoud Dicko avec 25 millions Fcfa » [en ligne, consulté le 29 avril 2015. URL : http://news.abamako.com/h/44235.html].
55. Lire à cet égard l'article du *Républicain* : « Chérif Ousmane Madani Haïdara au meeting pour la paix à Bamako : "Un mauvais accord vaut mieux qu'un non-accord et la guerre" », paru le 4 mai 2015 [en ligne, consulté le 4 mai 2015. URL : https://www.maliweb.net/la-situation-politique-et-securitaire-au-nord/cherif-ousmane-madani-haidara-au-meeting-pour-la-paix-a-bamako-un-mauvais-accord-vaut-mieux-quun-non-accord-et-la-guerre-945002.html].

démocratie libérale, ce n'est pourtant pas en cela que l'on peut qualifier cette démocratie malienne d'*hors champ*.

Lucide quant à l'effectivité de ce transfert, l'État s'est toutefois convaincu que la démocratie libérale pouvait recevoir l'adhésion des acteurs religieux grâce à la reconnaissance d'une société civile confessionnelle. Mais cette conception, fondée sur l'idée d'une sécularisation progressive de la sphère islamique, a sans doute été trop tardive pour inverser la dynamique d'engagement politique des organisations musulmanes. Certes, la rébellion touarègue, bientôt subvertie par une insurrection djihadiste, et le chaos institutionnel résultant du coup d'État expliquent pour une part l'impossibilité de mettre en œuvre une telle stratégie d'endiguement. Toutefois, l'analyse par la conjoncture ne permet guère d'expliquer ce processus de transfert du politique vers le religieux ; il faut pour cela interroger le fonctionnement même de la sphère politique malienne. Au-delà du rôle nouveau des organisations musulmanes dans la société et vis-à-vis de l'État, c'est en effet la doctrine démocratique elle-même qui est en cause, en particulier parce qu'elle a produit une forme de société dépolitisée dans laquelle le conflit partisan est perçu comme un disfonctionnement. Or, de ce point de vue, l'adhésion d'une partie croissante de la société à l'égard de la bipolarisation de la sphère islamique semble témoigner d'une volonté de réhabiliter la politique à travers une logique du conflit régulé permettant l'exercice d'une critique autonome à l'égard de la chose publique.

De fait, on constate que la repolitisation de la société malienne tient moins aux engagements partisans d'une élection présidentielle qualifiée de « plébiscite »[56], par nature ponctuels, qu'aux débats persistants autour des enjeux religieux suscités en amont et en aval de ces mêmes présidentielles. L'élection d'IBK était du reste sans grande surprise dans l'ambiance qui prévalait en 2013, tandis que les manifestations de soutien en sa faveur relevaient autant d'une volonté de sortir de la crise que d'une nécessaire ferveur patriotique. De façon plus générale, les joutes électorales au Mali ne sont souvent que le spectacle du pouvoir, où la posture, la

56. IBK a en effet été élu au second tour de scrutin avec 77,6 % des suffrages exprimés. Pourtant, sur les sept millions d'électeurs que compte le Mali, plus d'un sur deux se sera abstenu de voter, avec une participation au premier tour de 48,98 % et de 45,78 % au second. S'il faut donc relativiser ce « plébiscite », d'autant que les conditions de vote étaient marquées par l'insécurité persistante au nord et la problématique des populations réfugiées, ces taux n'en restent pas moins supérieurs de 12 points à ceux de la réélection d'Amadou Toumani Touré à la présidence de la République en 2007. De ce point de vue, l'élection d'IBK marque donc bien un certain retour aux urnes de la part des Maliens.

surface sociale et les moyens financiers des candidats sont mis en scène, et dont chacun sait que l'issue n'est pas un programme de gouvernement ; il s'agit bien plus de savoir lesquels, parmi les candidats en lice, jouiront du pouvoir et en feront bénéficier leurs obligés. *A contrario*, la confrontation publique entre les tenants du salafisme républicain et ceux du légalisme soufi constitue une arène politique bien plus légitime, d'autant qu'elle est censée être arbitrée par Dieu lui-même.

Au-delà des clivages doctrinaux et des enjeux autour de la nature de la République, l'objet de cet affrontement public au sein de la sphère islamique se focalise en réalité sur la laïcité qui, contestée ou réaffirmée, ne peut être appréhendée du point de vue de la seule régulation par l'État. Pour la plupart des Maliens, elle est un énoncé symbolique qui propulse la religion musulmane au sein de la République. Aussi, la critique des organisations musulmanes vis-à-vis de la sphère politique d'une part, l'opposition entre le Groupement des leaders spirituels et le Haut conseil islamique d'autre part, revêtent un sens politique bien particulier : la laïcité ne relève pas de l'État, parce que le statut de l'islam au sein de la République n'est pas étatique mais politique, parce qu'elle réfère à la loi fondamentale et concerne donc le peuple dans son énoncé historique, et parce qu'enfin, être musulman au Mali permet de redéfinir une identité collective vécue comme le préalable à une nouvelle indépendance nationale.

En dépit de leur opposition, ce point de vue est partagé aussi bien par les salafistes que les autres organisations. Pour autant, si la nécessité de la religion hors de l'État fait consensus, ce sont les modalités de celle-ci qui permettent l'expression d'un champ politique caractérisé par une institutionnalisation du conflit. Au fil de l'autonomisation de la sphère islamique vis-à-vis de l'État, la conflictualité qui anime les organisations musulmanes permet ainsi d'actualiser une raison politique, là où les partis auront réduit l'exercice de la démocratie à un simple énoncé formel.

Bibliographie

AHMED, Chanfi, 2012, « For the Saudi's Kingdom or for the Umma? Global 'Ulamâ' in the Dâr al-Hadîth in Medina », *Journal for Islamic Studies*, vol. 32, p. 70-90.

ANDERSON, Benedict, 1991, *Imagined Communities. Reflections on the Origin and Spread of Nationalism*, Londres, Verso [éd. révisée et augmentée].

BAUDAIS, Virginie et CHAUZAL, Grégory, 2006, « Les partis politiques et l'"indépendance partisane" d'Amadou Toumani Touré », *Politique africaine* 4, n° 104, p. 61-80.

BOLY, Hamadou, 2013, *Le soufisme au Mali du XIXe siècle à nos jours. Religion, politique et société*, thèse d'Études méditerranéennes et orientales, Université de Strasbourg.

CAMARA, Soumaïla, 2016, *Réislamisation et services publics au Mali : le cas des universités de Bamako*, mémoire de master anthropologie, sous la direction de G. Holder, Écoles des Hautes études en sciences sociales, juin 2010.

CASANOVA, José, 1994, *Public Religions in the Modern World*, Chicago, University of Chicago Press.

COULON, Christian, 1983 et 1988, *Les musulmans et le pouvoir en Afrique*, Paris, Karthala.

DOZON, Jean-Pierre, 2010, « Ceci n'est pas une confrérie », *Cahiers d'études africaines* 2, n° 198-199-200, p. 857-879.

DUPRET, Baudoin (dir.), 2012, *La charia aujourd'hui. Usages de la référence au droit islamique*, Paris, La Découverte.

FAY, Claude, 1995, « La démocratie au Mali, ou le pouvoir en pâture », *Cahiers d'études africaines*, vol. 35, n° 137, p. 19-53.

HOLDER, Gilles, 2012, « Chérif Ousmane Madani Haïdara et l'association islamique Ançar dine : un réformisme malien populaire en quête d'autonomie », *Cahiers d'études africaines* LII (2-3), n° 206-207, p. 389-425.

——— 2013, « Un pays musulman en quête d'État-nation », *in* P. Gonin, N. Kotlok & M.-A. Pérouse de Montclos (dir.), *La tragédie malienne*, Paris, Vendémiaire, p. 135-160.

HOLDER, Gilles et SAINT-LARY, Maud, 2013, « Enjeux démocratiques et (re)conquête du politique en Afrique. De l'espace public religieux à l'émergence d'une sphère islamique oppositionnelle », *Sens public* n° 15-16, juillet, p. 187-205.

HOLDER, Gilles et SOW, Moussa, 2014, « Introduction. Les laïcités africaines vues de Bamako : un colloque pris par son contexte », *in* G. Holder et

M. Sow (dir.), *L'Afrique des laïcités. État, religion et pouvoirs au sud du Sahara*, Bamako/Paris, Éditions Tombouctou/IRD, p. 19-37.

JONCKERS, Danielle, 2011, « Associations islamiques et démocratie participative au Mali », *in* A. Bozzo et P.-J. Luizard (dir.), *Les sociétés civiles dans le monde musulman*, Paris, La Découverte, p. 227-248.

KRUIS, Marieke, 2010, *Islamic Pathways. Islamic youth associations and Muslim identity formation in Bamako, Mali*, mémoire de master d'études africaines sous la codirection de B. Soares et M. Kaag, Université de Leyde, mai 2010.

LEFORT, Claude, 1986, *Essai sur le politique. XIXe-XXe siècles*, Paris, Seuil.

LORAUX, Nicole, 2005, *La cité divisée. L'oubli dans la mémoire d'Athènes*, Paris, Petite Bibliothèque Payot [1re éd. 1997].

MÉDARD, Jean-François, 1991, « L'État néo-patrimonial », *in* J.-F. Médard (dir.), *États d'Afrique*, Paris, Karthala.

MOUFFE, Chantal, 2000, « Deliberative Democracy or Agonistic Pluralism? », *Social Research*, vol. 66, n° 3, p. 745-758.

NEGT, Oskar, 2007, *L'espace public oppositionnel*, Paris, Payot.

PRUD'HOMME, Pierre, 2016, *La trace de Dieu. Une anthropologie des régimes d'orthodoxie au Mali*, thèse de doctorat en anthropologie, sous la codirection de Jacky Bouju et Gilles Holder, Aix-Marseille Université, MMSH, Aix-en-Provence, 25 novembre 2016.

SIMÉANT, Johanna, 2014, *Contester au Mali. Formes de la mobilisation et de la critique à Bamako*, Paris, Karthala.

SIMMEL, Georg, 2003, *Le conflit*, Paris, Circé [éd. originale. 1908].

SOMMERFELT, Tone, HATLØY, Anne et JENES, Kristin, 2015, *Réorientation religieuse au sud du Mali*, Rapport FAFO [en ligne, consulté le 12 novembre 2016 : http://www.fafo.no/~fafo/images/pub/2015/20425.pdf].

VITIELLO, Audric, 2009, « L'itinéraire de la démocratie radicale », *Raisons politiques*, vol. 3, n° 35, p. 207-220.

WING, Susanna, 2013, *Démocratie malienne et dialogue constitutionnel (1991-2007)*, Paris, Karthala [1re éd. angl. 2010].

11

Ramadan et espace public au Niger : regarder la lune, suivre le soleil

Seyni MOUMOUNI

Au Niger, la pratique musulmanc traditionnelle est l'islam sunnite de rite malékite, incluant des pratiques soufies et confrériques, qu'il s'agisse de la *Qâdîriyya*, la plus ancienne, de la *Sanûsiyya*, de la *Shâdhiliyya*, de la *Khalwatiyya* ou de la *Tijâniyya*. D'autres courants sont apparus plus récemment, notamment le mouvement appelé *Izâla* (diminutif de *Jamâ'at Izâlat al Bid'a wa Iqamat al-Sunna*, « Mouvement pour la suppression des innovations et le rétablissement de la Sunna »), le courant chiite, etc. Cette dynamique se trouve aujourd'hui renforcée par un certain nombre de facteurs : la multiplication des structures associatives, une éducation islamique de plus en plus élaborée, un accès aux médias et la publicisation du discours religieux. On constate aujourd'hui un regain des pratiques islamiques (prières, Ramadan, fêtes collectives, pèlerinages à La Mecque, Maouloud, etc.) dans les sociétés musulmanes. Ce regain est encore plus marquant à travers la permanence du rite, l'évolution des formes et le renouvellement des discours à l'occasion des grandes pratiques religieuses. Elles sont le plus souvent liées à des événements calendaires – que je nomme la « saison des religions » –, c'est-à-dire la période de cinq mois qui va de celui qui précède le mois de *Cha'ban* au mois de *Dhu al-Hijja*, durant laquelle s'effectuent le Jeûne (*ramadan*), la *Zakat*, les deux grandes fêtes et le *Hajj*, soit trois des cinq piliers de l'islam.

Parmi ces trois obligations canoniques, le Ramadan, que l'on appelle *Azumi* en langue haoussa et *Mee-haw* en langue zarma, est le moment où l'on observe les plus intenses pratiques religieuses, qui s'étendent de surcroît sur tout un mois. Il occupe une place particulière dans le calendrier musulman. C'est le nom même du neuvième mois de l'année, situé entre les mois de *Cha'bân* et de *Chawwâl*. Le terme *Ramadân* vient de la racine arabe *r-m-d* qui signifie « être brûlant » et évoque pour certains la chaleur de l'été[1]. De fait, à l'origine, il s'agissait d'un mois d'été. Ce n'est qu'après la suppression d'une période intercalaire, permettant aux mois lunaires d'être fixes par rapport au soleil, qu'il a commencé à se déplacer au fil des mois. L'année lunaire étant plus courte de onze jours, le mois du Ramadan remonte les saisons comme tous les mois du calendrier musulman. En 2012, le Ramadan tombait en pleine saison d'hivernage[2] et correspondait à l'été dans l'hémisphère Nord. Souvent comparé au carême des chrétiens, le jeûne du Ramadan a toutefois un caractère sensiblement différent. Si le carême est essentiellement un temps de pénitence dans l'attente de Pâques, le jeûne musulman met quant à lui davantage l'accent sur le contrôle de soi, la maîtrise du corps, le domptage des instincts, la soumission des passions. Le but du Ramadan, expliquait le célèbre savant mystique Al-Ghazâlî (1058-1111), est de se rapprocher de Dieu.

Cette étude portera sur la présence de l'islam dans l'espace public durant le mois de Ramadan au Niger, à partir des observations menées en 2008 et 2012[3]. Au-delà du fait que le Ramadan est considéré comme le moment propice à la dévotion musulmane (Adelkhah et Georgeon 2000 : 153), on s'interrogera sur les perspectives de la dynamique religieuse qui s'installe à cette occasion et le rapport du Ramadan à l'espace public nigérien. Dans le Niger actuel, le Ramadan fait en effet partie de l'agenda officiel et politique ; il est l'occasion de mettre au jour les tensions, les clivages, les diversités, les inégalités, mais aussi les champs de force et les dynamiques (Holder 2009 : 237). De ce point de vue, il constitue un moment privilégié pour l'observation des sociétés du monde musulman et, singulièrement, du Niger.

1. D'autres interprétations existent, comme celle du jeûne qui interdit de boire avant le coucher du soleil et qui rend la bouche brûlante.
2. Au Niger, en 2012, le Ramadan a commencé le jeudi 19 juillet et s'est achevé le samedi 18 août.
3. Enquête réalisée dans le cadre du projet ANR PUBLISLAM.

Prescriptions et pratiques du jeûne du Ramadan

Pour les croyants, le mois de Ramadan n'est pas un mois comme les autres. C'est le mois au cours duquel le Coran a été révélé. Témoin des premières révélations divines, il contient la nuit même au cours de laquelle a été révélé le Coran : *Laylat al-Qadr* en arabe, la « Nuit du Destin », ou encore la « Nuit du Pouvoir », qui tombe entre le 26ᵉ et le 27ᵉ jour de Ramadan : « Nous l'avons fait descendre [le Coran] dans la nuit de la Destinée [...] ; La nuit de la Destinée vaut mieux que mille mois [...] ; Salut elle est jusqu'au lever de l'aube » (Coran : 97/1-5)[4]. Le mois du Ramadan a été choisi dès l'époque du prophète comme période de jeûne. La pratique en a été réglementée par les prescriptions du Coran (2/179-183) qui ont été complétées ensuite par la tradition.

Le mois du Ramadan est le mois sacré par excellence et occupe à juste titre une place particulière dans le calendrier musulman. Ce sont les sourates médinoises qui prescrivent l'institution du jeûne musulman. Comme pour les autres pratiques cultuelles, les hadiths d'abord, les écoles juridiques ensuite, en précisèrent, à partir des bases coraniques, les conditions. Il s'agit d'un jeûne diurne qui s'étend tout au long du mois lunaire de Ramadan. Pour que le jeûne soit valide, il faut en formuler l'« intention » (*niyya*) et s'abstenir avec soin de tout ce qui pourrait le rompre. Des « cas de conscience » ont été posés presque à l'infini pour déterminer ce qu'on appelle les « choses ou actes qui invalident le jeûne de Ramadan » (*muftirât*). Si le Coran se borne à prescrire l'absence totale de nourriture, de boisson et de relations sexuelles, les traditions y ont ajoutées toute ingestion volontaire de substances étrangères dans le corps et toute évacuation de sang. Aucune restriction légale par contre ne concerne les nuits de Ramadan. Selon certaines traditions, les premiers musulmans observaient un jeûne nocturne, mais la Sourate (2/187) en restreignit la pratique au seul jour solaire. Divers textes du Coran précisent d'autres circonstances où le jeûne diurne peut être pratiqué : jeûne de remplacement, de propitiation, d'expiation, ou à la suite d'un vœu. Mais c'est le mois de Ramadan qui est par excellence le temps du jeûne, un jeûne qui engage la communauté elle-même. Une fois la puberté atteinte, nul n'en est totalement dispensé. Seuls sont prévus des « allègements » : le malade en danger de mort, s'il guérit, et la personne âgée doivent compenser le jeûne par des aumônes ; la femme enceinte, la nourrice, le

4. Nous utilisons ici la traduction de Régis Blachère, parue chez Maisonneuve et Larose en 1999.

malade dont la vie n'est pas en jeu, le voyageur et quiconque est astreint à un travail pénible ont le droit de rompre le jeûne, mais sont tenus ensuite de le remplacer scrupuleusement dès qu'ils le peuvent.

Tout au long du mois de Ramadan, la vie sociale revêt donc une note spécifique qui fait du jeûne, plus peut-être que la prière, un témoignage tangible de la cité musulmane. Les musulmans qui ne pratiquent plus les prières quotidiennes continuent pourtant de jeûner. Les musulmans dispensés de jeûner et les non musulmans évitent de boire ou de manger en public, pour témoigner de leur respect et de leur compassion envers ceux qui jeûnent[5]. De l'aube au coucher du soleil, la vie sociale est comme suspendue. Cette rigueur, cette unanimité et cette dimension sociale du jeûne sont en corrélation avec la portée ascétique, quasi sacrificielle, que lui reconnaît le musulman pieux. Sans doute, les nuits de Ramadan sont-elles parfois l'occasion de réjouissances, dès lors qu'ont été remplies les strictes conditions du jeûne diurne. Mais Al-Ghazâlî (1996 : 27) enseigne dans l'*Ihyâ'*[6] qu'il ne faut pas dormir durant le jour, qu'il faut rester sobre la nuit et ne pas manger ou boire avec avidité dès le coucher du soleil si l'on veut que le jeûne garde son vrai sens qui est de combattre les passions et de rapprocher l'âme de Dieu. Les prières, la lecture du texte sacré, la fréquentation des mosquées, les sermons témoignent d'une ferveur religieuse intense. Le mois de Ramadan est également un temps particulièrement riche de la vie sociale. L'activité ralentie du jour fait place à une vie dense et animée quand l'appel du muezzin annonce la fin du jeûne à la prière de *Maghrib*. Enfin, quand s'achève le mois, le fidèle doit s'acquitter de l'« Aumône de la Rupture » (*Zakât al-Fitr*), car le mois de Ramadan est celui de la charité. Le premier jour de la lune de *Chawwâl* marque alors le début de la « Fête de la Rupture » (*'îd al-Fitr*) ou encore « Petite Fête » (*'îd al-Seghir*) pour la distinguer de la grande fête de Tabaski, la « Fête du Sacrifice » (*'îd al-Adhâ*) dite « Fête du Mouton » (*'îd al-Kabîr*).

5. Au Niger, aucune loi n'interdit de vendre de l'alcool, de boire ou de manger en public au moment du jeûne. Chacun décide de respecter volontairement la vie sociale et religieuse pendant le mois de Ramadan.

6. *Ihyâ' 'ulûn ad-Dîn* (litt. « Redonner vie aux sciences religieuses ») est l'œuvre majeure d'Al-Ghazâlî rédigée entre 1096 et 1103.

Lune de la discorde : querelles théologiques autour de la visibilité de la lune

Le début de Ramadan est déterminé par l'observation visuelle du croissant lunaire, précisément lorsque le croissant de la nouvelle lune est visible. En pratique, deux témoins doivent rapporter cette visibilité à un « juge » (*Qâdî*) qui, s'il est d'accord, communique cette annonce aux fidèles. Cependant, cela varie d'une région à une autre selon la situation géographique. Tous les regards sont braqués vers le ciel pour détecter la nouvelle lune. Le moindre reflet est interprété au cours de cette observation de la lune. C'est une responsabilité qui incombe à tous les musulmans. Pour des raisons de situation géographique, ou tout simplement météorologiques, ce premier croissant de lune n'est pas toujours visible par tous, ni au même moment. Ces différences ne sont pas sans importance car ne pas respecter la période exacte du jeûne, c'est-à-dire les prescriptions de la tradition fondées sur la visibilité de la lune, c'est commettre une faute qui compromet l'effort de purification ; c'est un refus de soumission à la Loi en privilégiant la suffisance, l'orgueil personnel ou communautaire.

Pour éviter cette situation conflictuelle, le gouvernement a mis en place une commission chargée de déterminer les dates de début et de fin du Ramadan pour l'ensemble du territoire nigérien[7]. La « Loi » (*Sharî'a*) établit que si les habitants d'une région observent la lune, c'est comme si tous les musulmans l'avaient également aperçue ; ils doivent alors tous jeûner avec la nouvelle lune de Ramadan et rompre ensemble le jeûne avec la lune de *Chawwal* qui suit[8]. On peut mesurer tout l'enjeu de cette observation de la lune à travers le commentaire du représentant de l'Association islamique du Niger[9] à Zinder, Elhaj Souley Mallam Falalou,

7. La commission chargée de cordonner l'observation de la lune est composée des représentants des associations islamiques, des préfets et des chefs traditionnels. Elle est placée sous la coprésidence du ministre de l'Intérieur et du président du Conseil islamique du Niger (CIN). Les dates sont communiquées par le président du CIN.
8. La question du temps en islam est un des thèmes saillants qui fait couler beaucoup d'encre pendant et après le mois de Ramadan.
9. Dans les années 1960, c'est l'Association culturelle islamique du Niger (ACIN) qui traite la question de l'islam sous le régime de Diori Hamani. Elle regroupe les célèbres marabouts des différentes régions du Niger. Après le coup d'État de Seyni Kountché de 1974, l'ACIN est remplacée par l'Association islamique du Niger (AIN). Avec l'avènement de la démocratie en 1990-1991, on assiste à une prolifération d'associations islamiques : douze en 1996 ; trente-six en 2003 ; cinquante en 2006 ; soixante-deux en 2009. L'AIN est l'association la plus importante et la mieux

qui expliquait : « À propos de la fête de Ramadan, la fête a eu lieu le 28e jour du mois. Ce n'est pas normal et contraire à ce qui a été dit dans le Coran et les hadiths. Il faut suivre ce que Dieu a dit : *Des croyants t'interrogent sur les lunes nouvelles. Réponds (leur) : ce sont des repères, dans le temps, pour les Hommes* [...][10]. Et selon le hadith prophétique : *Commencez à jeûner en voyant* [le fin croissant lunaire] *et cessez de jeûner* [en le voyant]. *S'il reste caché, alors comptez 30 jours au mois de Cha'ban*[11]. Ceux qui ont fêté le mardi (28e jour) et ceux qui ont fêté le jeudi (31e jour) sont des égarés, ils n'ont pas suivi les textes et les recommandations du prophète : *On jeûne quand tout le monde jeûne, on rompt le jeûne quand tout le monde le rompt, on célèbre la fête du sacrifice le jour où tout le monde la célèbre* »[12]. Pour L'iman Laminou Yahaya,

> « nous avons une tradition de l'observation du croissant lunaire que nous avions hérité de nos parents et grands-parents [...]. Le moment venu, on regarde et scrute le ciel à la recherche de la nouvelle lune, puis pour rompre le jeûne, on suit le soleil à partir de Zuhr (après-midi) à travers l'ombre du minaret de la mosquée. On a toujours fait comme ça ! Par la grâce de Dieu, il n'y a jamais eu de problème »[13].

Pour Mallam Moutari,

> « il y a une confusion entre la politique et la religion alors que Dieu a dit : *siyasa daban, al-dini daban* (la politique a sa voie, la religion a sa voie), en ce qui concerne la question liée à l'observation du croissant lunaire par exemple si on dit qu'on a vu la lune, pour le début du Ramadan tout croyant doit accepter et suivre la communauté [...]. Il faut accepter, car celui qui dit qu'il a vu la lune est un frère musulman donc il faut le croire. Car la lune n'appartient à personne, elle appartient à Dieu, le Puissant, le Miséricordieux [...] »[14].

L'observation du croissant lunaire qui marque le début et la fin du mois de Ramadan est source de tension entre les chefs religieux et les autorités administratives. Les fêtes *'îd al-Fitr* intercalées d'un à deux jours

---

structurée avec des sections dans toutes les régions. C'est le cadre institutionnel de l'islam officiel.

10. Coran : 2/216-217.
11. Hadith de Muslim et al-Bukhârî.
12. Hadith de at-Tirmidhî.
13. L'iman de la grande mosquée de Mirryah, région de Zinder, octobre 2008.
14. Mallam Moutari, Alkali de Zinder, octobre 2008.

par rapport au jour décrété officiellement sont de plus en plus célébrées. Dans les villes, comme dans les zones rurales, des prières collectives (liées aux fêtes musulmanes) ont été célébrées chaque année un à deux jours après la célébration officielle. Selon Maman Maggagi, « l'iman du village Maimouja [près de la frontière avec le Nigeria] vient de passer trois jours au commissariat [...]. On lui reproche d'avoir d'organisé et conduit une prière collective deux jours après la fin du Ramadan »[15].

Ramadan : un mois d'intenses pratiques islamiques

Le Ramadan, au-delà de son contenu religieux, est un fait social qui comporte une dimension politique. Et cette dimension se trouve aujourd'hui renforcée par un certain nombre de facteurs. C'est d'abord, l'évolution démographique et l'urbanisation rapide aboutissant à donner plus de densité à une pratique collective comme le Ramadan. C'est ensuite le développement des médias, notamment de la télévision, qui contribue à cette intensification en permettant une large diffusion des prêches de Ramadan. Avec la montée de l'islam radical, la sacralité du mois du jeûne est devenue l'objet d'une véritable surenchère. Le Ramadan offre un moment privilégié aux discours politico-religeux, aux manifestations identitaires, aux mobilisations sociales, aux querelles et autres rivalités au sein des associations musulmanes. Au Niger, le Ramadan est en quelque sorte le mois de la communication religieuse. Celle-ci s'effectue d'abord à travers le réseau religieux. Dans les mosquées, les salles et sur les places publiques, les fidèles sont à la fois plus nombreux et plus réceptifs au sermon de l'imam durant le mois du jeûne. Aussi, pour les oulémas, le Ramadan est le mois de piété et de ferveur religieuse favorable pour faire passer des messages religieux autant que politiques.

Pour ceux qui ont habituellement un haut degré de pratiques religieuses, le Ramadan est le mois de la spiritualité et de la purification. L'abstinence consiste à se détacher des nourritures terrestres pour mieux

15. Pour L'iman de Maimouja, il a « toujours fêté avec ses frères de l'autre côté (Nigeria). L'année dernière tout le village avait fêté là bas et cette année c'est à nous de les recevoir [...]. *Kassa na Allah né* ["la terre appartient à Dieu"]. Il faut donc chercheur les raisons de son arrestation ailleurs [...] ». Selon lui, il a été dénoncé par le chef du village avec qui il a des relations très difficiles depuis son élection. Il avait soutenu son concurrent. Ce n'est donc selon lui ni plus ni moins qu'un règlement de compte. Entretien d'octobre 2008.

se rapprocher de Dieu en effectuant les cinq prières à l'appel du muezzin et, à la mosquée proprement dite, en réalisant la « prière nocturne » (*qiyâm al-layl*), mais aussi par la lecture assidue du Coran et l'écoute des recommandations faites par les oulémas. L'ascèse et l'affaiblissement du corps doivent favoriser l'élévation spirituelle et le retour à Dieu. Jeûner, en tant qu'acte de dévotion totale, revient à adopter une attitude morale qui éloigne du mal et rend sensible aux souffrances des autres. Pour les fidèles aisés, l'accomplissement du « petit pèlerinage à La Mecque » (*'umra*) durant le mois du Ramadan se pratique de plus en plus. Un nombre important de commerçants passe ainsi les dix derniers jours du Ramadan à La Mecque pour accomplir la *'umra*. Le nombre des pèlerins pratiquants s'accroît d'année en année et cette pratique commence à toucher les fonctionnaires et les acteurs politiques. Pour les associations islamiques et les activistes musulmans (*Izâla*, *Kitâ wa Sunna*, *Dan Chia*, etc.), le Ramadan est un moment propice à l'« appel religieux » (*da'wa*). Ces associations préparent longtemps à l'avance l'avènement du mois sacré. Elles multiplient les prêches, les conférences et les séminaires et les diffusent à la radio et à la télévision. À l'ombre des mosquées privées, les associations donnent leurs propres leçons. Les rencontres et « visites commémoratives » (*ziyara*) entre les membres des confréries, des associations et des clubs religieux s'intensifient, tandis que de vastes campagnes de distribution de denrées alimentaires aux familles nécessiteuses s'organisent.

Il ressort de cette effervescence que, pendant le mois de Ramadan, il y a plus d'informations et d'idées qui circulent entre un plus grand nombre de gens. Le mois du jeûne représente donc un moment crucial, pendant lequel les médias consacrent des heures aux émissions religieuses. La période du Ramadan est l'occasion donnée par Dieu aux croyants de retrouver les frontières du bien et du mal. Ce mois est celui de la Vérité, celui où peuvent être « brûlées » toutes les fautes passées, celui de la pureté. Le thème de la purification domine en effet dans les discours. La miséricorde et la clémence divines offrent une chance de renouveau à ceux qui, par une démarche purificatrice volontaire, individuelle et/ou collective, décident de rejeter le mal en privilégiant le spirituel plutôt que les besoins corporels. Ce message est repris et développé chaque année dans les discours à travers les médias. La lecture des versets coraniques et les commentaires des traditions du prophète relatifs au jeûne et aux règles de comportement à respecter pendant cette période visent à souligner le caractère exceptionnel de ce mois saint où la mansuétude divine autorise chacun à se purifier, à effacer les errements passés.

Musâbakâ : concours de mémorisation du Coran

Pendant le mois de Ramadan, les leaders musulmans organisent une série d'activités dédiées, avec le concours des médias audiovisuelles publiques et privées : d'abord l'Office de la radiodiffusion et télévision du Niger (ORTN), mais aussi Télé Sahel, Radio et Télévision Dounia, Radio et Télévision Ténéré, Canal3, Radio et Télévision Bonferey, etc. Parmi ces activités, on trouve les prêches, l'« exégèse du coran » (*tafsîr*) et la *Musâbakâ*, terme qui signifie en arabe « concours, compétition ». Celle-ci se définit en effet comme un concours annuel de lecture du Coran. Elle débute généralement dans la deuxième décade du mois de Ramadan et prend fin dans la troisième et dernière décade du même mois. La première édition a été organisée en 2004 par l'ORTN. Lors de ce concours, jeunes et adultes, tout sexe confondu, rivalisent dans leurs capacités à réciter le Coran. Si ce concours permet aux candidats de se connaître mutuellement, il fait aussi le bonheur des commerçants qui font passer des annonces sous forme publicitaire ou de sponsoring. Tout au long de son déroulement, des contributions en nature et en espèces sont ainsi offertes par des fidèles de bonne volonté et remises aux organisateurs du concours. Les lauréats bénéficient de cadeaux également en nature et en espèces, dont des billets d'avion pour le pèlerinage, des parcelles foncières, des voitures, des comptes bancaires, des sacs de céréales, etc.

Destinée aux jeunes, la *Musâbakâ* a pour but de valoriser davantage la lecture et la mémorisation du Coran chez les jeunes filles et garçons. Les candidats sont repartis en trois groupes : le premier récite le Coran intégralement ; le deuxième en récite la moitié ; le troisième se limite au quart ; et pour les plus jeunes, ils ne concourent qu'à la récitation de deux sections ou *hizib*. Lors de la remise des prix aux différents lauréats de l'édition de l'année 2011, retransmise par la télévision publique, les épouses du président de la République, de l'Assemblée nationale et du Premier ministre étaient présentes comme autant de « marraines ». La gagnante du premier prix, appelé « Prix du Président de la République », a bénéficié pour l'occasion d'une somme d'un million de francs CFA, un billet d'avion pour La Mecque offert par la société de produits laitiers Laban Niger et 100 000 francs CFA de la part de la société de téléphonie Moov Niger. Le lauréat du deuxième prix a quant à lui reçu 500 000 francs CFA, une parcelle constructible de 500 m^2 offerte par un opérateur économique et 50 000 francs CFA également remis par Moov Niger. Le gagnant du troisième prix a reçu une somme de 300 000 francs CFA, ainsi qu'une moto offerte à titre personnel par le Directeur général de l'Union nigérienne de transit et de fret (UNITRAF). Dans le deuxième groupe, c'est-à-dire ceux qui ont récité la moitié du Coran, le vainqueur a quant à lui remporté le prix d'une valeur de 300 000 francs CFA et un réfrigérateur offert par la banque privée française BIAO, Banque internationale pour l'Afrique occidentale. *Idem* pour les troisième et quatrième groupes, tandis que les 73 autres participants non lauréats ont pu recevoir des lots d'encouragement en nature ou en espèces.

Ce concours, au-delà de son caractère ludique, d'éducation religieuse et de compétition, montre un transfert des espaces d'apprentissage du Coran. Autrefois, les talibés récitaient le Coran de concession en concession en quête d'aumône[16]. Aujourd'hui ce spectacle traditionnel et profane célébré durant le mois de Ramadan se fait de moins en moins. Le concours de mémorisation du Coran, le *Musâbakâ*, s'institutionnalise d'année en année autour des motivations à la fois croyante et profane notamment avec la télévision et les nouvelles technologies de communications.

Ramadan : un mois de mobilisation politique autour de l'islam

La période du Ramadan c'est également le moment des relations renforcées entre le pouvoir et les leaders religieux. En 2011, le président de la République, Issoufou Mahamadou, rencontre à cette occasion une délégation composée des oulémas des différentes associations islamiques. Au cours de cette rencontre, il a abordé un certain nombre de thèmes qui tournaient autour de la connaissance de l'islam, de l'unité, du travail, de la bonne gouvernance, de l'esclavage et de la mendicité. Dans son discours, le chef de l'État a indiqué que « les oulémas devaient apporter leur soutien à la population dans le sens de mieux faire connaître l'islam dans notre société. L'islam c'est une religion qui magnifie la connaissance [...] »[17]. Et le président de citer alors le célèbre ouléma Malam Djibril[18] : « Les personnes qui sont ignorantes ou qui ont un savoir limité pensent qu'elles

16. D'autres manifestations profanes et anciennes sont organisées durant le mois de Ramadan par et pour les jeunes. Il s'agit notamment du spectacle de rue appelé en Zarma *To bay-To bay*, sorte de carnaval durant lequel les enfants se déguisent la nuit et se déplacent de concession en concession en chantant.
17. Journal *Le Sahel* du 8 août 2011, p. 2.
18. Malam Djibril était le maître de Cheikh Usmane Dan Fodio, le fondateur du califat de Sokoto (1804-1903), au nord de l'actuel Nigeria.

sont musulmanes mais en réalité elles ne le sont pas [...] »[19]. Dans ce passage, le chef de l'État encourage les oulémas à « répandre la lumière de l'islam afin que les musulmans améliorent leur pratique de l'islam [...] »[20]. S'agissant du thème de l'unité, le président souligne que « l'islam (notre religion) dit et proclame que tous les musulmans sont frères [...] ». À propos du travail, il demande aux oulémas d'aider les autorités afin de lutter contre l'esclavage, la mendicité, la corruption, etc. Ils doivent en outre contribuer à mobiliser au cours de leurs prêches le peuple nigérien pour le travail et pour la bataille du développement économique et social.

De leur côté, les responsables des associations islamiques ont émis le souhait que les ressources minières puissent permettre de résoudre le problème de la pauvreté et de la mendicité par le prélèvement de la *Zakat* sur ces richesses nationales. Les oulémas ont également tenu à rappeler au président une de ses promesses de campagne dans laquelle il disait que « s'il gagnait les élections, il allait introduire Dieu à l'école »[21]. Au Niger, l'école publique est sous le statut non confessionnel, donc laïque, mais l'enseignement islamique est répandu dans le pays à travers les écoles coraniques. Celles-ci sont solidement implantées et drainent toujours un nombre élevé d'enfants et d'adultes. L'enseignement dispensé est basé sur un programme religieux. Relevant du statut d'école privée, ces écoles coraniques sont des établissements traditionnels comme on en trouve dans l'ensemble du monde arabe et islamique. Au Niger, ces écoles relèvent du réseau non conventionnel d'éducation de base. L'enseignement se tient dans des lieux privés dits *Makaranta* ou *Dudal*. Il vise à donner une formation basée principalement sur la mémorisation du Coran, la morale et les pratiques islamiques. Cet enseignement individualisé suit le rythme et la progression de chaque élève dans des conditions parfois difficiles. Depuis les années 1980, ces écoles coraniques se sont adaptées aux mutations sociales. Aujourd'hui, on distingue au Niger quatre types d'établissements : les écoles coraniques traditionnelles[22] ; les écoles arabo-

19. Ce qui contredit le statut du musulman en vigueur. En effet, on peut être musulman en ayant un savoir islamique limité et c'est pourquoi la communauté des croyants est composée à la fois de « l'élite » (*al-hass*) et du « peuple » (*al-âmma*).
20. Journal *Le Sahel*, août 2011.
21. *Ibid.*
22. Il s'agit des écoles où l'enseignement vise uniquement l'apprentissage, la lecture et la mémorisation du Coran.

islamiques classiques dites *madrasa islamiyya*[23] ; les écoles arabo-islamiques rénovées[24] ; et les médersas ou écoles franco-arabes[25].

Enfin, à l'occasion de cette rencontre avec le président de la République, les oulémas ont évoqué la question des rémunérations, estimant qu'il était temps qu'ils perçoivent des salaires à l'instar de certains pays islamiques[26]. Il s'agit ici d'accéder à une reconnaissance de leurs statuts et fonctions dans la société. Les acteurs religieux pensent en effet qu'ils donnent de leurs temps et de leurs savoirs dans différentes actions sociales et civiles et contribuent de cette façon à la paix et à la stabilité du pays. Ils demandent que ce travail, comme tout autre travail, soit rémunéré à sa juste valeur. Cette demande de « fonctionnarisation » du secteur religieux est sans cesse renouvelée notamment à l'occasion des rencontres périodiques suscitées par les fêtes musulmanes entre le président de la République, les leaders religieux et les représentants des différentes associations islamiques.

Les informations passées dans la presse écrite au sujet du Ramadan se limitent très souvent à des reportages sur la consommation des ménages, la dénonciation des hausses des prix des denrées alimentaires, la communication des horaires de prières et la transmission des discours et messages politiques au début et à la fin du Ramadan. Depuis quelques années, le journal gouvernemental *Le Sahel* consacre une page au Ramadan, où il s'agit de savoir qui doit jeûner pendant le mois de Ramadan. Ce point suscite de nombreuses polémiques, comme en témoigne cet article de

---

23. L'enseignement est dispensé dans des classes collectives et selon le niveau. En plus de la mémorisation du Coran et des études islamiques, l'enseignement de la langue arabe est donné dès les premières classes.
24. Ce sont des écoles coraniques proches du système formel, tant par ses infrastructures d'accueil que les disciplines enseignées (sciences, français, etc.) et les méthodes pédagogiques. L'enseignement coranique n'est pas sanctionné par des diplômes, mais des cérémonies religieuses. En dehors de ces écoles, il existe l'enseignement bilingue franco-arabe dispensé dans les médersas.
25. C'est en 1957 que le gouvernement décide de créer la médersa de Say. Ce centre servira d'établissement pilote et le système s'étend progressivement au reste du pays. En 1973, on compte 35 médersas reparties entre les principales villes du pays. La médersa constitue désormais le modèle de référence. Elle contribue dans une large mesure à une modification profonde des modèles de transmission du savoir islamique et à une désagrégation des anciennes structures. Le système éducatif actuel des médersas peut se définir comme un effort de formalisation par rapport à l'école coranique ancienne, mais aussi un effort de professionnalisation sous la direction de maîtres bacheliers ou universitaires, et un effort de systématisation grâce aux infrastructures d'accueil et aux programmes préparés pour ces établissements.
26. Journal *Le Sahel* du 8 août 2011, p. 2.

presse qui, en 2011, s'interrogeait sur les vrais et faux « jeûneurs » en ces termes :

> « À une dizaine de jours de la fin du mois béni du Ramadan, nous voilà déjà dans la phase cruciale du compte à rebours pour la fin des longues journées d'abstinence et de recueillement. À l'enthousiasme des jeûneurs, qui se sont armés de foi pour effectuer un parcours sans faute en s'efforçant d'observer le jeûne avec abnégation, s'oppose le regret de ceux-là qui, pour une raison ou une autre, ont esquivé le rituel. L'amertume est surtout perceptible chez beaucoup d'entre ceux qui, usant de mille subterfuges, en invoquant le plus souvent des faux problèmes de tension artérielle ou d'ulcères graves, ont fait le "jeûne buissonnier" [...][27]. »

Pour certains responsables musulmans, il s'agit là de quelque chose d'intolérable car le jeûne repose sur des règles précises et bien établies. En matière de jeûne, l'obligation incombe à ceux qui jouissent de leurs facultés mentales. Un hadith rapporte ainsi que le prophète a dit : « Sont déchargés de toute responsabilité le fou jusqu'à ce qu'il récupère sa raison, l'homme endormi jusqu'à ce qu'il se réveille, et le jeune jusqu'à sa puberté »[28].

Dans la rubrique « société » du journal *Le Sahel* de ce mois d'août 2011, plusieurs thèmes ont été abordés[29] par le Cheikh Boureima Daouda[30], notamment celui du « meilleur congé présidentiel du monde »[31]. Après avoir rappelé que le prophète Muhammad « représente l'excellent modèle humain pour toute l'humanité en général et pour les musulmans en particulier et plus précisément pour les leaders politiques, sociaux, religieux », l'auteur invite le lecteur à partager avec lui une petite réflexion sur le « congé annuel et spécial » d'un président dont Dieu seul connaît la place, l'importance et les différentes fonctions qu'il assume à la tête de son pays.

---

27. Assane Soumana, rubrique « L'air du temps », *Le Sahel Dimanche*, août 2011.
28. Hadith d'Ahmed et Abu Dawud.
29. Ces thèmes étaient entre autres : Comment jeûner ? ; L'occasion d'or ; Comment préserver les acquis du Ramadan ? Quelques sagesses et avantages du jeûne ; Le meilleur congé présidentiel du monde ; Comment préserver les acquis du Ramadan ? Comment fêter la fête du Ramadan ?
30. Conseiller du Premier ministre, imam de la mosquée de l'Université Abdou Moumouni de Niamey.
31. Journal *Le Sahel* du 17 août 2011.

« Ce président, écrit le Cheikh Boureima Daouda, malgré toutes ses occupations et préoccupations nationales et internationales, prend un congé annuel pour une affaire et une seule affaire qui l'occupe. Il ne prend pas ce congé pour aller avec sa famille sur la plus belle île du monde et Dieu seul sait que c'est une bonne affaire que de s'installer sur une île avec sa famille pour changer d'air, raviver les forces et oublier un peu les problèmes routiniers de ce monde. Il ne prend pas ce congé pour aller avec sa famille visiter des parents se trouvant au village ou ailleurs dans le monde et Dieu seul sait le profit qu'il y a dans la visite aux parents surtout éloignés. Il ne prend pas ce congé pour aller faire un bilan de sa santé dans les hôpitaux les plus équipés et les plus chers du monde et Dieu seul sait les avantages qu'il y a dans le fait de faire le bilan annuel de son organisme. Il ne prend pas ce congé pour faire un tour touristique [...] mais il prend son congé pour s'adonner à l'adoration pure et sincère de son Seigneur [...]. Car Dieu a dit : "Je n'ai créé les djinns et les humains que pour qu'ils M'adorent"». Sourate 51, verset 56. Où sont les musulmans aujourd'hui par rapport à ce Prophète ? Où passent-ils leurs congés et que font-ils durant ces congés ? Méditez bien ce congé Présidentiel Spécial pour en dégager vos propres leçons et conclusions [...][32]. »

Conclusion

Cette étude a essayé de montrer modestement les rapports entre l'espace public, la religiosité islamique et le politique pendant le mois de Ramadan au Niger. La discorde liée à la visibilité de la lune présente, sous couvert de la réalisation de principes religieux intangibles, les fractures d'une société qui se dessinent dans les sphères du pouvoir à travers la compétition et la contestation. Les querelles engendrées par ce problème recouvrent les lignes de partage de la communauté musulmane qui relèvent de l'influence politique, de l'expression du pouvoir et de sa contestation.

Pour le fidèle, le temps du Ramadan est un moment d'ascèse et d'esprit festif, d'abstinence et de consommation démesurée, de dévotion et d'esprit de concorde, d'ordre et de désordres, de contraintes et de libertés, d'interdits et de permissivité. L'évolution des pratiques (concours, visites religieuses commémoratives, etc.) plus ou moins liées au Ramadan

32. Journal *Le Sahel* du 23 août 2011, p. 2.

montre le degré et la diversité de l'islam dans la société nigérienne. Aussi, le Ramadan met-il au jour les tensions, les clivages, les diversités, les inégalités, mais aussi les champs de force et les dynamiques sociales. De ce point de vue, il constitue un moment privilégié pour l'observation des sociétés dans le monde musulman et au Niger en particulier. Cette dynamique se fonde certes sur l'islamisation précoce et l'enracinement historique de l'islam dans la région. Mais de nos jours, elle est amplifiée par une promotion agressive, une *da'wa*, à travers les médias. De nouveaux acteurs accompagnent cette dynamique.

Bibliographie

AL-GHAZÂLÎ, 1996, *Temps et prières*, Paris, Albin Michel.

ABELKHAH, Fariba et GEORGEON, François, 2000, *Ramadan et Politique*, Paris, CNRS Édition.

HOLDER, Gilles, 2009, « Maouloud 2006 de Bamako à Tombouctou : entre réislamisation de la nation et laïcité de l'État, la construction d'un espace public religieux du Mali », *in* G. Holder (éd.), *L'islam, nouvel espace public en Afrique*, Paris, Karthala, p. 237-289.

12

Les Hel Souadou de Dilly d'hier à aujourd'hui : un style particulier de présence au sein de l'espace public malien ?

Moussa Sow

Le clan maraboutique des Kane Diallo de Dilly, communément appelé « Hel Souadou » ou « Soudou Souadou »[1], se distingue par le fait qu'il a été souvent « enchâssé » (Amselle 1985), totalement ou en partie, dans d'autres clans ou formations politiques de la région du Bakhounou[2]. Pour cette raison, il s'est trouvé entraîné dans de nombreuses aventures historiques, en particulier celles qui secouèrent le Sahel occidental au XIXᵉ siècle. De ce point de vue, ce clan a été aussi un témoin du passé auquel il convient d'accorder une plus grande attention, d'autant que sa tradition d'engagement plus ou moins volontaire dans la vie politique se perpétue à travers une présence actuelle au sein d'institutions publiques, comme l'Assemblée nationale, le Haut conseil des collectivités territo-

1. Ces dénominations rendent compte de son fort ancrage dans le Bakhounou et d'un tropisme nomade, le hassaniyya et le peul étant ici les langues de référence. Pour des raisons de simple commodité, nous utiliserons dans ce texte l'orthographe francisée des noms propres en vigueur au Mali.
2. Le Bakhounou correspond à l'espace couvert par le cercle de Nara et l'extrême est de celui de Nioro. Il est situé à environ 200 kilomètres au nord de Bamako. Le clan se trouvera également intégré à d'autres espaces géographiques, plus tard.

riales, ainsi qu'une commune rurale[3]. De manière plus générale, on peut constater une disponibilité constante des chefs des Hel Souadou à participer à la vie d'institutions où sont censées se réaliser des consensus politiques nationaux. La célébration annuelle à Dilly de l'un des Maouloud (*Mawlid an-Nabî* en arabe, « l'anniversaire [de la naissance] du prophète »), ou *Ismu* (de l'arabe *'ismu*, litt. « nom », en référence à la dation du nom qui marque l'anniversaire du prophète), les plus « œcuméniques » du Mali est un autre témoignage de la capacité des guides spirituels locaux à créer des événements religieux contemporains qui sont autant de communions sociales.

Pourtant, cette présence est aussi réputée singulière[4] et rendrait plutôt compte d'une relative retraite du monde, particulièrement de tout ce qui ressortit aux contingences du politique. Une sagesse faite de modération et de recherche de conciliation autour d'idéaux nationaux élevés, ainsi qu'autour des valeurs les plus sacrées de l'islam – et qui serait par ailleurs le reflet des règles de vie mêmes des chefs des Hel Souadou – caractériserait cette posture. D'autres décrivent plus abruptement un style religieux aux allures quiétistes qu'ils lient à l'expérience de l'histoire heurtée et plutôt longuement subie du clan. En tout état de cause, les « gens de Dilly » font partie des hommes de religion invoqués pour illustrer la « modération » de l'islam malien. Un examen plus rigoureux de la trajectoire historique, ainsi que de la structure de l'organisation du clan, révèle que cette double image attachée à sa tradition religieuse renvoie en fait à une seule et même réalité : la constante proximité de ces marabouts de la sphère publique ne s'est pas réalisée au détriment de la foi ni de la force de rayonnement de celle-ci. On peut même dire que la constance du voisinage avec l'action publique et la quête assidue de la grâce divine ont solidairement concouru à la perpétuation du charisme des chefs religieux. Cela est du reste bien illustré par l'œuvre de El-Hadj Shaykh Sidi Modibo Kane à la tête du clan. La figure de Dilly à ce jour la plus célèbre a explicitement visé et réussi à instaurer une manière plus radicale encore d'afficher l'engagement religieux en rendant les descendants des Souadou, dans leur diversité, plus visibles au sein de leur cité, de leur voisinage géographique et de l'espace public national et international. Ce faisant il s'est d'ailleurs inscrit dans la dynamique générale de l'islam contem-

3. Un député, qui auparavant a été maire et membre du Haut Conseil des Collectivités territoriales, est issu du clan. Il en est de même du maire actuel de Dilly. Ils sont l'un et l'autre fils de Sidi Modibo Kane. Une partie importante des conseillers municipaux est également issue des Hel Souadou.
4. Un des lieux communs se dégageant du matériel collecté a été l'insistance sur cette singularité présumée.

porain tendant à investir davantage l'espace public (Holder 2009). Nous verrons même qu'il l'a précédée à certains égards. Mais dans le même temps il a prolongé une tradition d'engagement pieux aux marges du pouvoir politique des principaux personnages de la phratrie. Je tenterai d'illustrer cette continuité en faisant retour sur l'histoire du clan, avant de la mettre en perspective avec l'œuvre particulière de Sidi Modibo Kane. Cela permettra alors de proposer des réponses quant au style particulier de ce type de présence dans l'espace public malien.

Eléments d'histoire des Hel Souadou : entre épopée familiale et histoire nationale

Du fait du caractère rudimentaire de la connaissance sur l'histoire des Hel Souadou[5] (et de celle sur leurs tuteurs initiaux appartenant aux clans peul Wolarbé et Wouwarbé)[6], il est plus commode d'évoquer leur passé à travers des figures marquantes du clan à propos desquelles la tradition orale fournit quelques repères. Cela présente certes l'inconvénient d'isoler le groupe des sociétés l'ayant englobé mais permet au moins de donner un aperçu spectral de sa trajectoire politico-religieuse spécifique. Ainsi, et tout en ayant conscience d'omettre d'autres figures représentatives, on peut retenir ici six personnalités : Souadou, Mamadou Abdoulaye Souadou, Abba Mangal, Ba Hamma, Oumou Dilly et Sidi Modibo.

On retiendra des données de la tradition orale que nous avons recueillies entre 2010 et 2012 que l'ancêtre éponyme, le marabout migrant Souadou Kane, originaire de Njilone[7], un village situé dans la zone de Matam au Sénégal, fut accueilli dans le Bakhounou, aux environs du village actuel de Ballé, par un autre marabout nommé Alpha Mamadou (ou Hamma) Sina Diallo à la fin du XVIIIe siècle. Ce dernier était également voyageur, mais originaire du Fouta Djalon en Guinée. Après un séjour dans un village de la périphérie de Djenné, il était arrivé dans la région quelques années auparavant et s'y était installé à la suite d'un pacte conclu avec les Wolarbé qui l'avaient convaincu de se consacrer à l'ins-

5. Malgré les travaux pionniers de Benjamin Soares (1995 ; 1997), ce clan a fait l'objet de peu de recherches.
6. On trouve des éléments de l'histoire des Wolarbé et des Wouwarbé dans Bâ et Daget (1984) et dans Bâ (1991 : 31-42).
7. Njilone se trouve sur le territoire de la République du Sénégal. Ce village est demeuré un centre musulman important.

truction coranique de leurs enfants au lieu de réaliser son projet de pèlerinage à La Mecque[8]. Le Bakhounou était à l'époque écartelé entre les puissantes formations politiques bambara du Ségou et du Kaarta. Le Ségou était localement représenté par des chefferies comme Denké[9] et Fallou, tandis que le Kaarta y avait un allié militaire puissant, le Kolon massassi, dont le chef le plus célèbre a été Kountou Kouloubali et la capitale la plus stable Ngalabougou[10]. Les Wolarbé, groupés autour d'une petite chefferie commandée par Sambounné (patriarche d'une des lignées de patronyme Boli), guerroyaient au sein des troupes de Denkè. Aux hôtes wolarbé alliés aux chefs de Denké, il convient d'ajouter le clan maraboutique des Berthé, nomades girganké[11] et soufis établis de longue date dans la région et implantés aujourd'hui dans les villages de Alasso et Gassambaro, situés dans la commune de Ballé. Ils eurent en effet des relations d'affinité, demeurées solides, avec Souadou et ses descendants[12].

En dépit de ces diverses appartenances et du voisinage constant avec des Beydanes du Sahel occidental, en particulier les Awlad M'Bark commandés par Moctar Hamar Dicko (Bâ et Daget 1984), avec lesquels ils eurent d'ailleurs de bonne heure des relations matrimoniales, les Hel Souadou se trouvèrent surtout entraînés dans les tribulations historiques des Wolarbé : affins puis adversaires du clan des Wouwarbé, collusions puis affrontements avec l'État islamique de Sékou Amadou Barry (*ibid.* : 260-263), plus connu sous le nom de Dina (de l'arabe *dîn*, « Religion »), relations ambiguës avec le djihad d'El-Hadj Oumar Tall (Bâ 1991 : 139-156), etc.

---

8. Selon les traditions hagiographiques consacrées à cet épisode, l'instruction par un marabout de cent jeunes élèves est autant religieusement rétribuée qu'un pèlerinage à La Mecque. Une autre clause du pacte indiquait que si la communauté d'accueil s'engageait à être donneuse d'épouses au clan en formation, elle renonçait à en recevoir de celui-ci, indiquant ainsi qu'il n'engageait pas d'échanges matrimoniaux réciproques.
9. Le Dignan (ou Digan) des cartes et des archives coloniales.
10. Ce territoire, très peu connu faute d'études, a cependant fortement contribué à la puissance militaire du Kaarta, ainsi que j'ai pu le constater dans mes propres enquêtes à Ngalabougou.
11. Les Grika, Guirga, Guirganké ou Guirgankobè de patronyme Berthé passent pour être issus d'un « métissage » entre Beydanes et Soninké du Sahel occidental. Ils étaient surtout marabouts et nomadisaient entre le Bakhounou et le Doubala (au nord-ouest de Kolokani), régions peu peuplées où ils pratiquaient un soufisme quasi monacal. Disposant de pâturages abondants et d'eaux pérennes, l'élevage pratiqué par leurs cadets leur assurait une certaine prospérité. C'est pourquoi d'ailleurs ils furent des cibles constantes de brigands.
12. Ils sont encore de nos jours les alliés matrimoniaux presqu'exclusifs des Hel Souadou et sont aussi les imams de Dilly.

Souadou s'installa donc parmi ses hôtes du village de Dina, dans le Bakounou, où il épousa alors une fille chérifienne qui fut la mère de son premier fils, Abdoulaye Souadou, mort auprès de ses oncles aux environs de Nouadhibou, dans l'actuelle Mauritanie. Quelques années plus tard, Souadou gagna Alasso, où il décida de vivre parmi les Guirganké. C'est à Alasso[13] qu'il sera inhumé après une vie religieuse passant pour avoir été exemplaire en matière d'humilité dans le rapport à autrui et l'application dans la prière. Sa tombe y fait encore aujourd'hui l'objet de nombreuses visites commémoratives pieuses (*ziyara*) caractéristiques du monde soufi. L'événement politique majeur associé à sa vie fut la traversée en 1859 de la contrée du Bakhounou par les troupes de El-Hadj Oumar Tall en partance vers l'Est, à la conquête du Ségou puis du Macina, région centrale de la Dina. C'est à cette occasion que Daouda, fils de Abdoulaye Souadou, fut enrôlé dans les armées du djihad. Il trouvera la mort lors d'une campagne visant la prise de la capitale de la Dina, Hamdallaye, vers 1864. Sa tombe se trouverait à Mopti et serait connue des fidèles de la *Qâdîriyya*.

Mamadou Abdoulaye Souadou a été un personnage important de l'épopée du clan[14]. On lui attribue la composition de nombreux poèmes religieux (*qasîda*). Il passe également pour avoir répondu à l'appel de la Dina[15] et avoir ainsi rejoint Hamdallaye où il aurait même siégé au Batu Mawdo (« Grand Conseil » en langue peul), l'instance consultative suprême de la Dina. C'est là qu'il aurait été initié à la *Qâdîriyya* en recevant directement le *wird* du Shaykh El-Moctar Kounta de Tombouctou. C'est là également qu'il aurait lié amitié avec un descendant de Ousmane Dan Fodio, le fondateur du califat de Sokoto – affilié lui aussi à la *Qâdîriyya* – au nord du Nigeria, dont la lignée viendra s'établir dans le Kingui, aux environs de Nioro du Sahel[16]. Il est enfin et surtout considéré

13. À une date indéterminée ; nos enquêtes se poursuivent sur ce point. Alasso se trouve non loin de Ballé, dans le cercle de Nara.

14. Il repose à Dina, village du Bakhounou, où sa tombe fait l'objet d'un important pèlerinage.

15. *Oo notinooma Dina Hamdallahi* (litt. « Il avait répondu à l'appel de la Dina de Hamdallaye » en langue peul) est la formule consacrée et synthétique par laquelle la plupart des informateurs résument cet épisode qui pourrait être intervenu autour de 1845.

16. Ce personnage reste associé à sa légende à travers le mythe de la biche chanteuse. Ses descendants habitent Nema Diawambé, dans le cercle de Diéma. On notera que cette étape de Hamdallaye marque l'initiation à la *Qâdîriyya* dans des conditions optimales, non seulement à travers la Dina, qui s'inscrivait dans cette doctrine confrérique, mais aussi par les Kounta, le clan arabe qui introduisit la confrérie à Tombouctou au XVIIe siècle. Son ascendance maternelle, puis par la suite paternelle,

par plusieurs sources comme l'homme par lequel advint le *dillèrè*, un terme qui désigne la « secousse mystique » liée à l'avènement du *waliyaku* (de l'arabe *waliyya*, « sainteté »)[17], c'est-à-dire le statut de sainteté du clan.

Cet événement décisif dans l'histoire du groupe serait survenu après la parenthèse de l'exil dans le Macina, lorsque Mamadou Abdoulaye Souadou revient dans le Bakhounou qui avait accueilli ses ancêtres, notamment son grand-père Souadou qui reposait à Alasso. Mamadou Aboudlaye Souadou y était par ailleurs venu rejoindre le chef des Wouwarbé qu'il avait connu au Macina, à savoir Boubakar Ham Bouaro, décédé quelques années plus tard au Mandé où il nomadisait. D'autres sources attribuent à son père Abdoulaye, le fils de la chérifienne, l'origine du *waliyaku* à travers son mariage avec sa nièce Agga à lui donnée par son oncle maternel, Zeïny El-Din, établi à Damba. C'est de cette union de deux descendants d'une famille chérifienne que naquirent les cinq saints primordiaux du clan : Mamadou lui-même, Mamoudou, Ibrahim, Daouda et Amadou dit Abba qui repose à Kokasso[18].

Mamadou Abdoulaye serait donc, selon cette version, l'aîné des cinq premiers saints[19] et non le saint éponyme. En tout état de cause, l'avènement de la « passion » mystique eut des conséquences politiques et sociales majeures dans cette portion du Bakhounou. Comme il est de règle dans les ruptures historiques consécutives à l'avènement des « grands destins », soudano-sahéliens en particulier, le groupe des Hel Souadou cessa de constituer un lignage maraboutique parmi d'autres pour devenir ce que Massa Makan Diabaté (1973 : 13) a appelé un « lieu d'autorité », c'est-à-dire un point d'attraction politique pouvant structurer autour d'un héros une communauté sociale dans l'attente, dans « l'espérance », et devenant, une fois réalisé l'événement extraordinaire, de plus en plus élargie[20]. La caractéristique selon lui d'un tel lieu est d'être capable de

---

témoignant d'une lignée chérifienne et cette haute initiation confrérique aux sources mêmes de la *Qâdîriyya* ouest-africaine créent ainsi les conditions légitimant l'avènement du *dillèrè*.

17. Selon Raymond Jamous (1994), le terme *walî* vient de la racine *wala* qui signifie « être proche », « compagnon ».
18. Ils tiendraient de fait d'une lignée chérifienne tant par leur père que par leur mère.
19. La traduction « saint » est réductrice par rapport au terme arabe *walî*, puisque ce dernier désigne littéralement des hommes dont la foi et la pratique pieuse sont si intenses qu'ils vivent dans l'intimité de Dieu. Ils sont à ce titre toujours « vivants », même lorsqu'ils ont quitté le monde d'ici-bas.
20. Ainsi, Diabaté écrivait, à propos du héros fondateur de l'empire médiéval du Mali, que « Sunjata apparaît comme un phénomène sociologique important. Il est [...] surtout le *ngana* (héros) qui triomphe de Sumanguru. Aussi son pouvoir politique, il

générer une parole de l'histoire dès lors qu'il y rassemble nécessairement le héros et son double panégyriste[21]. On assista en effet à l'émergence d'un pôle messianique et fédérateur à partir de marges religieuses et sociales auprès duquel les lignages alliés, des plus proches aux plus éloignés, parce que meurtris et dispersés par de nombreuses guerres locales, cherchèrent à retrouver du sens, c'est-à-dire des raisons de se rassembler et de revitaliser un lien social, et d'amorcer finalement une dynamique de résilience productrice d'histoire.

Abba Mangal, *alias* Amadou Abdoulaye Souadou (ou encore Ba Abba), se serait installé à Ségou vers 1862, avec une suite nombreuse constituée par une partie importante de l'entourage du clan des Kane Diallo du Bakhounou, à la demande de Shaykh Oumar Tall lui-même, alors en bute à la résistance des populations avoisinant la cité. La légende relative à cet exode du Bakhounou vers le Ségou précise que El-Hadj Oumar Tall souhaitait le concours mystique des Kane Diallo pour la réussite de ses entreprises militaires. Abba Mangal aurait ainsi vécu longtemps à Ségou dans l'entourage du fils et successeur de El-Hadj Oumar, Ahmadou Saykou Tall, à l'emplacement actuel du Camp Militaire. Les récits hagiographiques qui lui sont consacrés affirment que ce fut suite à une révélation divine qu'il se rendit à Kokasso, dans le cercle de Koutiala, où il mourut trois jours après son arrivée, probablement en 1885. Après son inhumation et l'accomplissement de tous les rites funéraires, ses enfants et fidèles se dispersèrent, la plus grosse partie prenant la direction du Bakhounou qu'elle avait hâte de rejoindre, en particulier pour mettre en sûreté Oumou Dilly, fille aînée de Mamadou Abdoulaye Souadou, que Abba Mangal avait élevée puis donnée en mariage à son propre fils Amadou Abba.

À Ségou réside encore une communauté musulmane constituée par les descendants des élèves coraniques et de l'entourage de Abba Mangal. À ce dernier est associé le *Ziyara* de Kokasso, et c'est en 1977 que se serait tenue la première édition, non sans une certaine improvisation. En effet, un groupe de résidents à Ségou originaires de Dilly avait décidé de se rendre au *Ismu*, la célébration de l'anniversaire du prophète Muhammad,

---

le tient plus par son action personnelle que de sa naissance. Alors il concentre entre ses mains le pouvoir temporel et spirituel, c'est-à-dire l'autorité, lieu de référence culturelle... De son autorité naît une stabilité avec la cristallisation du phénomène *ngana-ngara* (héros et griot) sur lui » (Diabaté 1973 : 13).

21. L'immense production de poèmes religieux et d'une tradition orale, notamment panégyriste, témoignent de l'émergence d'une niche épique qui évoluera en lieu de mémoire autant que d'histoire. Pour la clarification de ces notions, voir Konaté (2009).

dans leur village natal. Ils réalisèrent cependant que les nombreux aléas liés au voyage jusqu'à Dilly hypothéquaient leur participation à la cérémonie finale où sont faites les bénédictions les plus prisées. Ils jugèrent par conséquent plus commode d'aller effectuer le *Ismu* en l'associant au *Ziyara* sur la tombe de Abba Mangal à Kokasso. Cela devint une tradition qui se perpétue de nos jours. D'ailleurs en 1983, Sidi Modibo Kane, prenant acte de la massification de ce *Ismu-Ziyara* de Kokasso, désigna Boubou Daouda Kane Diallo, marabout du clan établi à Koutiala, comme responsable des cultes liés à la tombe de Abba Mangal. Et c'est seulement à partir de 2000 qu'un de ses arrières petits-fils obtint une parcelle à usage d'habitation à Kokasso et décida de s'y installer.

Ba Hamma, fils d'Abba Mangal, aurait ramené les Hel Souadou de Kokasso dans le Bakhounou après la mort de son père. Ils seraient venus rejoindre les Wolarbé de Faliri Boubakar, dit Falel, qui sortaient d'une guerre contre les troupes ségoviennes de Ahmadou Saykou Tall, où Falel avait été tué. Ce dernier, qui avait fait sa soumission à El-Hadj Oumar après la prise de Nioro en 1855, avait en effet volé au secours de Mountaga Tall, assailli dans la forteresse de Nioro par son demi-frère Ahmadou Saykou Tall, roi de Ségou, en 1885 (Ly-Tall 1991). Mais Ba Hamma était aussi et surtout le mari de Oumou Dilly, la fille de Mamadou Abdoulaye Souadou. En effet, après la mort de Sambounné dans le Macina en 1862, le chef des Wolarbé qui avait précédé Falel, c'est Amadou Abdoulaye Souadou qui se chargea de l'éducation de sa nièce Oumou, avant de la donner en mariage à son fils aîné, ainsi que je l'ai déjà dit plus haut. Selon une tradition fréquemment répétée, Sambounné agonisant[22] aurait demandé à son ami Mamadou Abdoulaye Souadou d'épouser à sa mort sa femme Sinagata Dicko[23]. C'est de cette union que naquit Oumou, dite Oumma Dilly, fille aînée du couple. C'est enfin à Ba Hamma que l'on doit la présence du clan des Kane Diallo à Dilly, un des villages du Kolon massassi, après qu'il s'y soit installé vraisemblablement autour des années 1885.

22. Sambounné est mort à Hamdallaye, dans le Macina. Son frère Faliri Boubakar, dit Falel, lui succédera à la tête des Wolarbé et quelques autres groupes proches. Cette tradition est calquée sur celle du Macina, dans laquelle le chef de la Dina, Sékou Ahmadou, aurait engagé sur son lit de mort un de ses proches à épouser sa femme favorite ; voir ici Bâ et Daget (1984).

23. L'importance de cet épisode tient au fait que ce mariage fait de ce clan maraboutique classé Torobbè et du lignage maximal des Wolarbé une seule et même famille étendue. Ce faisant, il consacre définitivement l'émancipation et la banalisation des cadets torobbè au sein des Wolarbé du Bakhounou.

Oumou Dilly, ou plus exactement Oumou Kane Diallo, est probablement la sainte musulmane la plus vénérée du Mali. En témoignent les nombreuses femmes portant son prénom dans toutes les régions du pays. Au sein même des Hel Souadou, elle est considérée comme la plus mystérieuse incarnation du *waliyaku*, véritable « secousse mystique » (*dillèrè*)[24] dont ils auraient été gratifiés par la Providence. Elle aurait vécu tout au long de sa vie dans une réclusion pieuse au cours de laquelle elle aurait composé de nombreux *qasîda*, les poèmes panégyriques en l'honneur du prophète Muhammad[25]. Sa jeunesse aurait été jalonnée de guerres suivies d'exodes des Wolarbé et l'on rapporte qu'elle a été la cause majeure de la tension ayant marqué les relations entre Ahmadou Saykou Tall et Abba Mangal Kane à Ségou : le second n'a pas consenti que Oumou soit mariée à un des frères, fils ou neveux du premier en affirmant « que les grosses bouchées, on se les garde ». De fait elle épousera son neveu, fils d'Abba Mangal, et sera la mère « aux seins d'or et d'argent[26] » de Modibo Kanou, son fils unique et père en particulier du célèbre feu Sidi Modibo et d'Amadou Modibo, shaykh actuel des Hel Souadou. Oumou décéda en 1942, l'année même où les autorités coloniales inaugurèrent une école en faveur des chefs de Dilly, en particulier Sidi Modibo Kane qui avait déjà quatorze ans, concrétisant ainsi une politique visant à « donner un état social » c'est-à-dire à rassembler, fixer, instruire et protéger les Wolarbé et groupes d'éleveurs associés en créant et en administrant avec une relative bienveillance le canton de Fogoty. Sidi Modibo Kane sera en

24. Les sources de langue peul affirment que Dilly signifie là où est advenu « l'éveil à la sainteté », là où s'est produite la « grande secousse », « le grand bruit », le *dillarè* donc, tandis que les traditions de langue bambara donnent à la dénomination de la ville le sens de « racine » (*dili*). En effet, la bourgade, fondée par un des lignages kulubali du Kolon masasi, aurait ainsi exprimé le désir de celui-ci de « prendre racine » sur cette terre. En tout état de cause les Hel Souadou ne sont les fondateurs ni de « Dilly peul » ni de « Dili bamanan ». Le quartier dit peul a en effet été fondé par un lignage de patronyme Dicko appartenant au clan des Yirlabé qui en détiennent toujours la chefferie. De nombreuses sources affirment que ce fut grâce à Oumou que la famille eut accès au feu sacré de la sainteté.

25. Les membres du clan tiennent en haute estime le livre sacré *Dalail al-Khairat*, « Les Preuves des faveurs divines », et s'inscrivent de ce fait dans la « chaîne mystique » (*silsila*) incarnée par l'auteur du livre, Al-Jazuli.

26. La légende de Oumou fait une certaine place à ce motif des seins, l'un d'or et l'autre d'argent, pour exprimer l'idée que les propriétés mystiques dont elle était investie ne pouvaient se résorber dans l'unique et banale fonction de mère nourricière. Les enfants de Oumou, Sidi Modibo en particulier, auraient eu pour biberon leur propre pouce, substitut mystérieux du sein maternel. Lorsque l'exaltation mystique provoquée par les chants religieux atteint un haut degré, le saint et les grands initiés sucent leur pouce pour figurer le mode d'allaitement de Sidi Modibo.

effet l'un des premiers élèves de l'école de Dilly que fréquenta également, la même année, Hamalla Boli, fils du chef de canton de Fogoty, du lignage des Saybobè[27], qui deviendra fonctionnaire.

L'œuvre religieuse de Sidi Modibo Kane

La biographie de Sidi Modibo est connue (Soares 1995). J'évoquerai ici seulement ses principales œuvres en m'appuyant sur les récits hagiographiques et leurs représentations de l'histoire que j'ai recueillis sur sa guidance spirituelle et sociale. Les événements principaux ayant structuré cette œuvre s'ordonnent de la manière suivante : un séjour de deux ans en Côte d'Ivoire ; le pèlerinage sur les lieux saints de l'islam ; la conversion de villages du Bèlèdougou et du Kaarta ; l'institution d'un *Ismu* annuel à dimension internationale ; et la construction de la Grande Mosquée du vendredi de Dilly. On considère qu'à la fin de la séquence historique au cours de laquelle il fut l'initiateur de ces œuvres majeures et inédites pour la plupart, il a surtout résidé à Dilly, renonçant à tout voyage, comme pour marquer que son œuvre était achevée. On remarquera également que les années ayant précédé les grands moments de l'œuvre sont peu évoquées, signe probable que ce sont bien les événements qu'elle cite que la mémoire locale retient et valorise, le tout se situant dans une séquence temporelle allant des années 1970 aux années 1990.

Le séjour en Côte d'Ivoire est présenté comme une retraite pieuse destinée à mûrir les projets que le « saint vivant » (*walî*) concrétisera par la suite en hommage à ses fidèles, à ses compatriotes du Bakhounou et à tout le voisinage géographique de cette zone.

Le pèlerinage accompli autour des années 1975 est rapporté dans les termes d'une « convocation divine » d'un saint déjà accompli sur les Lieux Saints de l'Islam. Il a été aussi une source supplémentaire de légitimité religieuse pour entreprendre, la même année, la conversion à l'islam de populations voisines demeurées à la périphérie de cette religion.

Selon la plupart des témoignages, l'entreprise de conversion a globalement pris l'allure d'un encouragement massif adressé aux villages à

27. Les Saybobè furent les chefs du canton créé par les administrateurs coloniaux dans les années 1890 pour fixer le noyau central des lignages wolarbé et quelques lignages wouwarbé dans le Bakhounou.

surmonter leurs dernières réticences à embrasser l'islam[28]. Sidi Modiobo aurait ainsi utilisé la prédication comme arme exclusive. En outre, comme l'a bien observé Soares (1997), il a ciblé des pratiques extrêmes ou marginales comme les cultes de possession des femmes en s'alliant avec les forces villageoises acquises au changement comme les migrants, mais aussi, selon mes propres enquêtes, les acteurs des projets de développement agricole ainsi que les factions hostiles aux pouvoirs de certains chefs de village. Il aurait en fait été le catalyseur d'un débat sur l'islam dans les villages où cette religion était faiblement implantée et aurait ainsi contribué à crever un abcès de potentielles discordes villageoises et locales. Et si cette œuvre demeure controversée, voire vigoureusement dénoncée dans certains villages[29], elle a permis dans d'autres une orientation plus explicite vers un pluralisme religieux sur fond de plus grande tolérance. On rappellera également que cette opération a explicitement été autorisée par Ibrahim Sory Sylla, descendant d'un célèbre porte-parole du fondateur de la Dina, lorsqu'il était gouverneur de la Région administrative de Koulikoro. C'est son administration, devenue partie prenante éloignée mais vigilante de l'opération, qui en atténuera certains excès en conseillant l'élimination des gestes les plus parodiques des « prophètes » comme les autodafés des objets sacrés[30]. En outre c'est à partir des relations établies entre le gouverneur et le saint à la faveur de cette entreprise qu'ils ont été des partenaires à d'autres occasions, telle que l'instauration du *Ismu* de Dilly en 1976 ou encore l'inauguration du *Ziyara* de Hamdallaye quelques années plus tard. Sidi Modibo a fait preuve d'une solidarité, encore aujourd'hui louangée à Hamdallaye, en amont et pendant la cérémonie inaugurale[31]. C'est aussi pendant cette

---

28. Il est symptomatique à cet égard que Digna ait été le premier village ciblé par l'opération. C'est d'abord un village allié de longue date aux Saybobé de patronyme Boli qui commandaient aux groupements d'éleveurs de la zone. Ensuite, Digna a une solide réputation en matière de savoirs non islamiques (*bamanaya*) issue de son passé de puissant chef-lieu périphérique de l'État de Ségou. Enfin, Sidi Modibo Kane considérait que les habitants de Digna, au même titre que les membres du clan des wolarbé, étaient ses oncles maternels.
29. En particulier est apparu à partir des années 2000 un syndrome d'« apostasie » de la conversion dans certains villages du Bèlèdougou, Fadougou et Nyamana, expression tout à la fois de la persistance des difficultés rencontrées sur le plan de la subsistance quotidienne et de la déception vis-à-vis du comportement de certains membres du clan maraboutique qui s'acharnaient, généralement à l'insu de la hiérarchie, à collecter des dîmes de plus en plus lourdes dans les villages convertis.
30. Sory Ibrahima Sylla conseillera ainsi que les objets soient stockés et conservés au Musée national.
31. C'est dans la même foulée qu'il se fera représenter par une forte délégation à la cérémonie inaugurale du *ziyara* autour de Thierno Hady Tall à Nioro en 1985. Il

période de collaboration entre les deux personnages que Dilly accepta de déléguer un représentant au sein de l'Association malienne pour l'unité et le progrès de l'islam (AMUPI), l'organisation mise en place par le régime de Moussa Traoré en 1980 et chargée de contrôler, jusqu'en 1991, les questions relatives aux musulmans au sein de la communauté.

L'institution du *Ismu an-Nabi* n'est en réalité pas sans lien avec l'opération de conversion religieuse. Un cadre de rencontre prolongeant et consolidant les liens tissés avec les villages qui se considéraient déjà comme des « talibés » ou des fidèles des Hel Souadou et avec ceux nouvellement « convertis » était devenu nécessaire. Le cercle des fidèles de Dilly se trouvait ainsi élargi et une base logistique plus forte d'accueil des pèlerins, arrivant de l'intérieur du Mali ou d'autres pays, était de ce fait acquise. L'activité la plus spectaculaire de ce premier *Ismu* géant a d'ailleurs été la célébration par Sidi Modibo lui-même d'une cinquantaine de mariages, acte de brassage musulman couronnant l'opération de conversion[32]. Le *Ismu* marquait aussi l'élargissement de la sphère de notoriété de Sidi Modibo à un niveau jamais atteint auparavant par ses devanciers. Il était devenu en particulier un partenaire adulé de l'État, ce dont témoigna la présence discrète d'une délégation officielle aux festivités religieuses. Le *Ismu* enfin a été la concrétisation de la préséance religieuse du clan maraboutique des Hel Souadou sur les autres présents dans la zone, mais aussi de la lignée des descendants de Modibo Kanou, fils unique de Oumou Dilly, sur les autres lignées des Hel Souadou[33]. La présence de délégations des Hel Souadou établis dans le Bakhounou, le Macina, le cercle de Ségou, Mopti et son voisinage, ainsi que dans la zone de Banamba[34], a été aussi le signe de la confirmation de ce qu'après

profitera de cet événement, par l'entremise de sa délégation, pour réchauffer ses liens avec Sharif Hameddou, Shaykh suprême de la *Tijâniyya hamawiyya*. À cette occasion, ce dernier aurait prononcé des paroles élogieuses à l'égard de Sidi Modibo. En particulier, il aurait affirmé qu'il était le plus grand parmi les saints vivants.

32. Des jeunes filles de différents villages de la zone sont données au shaykh avant chaque *Ismu* afin qu'il les marie à des hommes que son entourage aura choisis pour elles.

33. Les marabouts de patronyme Berthé, alliés matrimoniaux traditionnels, ont été confirmés dans leur rôle d'imams de Dilly, tandis que les descendants de Hamassina Diallo et des imams de patronyme Doucouré de Goumbou et de Mourdiah sont demeurés des marabouts influents en qualité de « foyers des grands maîtres en religion (*alimu*) » de la zone. Les Dicko ont été confirmés dans leurs prérogatives de chefs du quartier « peul », tandis que les fondateurs bambara sont restés entourés de respect.

34. Les Hel Souadou sont établis dans les localités suivantes : Dina, Alasso, Dilly, Damba, Bakabaka, Wéssébougou, Bamako, Gana, Touba, Samafoulala, Koutiala,

Modibo Kanou et son demi-frère Mamoudou Hammadou, Sidi Modibo Kane, fils et neveu des précédents, est le shaykh de tous et que si « la *baraka* est pour tous, la guidance mystique (*waliyaku*) est assurée par la lignée issue de Oumou »[35]. En d'autres termes, le *Ismu* a été l'occasion de réaffirmer l'unité de la « maison » sur des principes et une répartition claire des rôles en découlant.

La construction de la Grande Mosquée du vendredi[36] est le couronnement logique de centralité religieuse acquise par Dilly dans la zone et le pas décisif vers sa plus grande visibilité sur le plan national et international. L'affluence des talibés et des grands maîtres (*alimu*) lors des *Ismu*, mais aussi à l'occasion de voyages ordinaires à fonction propédeutique, rendait nécessaire l'érection d'un cadre d'accueil digne de ces événements. Autour de cette nouvelle mosquée, le rôle de la cléricature a été redéfini vis-à-vis des tâches usuelles : instruction coranique, imamat, rites religieux périodiques (notamment les prières lors des jours consacrés et des fêtes), déclamation des poèmes religieux, conversion, protocole du shaykh, protocole du saint, intendance... Plus décisivement, les fonctions cléricales attachées à l'animation de la *Qâdîriyya* locale incarnées par le shaykh et les pratiques mystiques dévolues au saint ont été plus nettement séparées, ce qui permet à ce dernier de se retrancher dans des dévotions spécifiques où la pratique des poèmes religieux, les *qasîda*, tient une part importante. Ainsi il était devenu possible pour le saint de se différencier, de s'autonomiser des différentes figures du sultan et de consacrer cette émancipation mystique par la délimitation des périmètres spécifiques du shaykh d'un côté et du saint de l'autre. Par-delà les Hel Souadou, et comme le montre bien Raymond Jamous (1994) à propos du Maroc, la figure du sultan est en effet celle de l'émule politique du saint ; aussi le pouvoir temporel de l'un doit-il être surpassé par celui mystique de l'autre et apparaître comme tel aux yeux de la communauté.

À ces œuvres majeures de Sidi Modibo Kane, il faut ajouter son combat pour l'école et pour un statut administratif plus important de Dilly, où il usa de patience pour convaincre son entourage de leur nécessité. De ce point de vue, l'érection à la fin des années 1990 de Dilly en commune

Kokasso, Sokoura, Dialloubè, Digan, Dampakoura, Guèlèdiè, Diguisirè, Kanou, Tenenkou. Ils ne viennent toutefois pas tous au Ismu de Dilly.

35. Propos de Sékou Modibo Bâ, dit Sékou Daya, « grand griot », « bambado », c'est-à-dire généalogiste, recueillis à Dilly en février 2010. Aujourd'hui Amadou Modibo Kanou est le shaykh et son fils aîné, Modibo Amadou, est pressenti pour incarner la *waliyaku*.

36. Les frais de construction de la mosquée ont été pris en charge par Babou Yara, « talibé » des Hel Souadou et riche homme d'affaires installé à Bamako.

rurale et l'élection d'un de ses fils comme député en 2009 peuvent être considérées comme des résultats posthumes de son combat.

Plus généralement, Sidi Modibo a inauguré l'ère des « successeurs »[37], des « gestionnaires de la sainteté » selon l'expression de El Boudrari (1985 : 502) qui, à travers son analyse de la vie d'un saint marocain, a montré qu'à l'ère du saint fondateur succédait celui de continuateurs s'attachant à valoriser son capital charismatique, par la mise en place d'un « charisme de fonction » qu'il caractérise comme suit :

> « Les principaux corollaires de ce charisme de fonction sont d'un côté une institutionnalisation et une ritualisation croissante de la pratique, d'un autre côté la mise en place d'un modèle de comportement social dont les signes sont l'envers des signes du modèle fondateur. L'essentiel de cette inversion consiste en un débordement de la domination charismatique vers, d'une part la domination économique, d'autre part la domination politique » (*ibid.* : 504).

Hammoudi quant à lui ajoute : « La mise en action de la sainteté conduit à la création et à la maîtrise d'un noyau de pouvoir » (1980 : 617). Cela synthétise avec une remarquable justesse la logique qui relie les différents aspects de l'œuvre ci-dessus rapidement décrite. Sidi Modibo a en effet bonifié le capital spirituel du charisme fondateur en ayant été lui-même un grand mystique auréolé de sa propre légende. Dans le même temps il a créé les conditions de l'exercice renouvelé d'un charisme capable d'administrer dans la durée tous les acquis symboliques antérieurs en donnant des assises matérielles à l'émergence d'une économie religieuse à Dilly[38].

---

37. On pourrait dire que Mamadou Abdoulaye Souadou est le saint fondateur. Mais les relectures patrimonialisantes constantes depuis l'institution en 1976 du *Ismu*, signe de la persistance au sein du clan de renégociations hagiographiques, focalisent la sainteté tantôt sur le patriarche apical Souadou tantôt sur Oumou, dont le caveau au cimetière de Dilly connaît toujours la plus grande affluence. Mais l'inauguration en 2011 d'un somptueux mausolée en l'honneur de Mamadou Abdoulaye Souadou à Dina, avec d'ailleurs le concours matériel des associations nationales « Oumou » et « Modibo » qui regroupent en leur sein les homonymes de Oumou Dilly et ceux de Modibo Kanou réinstaure la focalisation du « dillèrè » sur un père précurseur et une fille bénéficiaire de la révélation mystique. Oumma apparaît en tout état de cause comme la figure mystique par excellence de la « descendance de Souadou ».
38. Voir la notion d'« économie de la prière » chez Soares (2009).

Conclusion

Comme le suggère l'esquisse historique qui précède, les ancêtres des Hel Souadou ont été englobés dans divers clans ou chefferies guerrières du Bakhounou avant d'être écartelés entre le djihad du Shaykh El-Hadj Oumar Tall et la Dina de Hamdallaye du Shaykh Ahmadou Sékou Barry, surtout à partir des années 1850. Leurs plus constants patrons furent cependant les chefs wolarbé qui, sans jamais renoncer à l'élevage, ont été de rudes guerriers tout au long du XIXe siècle. L'avènement de la colonisation a permis aux Wolarbé de convertir ce passé guerrier en dividende territorial sous la forme du canton de Fogoty et du village « maraboutique » de Dilly. C'est à partir de ce village que les Hel Souadou, de cadets sociaux fortement dépendants, s'émancipèrent[39] tour à tour de leurs affiliations maraboutiques antérieures, de leurs statuts de clients des chefs de guerre qui avaient pendant longtemps garanti leur sécurité ainsi que de la tutelle des administrateurs coloniaux ayant créé les conditions de leur résilience. Ils furent ensuite des militants de l'Union soudanaise du Rassemblement démocratique africain (US-RDA), le parti de l'indépendance, avant de collaborer plus ou moins étroitement avec les autorités des IIe et IIIe Républiques. L'œuvre de Sidi Modibo a eu pour effet la cristallisation d'une identité forte les ayant placés aux avant-postes des évolutions de l'islam contemporain, avec la création de grands événements religieux et leur médiatisation, la participation à l'animation de la vie publique nationale, et enfin l'effort de faire rayonner par divers moyens la matrice du charisme local aux niveaux national, régional et même international. Par conséquent, il leur a donné les arguments intramondains – au sens d'une certaine inscription dans le monde – les plus efficaces pour la projection de leur communauté à la fois spirituelle et sociale vers l'espace national puis international.

De ce point de vue, on le voit bien, les membres du clan n'ont pas vraiment usé d'un style particulier de présence dans l'espace public. Leur démarche s'inscrit en réalité dans la dynamique contemporaine de l'islam ouest-africain (Souley *et alii* 2007). Il apparaît cependant qu'aujourd'hui comme hier ils aspirent, à travers leurs meilleurs représentants, à apporter une note singulière dans la partition religieuse commune. Cette note serait comme une marque autant qu'un idéal de perfection spirituelle distinguant les *walî*, en tant qu'« hommes de religion vivant dans l'intimité de Dieu ».

---

39. Ils ne se sont pas simplement émancipés mais ont aussi réussi à englober à leur tour la plupart de leurs anciens « patrons ».

Le fil rouge de la trajectoire historique et sociale de ces marabouts « cadets » par divers aspects (allochtonie, dépendance sociale et religieuse...) a en effet été la volonté de mériter puis d'incarner le plus dignement possible la sainteté. C'est pourquoi les figures les plus hautes de la sublimation religieuse qu'ils ont parfois incarnées ont pu aussi apparaître comme des marqueurs spécifiques de leur identité.

Bibliographie

AMSELLE, Jean-Loup et M'BOKOLO, Elika (dir.), 1985, *Au cœur de l'ethnie. Tribalisme et État en Afrique*, Paris, La Découverte.

ARCHIVES NATIONALES DU MALI, 4E-42, 4 et IE-104, 3, Fonds Récents.

ARDOUIN, Claude Daniel, 1988, « Une formation politique précoloniale du Sahel occidental malien : le Baakhounou à l'époque des Kaagoro », *Cahiers d'études africaines*, XXVIII (3-4), 111-112, p. 443-462.

BÂ, Amadou, 1991, *Histoire du Sahel Occidental*, Bamako, Éditions Jamana.

BÂ, A. H. et DAGET, J., 1984, *L'empire peul du Macina (1818-1853)*, Abidjan, Les Nouvelles Éditions Africaines [1re éd. 1962].

DIABATÉ, Massa Makan, 1973, *Essai critique sur l'épopée mandingue*, thèse de doctorat de troisième cycle en Histoire, Université Paris I [non publiée].

ELBOUDRARI, Hassan, 1985, « Quand les saints font les villes. Lecture anthropologique de la pratique sociale d'un saint marocain du XVIIe siècle », *Annales : économies, sociétés, civilisations*, n° 3, p. 489-508.

HAMMOUDI, Abdallah, 1980, « Sainteté, pouvoir et société : Tamgrout aux XVIIe et XVIIIe siècles », *Annales : économies, sociétés, civilisations*, n° 3-4, p. 615-641.

HOLDER, Gilles (éd.), 2009, *L'islam : nouvel espace public en Afrique*, Paris, Karthala.

JAMOUS, Raymond, 1994, « Individu, cosmos et société. Approche anthropologique de la vie d'un saint marocain », *Gradhiva*, n° 15, p. 43-57.

KONATÉ, Doulaye, 2006, *Travail de mémoire et construction nationale au Mali*, Paris, L'Harmattan.

LY-TALL, Madina, 1991, *Un Islam militant en Afrique de l'Ouest au XIXe siècle. La Tijaniyya de Saïku Umar Futiyu contre les Pouvoirs traditionnels et la Puissance coloniale*, Paris, L'Harmattan.

SANANKOUA, Bintou, 1990, *Un empire peul au XIXe siècle*, Paris, Karthala.

SEYDOU, Christiane, 1991, *Bergers de mots*, Paris, Armand Colin.

SOARES, Benjamin F., 1995, « The Biography of a Contemporary Malian Shayk: some reflexions on Power », Paper presented to the Seminar on Islamic Discourse in Africa, Northwestern University, February.

——— 1997, « The Fulbe shaykh and the Bambara pagans: contemporary campaigns to spread Islam in Mali » *in* M. de Bruijn et H. van Dijk (dir.), *Peuls et Mandingues*, Paris, Karthala.

——— 2009, *Islam and the prayer economy. History and authority in a Malian town*, Londres, The University of Michigan Press Ann Arbor.

SOULEY, Hassane *et alii*, 2007, *Islam, sociétés et politique en Afrique subsaharienne. Les exemples du Sénégal, du Niger et du Nigéria*, Paris, Les Indes Savantes/Rivages des Xantons.

TYAM, Mohammadou Aliou, 1935, *La vie d'El Hadj Omar, Qacida en Poular*, Traduction, notes et glossaire par Henri Gaden, Paris, Institut d'Ethnologie.

13

Pluralisme et concurrence islamique dans l'appropriation d'un « espace public religieux »

Analyses comparées au Sénégal et au Burkina Faso

Fabienne SAMSON

Le concept « espace public religieux », pensé, disséqué, puis reconstruit pendant quatre années au sein du projet collectif PUBLISLAM, couvre une large palette de compréhensions liées aux phénomènes religieux : visibilité du religieux dans la société, occupation de territoires (mosquées, complexes religieux ou *zawiya*[1], etc.), actions sociales et politiques, rapports complexes aux États, militantisme, etc. Son principal avantage tient à ce qu'il permet d'appréhender, concrètement, la manière dont des acteurs religieux cherchent à normaliser un espace public[2] en fonction de leurs critères dogmatiques. Cette approche suppose l'acceptation de

1. Lieu d'implantation d'une branche spécifique d'une confrérie islamique.
2. La notion d'espace public est prise au sens large : loin d'être considéré dans sa seule dimension physique (la rue, les institutions publiques, etc.), l'espace public est un espace de débats et de diffusion de normes sociales à travers notamment les médias, les rassemblements, etc. En ce qui concerne le religieux, il se caractérise par les discours des autorités religieuses, destinés à diffuser et à instaurer des normes et règles de vie et de pratique. Il interroge également l'inscription du religieux dans le politique : le rapport à l'État, l'évangélisation ou la réislamisation par le « bas » grâce à une volonté de moralisation de l'environnement social, ou par le « haut » par le biais de partis politico-religieux.

quelques paradigmes préalables : l'ère d'une modernité désenchantée (Gauchet 1985) est largement dépassée, et face à la crise du monde moderne, annoncée déjà depuis plus de sept décennies (Guénon 1973), la postmodernité – voire même « l'hypermodernité » (Lipovetsky 2004) – ramène l'individu au cœur des débats et, avec lui, le religieux.

Ce dernier est donc de retour. Le monde est « réenchanté » (Berger 2001) et, du côté de l'islam, Dieu a pris sa « revanche » (Kepel 1991). Cela n'est pas nouveau et se caractérise, depuis une vingtaine d'années dans les sociétés ouest-africaines objets de cette étude, par une inscription du religieux (et de l'islam en particulier[3]) dans de nombreux domaines sociaux (santé, éducation, médias, environnement, programmes de développement, etc.) et politiques (débats électoraux, codes de la famille, questions juridiques, etc.). Depuis les années 1990, les acteurs musulmans ont pris leur place dans leurs sociétés, ont imposé leur présence dans tous les grands débats, et cherchent (réussissent ?) à dicter leur vision du monde et des comportements sociaux. Nous sommes à l'heure de la « réislamisation » : tels les « *born again* » évangéliques, les musulmans d'aujourd'hui doivent avoir une véritable connaissance de l'islam, une pratique assidue, une identité religieuse revendiquée et non plus seulement héritée.

Le Sénégal et le Burkina Faso sont deux cas intéressants, de par leurs configurations socioreligieuses différentes, mais aussi leur pluralisme islamique commun, pour l'analyse des rapports entre État, société civile et islam. Pays voisins, certes, leurs histoires coloniales et postcoloniales sont néanmoins différentes, et l'islam, dont la trajectoire historique diffère d'un pays à l'autre, n'y est pas pratiqué aujourd'hui de façon identique. D'ailleurs, cette religion n'occupe pas la même place au sein de ces deux sociétés, et n'y joue pas le même rôle. Quel intérêt y a-t-il, alors, à prendre ces deux pays dans une perspective comparée ?

Le Sénégal et le Burkina Faso connaissent tous deux une importante pluralité islamique qui engendre, dans les deux cas, une forte compétition locale pour l'occupation de l'espace public. À Dakar comme à Ouagadougou, les acteurs religieux sont multiples et se font concurrence, que se soit à l'intérieur des systèmes confrériques (maraboutiques) ou entre diverses tendances islamiques (soufis, acteurs de la réforme salafistes, etc.). L'enjeu de cette rivalité est l'appropriation d'un « espace public religieux ». En échange, dans les deux cas, les États (laïques) jouent de cette division islamique et l'instrumentalisent pour asseoir leur autorité

3. Le projet PUBLISLAM portait quasi exclusivement sur les « espaces publics musulmans ».

et tenter de contrôler les acteurs en lice. La comparaison entre ces deux pays, dont nous verrons les divergences, devient ainsi pertinente tant elle montre, dans deux cas de figures différents mais néanmoins proches, combien la diversité islamique impose aux acteurs religieux de se démarquer pour s'imposer dans l'espace public, et complexifie les relations avec l'État.

Après avoir contextualisé le rôle et la place de l'islam dans chacun des deux pays, et décrit la manière dont se dessine la pluralité islamique au Sénégal et au Burkina Faso, ce texte montrera comment les acteurs islamiques, en concurrence, cherchent à s'approprier l'espace public comme mode de visibilité et de légitimité. L'ancrage dans la société, réalisé de façons diverses, traduit dans les deux cas un désir de reconnaissance et de participation étatique.

Pluralité islamique et rivalités internes de leadership

L'histoire, l'impact social et la pratique de l'islam sont différents au Sénégal et au Burkina Faso. Le Sénégal est composé d'une population musulmane largement majoritaire, généralement très pratiquante, dont l'identité islamique façonne le quotidien et les normes sociales. L'islam y est en grande partie pratiqué au sein de confréries (la *Tijâniyya* et la *Muridiyya* sont les deux confréries – *turuq*, en arabe ; sing. *tarîqa* – les plus importantes en nombre de fidèles), et les acteurs de l'islam « anti-soufi » se nomment ou sont nommés « sunnites », « wahhabites » ou « réformistes »[4]. Minoritaires dans le pays, ces derniers n'y ont pas un poids social et politique primordial. Le Burkina Faso, lui, est un pays caractérisé par une très forte diversité et mobilité religieuse (Langewiesche 2003), les musulmans étant, depuis quelques décennies, majoritaires. Toutefois, leur division historique et la relative domination d'une élite chrétienne, datant de la période coloniale (Cissé 2003), rendent leur situation complexe. Le paysage islamique burkinabè est, effectivement, singulier par son éclatement, malgré une volonté de s'afficher unifié.

4. Si la grande majorité des musulmans de ces deux pays sont sunnites, au sens opposé à chiites, certains groupes se définissent eux-mêmes sunnites afin de revendiquer leur lecture soit disant plus orthodoxe de la Sunna. Toutes ces appellations, identiques au Sénégal et au Burkina Faso, peuvent être celles des acteurs islamiques eux-mêmes (comme l'appellation « sunnite ») ou relever du langage scientifique (« wahhabite », « réformiste ») ; cette liste n'est pas exhaustive.

Schématiquement, il est possible de distinguer les adeptes d'un islam confrérique, dont la *Tijâniyya* de la branche Hamalliste (ou *Hamawiyya*) est de loin la plus représentative, des partisans d'un islam dit « sunnite » ou « wahhabite ». Il est difficile de connaître la répartition des fidèles entre les différents courants de l'islam, par manque de statistiques, même si certains guides soufis[5] affirment que la *Tijâniyya* représente plus de 70 % des musulmans du pays. Dans les faits, les appartenances islamiques diffèrent selon les régions du Burkina, mais aussi selon le contexte urbain ou rural, etc.

Les deux pays ont, nous le voyons, des configurations religieuses différentes, mais se retrouvent pourtant dans des scissions et rivalités de leadership internes, conséquences directes de cette pluralité islamique.

Le système maraboutique au Sénégal est très divisé, et les antagonismes ne sont pas tant entre les confréries (qui entretiennent plutôt de bonnes relations) qu'entre les membres d'une même famille confrérique. Les pères fondateurs des grandes *zawiya* du pays, *tijânî* ou mourides (les familles Sy de Tivaouane, Niasse de Kaolack, Mbacké de Touba, etc.), ont instauré, dès le début du XXe siècle et comme dans la plupart des *turuq* de par le monde, des règles d'organisation de leur structure religieuse basées sur le califat. Aujourd'hui, leur descendance est très nombreuse et, si chaque homme de la famille est détenteur de la *baraka* (« bénédiction ») de son aïeul, rares sont les places au sommet de la hiérarchie maraboutique. Les petits-fils ou arrière-petits-fils actuels, légitimes dans leur rôle de guide spirituel par leur naissance, doivent néanmoins se démarquer de leurs aînés pour trouver des fidèles et se faire une place. Ils sont en concurrence avec leurs cousins, oncles ou parfois frères. Cette rivalité de leadership s'accentue, depuis quelques années, avec une nouvelle génération de guides religieux, appelés « marabouts de jeunes » au Sénégal, qui se spécialisent dans un public de jeunes citadins et se donnent pour objectifs affichés de réislamiser un espace urbain jugé décadent (bars, boîtes de nuit, etc.). Cette nouvelle catégorie de responsables islamiques, très populaire au Sénégal, cherche ainsi à se particulariser, quitte à rompre avec les pratiques soufies des plus anciens et créer des dissensions au sein des familles. Ces conflits prennent souvent une tournure médiatique et s'affichent ouvertement dans l'espace public, par voie de presse ou sous forme de concurrence politique lors d'élections. Qu'il s'agisse de Moustapha Sy, responsable du mouvement de jeune tidjanes appelé *Moustarchidine*, de Modou Kara Mbacké, son équivalent chez les jeunes mourides, ou encore de Béthio Thioune, toujours chez les

5. Entretien avec Boubakari Maïga, le 1er août 2009, Ouagadougou.

Mourides, tous offrent une nouvelle façon de pratiquer l'islam, beaucoup plus affirmée et militante que les générations plus anciennes. Marabouts très mondains, au sens d'être dans le monde, originaux tant dans leur style vestimentaire que dans leur mode de vie, ils ne sont habituellement pas très bien vus par leurs aînés qui critiquent la manière dont ils réforment, de l'intérieur, le système confrérique sénégalais (Samson 2006 ; 2007). Ils suscitent également l'agacement de certains de leurs cousins, plus « classiques », qui ont moins de fidèles. Pourtant, ce sont eux qui font, en grande partie, l'actualité religieuse aujourd'hui au Sénégal, et chacune de leurs déclarations est largement relayée dans la presse, preuve de l'intérêt du public pour ce genre de guides peu ordinaires.

La *Tijâniyya*, au Burkina Faso, est également très divisée, et la scission est bien nette entre deux familles confrériques, les Maïga et les Doukouré, qui se disputent le leadership de la *tarîqa*. La rivalité entre les deux familles est historique. Elle date de la création des premières *zawiya*, au début du XXe siècle : Ramatoulaye pour les Maïga ; Djibo puis Hamdallaye (à Ouagadougou) pour les Doukouré. Les deux familles prétendent à la paternité de la *Tijâniyya* dans le pays, chacune étant tournée vers une population particulière (Mossi pour la première, Peul pour la seconde). Cette concurrence s'affiche dans l'espace public depuis que Aboubakar Doukouré, responsable actuel de la *zawiya* de Hamdallaye, cherche à s'affirmer dans le monde politique, éducatif (universitaire) et médiatique, tandis que la *zawiya* Maïga paraît plus traditionnelle dans sa pratique. Comme le dit lui-même Aboubakar Doukouré[6], ses casquettes sont nombreuses : diplomate, représentant du Burkina à l'OCI, membre d'un groupe de réflexion sur le système bancaire islamique, sur l'éthique médicale, membre de l'ISESCO[7], etc. Mais la rivalité entre les deux familles a également des répercussions importantes dans le domaine religieux. Aboubakar Maïga II[8], responsable actuel de la *zawiya* du même nom, a fondé en 2009 une association, la Communauté islamique de la Tidjaniyya du Burkina Faso (CITBF), censée regrouper toutes les tendances de la *Tijâniyya* du pays sous sa propre direction, devenant, pour l'occasion, Khalife général des *Tijânî* du Burkina Faso. Il va de soi que Aboubakar Doukouré[9] conteste le titre de Aboubakar Maïga II, refusant catégoriquement d'adhérer à cette fédération.

6. Entretien du 28 juillet 2009 à Ouagadougou.
7. Organisation islamique pour l'éducation, les sciences et la culture.
8. Entretien avec Boubakari Maïga, Ouagadougou, le 1er août 2009.
9. Entretien du 28 juillet 2009 à Ouagadougou.

Les divisions de l'islam au Burkina Faso sont multiples et ne se limitent pas à la *Tijâniyya*. Le mouvement sunnite créé en 1973 regroupe plusieurs tendances wahhabites, arabisantes et francophones, qui se battent également pour la direction du mouvement. Ce conflit interne fut parfois violent (Cissé 1998). Aujourd'hui, le mouvement sunnite connaît une phase de sérénité, grâce notamment à la forte personnalité de Mohamed Kindo, imam du mouvement, même si le camp des arabisants semble avoir pris le dessus dans le contrôle du leadership.

Au Sénégal, la compétition islamique s'est toujours faite, essentiellement, à l'intérieur des confréries, le mouvement sunnite, lui même multiple (Ba 2012), n'ayant jamais eu qu'un poids social limité. Au Burkina Faso par contre, la diversité était, dans les années 1960, suffisamment handicapante pour que les acteurs musulmans éprouvent le besoin de se fédérer. En 1962, la Communauté musulmane de Haute-Volta (CMHV) fut créée comme instance unique représentante de toutes les tendances musulmanes du pays voulant s'associer afin de porter une seule parole face à l'État. Néanmoins, les antagonismes doctrinaux et les sensibilités personnelles, théoriquement effacés au sein de cette organisation, se firent à nouveau rapidement entendre et cristallisèrent une rivalité sans pareille entre les deux grandes tendances de l'islam au Burkina : les « traditionnalistes » (chefs confrériques) et les « réformistes » (Sunnites). Ainsi, tandis que la CMHV avait été fondée sur la prise de conscience d'une nécessaire unité face à la politique pro-chrétienne du premier président Maurice Yaméogo (Otayek 1996), elle ne sut gérer ses luttes intestines qui furent, paradoxalement, renforcées par l'arrivée au pouvoir, en 1966, du président musulman Lamizana. Celui-ci ouvrit son pays au monde islamique, ce qui entraîna l'afflux d'aides financières des pays arabes, ainsi que le soutien à la formation dans les universités du Caire et de Médine. En découlèrent des divergences de gestion financière au sein de la CMHV et des scandales de détournement d'argent. Les « traditionnalistes » exigèrent la direction spirituelle de la communauté, laissant aux nouveaux « intellectuels » la gestion des affaires administratives (Otayek 1984). En échange, les jeunes revenus des universités arabes désirèrent s'imposer au nom de leur instruction moderne. En 1982, la scission éclata au grand jour et l'État, souhaitant garder cette instance islamique unique qu'il pouvait contrôler et encadrer, dut intervenir pour imposer, en 1983, une assemblée extraordinaire excluant les protagonistes des conflits. Une solution vit le jour : les Sunnites prirent la direction, tandis que les « traditionnalistes » furent cantonnés à un conseil islamique purement consultatif (*ibid.*). Aujourd'hui, la CMHV, devenue CMBF (Communauté musulmane du Burkina Faso), est relayée par la Fédération des associations islamiques du

Burkina Faso (FAIB) dont le rôle est d'essayer, une nouvelle fois, de réunir toutes les tendances pour une meilleure organisation (Hadj, accords sur le début et la fin du ramadan, etc.).

Ces rivalités de leaderships, différentes au Sénégal et au Burkina Faso, sont intéressantes à comparer car elles engendrent des stratégies relativement semblables pour l'occupation de l'espace public.

« L'espace public religieux » en concurrence

Lorsqu'un groupe religieux veut s'inscrire dans une société, l'une de ses premières démarches consiste, habituellement, à se tourner vers le développement social, économique et éducatif. Cela est le cas pour de nombreux groupes islamiques, tant au Sénégal qu'au Burkina Faso, qui y voient un moyen de se faire connaître et apprécier des populations et des autorités politiques qu'ils secondent. La course à l'occupation (physique et idéologique) d'espaces publics devient, alors, un enjeu important dans la rivalité entre divers acteurs de l'islam.

Au Sénégal, l'un des premiers mouvements islamiques a avoir organisé des actions dans et pour la société, appelées « actions citoyennes », fut le mouvement des *Moustarchidine* dans les années 1990, au sein de la *Tijâniyya*. Croyants militants, les jeunes de ce mouvement apprirent à rendre visite aux prisonniers et aux malades dans les hôpitaux afin de leur porter « la bonne parole », à participer à des activités de nettoyage de l'espace urbain (ramassage des ordures, désherbage, désensablage, etc.). Je ne reviendrai pas sur les détails de ces opérations très médiatisées, apparentées parfois au mouvement du Set/setal (Diouf 1992), les ayant déjà décrites dans plusieurs travaux (Samson 2005 ; 2009). Ainsi, divers groupes islamiques au Sénégal comprirent l'intérêt de ces activités pour leur travail de réislamisation et leur publicité propre. Le pays vit apparaître, à la fin des années 1990 et au début des années 2000, une série de responsables spirituels issus des grandes confréries du pays, qui concevaient leur rôle comme une totalité[10] : l'islam devait faire partie de tous les aspects de la société et, à ce titre, eux-mêmes devaient œuvrer à changer leur environnement dans son ensemble. Ils rompaient alors avec la pratique de leurs prédécesseurs pour qui l'aide sociale était certes importante, mais non pas prioritaire par rapport à leurs activités

10. Au sens d'un « islam total », expression d'Olivier Roy (1995).

religieuses. Comme cela fut expliqué précédemment, ces nouveaux leaders avaient besoin de se particulariser pour exister dans le champ maraboutique national, et leurs groupes islamiques furent rapidement visibles dans l'espace public, au nom d'une remoralisation de l'espace urbain et de l'ensemble de la société. Cela fut le cas, notamment, du mouvement de Modou Kara Mbacké, suivant l'exemple du mouvement des *Moustarchidine*. L'aide humanitaire devint, dès ce moment-là, une nouvelle forme de prédication, et le seul message religieux prêché par ces « marabouts » fut celui de la rédemption face à la décadence des mœurs. Ce terme, issu du christianisme, est utilisé à dessein puisque ces groupes parlent eux-mêmes de « rachat », de « retour vers le droit chemin de jeunes perdus, désœuvrés et délinquants », avant d'avoir été pris en main par leur guide, vu comme un sauveur, un messie. Les témoignages de « conversion », ou ceux du retour vers de vraies valeurs sont, d'ailleurs, extrêmement présents dans ce type de groupe islamique, comme dans les groupes chrétiens évangéliques, et certains responsables de ces mouvements (Modou Kara Mbacké par exemple) disent s'inspirer directement de la Bible.

Au Burkina Faso, plusieurs groupes issus de la *Tijâniyya* se sont également spécialisés dans l'aide sociale et humanitaire, devenant parfois des ONG religieuses (Vitale 2012). Les deux grandes *zawiya* Maïga et Doukouré organisent leurs propres groupes d'entraide, pour les femmes, les orphelins, les pauvres, etc. Aboubakar Doukouré a pris de l'avance dans ce domaine, avec notamment l'ouverture d'une université islamique. Le mouvement sunnite, aidé occasionnellement par l'Arabie saoudite, crée également ses propres associations d'aide à la population, mais l'éclatement du mouvement et la pénurie d'aides limitent ses objectifs d'occupation de l'espace public. D'autres groupes francophones connaissent un succès relatif dans l'apprentissage de l'islam auprès d'une population éduquée dans le système scolaire laïque (Saint-Lary 2011).

Paradoxalement, c'est certainement le mouvement *Ahmadiyya*, très minoritaire dans le pays et rejeté par les autres musulmans pour son islam jugé peu orthodoxe[11], qui est le plus actif dans l'occupation physique de

11. La *Ahmadiyya* est une communauté religieuse qui se réclame de l'islam même si elle n'est pas reconnue comme telle par l'OCI. Originaire de l'actuel Pakistan, cette communauté a la particularité de croire que son père fondateur, Hazrat Mirza Ghulam Ahmad, est le messie promis, d'où son rejet par les autres musulmans pour qui le prophète Muhammad est le Sceau des prophètes. Pour les *Ahmadî*, Jésus ne serait pas mort sur la croix et se serait enfui en Inde pour fonder une nouvelle communauté. Il y serait décédé de mort naturelle et serait « revenu » à travers le Messie qui est, pour les *Ahmadî*, Hazrat Mirza Ghulam Ahmad.

l'espace public en matière d'action sociale et humanitaire. La *Ahmadiyya* s'est implantée dans toutes les régions du Burkina Faso grâce à des missionnaires pakistanais, africains (essentiellement ghanéens) puis burkinabè. Sa grande force est qu'elle est riche : les millions d'adeptes du monde cotisent 16 % de leur revenu chaque mois, ponction semblable à la dîme de 10 % chez les évangéliques. Cet argent va, en grande partie, à son ONG islamique nommée « Humanity First », et aide à financer d'importants travaux de développement (forages, puits, construction d'écoles, d'hôpitaux, de mosquées, etc.). Elle s'est ainsi engagée dans des secteurs clés : la santé, l'éducation et les travaux de développement. De nombreux médecins *ahmadî*, bénévoles, soignent quasi gratuitement les populations dans les centres de santé de l'organisation (il y en a un dans presque chaque ville du pays), et la communauté s'est notamment fait connaître dans l'ensemble du Burkina Faso par des opérations gratuites de la cataracte qu'elle mène depuis plusieurs années dans les villes et villages. La *Ahmadiyya* développe également les soins homéopathiques quasi inexistants dans le pays. Elle a ouvert de nombreuses écoles d'enseignement primaire et secondaire. À Ouagadougou, elle forme des adultes aux métiers de la couture et de l'informatique. Enfin, elle se fait connaître et respecter par les populations et par les acteurs politiques locaux grâce à ses dons, à ses travaux de forages, de barrages, de reboisement, etc.

Si la *Ahmadiyya* reste minoritaire au Burkina Faso, elle y tient néanmoins une place très importante, par son occupation ostentatoire de l'espace public, par son prosélytisme et le nombre relatif de ses convertis (il n'existe pas de statistiques), par sa popularité et par la crispation qu'elle suscite chez les autres acteurs islamiques. Pour se faire connaître, la *Ahmadiyya* a compris l'intérêt des médias, et elle fut la première à ouvrir une radio islamique dans le pays (à Bobo-Dioulasso). Aujourd'hui, elle possède quatre radios et prêche également dans des radios commerciales. Depuis 2007, elle a instauré un système médiatique très efficace réunissant autour d'elle un réseau de journalistes de la presse écrite et télévisuelle, non *Ahmadî*, invités lors de grandes occasions à relater les activités de la communauté (Samson 2011). La surmédiatisation de la *Ahmadiyya* agace les autres communautés musulmanes qui adoptent, en retour, différentes positions. Certains acteurs islamiques refusent d'en

---

La *Ahmadiyya* prêche pour une religion universelle rassemblant en son sein toutes les grandes religions (islam, christianisme, judaïsme, indouisme, etc.) qui attendent encore le messie promis. Elle veut transmettre un message de paix universelle et son slogan est « la paix pour tout le monde, la haine pour personne ». Son fonctionnement repose sur un système de califat installé à Londres, puisque les *Ahmadî* sont aujourd'hui menacés de mort au Pakistan.

parler ouvertement, mais tous mènent des campagnes de dénigrement de la *Jamâ'at*[12]. Depuis quelques années, ils se livrent à une véritable guerre médiatique : des prêcheurs, essentiellement du mouvement sunnite, déconstruisent, dans les différentes radios islamiques ou commerciales, les arguments dogmatiques de la *Ahmadiyya*. En échange, celle-ci utilise ses puissants moyens de communication pour répondre, coup pour coup, à ces attaques (*ibid.*).

Au Sénégal, certains groupes islamiques ont également très bien compris l'apport des médias pour être connus et faire du prosélytisme. Nombre d'entre eux sont très visibles sur les chaînes de télévision et se font entendre sur les ondes. Le *Mouvement Mondial pour l'Unicité de Dieu* de Modou Kara Mbacké est celui qui, d'une façon très originale, sait le mieux aujourd'hui utiliser ces supports. Le marabout a mis en place, depuis 2002, une organisation interne à son groupe religieux, dénommée habituellement « Mélodie Divine », ou « grand orchestre du Sénégal » selon son nom plus officiel (Samson 2012). Elle est composée de fidèles (appelés « Mélodiens »), jeunes adultes pour la plupart, qui vouent leur vie à leur guide et apprennent quotidiennement à jouer des instruments de musique (violon occidental, guitare, percussion, flute, clavier, etc.) afin de présenter les mélodies créées par Modou Kara Mabcké, inspiré lui-même (selon ses dires) par les anges[13]. Les « Mélodiens » se produisent lors de chaque grande manifestation du mouvement (notamment chaque 31 décembre[14]). Ils sont également invités lors des événements particuliers (ils ont déjà joué, à la fin des années 2000, au palais présidentiel par exemple, invités par Abdoulaye Wade). L'objectif de cette mélodie divine est de faire connaître le mouvement religieux, tant à l'intérieur du Sénégal qu'à l'étranger. Les sons des mélodies correspondent entièrement à la fibre musicale occidentale, et Modou Kara Mbacké espère pouvoir organiser des concerts en Europe et aux États-Unis. Pour ce qui est du Sénégal, plusieurs artistes de renom (Fatou Guewel, Iba Guèye Massar, Cheikh Tidjane Tall, etc.), eux-mêmes proches du marabout ou directement disciples, chantent des morceaux qu'il a composés et les diffusent sur du mbalax, de la salsa, du reggae ou autres. D'un point de vue religieux, l'objectif de la mélodie divine prolonge celui du mouvement spirituel : islamiser ou réislamiser le Sénégal et le monde entier par le

12. Terme arabe qui signifie « communauté » et qui est habituellement le nom abrégé utilisé par les *Ahmadî* pour désigner leur mouvement religieux.
13. D'où le terme de mélodie « divine ».
14. Modou Kara Mbaké réunit chaque 31 décembre ses disciples autour de lui, afin qu'ils fêtent le passage à la nouvelle année d'une manière religieuse et non pas dans des lieux ludiques contraires, selon lui, à l'islam.

biais d'une musique jugée si mélodieuse qu'elle touchera les cœurs[15]. Pour Modou Kara Mbacké, les musiques trop rythmées sont dangereuses car endiablées. Sa mélodie est là pour moraliser le monde musical, amener le public vers son propre mouvement religieux, et vers le père fondateur de la *Muridiyya*, Cheikh Amadou Bamba.

La lutte pour l'inscription dans l'espace public et la mise en place d'un « espace public religieux » a, au Sénégal comme au Burkina Faso, des conséquences directes sur le rapport entre politiques et religieux. Les acteurs islamiques cherchent, dans les deux cas, à occuper le champ politique, comme ils le font dans la société, pour imposer leurs dogmes et pratiques. En échange, l'État laïque joue de la pluralité de l'islam afin de contrôler, autant qu'il le peut, ces acteurs divisés.

L'État face à la pluralité islamique

Au Burkina Faso comme au Sénégal, les acteurs de l'islam, nous l'avons vu, savent que l'occupation de l'espace public est une condition *sine qua non* de leur survie dans un champ très concurrentiel. Les rivalités de leadership complexifient leurs rapports au politique, et tous cherchent à imposer leurs visions de la société dans les plus hautes sphères de l'État. Néanmoins, les liens politico-islamiques dans les deux pays sont historiquement très différents. En conséquence, si, dans les deux cas, les revendications des acteurs islamiques passent par le politique, concrètement, les rapports de force entre le religieux et le politique varient profondément.

Au Sénégal, l'islam est historiquement lié au politique. Cela débuta sous la colonisation, au XIXe siècle, lors de la création des premières grandes *zawiya* du pays. Celles-ci furent considérées par les populations de l'époque comme garantes d'une certaine sécurité face à la domination coloniale française (Triaud 1992). Dès lors, le système confrérique eut une très forte emprise sur la société, et servit d'intermédiaire face à l'administration. À l'Indépendance en 1960, Léopold Sédar Senghor, catholique, devint le premier président du Sénégal grâce, entre autres, à l'appui des grands responsables confrériques, contre Lamine Guèye, musulman. Lui et son successeur Abdou Diouf mirent en place le « contrat social sénégalais » (Cruise O'Brien 1992) qui souligna la connexion entre l'islam et

15. Ce sont les termes utilisés par les responsables de la mélodie divine (documents internes au Mouvement Mondial de l'Unicité de Dieu).

le politique, laissant toutefois une indépendance d'action à ces deux entités. Les années 1970 virent la première vraie rupture entre les chefs charismatiques et l'État, à propos de la question du code de la famille. Dès lors, il est habituel au Sénégal de voir régulièrement les guides religieux s'insérer dans le débat politique, et donner des consignes de vote lors des élections (*ndigël*) même si elles jouent un rôle de moins en moins important dans les élections. Cette imbrication politico-islamique, admise de tous au Sénégal[16], a été renforcée ces dernières années avec la politisation directe de certains guides soufis[17], et avec Abdoulaye Wade, au pouvoir de 2000 à 2012. Celui-ci, ouvertement affiché fidèle mouride, a largement troublé les frontières entre le politique et le religieux, jouant, nous le verrons, de la rivalité entre les divers acteurs islamiques.

Au Burkina Faso, la situation est bien différente. Les premières pénétrations de l'islam en Haute-Volta datent des XVe et XVIe siècles, mais sa généralisation fut relativement tardive par rapport aux autres pays de la région. De plus, la politique de l'administration coloniale s'opposa, aux XIXe et XXe siècles, à l'émergence de l'islam dans ce pays, tentant de limiter au maximum la diffusion de l'enseignement islamique alors que celui-ci était organisé et encadré dans d'autres colonies, comme au Sénégal par exemple. Pour les colons français qui y niaient la présence de l'islam, la Haute-Volta était un pays « animiste » et devait être le lieu de la conquête des pères blancs catholiques. Après l'indépendance en 1960, l'arrivée au pouvoir en 1966 de Lamizana, premier (et unique) musulman à la tête du pays, laissa croire à certains que la marginalisation des musulmans allait s'atténuer. Mais fort est de constater aujourd'hui que la composition des élites, essentiellement catholiques, n'a pas vraiment évolué depuis lors. Assez largement majoritaires au Burkina, les musulmans occupent encore peu de postes clés. De plus, la pluralité de la typologie de l'islam rend celui-ci fragile et sous influence politique. Cela a toujours été le cas et, aujourd'hui encore, les associations islamiques sont plus dans une quête de légitimité vis-à-vis de l'État que dans une volonté d'émancipation. Finalement, si certains groupes ont des requêtes précises envers l'État (reconnaissance du vendredi comme jour férié, valorisation de l'enseignement des médersas, etc.), il est possible de dire que l'islam au Burkina Faso n'est pas inscrit dans une démarche de politisation : il n'a

16. Malgré le caractère laïque de l'État, peu de personnes de la société civile (journalistes, associations, intellectuels) dénoncent ouvertement cet état de fait.

17. S'il est montré, dans diverses études, que le poids des *ndigëls* est de plus en plus marginal, certains guides religieux désirent aujourd'hui garder une forte influence politique en s'immisçant directement dans le jeu politique, soit en créant leur propre parti, soit en participant à la gestion étatique (comme sénateurs, députés, etc.).

jamais représenté une force contestataire, et ne l'est pas devenu aujourd'hui. Comme le souligne René Otayek (1983), « s'il imprègne la société civile, l'islam est en état de subordination dans la société politique ».

Si le rapport au politique est différent chez les musulmans du Sénégal et du Burkina Faso, les États des deux pays s'appuient néanmoins, d'une manière identique, sur les initiatives religieuses pour se désengager de leurs responsabilités dans les domaines de la santé, de l'éducation, etc. Dans les deux pays, l'État soutient effectivement les acteurs religieux engagés dans des actions sociales cautionnant une certaine privatisation et confessionnalisation de ses propres obligations. Toutefois, les aides diverses offertes à ces acteurs religieux sont, au Sénégal (du moins au temps d'Abdoulaye Wade) comme au Burkina Faso, différenciées selon les groupes islamiques, certains bénéficiant de plus de faveurs étatiques que d'autres. À ce titre, il est possible de penser que les États sénégalais et burkinabè jouent de la rivalité islamique interne à chaque pays, dans l'objectif possible de mieux contrôler les acteurs qui leur font face.

Au Sénégal, les divisions inter et intraconfrériques n'ont jamais été aussi fortes que depuis l'arrivée d'Abdoulaye Wade au pouvoir en 2000. Certes, avant lui, les présidents Senghor et Diouf cherchaient le soutien des grands dignitaires religieux, toutes confréries confondues. Mais lorsque Abdoulaye Wade arriva au pouvoir, il afficha clairement son allégeance au Khalife des Mourides de l'époque, Sérigne Saliou Mbacké, et fit des visites répétées à Touba, la ville sainte des Mourides. Plusieurs affaires firent alors, dès le début des années 2000, la une des journaux, et plusieurs ouvrages[18] dénoncèrent les faveurs d'Abdoulaye Wade envers les Mourides. L'un des premiers scandales éclata en 2002, lorsque le parti présidentiel, le PDS, déclara la candidature du Khalife général des Mourides lors d'élections locales, sans que l'on sut si le Khalife lui-même était au courant de sa supposée candidature. Cette première affaire, inédite dans le pays, fit grand bruit à l'époque. S'ensuivit, en 2003, le problème du Ranch de Doly, lorsqu'Abdoulaye Wade décida, en personne, d'offrir au même Khalife des Mourides et à sa confrérie 44 000 hectares de terres revendiquées par des Peul[19]. Les populations locales manifestèrent fermement, et le Khalife, gêné par cette affaire, se sentit obligé de rendre ces terres qu'il n'avait pas demandées. Par la suite, d'autres éclats furent relatés dans la presse, faveurs faites par l'État envers Touba pour attirer son soutien électoral : paiement de factures d'eau et d'électricité, etc.

18. Comme par exemple celui de Abdou Latif Couloubaly (2003).
19. Les Peul, à titre communautaire, se révoltèrent contre cette décision.

Cette politique d'Abdoulaye Wade, ultra favorable à la *Muridiyya*, servait les divisions entre religieux et aurait pu mener à des antagonismes dangereux entre les différentes confréries. Néanmoins, comme cela a déjà été dit, les rivalités entre *turuq* au Sénégal sont relativement bien contrôlées et les responsables des grandes *zawiya* savent se côtoyer selon une intelligente diplomatie. Ainsi, même si nombre de *Tijânî* virent d'un mauvais œil les cadeaux ostentatoires faits à Touba, la confrérie mouride elle-même, qui n'avait rien demandé au président, était particulièrement mal à l'aise. Toutefois, la politique religieuse d'Abdoulaye Wade favorisa les scissions internes aux familles maraboutiques, toutes *turuq* confondues. Elle cristallisa des tensions déjà existantes entre diverses branches. Ceux qui cherchaient à se positionner personnellement au sein de leur confrérie furent, durant cette époque, très proches du pouvoir. Cela fut le cas, chez les Mourides, de Modou Kara Mbacké par exemple, qui avait ses entrées régulières au palais. Sa femme, Sokhna Dieng, devint rapidement sénatrice. D'autres guides de la *tarîqa*, moins intéressés par un démarquage personnel, trouvèrent embarrassant ces cadeaux à répétition.

L'un des dangers du favoritisme ostentatoire d'Abdoulaye Wade envers Touba était, outre le sentiment d'amertume des laissés pour compte et la rivalité entre confréries, le risque d'une surenchère envers le pouvoir : la *Tijâniyya* par exemple (la famille Sy de Tivaouane en particulier) s'offusquait officiellement du manque de reconnaissance de l'État dont les faveurs allaient ailleurs, et cherchait à obtenir réparation. Ainsi en 2003, la *zawiya* de Tivaouane annonça, à la veille de la fête du *gamou*, que Tivaouane faisait partie du Sénégal et avait droit à un peu plus de considérations (Niang 2004). Face au poids électoral potentiel de la *zawiya* et à ses capacités de mobilisation sociale, l'État céda à ces remarques et envoya à Tivaouane des aides spécifiques pour la fête. Successeur d'Abdoulaye Wade depuis début 2012, Macky Sall semble vouloir revenir au « contrat social sénégalais » tel qu'il était sous Senghor et Diouf. Il déclara, lors de sa campagne électorale, que tout marabout est « un citoyen soumis à la loi[20] », mais il n'oublie pas, cependant, quelques largesses financières qu'il offre de manière équilibrée aux deux *turuq* incontournables au Sénégal.

Au Burkina Faso, toute association religieuse reconnue peut bénéficier d'aides diverses telles que la défiscalisation sur les terrains, l'autorisation pour des activités religieuses et sociales, etc. L'État burkinabè, laïque, dit vouloir garantir les mêmes droits à chaque groupe spirituel. Tandis qu'au Sénégal, l'État cherche, depuis toujours, l'aval des religieux et est prêt à

20. Journal *Sud Quotidien* du 11 décembre 2012.

de larges faveurs en échange d'un soutien électoral et politique, au Burkina Faso, ce sont les groupes religieux qui sont en quête de reconnaissance étatique. C'est à celui qui aidera le plus l'État pour être le mieux considéré. Là se fait la compétition entre eux. À ce titre, la *Ahmadiyya* est celle qui, manifestement, cherche le plus ouvertement le soutien de l'État. Parce que ses activités sociales et humanitaires sont nombreuses, elle invite, plus que les autres mouvements confessionnels, les acteurs politiques locaux à participer à ses activités. Ainsi par exemple, lors de travaux de développement de grande envergure, comme lors d'un forage, ses responsables sollicitent l'aide des représentants de l'État (souvent une collectivité locale, un maire ou un gouverneur de région) afin de connaître le lieu le mieux indiqué et le village le plus nécessiteux. De même, pour chacune de ses activités sociales, elle demande au préalable le conseil des autorités locales pour être, dit-elle, la plus efficace possible. Cette sollicitude engendre une plus grande visibilité publique de ses activités, lui offrant par la même occasion une forte publicité.

En retour, chaque gouverneur de région ou maire, interpellé par la *Ahmadiyya*, cherche à en tirer avantage, voyant les bénéfices de ses ouvrages pour les populations qu'il administre. En s'affichant aux côtés de la *Jamâ't* lors de l'inauguration d'une école, d'un hôpital ou d'un forage, les acteurs politiques espèrent que les populations les associeront à l'ouvrage réalisé et les plébisciteront. Par conséquent, les activités sociales et environnementales de la *Ahmadiyya* sont très fortement appuyées par les autorités politiques. Pour comprendre cet échange d'intérêts, voici l'exemple du gouverneur de Dori, Eloi Bambara, rencontré le 9 août 2009. Le groupe religieux cherchait son appui pour s'installer dans sa région et bénéficier de terrains contre l'avis des autres communautés musulmanes locales. La *Ahmadiyya* arriva donc avec de grands projets et, acceptée par les autorités, construisit rapidement une école et des centres de formation. En juillet 2009, elle invita gratuitement le gouverneur à passer une semaine à Londres, à l'occasion des rencontres annuelles de la communauté religieuse. Ce séjour, largement relaté par la presse locale, engagea fortement ce gouverneur chrétien et l'État. Ce dernier montre d'ailleurs depuis quelques années un favoritisme manifeste pour la *Ahmadiyya*, et Blaise Compaoré reçut au palais présidentiel le grand khalife de la *Jamâ't*, de passage exceptionnel au Burkina Faso en 2008.

Chaque partie tire avantage de cet échange de « bons procédés ». La *Ahmadiyya*, grâce à ses dons, voit toutes les portes s'ouvrir devant elle pour s'implanter progressivement dans le pays et occuper visiblement l'espace public. Face à la rivalité importante des acteurs islamiques et le rejet de ses dogmes jugés peu orthodoxes par les autres musulmans, elle prend le devant de la scène. L'État, lui, bénéficie en retour des travaux de la communauté. Mais la soutenir ouvertement relève d'un autre défi pour lui. Effectivement, il est possible d'émettre l'hypothèse selon laquelle le soutien ouvertement affiché pour la *Ahmadiyya*, rejetée et combattue par les autres musulmans, lui permettrait, dans ce paysage très éclaté où chacun cherche une reconnaissance de l'État, d'affaiblir les acteurs islamiques historiques, *Tijânî* ou Sunnites, qu'il contrôle par ailleurs par le biais de la FAIB et de la CMBF, totalement dépendantes de son bon vouloir en matière de politique religieuse.

Conclusion

Que ce soit au Sénégal ou au Burkina Faso, on est en droit de se questionner sur les conséquences d'une politique étatique qui joue de la pluralité et de la rivalité islamique pour asseoir son autorité.

La réaction des acteurs religieux est la même dans les deux pays. Face à ce qu'ils vivent comme une injustice, ils demandent la présence d'un État laïque fort, garant d'une équité entre tous. Ainsi, au lieu de se révolter en préconisant la mise en place, par exemple, d'une république islamique, la plupart réclament, au contraire, plus de laïcité, seule garantie selon eux d'un équilibre social. Ils sont quasiment tous, ainsi, favorables à l'idée d'une laïcité « positive » de l'État : laïque, celui-ci ne doit pas se désengager de la religion, mais au contraire, doit aider tous les acteurs religieux de façon équitable (aide financière, octroi de terrains, aide à l'organisation des pèlerinages, à l'organisation des célébrations, etc.). En conséquence, les musulmans burkinabè, pensant toujours être lésés face aux chrétiens, demandent une meilleure acceptation de l'islam dans la vie quotidienne. Ils veulent que les vendredis et les jours de fêtes musulmanes soient fériés, et leurs revendications portent sur une meilleure reconnaissance de l'islam au quotidien, et non pas sur une radicalisation contre l'État. Au Sénégal, les tensions entre les organisations musulmanes et l'État semblent s'apaiser ces derniers temps, alors qu'elles avaient atteint leur paroxysme sous Abdoulaye Wade, en 2010, lors de l'inauguration de la statue de la « Renaissance africaine » durant laquelle le président s'en était pris violemment à différentes communautés religieuses du pays, musulmanes et chrétiennes. Un collectif d'imams s'était rapidement constitué à l'époque pour demander la démission du président, jugé dangereux pour l'unité du pays. À trop vouloir diviser, Abdoulaye Wade avait involontairement créé une fronde islamique et même chrétienne contre lui.

Bibliographie

BA, Mame Penda, 2012, « La diversité du fondamentalisme sénégalais. Éléments pour une sociologie de la connaissance », *Cahiers d'études africaines*, n° 206-207, p. 575-602.

BERGER, Peter Ludwig (dir.), 2001, *Le Réenchantement du monde*, Paris, Bayard.

CISSÉ, Issa, 1998, « Les médersas au Burkina, l'aide arabe et l'enseignement arabo-Islamique », *in* O. Kane et J.-L. Triaud (dir.), *Islam et islamismes au sud du Sahara*, Paris, Karthala, p. 101-115.

——— 2003, « L'Islam au Burkina pendant la période coloniale », *in* Y. G. Madiéga et O. Nao (dir.), *Burkina Faso, cent ans d'Histoire 1895-1995*, t. 1, Paris/Ouagadougou, Karthala/PUO, p. 935-956.

COULOUBALY, Abdou Latif, 2006, *Wade, un opposant au pouvoir. L'alternance piégée ?*, Dakar, Les Éditions Sentinelles.

CRUISE O'BRIEN, Donal, B., 1992, « Le contrat social sénégalais à l'épreuve », *Politique Africaine*, n° 45, p. 9-20.

DIOUF, Mamadou, 1992, « Fresques murales et écritures de l'histoire. Le Set/Setal à Dakar », *Politique Africaine*, n° 46, p. 41-54.

GAUCHET, Marcel, 1985, *Le Désenchantement du monde*, Paris, Gallimard.

GUÉNON, René, 1973, *La crise du monde moderne*, Paris, Gallimard [1re éd. 1946].

KEPEL, Gilles, 1991, *La Revanche de Dieu. Chrétiens, juifs et musulmans à la reconquête du monde*, Paris, Seuil.

LANGEWIESCHE, Katrin, 2003, *Mobilité religieuse. Changements religieux au Burkina Faso*, Münster, Lit Verlag.

LIPOVETSKY, Gilles, 2004, *Les temps hypermodernes*, Paris, Grasset.

NIANG, Mody, 2004, *Maître Wade et l'Alternance : le rêve brisé du Sopi*, Dakar, Imprimerie Saint-Paul.

OTAYEK, René, 1984, « La crise de la communauté musulmane de Haute-Volta, l'islam voltaïque entre réformisme et tradition, autonomie et subordination », *Cahiers d'études africaines*, n° 95, vol. 24, p. 299-320.

——— 1996, « L'islam au Burkina Faso : mobilisation politique et reconstruction identitaire », *Social Compass*, vol. 43, n° 2, p. 233-247.

ROY, Olivier, 1995, *Généalogie de l'islamisme*, Paris, Hachette.

SAINT-LARY, Maud, 2011, « Le Coran en cours du soir. La formation comme outils de réislamisation des musulmans francophones », *ethnographiques. org, Les outils d'un islam en mutation. Réislamisation et moralisation au sud du Sahara*, n° 22, mars 2011 – en ligne : http://www.ethnographiques. org

SAMSON, Fabienne, 2005, *Les marabouts de l'islam politique. Le Dahiratoul Moustarchidina wal Moustarchidaty, un mouvement néo-confrérique sénégalais*, Paris, Karthala.

——— 2006, « Identités islamiques de jeunes à Dakar. Deux mouvements néo-confrériques face aux problématiques urbaines », *Autrepart*, n° 39, p. 3-19.

——— 2007, « Islam social ou islam politique ? Le cas de Modou Kara Mbacké au Sénégal », *Islam et Sociétés au Sud du Sahara*, n° 1, nouvelle série, p. 43-60.

——— 2009, « Nouveaux marabouts politiques au Sénégal. Lutte pour l'appropriation d'un espace public religieux », *in* G. Holder (éd.), *L'islam, nouvel espace public en Afrique*, Paris, Karthala, p. 149-172.

——— 2011, « La guerre des ondes comme mode de prosélytisme. La Ahmadiyya et les médias au Burkina Faso », *Ethnographiques.org, Les outils d'un islam en mutation. Réislamisation et moralisation au sud du Sahara*, n° 22, mars 2011 – en ligne http://www.ethnographiques.org.

——— 2012, « La Mélodie Divine du Mouvement Mondial pour l'unicité de Dieu. Entre musique religieuse locale (Sénégal) et musique pour le Monde », *in* E. Olivier (dir.), *Musiques au monde. La tradition au prisme de la création*, Paris, Delatour, p. 77-90.

TRIAUD, Jean-Louis, 1992, « L'islam sous le régime colonial », *in* C. Coquery-Vidrovitch (dir.), *L'Afrique Occidentale au temps des Français, colonisateurs et colonisés, 1860-1960*, Paris, La Découverte.

VITALE, Mara, 2012, « Trajectoires d'évolution de l'islam au Burkina Faso », *Cahiers d'études africaines*, LII (2-3), 206-207, p. 367-388.

Table des matières

Composition, mise en page :
Écriture Paco Service
27, rue des Estuaires - 35140 Saint-Hilaire-des-Landes

www.ingramcontent.com/pod-product-compliance
Lightning Source LLC
LaVergne TN
LVHW080928120826
845149LV00018B/1513

9782811125066